Das Altschuldenhilfe-Gesetz als Instrument der regionalen Wirtschaftspolitik

Europäische Hochschulschriften

Publications Universitaires Européennes
European University Studies

Reihe V
Volks- und Betriebswirtschaft

Série V Series V
Sciences économiques, gestion d'entreprise
Economics and Management

Bd./Vol. 2341

PETER LANG
Frankfurt am Main · Berlin · Bern · New York · Paris · Wien

Roger Peter Barthling-Schattevoy

Das Altschuldenhilfe-Gesetz als Instrument der regionalen Wirtschaftspolitik

Eine Untersuchung über die Auswirkungen des Altschuldenhilfe-Gesetzes auf die wirtschaftliche Entwicklung kommunaler und genossenschaftlicher Wohnungsunternehmen und den sich hieraus ableitenden Konsequenzen für die Regionen in den fünf neuen Bundesländern und Berlin (Ost)

PETER LANG
Europäischer Verlag der Wissenschaften

Die Deutsche Bibliothek - CIP-Einheitsaufnahme

Barthling-Schattevoy, Roger Peter:

Das Altschuldenhilfe-Gesetz als Instrument der regionalen Wirtschaftspolitik : eine Untersuchung über die Auswirkungen des Altschuldenhilfe-Gesetzes auf die wirtschaftliche Entwicklung kommunaler und genossenschaftlicher Wohnungsunternehmen und den sich hieraus ableitenden Konsequenzen für die Regionen in den fünf neuen Bundesländern und Berlin (Ost) / Roger Peter Barthling-Schattevoy. - Frankfurt am Main ; Berlin ; Bern ; New York ; Paris ; Wien : Lang, 1998

(Europäische Hochschulschriften : Reihe 5, Volks- und Betriebswirtschaft ; Bd. 2341)

Zugl.: Bochum, Univ., Diss., 1998

ISBN 3-631-33742-6

D 294

ISSN 0531-7339

ISBN 3-631-33742-6

carpe diem

Die vorliegende Untersuchung wurde von der Fakultät für Wirtschaftswissenschaft der Ruhr-Universität Bochum am 15.04.1998 als Dissertation angenommen.

Am Promotionsverfahren haben Prof. Dr. Paul Klemmer und Prof. Dr. Rolf Heinze als Gutachter mitgewirkt. Tag der mündlichen Prüfung war der 22.04.1998.

Mein ganz besonderer Dank gilt meiner Frau Andrea Barthling, die mit kritischen Fragen, aufmunternden Worten und viel Verständnis wesentlich zum Gelingen der Arbeit beigetragen hat.

Inhaltsverzeichnis

Kapitel V Die Auswirkungen des Altschuldenhilfe-Gesetzes auf die wirtschaftliche Entwicklung in den neuen Bundesländer

Abbildungsverzeichnis

Tabellenverzeichnis

Abkürzungsverzeichnis

ABM	=	Arbeitsbeschaffungsmaßnahme
Abs.	=	Absatz
AG	=	Aktiengesellschaft
AH	=	Altschuldenhilfen
AHÄG	=	Altschuldenhilfe-Änderungsgesetz
AHG	=	Altschuldenhilfe-Gesetz
Art.	=	Artikel
AV	=	Altverbindlichkeiten
AV/nM	=	Altverbindlichkeiten nach Zins- und Tilgungsmoratorium
AV/vM	=	Altverbindlichkeiten vor Zins- und Tilgungsmoratorium
AWG	=	Arbeiterwohnungs(bau)genossenschaft
BauGB	=	Baugesetzbuch
Bb	=	Brandenburg
BBauBl	=	Bundesbaublatt
Bd.	=	Band
BfgA	=	Bundesanstalt für gesamtdeutsche Aufgaben
BfLR	=	Bundesforschungsanstalt für Landeskunde u. Raumordnung
BGBl	=	Bundesgesetzblatt
BMI	=	Bundesministerium des Inneren
BMBau	=	Bundesministerium für Raumordnung, Bauwesen und Städtebau
BMF	=	Bundesministerium der Finanzen
Bn	=	Berlin
BRD	=	Bundesrepublik Deutschland
bspw.	=	beispielsweise
BT	=	Bundestag
bzw.	=	beziehungsweise
ca.	=	circa
c. p.	=	ceteris paribus
DM	=	Deutsche Mark
DDR	=	Deutsche Demokratische Republik
d. h.	=	das heißt
DIW	=	Deutsches Institut für Wirtschaftsforschung
d. V.	=	der Verfasser
DWiR	=	Deutsche Zeitschrift für Wirtschaftsrecht
E	=	Eigentum
EFH	=	Einfamilienhaus
EFRE	=	Europäischer Fonds für regionale Entwicklung
EG	=	Europäische Gemeinschaft
EK	=	Eigenkapital
ELF	=	Erblastentilgungsfonds
etc	=	et cetera
e. V.	=	eingetragener Verein
EV	=	Einigungsvertrag
evtl.	=	eventuell
EWGV	=	Europäischer Wirtschaftsgemeinschaftsvertrag
f	=	folgende
ff	=	fortfolgende
FK	=	Fremdkapital
FKPG	=	Gesetz zur Umsetzung des Föderalen Konsolidierungsprogramms

FuU	=	Fortbildung und Umschulung
GA	=	Gemeinschaftsaufgabe
GBl.	=	Gesetzblatt
GdW	=	Gesamtverband der Wohnungswirtschaft
Gen	=	Genossenschaft/en
genoss.	=	genossenschaftlich
Ges	=	Gesellschaft/en
GG	=	Grundgesetz
ggf.	=	gegebenenfalls
GGW	=	Gesamtverband Gemeinnütziger Wohnungsunternehmen
GRW	=	Gemeinschaftsaufgabe "Verbesserung der regionalen Wirtschaftsstruktur"
GuV	=	Gewinn- und Verlustrechnung
GWG	=	Gemeinnützige Wohnungs(bau)genossenschaft
H.	=	Heft
HdSW	=	Handwörterbuch der Sozialwissenschaften
hrsg.	=	herausgegeben
Hrsg.	=	Herausgeber
i. e. S.	=	im engeren Sinne
ifo	=	Institut für Wirtschaftsforschung
incl.	=	inclusive
insg.	=	insgesamt
InWIS	=	Institut für Wohnungswesen, Immobilienwirtschaft, Stadt- und Regionalentwicklung
i. V. m.	=	in Verbindung mit
i. w. S.	=	im weiteren Sinne
Jg.	=	Jahrgang
JÜ	=	Jahresüberschuß
KfW	=	Kreditanstalt für Wiederaufbau
Kom	=	Kommune/n
KSPW	=	Kommission für die Erforschung des sozialen und politischen Wandels in den neuen Bundesländern e. V.
KWV	=	Kommunale Wohnungsverwaltung
LPG	=	Landwirtschaftliche Produktionsgenossenschaft
m^2	=	Quadratmeter
M/DDR	=	Mark der DDR
maßg.	=	maßgeblich
Mecklenburg-V.	=	Mecklenburg-Vorpommern
MFH	=	Mehrfamilienhaus
Mio	=	Million
Mrd	=	Milliarde
MV	=	Mecklenburg-Vorpommern
n.	=	nach
n. M. d. V.	=	nach Meinung des Verfassers
NÖSPL	=	Neues ökonomisches System der Planung und Lenkung
Nr.	=	Nummer
o. g.	=	oben genannte
o. V.	=	ohne Verfasserangabe
OFD	=	Oberfinanzdirektion
p. a.	=	per annum
PGH	=	Produktionsgenossenschaft des Handwerks
rd.	=	rund
RGW	=	Rat für gegenseitige Wirtschaftshilfe

RN	=	Randnummer
ROG	=	Raumordnungsgesetz
s.	=	siehe
S.	=	Seite
SA	=	Sachsen-Anhalt
SachenRBerG	=	Sachenrechtsbereinigungs-Gesetz
Sachsen-A.	=	Sachsen-Anhalt
SBZ	=	Sowjetische Besatzungszone
SED	=	Sozialistische Einheitspartei Deutschland
Sn	=	Sachsen
TE	=	Teilentlastung
Tn	=	Thüringen
u. a.	=	unter anderem
u. U.	=	unter Umständen
UDSSR	=	Union der sozialistischen Sowjet-Republiken
v.	=	von/vom
VBBW	=	Verband Berlin-Brandenburgischer Wohnungsunternehmen e. V.
VEB	=	Volkseigener Betrieb
vgl.	=	vergleiche
vH	=	von Hundert
VHW	=	Deutsches Volksheimstättenwerk e. V.
WE	=	Wohneinheit(en)
WFA	=	Wirtschaftsprüfer-Fachausschuß
Wfl.	=	Wohnfläche
WI	=	Wohnungswirtschaftliche Informationen
WLVO	=	Wohnraumlenkungsverordnung
WoBauG	=	Wohnungsbaugesetz
WVB	=	Wissenschaftszentrum Berlin
z. B.	=	zum Beispiel
ZFH	=	Zweifamilienhaus
ZGB	=	Zivilgesetzbuch
ZH	=	Zinshilfe
ZIP	=	Zeitschrift für Wirtschaftsrecht und Insolvenzpraxis
z. T.	=	zum Teil

§	=	Paragraph
Σ	=	Summe
Φ	=	Durchschnitt/durchschnittlich
∈	=	Anteil am
⇒	=	davon
*	=	Hinweis
∞	=	Wert strebt gegen Unendlich

Problemstellung, Zielsetzung und Aufbau der Untersuchung

> "Innerhalb der Bedürfnisstruktur der Haushalte hat die Versorgung mit Wohnraum einen hohen Rang. Es handelt sich dabei um ein grundlegendes Bedürfnis, das auf vorrangige Erfüllung gerichtet ist. Die Güte der Versorgung mit Wohnraum hat einen Einfluß auf die Bevölkerungsentwicklung, auf Gesundheit, Produktivität, Wohlbefinden etc. Eine Lösung der "Wohnungsfrage" ist deshalb die Basis einer spannungsfreien Entwicklung."[1]

Im politischen System der Deutschen Demokratischen Republik spielt die Wohnraumversorgung der Bevölkerung fast zwanzig Jahre lang eine untergeordnete Rolle und ist geprägt durch den kontinuierlichen Verfall der Bausubstanz und die Vernachlässigung des Wohnkomforts. Erst Anfang der siebziger Jahre erkennt die SED das Ausmaß der Wohnungsmisere und die davon ausgehende Gefahr für die ideologische Verbundenheit der Bevölkerung mit dem Sozialismus. Der Wohnungsbau wird zum "Kernstück der Sozialpolitik" erklärt. Ziel dieser reformierten Wohnungspolitik ist es, bis 1990 der gesamten Bevölkerung "zufriedenstellende und menschenwürdige" Wohnungen bei niedrigem Mietzinsniveau zur Verfügung zu stellen.
Fortan ist die Wohnungsbaupolitik auf eine systematische Verjüngung der Wohnsubstanz im Stil des komplexen Wohnungsbaus ausgerichtet. Maßnahmen zur laufenden Instandhaltung und Instandsetzung im Altbaubestand werden nur noch in geringem Umfang, eine grundlegende Sanierung fast gar nicht mehr durchgeführt. Stattdessen kompensiert ein Teil der Neubauten nicht mehr bewohnbare Altbauten.
Die Finanzierung der Neubauvorhaben erfolgt überwiegend durch Kredite, die bei der Staatsbank aufgenommen und deren Kapitaldienst größtenteils aus Mitteln des örtlichen Staatshaushaltes geleistet werden.

Mit dem Beitritt der Deutschen Demokratischen Republik zur Bundesrepublik Deutschland steht deren Wohnungspolitik und Wohnungswirtschaft vor völlig neuen Problemen und Aufgaben. Erste Bestandsanalysen zeigen, daß ein

1 Hecht, Subventionsformen, S. 10.

Großteil der älteren Gebäude und auch Teile des jüngeren Plattenbaubestands Sanierungsdefizite in dreistelliger Milliardenhöhe aufweisen. Weitgehender Konsens herrscht zwischen Wissenschaft, Politik und Wirtschaft darüber, daß es zu einer schrittweisen Anpassung der angetroffenen Wohnverhältnisse an westliches Niveau kommen und sich im Beitrittsgebiet ein Wohnungsmarkt nach dem Funktionsmechanismus der sozialen Marktwirtschaft etablieren müsse.
Die vorgefundene Ausgangssituation stellt eine regionalpolitische Herausforderung dar, deren Bewältigung einerseits die Reduktion großräumiger Disparitäten zwischen den neuen und alten Bundesländern, andererseits den Abbau regionaler Disparitäten innerhalb des Beitrittsgebiets erfordert.

Ein derartiger Anpassungsprozeß setzt den Aufbau einer vielfältig gegliederten unternehmerischen Wohnungswirtschaft voraus, die maßgeblich von privaten Entscheidungsträgern bestimmt wird. Die gesetzliche Grundlage hierfür bildet Artikel 22 Abs. 4 des Einigungsvertrages, der den Übergang des ehemals volkseigenen Wohnungsvermögens einschließlich der hierauf lastenden Verbindlichkeiten auf Kommunen bzw. wohnungswirtschaftliche Unternehmen regelt. Die Wohnungsunternehmen nehmen diese "Altschulden", die sich Mitte 1990 auf ca. DM 38 Mrd summieren, zwar zur Kenntnis, jedoch bestreiten sie die Rechtmäßigkeit ihrer Zuordnung. Ihre Existenz stellt sich schon in den ersten Jahren nach der Wende als das wesentlichste finanzielle Hemmnis für die angestrebte Verbesserung der Wohnverhältnisse heraus.

Angesichts der schwierigen wirtschaftlichen Lage der ostdeutschen Wohnungswirtschaft und ihren dringenden Aufgaben bei der Instandsetzung und Modernisierung des vorhandenen Wohnraums vereinbart die Bundesregierung 1991 mit den kreditgebenden Banken ein dreijähriges Zins- und Tilgungsmoratorium für die Altschulden bis Ende 1993. Damit soll in Verbindung mit den beiden kodifizierten Grundmietenverordnungen vom Oktober 1991 und Januar 1993 der nötige finanzielle Spielraum für die Wohnungswirtschaft geschaffen werden, um die notwendigsten Instandsetzungsarbeiten durchführen zu können. Trotzdem bleibt die anvisierte Kreditfähigkeit für größere investive Vorhaben eingeschränkt. Einschließlich der durch das Zins- und Tilgungsmoratorium aufgelaufenen Verbindlichkeiten betragen die Altschulden der Wohnungswirtschaft einschließlich der privaten Vermieter Ende 1993 rund DM 60 Mrd. Diesen volkswirtschaftlich und wohnungspolitisch untragbaren Zustand gilt es, durch den Gesetzgeber langfristig und abschließend zu regeln.

Vor diesem Hintergrund wird Mitte 1993 das Altschuldenhilfe-Gesetz mit seinen beiden Förderbestandteilen "Zinshilfe" und "Teilentlastung" für wohnungswirtschaftliche Unternehmen und private Vermieter als Teil der Solidarpaktvereinbarungen verabschiedet. Im Rahmen der Zinshilfe tragen der Bund und die neuen Länder je zur Hälfte die anfallenden Zinsen für die vorhandenen Wohnungsbau- und Rekonstruktionskredite im Zeitraum 1. Januar 1994 bis 30. Juni 1995. Die Teilentlastung umfaßt die anschließende Übernahme der Altverbindlichkeiten, die den Betrag von DM 150/m² Wfl. übersteigen; sie werden zum Stichtag 1. Juli 1995 in den Erblastentilgungsfonds eingestellt.

Für die Gewährung von Altschuldenhilfe sind bestimmte Bedingungen zu erfüllen. So muß das Wohnungsunternehmen die Altverbindlichkeiten anerkennen und hierüber einen rechtswirksamen Kreditvertrag abschließen. Wird neben der Zinshilfe auch Teilentlastung beantragt, verpflichtet sich die Antragstellerin zudem zur zügigen Instandsetzung und Modernisierung ihres Wohnungsbestandes. Darüber hinaus muß sie bis zum Jahre 2003 mindestens 15 vH des Wohnungsbestandes vorrangig an die Mieter veräußern. Von den Veräußerungserlösen ist ein Teil an den Erblastentilgungsfonds abzuführen. Als Anreiz für eine rasche Veräußerung ist die Abführungsquote im Zeitablauf progressiv ausgestaltet. Die mit dem Instrument der Altschuldenhilfe verknüpfte Sanierungs- und Privatisierungsverpflichtung soll damit einen entscheidenden Beitrag zur raschen Bewältigung des Anpassungsprozesses leisten.

Das Altschuldenhilfe-Gesetz verfolgt mit seinem Förderinstrumentarium das Ziel, einerseits die Kredit- und Investitionsfähigkeit von Wohnungsunternehmen und privaten Vermietern für die Realisation notwendiger Bestandsinvestitionen zu verbessern und andererseits die Voraussetzungen für die Privatisierung und Bildung von individuellem Wohneigentum in den neuen Bundesländern positiv zu beeinflussen. Hier knüpft die vorliegende Untersuchung an. Sie versucht, differenziert für die neuen Bundesländer einschließlich Berlin (Ost), aufzuzeigen, inwieweit die Gewährung von Zinshilfe und Teilentlastung tatsächlich dem verfolgten Anspruch, die wirtschaftliche Situation der Wohnungsunternehmen

auf dem Wege in die Marktwirtschaft zu verbessern und die Qualität der Wohnraumversorgung der Bevölkerung zu erhöhen, gerecht werden kann.
Darauf aufbauend stellt sie sich der Frage, welches regionalpolitische Leistungspotential mit den im Rahmen des Altschuldenhilfe-Gesetzes vergebenen Finanzmitteln aktiviert werden kann und damit, welcher gesamtwirtschaftliche Nutzen im Beitrittsgebiet aus dem induzierten Investitionsvolumen gezogen wird.

Der Untersuchung liegt folgender Aufbau zugrunde:

Kapitel I erörtert schwerpunktmäßig die theoretischen Grundlagen der regionalen Wirtschaftspolitik im Wirtschaftssystem der Bundesrepublik Deutschland. Neben ihrer Einordnung als Bestandteil der allgemeinen Wirtschaftspolitik und einer inhaltlichen Abgrenzung werden an dieser Stelle zum einen die mit der bewußten Gestaltung und Förderung von Regionen verfolgten Ziele vorgestellt. Hierzu gehören die wachstums-, ausgleichs- und stabilitätspolitische Zielstellung, denen die Träger der regionalen Wirtschaftspolitik -in Abhängigkeit von der konkret zu erfüllenden Aufgabe- unterschiedliches Gewicht verleihen. Zum anderen widmet sich das Kapitel den Instrumenten der regionalen Wirtschaftspolitik und den verschiedenen Möglichkeiten zur Analyse ihrer Wirkungen. Ergänzt werden diese Ausführungen durch einen Exkurs über die Entwicklung der Territorialplanung in der Deutschen Demokratischen Republik zwischen 1945 und 1990, der die Ausgestaltung des regionalen Förderprozesses in diesem Wirtschaftssystem verdeutlicht und damit ein differenziertes Verständnis für den anstehenden Umstrukturierungsprozeß und die Herausforderung an die regionale Wirtschaftspolitik schafft.

Das sich anschließende Kapitel II führt in die Begriffs- und Zweckbestimmung von Wohnungswirtschaft und Wohnungspolitik ein, um dann Zusammenhänge zwischen der Wohnungspolitik und der Regionalpolitik zu erarbeiten. Die ausreichende qualitative und quantitative Wohnraumversorgung der Bevölkerung wird dabei als wichtige Voraussetzung für eine prosperierende Wirtschaft erkannt. Vor diesem Hintergrund folgt eine ausführliche Analyse der sozialistischen Wohnungspolitik und der Ausgangssituation der Wohnungswirtschaft im

Beitrittsgebiet zum Zeitpunkt der Wiedervereinigung, die erhebliche Mängel bei der Wohnraumversorgung und einen enormen Investitionsbedarf offen legt.

Die finanzielle Absicherung der Wohnraummodernisierungsmaßnahmen kann nicht allein durch staatliche Unterstützung in Form von Investitionszulagen, Investitionszuschüssen oder Sonderabschreibungen erfolgen. Vielmehr ist das eigenverantwortliche Handeln der Wohnungswirtschaft gefordert. Deren Möglichkeiten sind durch die bestehenden Kreditverpflichtungen, die aus dem in 1971 initiierten Wohnungsbauprogramm der Deutschen Demokratischen Republik resultieren und noch heute auf den Gebäuden lasten, erheblich eingeschränkt. Einen Ansatzpunkt zur Verbesserung ihrer Kredit- und Investitionsfähigkeit bietet das Altschuldenhilfe-Gesetz, dessen Zielsetzung, Zugangsvoraussetzungen, Leistungen und Verpflichtungen im Mittelpunkt des Kapitel III stehen.

Die beiden folgenden Kapitel bilden den Schwerpunkt der vorliegenden Arbeit. Kapitel IV untersucht die Umsetzung und die Auswirkungen des Altschuldenhilfe-Gesetzes auf einzelbetriebswirtschaftlicher Ebene und wendet dabei das in der Regionalpolitik bewährte System der Erfolgskontrolle an. Grundlage ist die Vollzugskontrolle, die die Akzeptanz und Inanspruchnahme der Förderinstrumente Zinshilfe und Teilentlastung durch die Wohnungswirtschaft und die privaten Vermietern mißt. Darüber hinaus werden mittels der Zielerreichungskontrolle einerseits die Auswirkungen der Altschuldenhilfe auf die Verbesserung der Kredit- und Investitionsfähigkeit bei Wohnungsunternehmen überprüft, wobei deren bilanzielle und erfolgswirksamen Effekte sowie die realisierten Sanierungsleistungen und deren Finanzierung im Vordergrund stehen. Andererseits gibt die Zielerreichungskontrolle Auskunft über die durch die Altschuldenhilfe induzierte Verbesserung der Voraussetzungen für die Privatisierung und Bildung individuellen Wohneigentums, die es anhand der bisherigen Umsetzung der Privatisierungsverpflichtung zu beurteilen gilt.

Den Abschluß der Untersuchung bildet Kapitel V, das die gesamtwirtschaftlichen Auswirkungen des Altschuldenhilfe-Gesetzes auf Basis einer Wirksamkeitskontrolle thematisiert. Gegliedert nach wachstums-, ausgleichs- und stabilitätspolitischer Zielstellung zeigt sie u. a. detailliert auf, welches zusätzliche Investitionsvolumen durch die Altschuldenhilfe initiiert wird, welche Auswirkungen sich auf das regionale Beschäftigungsniveau ergeben und wie sich die Wohnverhältnisse für die Bürger in den neuen Bundesländern verbessern.

Kapitel I Theoretische Grundlagen der regionalen Wirtschaftspolitik

1. Einführung in die regionale Wirtschaftspolitik

1.1. Allgemeine Wirtschaftspolitik als Grundlage der regionalen Wirtschaftspolitik

Der Begriff der Wirtschaftspolitik beschreibt die Gesamtheit aller Entscheidungen wirtschaftspolitischer Träger, die darauf gerichtet sind, das Wirtschaftsleben im Sinne vorher festgelegter Ziele zu ordnen und zu steuern. In der Literatur unterscheidet hierbei zwischen Ordnungs-, Struktur- und Prozeßpolitik.[2]

Die Ordnungspolitik formuliert rechtlich-organisatorische Regeln, nach denen in der arbeitsteiligen Wirtschaft die Aktivitäten der einzelnen Wirtschaftssubjekte koordiniert werden. Gemeint ist die Gesamtheit der Normen, mittels derer die Träger der Wirtschaftspolitik über eine entsprechende Ausgestaltung der Wirtschaftsverfassung die längerfristigen Rahmenbedingungen für den Wirtschaftsprozeß -innerhalb der bestehenden Wirtschaftsordnung- setzen. Abhängig von der jeweiligen Dominanz des privaten bzw. des öffentlichen Sektors bildet sich eine primär marktorientierte (privatwirtschaftlich) oder zentralistisch (staatlich) gelenkte Volkswirtschaft heraus. Mit der Entscheidung für ein vorherrschendes Lenkungssystem wird der wirtschaftspolitische Aktionsspielraum innerhalb einer Volkswirtschaft abgesteckt, d. h. sowohl wirtschaftspolitische Ziele als auch die Instrumente zu ihrer Erreichung sind nur innerhalb des definierten Rahmens frei wählbar.
Das ordnungspolitische Leitbild der Bundesrepublik Deutschland, die soziale Marktwirtschaft, kann als Mischform einer marktorientierten und zentralistisch gelenkten Volkswirtschaft interpretiert werden. Sie versucht das Prinzip der Freiheit auf den Märkten mit dem des sozialen Ausgleichs mittels staatlicher Eingriffe zu verbinden.

Die für eine Volkswirtschaft typische Wirtschaftsordnung wird erst durch die nationalen Besonderheiten bei der Ausgestaltung der wirtschaftlichen Strukturen und Prozesse dokumentiert. Hieraus leitet sich die Aufgabe der Strukturpolitik

2 Vgl.: Tuchtfeldt, Grundlagen der Wirtschaftspolitik, S. 2.

ab, die charakteristischen wirtschaftlichen Abläufe innerhalb einzelner Teilbereiche der Volkswirtschaft zu strukturieren und zu einer Einheit zu verbinden. Anpassungen innerhalb der festgelegten Strukturen sind in einer dynamischen Wirtschaftsordnung sowohl Voraussetzung, als auch Begleiterscheinung der wirtschaftlichen Entwicklung.[3] Daher gehört es auch zum Aufgabenbereich der Strukturpolitik, einen sich aus dem laufenden Wirtschaftsprozeß ergebenden Strukturwandel zu ermöglichen und ggf. steuernd einzugreifen. Dabei soll die Strukturpolitik durch geeignete Maßnahmen die Voraussetzungen dafür schaffen, daß die Produktionsfaktoren Arbeit, Boden, Kapital und Know-how laufend den optimalen Verwendungszwecken zugeführt werden. Als wichtige Ansatzpunkte für die Steuerung gelten die nach spezifischen Kriterien und Methoden abgegrenzten Räume (Regionen), die Wirtschaftszweige (Sektoren) sowie die Betriebs- bzw. Unternehmensgrößen.[4] Anstöße zu einem Wandel der bestehenden Wirtschaftsstruktur gehen in einer sich entwickelnden Wirtschaft sowohl von der Angebots- als auch der Nachfrageseite aus. Wird mit regionalem Strukturwandel die Anpassung einzelner Regionen gegenüber Angebots- und Nachfrageänderungen innerhalb einer Volkswirtschaft bezeichnet, so impliziert der sektorale Strukturwandel eine Verschiebung der Proportionen zwischen den einzelnen Wirtschaftszweigen bzw. -sektoren.[5]

Während Ordnungs- und Strukturpolitik die längerfristigen Rahmenbedingungen bzw. den strukturellen Aufbau einer Volkswirtschaft gestalten, ist die Prozeßpolitik auf die Steuerung kurzfristiger Tendenzen ausgerichtet. Sie versucht, die aktuellen Strömungen des Wirtschaftsgeschehens in Form von Markt- und Konjunkturschwankungen so zielgerecht zu stärken oder abzuschwächen, daß die durch Ordnungs- bzw. Strukturpolitik festgelegten Zielvorstellungen, u. a. Konjunkturstabilisierung, Preisstabilität und Wirtschaftswachstum, realisiert werden können.

In einer marktwirtschaftlich gelenkten Volkswirtschaft ist die staatliche Einflußnahme auf die Verteilung der wirtschaftlichen Aktivitäten keine Selbstverständ-

3 Vgl.: Peters, Sektorale Strukturpolitik, S. 11.

4 Der Schwerpunkt der wissenschaftlichen Betrachtung liegt zumeist auf den beiden erstgenannten Bereichen.

5 Die Unternehmensseite einer Volkswirtschaft unterteilt sich in drei Sektoren: Primärer Sektor mit Land- und Forstwirtschaft, Fischerei und Tierzucht; Sekundärer Sektor mit Industrie, Bergbau, Energie und Bauwirtschaft; Tertiärer Sektor mit Handel, Verkehr, Dienstleistungen und Staat. Der Bereich der Wohnungswirtschaft ist dem Tertiären Sektor zuzurechnen. Vgl.: Voss, Wirtschaftsstruktur, S. 9ff.

lichkeit. Dennoch findet sie überwiegend Akzeptanz, da die Selbstheilungs- und Steuerungskräfte des Marktes nicht immer ausreichen, Ungleichgewichte innerhalb der Volkswirtschaft, wie z. B. inter- oder intraregionaler Art, abzubauen. Insbesondere dann, wenn es trotz einer funktionsfähigen Marktsteuerung zu einer unzureichenden Anpassungsfähigkeit und damit zu lang andauernden Disproportionen kommt, sind strukturpolitische Eingriffe zur Unterstützung der notwendigen Anpassungsprozesse zweckmäßig. Der Staat kann durch seine Hilfsmaßnahmen langwierige und sozial belastende marktwirtschaftliche Anpassungsprozesse abkürzen und für die vom Strukturwandel betroffenen Menschen sozial erträglich machen.[6]

Erfahrungsgemäß korreliert in einer Marktwirtschaft die Forderung nach einer aktiven staatlichen Wirtschaftspolitik in ihrer Intensität mit dem Realisierungsgrad ökonomischer Zieldaten. Vor allem in Zeiten hoher Arbeitslosigkeit und sinkenden Wirtschaftswachstums wächst der Wunsch nach ergänzenden und regulierenden staatlichen Eingriffen.[7] Ein globaler Eingriff des Staates, bspw. in Form von pauschalen finanziellen Zuwendungen oder allgemeinen Steuersenkungen, ist in der Regel nicht ausreichend und zweckmäßig, um ein neues Gleichgewicht zu realisieren, da so strukturelle Probleme der Volkswirtschaft unberücksichtigt bleiben. Vor diesem Hintergrund begründet sich die Notwendigkeit der "vorausschauenden" Strukturpolitik, welche den vielschichtigen Besonderheiten innerhalb der Volkswirtschaft rechtzeitig und gezielt Rechnung trägt, um ein Auseinanderfallen des volkswirtschaftlich gewünschten "Soll" und realisiertem "Ist" zu vermeiden.

Die Strukturpolitik hat im System der in der Bundesrepublik Deutschland etablierten sozialen Marktwirtschaft "unter normalen Bedingungen" eine die marktwirtschaftliche Lenkung ergänzende und korrigierende Funktion. Die Entwicklung der jeweiligen Wirtschaftsstruktur bleibt dabei das Ergebnis unternehmerischer Entscheidungsprozesse.
Mit der Ausnahmesituation der deutschen Wiedervereinigung kommt der Strukturpolitik -und hier im speziellen ihrer regionalen Ausrichtung- die wichtige Aufgabe zu, die marktwirtschaftlichen Anpassungsprozesse zwischen "Ost" und "West" abzufedern und abzukürzen. Vor diesem Hintergrund ihrer gewachse-

6 Vgl.: Peters, Sektorale Strukturpolitik, S. 11.
7 Vgl.: Eckey, Grundlagen der Strukturpolitik, S. 13.

nen Bedeutung befassen sich die weiteren Ausführungen mit der regionalen Strukturpolitik.

1.2. Abgrenzung der regionalen Wirtschaftspolitik

1.2.1. Begriffsbestimmung

Die Literatur bietet für den Begriff "regionale Wirtschaftspolitik" eine Vielzahl inhaltlicher Abgrenzungen. Diese unterscheiden sich sowohl hinsichtlich der Betonung von konkreten Zielinhalten, der möglichen Träger als auch der Art und Weise, wie definierte Ziele im Rahmen der regionalen Wirtschaftspolitik zu verwirklichen sind.

Nach der hier zugrundegelegten Definition verfolgt die regionale Wirtschaftspolitik das Ziel, die sich im Zeitablauf herausbildenden regionalen Schwächen in der ökonomischen Leistungsfähigkeit gezielt zu beseitigen oder zumindest abzuschwächen. Diese Definition wird durch die aufgestellten Grundsätze der regionalen Wirtschaftspolitik konkretisiert: "Allgemeines Ziel der regionalen Wirtschaftspolitik ist es, eine optimale Wirtschaftsstruktur zu schaffen und in allen Gebieten dafür zu sorgen, daß ungenutzte bzw. schlecht genutzte Produktionsfaktoren für das allgemeine Wirtschaftswachstum mobilisiert werden. Durch die regionale Wirtschaftspolitik, die sich in die Zielsetzung der allgemeinen Wirtschaftspolitik einfügt, wird die Wirtschaftskraft in den zu begünstigenden Räumen dauerhaft gesteigert. Es werden bessere Arbeits- und Einkommensmöglichkeiten geschaffen und hierdurch auch soziale Härten dauerhaft beseitigt, die nicht nur in den wirtschaftsschwachen Räumen, sondern auch in Verdichtungsgebieten auftreten können."[8] Im Sinne des Art. 72 GG sollen in unterentwickelten Regionen die gleichen Lebens-, Arbeits- und Umweltbedingungen geschaffen und erhalten werden, die in weiter entwickelten, wirtschaftlich stärkeren Regionen des Bundesgebietes bereits anzutreffen sind.[9]
Der Begriff der regionalen Wirtschaftspolitik wird in Theorie und Praxis häufig synonym mit regionaler Strukturpolitik oder Regionalpolitik verwandt. Dieser Begriffsgleichsetzung wird auch in der vorliegenden Arbeit gefolgt. Dagegen gilt

8 Deutscher Bundestag, Drucksache V/2469, S. 5.
9 Vgl.: Krieger-Boden, Argumente für Regionalpolitik, S. 194ff.

es die Raumordnungspolitik, die z. T. ebenfalls mit Regionalpolitik gleichgesetzt wird[10], hiervon abzugrenzen.

Raumordnungspolitik findet ihre rechtliche Grundlage im Raumordnungsgesetz von 1965. Zentrale Zielvorstellung dieses Gesetzes ist die Entwicklung einer überregional gleichen räumlichen Struktur, die der freien Entfaltung der Persönlichkeit in der Gemeinschaft am besten dient. Die Raumordnungspolitik hat sowohl einen räumlich umfassenden als auch einen gesellschaftspolitischen Charakter, wohingegen regionale Strukturpolitik primär auf wirtschaftliche Aspekte in einer abgegrenzten Region ausgerichtet ist. Letztere kann als ein Element der Raumordnungspolitik bezeichnet werden.[11]
Dennoch sind die in den §§ 1 und 2 ROG verankerten Ziele der Raumordnungspolitik und die der regionalen Wirtschaftspolitik nicht immer kongruent. So treffen bspw. aufgrund des Spannungsverhältnisses zwischen Ökologie und Ökonomie teilweise konträre Vorstellungen und Konzepte über die anzustrebende räumliche Modellierung auf. So kann u. U. einer regionalpolitisch sinnvollen Ansiedlung von Gewerbebetrieben die ökologisch motivierte Freihaltung bestimmter (Teil-) Regionen von Industriebetrieben aus raumordnungspolitischen Gründen gegenüberstehen.
Um beiden Auffassungen gerecht zu werden ergibt sich die Notwendigkeit, die verschiedenen Aspekte innerhalb eines integrativen Konzeptes gegeneinander abzuwägen und fallbezogen die bestmögliche Lösung anzubieten. Dieser Forderung entspricht § 2 Absatz 1 GRW.[12]

Schließlich soll der im sozialistischen Sprachgebrauch verwendete Begriff der "Territorialplanung" gegenüber der Regionalpolitik abgegrenzt werden.
Zentrales Anliegen der Territorialplanung ist die effektive Nutzung und Gestaltung der räumlich differenzierten Wirtschaftsbedingungen. "Die Territorialplanung hat [...] bei gleichzeitiger Entwicklung der Arbeits- und Lebensbedingungen der Werktätigen einen aktiven Beitrag zur Vertiefung der Intensivierung und zur Erhöhung der Effektivität der Volkswirtschaft zu leisten." Dabei sind "...

10 Vgl.: Brösse, Ziele der Regionalpolitik, S. 26,
van Suntum, Regionalpolitik in der Marktwirtschaft, S. 17.
11 Vgl.: Brösse, Raumordnungspolitik, S. 10,
Müller, Regionale Strukturpolitik, S. 1,
Spannowsky, Grenzen der regionalen Wirtschaftsförderung, S. 17f.
12 § 2 Abs. 1: Ziele und Erfordernisse der regionalen Wirtschaftspolitik sind mit denen der Raumordnung und Landesplanung in Einklang zu bringen.

Disproportionen im Lebensniveau zwischen einzelnen Gebieten zu vermeiden oder planmäßig und schrittweise zu überwinden."[13] Aufgrund dieser Definition ist von einer weitgehenden Deckung zwischen der Zielsetzung der Territorialplanung und den vorgestellten Grundsätzen der regionalen Wirtschaftspolitik auszugehen. Diese Auffassung deckt sich mit den Ausführungen von Scherzinger[14] und Hein[15].

Als Unterscheidungsmerkmal zur Regionalpolitik ist hervorzuheben, daß sich die Territorialplanung der DDR aufgrund der politischen Rahmenbedingungen auch auf zusätzliche Bereiche bezieht, wie z. B. die nachfragegerechte Konsumgüterversorgung oder die "organisierte" Kooperation zwischen den Betrieben, die in einer marktwirtschaftlichen Wirtschaftsordnung im Normalfall nicht der staatlichen Lenkung unterliegen. Ebenfalls kann aufgrund des größeren staatlichen Durchgriffsrechtes tendenziell von einem stärkeren Realisierungsgrad regionalpolitischer Vorhaben gegenüber solchen in der Bundesrepublik Deutschland ausgegangen werden.

1.2.2. Die Region als Analyseobjekt

Ziel der regionalen Wirtschaftspolitik ist es, die Wirtschaftskraft von unterentwickelten Regionen zu fördern, um so annähernd gleiche Lebens-, Arbeits- und Umweltbedingungen zu schaffen. Basis einer effizienten regionalen Förderung ist zunächst die räumliche Abgrenzung des Fördergebietes - die Region. Erst eine derartige Abgrenzung ermöglicht die zutreffende Einschätzung der Förderbedürftigkeit eines Gebietes und eine gerechtfertigte Vergabe der begrenzt zur Verfügung stehenden Mittel.[16] In der Bundesrepublik Deutschland ist der Begriff der Region weder durch einen abstrakten Rechtsbegriff noch durch konkrete Abgrenzungen normativ festgelegt.

Eine Möglichkeit zur räumlichen Abgrenzung von Regionen bietet das sog. "Homogenitätsprinzip", wonach eine Region sich aus denjenigen Gemeinden zusammensetzt, die sich hinsichtlich eines bestimmten Merkmals oder einer Kombination von Merkmalen auszeichnet. Im Rahmen der Umsetzung der Ge-

13 Böhnisch/Mohs/Ostwald, Territorialplanung, S. 13.
14 Vgl.:Scherzinger, Regionalplanung in der DDR, S. 7.
15 Vgl.:Hein, Territorialplanung in der DDR, S. 4.
16 Vgl.:Eckey/Horn/Klemmer, Regionale Diagnoseeinheiten, S. 1.

meinschaftsaufgabe "Verbesserung der regionalen Wirtschaftsstruktur"[17] erfolgt die Bestimmung der förderbedürftigen und -würdigen Regionen indes nach dem "Verflechtungsprinzip". Danach werden die Gemeinden in einer Region zusammengefaßt, die aufgrund der Verflechtungen der Berufspendler sowie der verkehrsinfrastrukturellen Verbindungen als "funktionale Einheit" anzusehen sind. Diesem, auf Klemmer[18] zurückzuführenden, Gebietsraster liegt die Vorstellung zugrunde, daß das Wohl einer Region entscheidend durch die Möglichkeiten zur Einkommenserzielung bestimmt wird. Sind Gebiete durch Arbeitsmarktprobleme gekennzeichnet, kann durch Kapitalbindung das dort potentiell vorhandene Arbeitskräftepotential reaktiviert und somit der Region insgesamt zu einem steigenden Wohlstand verholfen werden. Für die so ermittelten Regionen wird jeweils simultan ein Gesamtindikator berechnet, der die Besonderheiten jeder einzelnen Region -bezogen auf den Bruttojahreslohn je Arbeitnehmer, die durchschnittliche Arbeitslosenquote von 4 Jahren, die Infrastrukturausstattung und die prognostizierte Arbeitsplatzentwicklung- berücksichtigt. Mit Hilfe der regionalspezifischen Gesamtindikatoren lassen sich die Regionen ordnen und kardinal miteinander vergleichen. Hierauf aufbauend können die zur Verfügung stehenden Fördermittel aufgeteilt werden.[19]

Ein solcher Versuch zur Bestimmung förderbedürftiger und -würdiger Regionen erübrigt sich in der vorliegenden Arbeit für die fünf neuen Bundesländer einschließlich Berlin (Ost), da im relevanten Betrachtungszeitraum 1992-1996[20] das gesamte Beitrittsgebiet aufgrund der vorgefundenen Rahmenbedingungen als Fördergebiet eingestuft ist. Somit werden hier sowohl die fünf neuen Bundesländer und Berlin (Ost) im Einzelnen, als auch das gesamte durch den Einigungsvertrag festgelegte Beitrittsgebiet der ehemaligen DDR als Analyseobjekt ausgewählt. Eine solche Abgrenzung ermöglicht zum einen die wirtschaftliche Betrachtung des Beitrittsgebietes als Einheit, zum anderen einen interregionalen Vergleich der östlichen Bundesländer.

---

17 Zur Einordnung der Gemeinschaftsaufgabe "Verbesserung der regionalen Wirtschaftsstruktur" innerhalb der Regionalpolitik siehe Punkt I 1.3.

18 Vgl.:Klemmer, Abgrenzung regionaler Arbeitsmärkte, 1972.

19 Vgl.:Budde u. a., Regionalpolitische Konzepte, S. 182.

20 Die in Kapitel IV und V vorgestellten Auswertungen über das im Rahmen des Altschuldenhilfe-Gesetzes initiierte Investitionsvolumen beziehen sich auf den Zeitraum 1992-1996.

1.2.3. Infrastruktur als Voraussetzung für ökonomische Aktivitäten

In Anlehnung an Jochimsen[21] wird unter dem Begriff der Infrastruktur die Gesamtheit an materiellen, institutionellen und personellen Einrichtungen verstanden, die für eine funktionsfähige arbeitsteilige Wirtschaft erforderlich sind. Hierzu zählt neben den Einrichtungen des Verkehrswesens und der Nachrichtenübermittlung, des Bildungs-, Gesundheits- und Sozialwesens, denen im Bereich Sport und Erholung sowie dem Umweltschutz auch das Wohnungswesen[22], welches im Zentrum der weiteren Ausführungen steht.

Die Infrastruktur ist als Grundlage für ökonomische Aktivitäten anerkannt: Die vorhandene Infrastruktur einer Region impliziert für Unternehmen externe Ersparnisse im Sinne von eingesparten Aufwendungen für notwendige infrastrukturelle Vorleistungen wie Straßen und Versorgungseinrichtungen, ohne die eine Ansiedlung nicht denkbar ist. Unternehmen bevorzugen daher bei Standortüberlegungen -ökonomisches Verhalten vorausgesetzt- solche Produktionsstandorte, an denen die für sie notwendige Infrastruktur bereits vorhanden ist und sich somit Kostenvorteile realisieren lassen.[23] Eine ausreichende Infrastrukturausstattung bildet damit die Grundvoraussetzung für den Erhalt bzw. die Neuansiedlung von Industrien und Betrieben und damit letztlich für die Stärkung der regionalen Wirtschaftskraft.[24]

1.3. Die Entwicklung der regionalen Wirtschaftspolitik in der Bundesrepublik Deutschland von 1945 bis 1990

Anlaß für erste gezielte regionalpolitische Maßnahmen der Wirtschaftsförderung in der Bundesrepublik Deutschland sind die sozialen und wirtschaftlichen Mißstände in den Gebieten, die aufgrund unmittelbarer Kriegs- und Nachkriegs-

21 Vgl.: Jochimsen, Theorie der Infrastruktur, S. 16f.

22 Die Literatur unterscheidet teilweise zwischen "Infrastruktur" und "wirtschaftsnaher Infrastruktur". Gemäß dieser Systematik zählt das Wohnungswesen zur Kategorie der wirtschaftsnahen Infrastruktur. Im folgenden wird die Wohnungswirtschaft -unabhängig von einer weiteren Differenzierung- als Teil der Infrastruktur gesehen.
Vgl.: Ewringmann u.a., Gemeinschaftsaufgabe, S. 2,
Wille, Bedeutung der Infrastruktur, S. 17.

23 Vgl.: Gatzweiler/Irmen/Janich, Infrastrukturpolitik, S. 599,
Schrumpf, Ausstattung mit Infrastruktur, S. 2.

24 Vgl.: Wille, Bedeutung der Infrastruktur, S. 12,
Pfeiffer/Janeba, Wirtschaftliche Entwicklungsstrategie, S. 24f.

folgen Ende der 40er Jahre in besondere wirtschaftliche Schwierigkeiten geraten sind. Zu den Regionen, von denen angenommen werden muß, daß sie aus eigener Kraft die Notsituation nicht überwinden, zählen ländlich strukturierte Gebiete sowie das 1953 in Folge des "Eisernen Vorhanges" abgegrenzte "Zonenrandgebiet". Speziell die Bekämpfung der regionalen Arbeitslosigkeit infolge der Zuwanderung von Flüchtlingen sowie die Beseitigung der Strukturschwäche aufgrund von Industriedemontage und fehlender Infrastruktur mit Hilfe von zinsverbilligten Krediten des Europäischen Wiederaufbauprogramms und Investitionsprämien stehen im Brennpunkt der Förderungspolitik.

Nach Beseitigung der unmittelbaren Kriegsschäden Ende der 50er Jahre führen in den 60er Jahren wirtschaftliche Schwierigkeiten in verschiedenen Industriezentren zu einer Ausweitung der regionalen Förderkulisse. Betroffen sind Gebiete mit meist hohem Industriebesatz, aber wenig diversifizierter Industriestruktur. Zu nennen sind dabei hauptsächlich die traditionellen Kohle-, Stahl- und Schiffsbaugebiete. Insgesamt steigt im Zeitablauf das Volumen der als förderungswürdig eingestuften Regionen erheblich.[25]
Eine entscheidende Neuorientierung erfährt die Regionalpolitik Ende der 60er Jahre mit den sog. "regionalen Aktionsprogrammen". Die sich bis zu diesem Zeitpunkt als Förderpolitik nach dem "Gießkannenprinzip" darstellende Regionalpolitik weicht damit einer gezielteren, auf die Erfordernisse der jeweiligen Fördergebiete abgestimmten, Bekämpfung regionaler Disparitäten.[26] Bis 1971 werden insgesamt 21 regionale Aktionsprogramme initiiert. Auf ihrer Grundlage beschließt die Bundesregierung 1970 den ersten Rahmenplan des heute noch maßgeblichen Konzeptes der Gemeinschaftsaufgabe "Verbesserung der regionalen Wirtschaftsstruktur" (GRW).[27]

Die Aufgabenstellung der GRW[28] läßt sich wie folgt skizzieren: Angesichts der

25 Ende der 60er Jahre zählen 50 vH der bundesrepublikanischen Fläche und 33 vH der Bevölkerung zum Fördergebiet.
Vgl.: Müller, Regionale Strukturpolitik, S. 16,
Hansmeyer, Regionalpolitik, S. 4.

26 Vgl.: Lammers, Bund-Länder-Regionalförderung, S. 63.

27 Vgl.: Deutscher Bundestag, Drucksache VI/2451, S. 7.

28 Die Grundlage bildet das Gesetz über die Gemeinschaftsaufgabe "Verbesserung der regionalen Wirtschaftsstruktur" vom 6. Oktober 1969, BGBl. I 1969, S. 1861, ergänzt durch das Gesetz über die "Gewährung von Investitionszulagen und zur Änderung steuerrechtlicher und prämienrechtlicher Vorschriften" (Steueränderungsgesetz 1969) vom 18.08.1969, BGBl. I, S. 1211 und das Gesetz zur "Förderung des Zonenrandgebietes" (Zonenrandförderungsgesetz) vom 05.08.1971, BGBl. I, S. 1237.

Immobilität des Faktors Boden und der zumindest in großräumigem Maßstab unerwünschten Mobilität des Faktors Arbeit, zielt die GRW darauf ab, durch öffentliche Förderanreize Kapital zu mobilisieren und zwecks Kapazitäts- und Produktionserhöhung -und damit Schaffung neuer Arbeitsplätze sowie höherer Einkommenschancen- in Gebiete zu lenken, die eine unterdurchschnittliche Wirtschaftskraft aufweisen und somit krisenanfällig sind. Die Kapitalmobilisierung und -lenkung wird bevorzugt auf solche Orte konzentriert, die sich annahmegemäß am besten als Entwicklungskern für die insgesamt bedürftige Region eignen. Schon diese allgemeine Charakterisierung macht deutlich, daß die Gemeinschaftsaufgabe unterschiedlichen Zielen und Vorstellungen Rechnung zu tragen versucht.

Die Rechtsgrundlage für die GRW bilden die Art. 91 a, b und 104 a des Grundgesetzes, die im Zuge der Finanzreform von 1969 in das Gesetzeswerk eingefügt werden. Sie beenden den fast zwei Jahrzehnte währenden Zustand der auf Verwaltungsabkommen und jährlich zu erstellenden Bund-Länder-Rahmenplänen beruhenden Regionalförderung von Bund und Ländern.[29] Entscheidendes Gremium ist der paritätisch besetzte Bund-Länder-Planungsausschuß[30].

29 Die Konzeption des Rahmensplans in seiner aktuellen Form besteht aus drei Teilen. Der erste Teil enthält grundlegende Informationen zur Ausgestaltung der Regionalpolitik in der Bundesrepublik Deutschland, eine Darstellung der aktuellen Beschlüsse des Planungsausschusses sowie eine zusammenfassende Übersicht der derzeitigen Fördergebiete, Fördermittel und Förderergebnisse. Darüber hinaus werden auch komplementäre Bundesprogramme mit regionalwirtschaftlichem Charakter und die verschiedenen Förderprogramme der Länder vorgestellt. Ebenfalls wird über die EG-Beihilfekontrolle und EG-Regionalpolitik informiert. Teil II des Rahmenplans beschäftigt sich mit Voraussetzungen, Art und Intensität der verschiedenen Förderprogramme. Der dritte Teil grenzt Fördergebiete ab und nennt die hierfür geltenden Förderziele. Ebenso führt dieser Teil die Maßnahmen und Haushaltsmittel getrennt nach Haushaltsjahren und Länder auf. Darüber hinaus wird hierin von den Ländern Auskunft über die wirtschaftliche Lage ihres Fördergebietes und die sonstigen Entwicklungsmaßnahmen gegeben. Damit eröffnet sich für die Länder die Möglichkeit, Entwicklungskonzepte frühzeitig vorzustellen und die Gelegenheit zur Abstimmung mit anderen raumwirksamen Politikbereichen wahrzunehmen.

30 Ihm gehören der Bundeswirtschaftsminister als Vorsitzender, der Bundesfinanzminister und die entsprechenden Länderminister an, wobei die Stimmenzahl auf Bund und Länder paritätisch verteilt ist. Da Beschlüsse gemäß § 6 Abs. 2 GRW nur mit einer Dreiviertelmehrheit gefaßt werden können, ist ein Rahmenplan gegen den Willen des Bundes nicht möglich. In dem vorbereitenden Gremium sind die kommunalen Spitzenverbände -für Fragen des Wohnungswesens beispielsweise die verschiedenen Städte-, Gemeinde- und Landesverbände- in beratender Funktion tätig.

2. Zielsystem und Träger der regionalen Wirtschaftspolitik

2.1. Zielsystem der regionalen Wirtschaftspolitik

2.1.1. Wachstumspolitische Zielsetzung

Der Rahmenplan der Gemeinschaftsaufgabe nennt als zentrale Ziele der GRW das Wachstums-, das Ausgleichs- und das Stabilitätsziel, die sich primär aus den Zielsetzungen der allgemeinen Wirtschaftspolitik ableiten.[31] Zwischen den (Teil-) Zielen bestehen teilweise konkurrierende bzw. wechselseitige Beziehungen, so daß sie nicht unabhängig voneinander betrachtet werden können.

Das Wirtschaften ist durch zwei gegensätzliche Sachverhalte gekennzeichnet: Einerseits die menschlichen Bedürfnisse, welche annahmegemäß unbegrenzt vorhanden sind, und andererseits die der Bedürfnisbefriedigung dienenden Güter, die überwiegend nur in beschränktem Maße zur Verfügung stehen. Darauf aufbauend konkretisiert sich die hier vertretene wachstumspolitische Zielsetzung[32] der Regionalpolitik als Mobilisierung von vorhandenen, aber bislang ungenutzten örtlichen Wachstumsreserven, um ein möglichst großes Maß an Bedürfnisbefriedigung für die Bevölkerung eines abgegrenzten Gebietes dauerhaft zu erreichen. Die Erschließung zusätzlicher Produktionspotentiale bei gleichzeitiger Reduzierung wachstumshemmender Fehlentwicklungen in der Region soll möglichst auch eine Erhöhung des gesamtwirtschaftlichen Wachstums bewirken.[33]

Im Sinne eines derartigen Wachstumsziels ist es erforderlich, die Produktionsfaktoren -hauptsächlich Kapital- in die Regionen zu lenken, in denen sie den größten Grenzertrag leisten. Hierfür bieten sich strukturschwache Fördergebiete an, wie die neuen Bundesländer, da hier größere Wachstumspotentiale und damit höhere Grenzerträge im Vergleich zu wirtschaftlich besser gestellten Regionen realisierbar sind. Da jedoch auch dort die Chancen zur Wachstums-

31 Vgl.:Asmacher, Regionale Strukturpolitik, S. 7,
Brösse, Ziele der Regionalpolitik, S. 84.

32 Die Literatur stellt z. T. den gesamtwirtschaftlichen Wachstumseffekt in den Vordergrund. So spricht etwa Voss von einer "... Ausnutzung des regionalen Entwicklungspotentials zur Steigerung des gesamtwirtschaftlichen Wachstums ..." (Voss, Regionale Strukturpolitik, S. 5). Diese Ansicht trifft n. M. d. V. nicht das aktuelle, insbesondere für das Beitrittsgebiet zutreffende, Verständnis der wachstumspolitischen Zielsetzung.

33 Vgl.:Deutscher Bundestag, Drucksache 13/1376, S. 5.

mobilisierung regional unterschiedlich ausfallen, gilt es zunächst diejenigen Regionen zu fördern, die Ausbreitungseffekte im Raum unterstützen.[34]
Unter der Annahme einer substitutionalen Produktionsfunktion[35] ist die Grenzproduktivität des Kapitals in denjenigen Region am größten, die eine niedrige Kapitalintensität aufweist. Einen Anreiz zur Bindung von Kapital in den Fördergebieten stellt die Gewährung von Subventionen zur Senkung der Kapitalnutzungskosten dar.[36]

Als Maßstab für den Erfolg wachstumspolitischer Maßnahmen dient primär die Steigerung des realen Bruttosozialproduktes pro Kopf der Bevölkerung bzw. die saldierte Anzahl neugeschaffener Arbeitsplätze. Ebenso können Wanderungsdaten sowie die Erwerbsquote herangezogen werden[37]
Zur Beurteilung der durch das Förderinstrument angestoßenen Entwicklung ist eine zeitraumbezogene Betrachtung über mehrere Jahre notwendig, um die angestrebte Nachhaltigkeit des Effektes zu verifizieren; gleitende Mehrjahresdurchschnitte schalten konjunkturelle Schwankungen aus.[38]

2.1.2. Ausgleichspolitische Zielsetzung

Die ausgleichspolitische Zielsetzung der regionalen Wirtschaftspolitik stellt darauf ab, das durch marktwirtschaftliche Prozesse erzielte Verteilungsergebnis zu korrigieren. Dies geschieht in dem Maße wie es für notwendig erachtet wird, um "Verteilungsgerechtigkeit" durchzusetzen und damit interregionale Ungleichgewichte -insbesondere hinsichtlich Einkommen und Wohlstand- zu vermeiden. Inhaltlich gefüllt ist diese an Gerechtigkeitspostulaten orientierte Leitvorstellung durch die Forderung nach einem für alle Bürger quantitativ und qualitativ ausreichenden regionalen Angebot an Arbeits- und Verdienstmöglichkeiten, Wohnungen, Dienstleistungen, Infrastruktur sowie intakter Natur. Durch die Schaf-

34 Vgl.:Hamm/Klemmer, Neue regionalwirtschaftliche Problemlagen, S. 122.
35 Zur Einführung in die Theorie der Produktionsfunktionen vgl.: Hoyer/Rettig, Mikroökonomische Theorie, S. 131ff.
36 In Bezug auf das im Mittelpunkt der Arbeit stehende Altschuldenhilfe-Gesetz ergibt sich die Frage, inwiefern die Subventionen in Form von Zinshilfe und Teilentlastung zu einer Kapitalbindung in der geförderten Region und damit zu einer Wohlstandssteigerung, auch auf gesamtwirtschaftlichem Niveau, geführt hat. Zur Beantwortung dieser Frage wird die hierdurch tatsächlich induzierte Kapitalbildung und deren Auswirkungen auf das regionale Beschäftigungsniveau in Punkt V 1. ermittelt.
37 Vgl.:Eckey, Grundlagen der Strukturpolitik, S. 67.
38 Vgl.:Fürst/Klemmer/Zimmermann, Regionale Wirtschaftspolitik, S. 100.

fung gleichwertiger Lebens- und Arbeitsbedingungen in allen Teilen der Bundesrepublik leistet die Strukturpolitik über die Ausgleichszielsetzung einen Beitrag zur Erreichung der in Art. 72 Abs. 2 GG und § 2 Abs. 1 ROG manifestierten "Einheitlichkeit der Lebensverhältnisse". Diese Zielsetzung soll jedoch nicht (nur) über reine Ausgleichstransfers angestrebt werden. Erklärter Wille ist vielmehr, durch "Hilfe zur Selbsthilfe" strukturschwache Regionen so zu fördern, daß sie die gesteckten Ziele aus eigener Kraft erreichen.

Indikatoren für die Erreichung des Verteilungsziels sind neben den gängigen Infrastruktur- und Ausstattungskennzahlen bspw. Daten der Arbeitsplatzstruktur, sowie der personellen und funktionalen Einkommensentwicklung und -verteilung.

2.1.3. Stabilitätspolitische Zielsetzung

Die stabilitätspolitische Zielsetzung der regionalen Wirtschaftspolitik verfolgt die Herabsetzung konjunktureller und struktureller Anfälligkeiten der regionalen Standort- und Produktionsstrukturen. Hierin wird die Möglichkeit gesehen, eine gefestigte Beschäftigungs- und Einkommensentwicklung und damit die ökonomische Existenz der in der in der Region lebenden Menschen zu sichern.[39]
Eine Abschwächung dieser Anfälligkeiten läßt sich durch die Installation und Koordination sektoral ausgewogener Wirtschaftsstrukturen realisieren. Neben der sektoralen Diversifizierung bietet sich insbesondere die Förderung der Ansiedlung von Branchen mit prognostizierten, längerfristig überdurchschnittlichen Wachstumspotentialen an. Damit stellt das Stabilitätsziel primär auf die Absicherung der Einkommenserzielung ab und ist vor diesem Hintergrund als Teilziel der ausgleichspolitischen Zielsetzung zu verstehen.[40]
Als Maßstab zur Bestimmung der Stabilität dienen u. a. die Arbeitslosenquote, sektorale Beschäftigungszahlen und qualitative Beschäftigungsstrukturen im Zeitablauf.

39 Vgl.: Oesterreich, Regionalpolitik, S. 15.
40 Vgl.: Fürst/Klemmer/Zimmermann, Regionale Wirtschaftspolitik, S. 106.

2.1.4. Zielkonflikt

Als Beispiel für einen Zielkonflikt in der Regionalpolitik bietet sich die konkurrierende Wirkung von verteilungs- und wachstumspolitisch motivierten Maßnahmen an. Während es aus verteilungspolitischen Gesichtspunkten sinnvoll sein kann, vergleichsweise wenig entwickelte Regionen mit unterdurchschnittlichen Wachstumsraten zu begünstigen, bedeutet dies aus wachstumspolitischer Sicht lediglich eine suboptimale Allokation von Ressourcen, da der maximal mögliche Grenzertrag des Kapitals nicht realisiert wird.[41]

"Regionale Wirtschaftsförderung ist seit jeher durch das Spannungsverhältnis von allokativen und distributiven Zielen, von Förderungswürdigkeit und Förderbedürftigkeit einzelner Regionen, von gesamtwirtschaftlichen Wachstums- und interregionalen Stabilitäts- sowie Ausgleichsstrategien, von allgemeiner regionaler Wirtschaftsstrukturpolitik und regionsspezifischer Notstandsbekämpfung bzw. Sanierung gekennzeichnet gewesen."[42]

Diese Spannungsverhältnisse spiegeln sich in fast allen Bereichen und Regelungen der Gemeinschaftsaufgabe wider. Dabei darf jedoch nicht vergessen werden, daß aufgrund sich ändernder Zielvorstellungen, divergierender Interessen und Vorgaben der verschiedenen Elemente des förderativen Staates, sich ändernder wirtschaftlicher, sozialer, umweltspezifischer und politischer Rahmenbedingungen die Regionalpolitik einem permanenten Anpassungsdruck ausgesetzt ist. Dies führt zwangsläufig zu unterschiedlichen Schwerpunktsetzungen bei der Lösung bzw. Verminderung ihrer Konflikte.[43]

Bei der Beurteilung der regionalen Wirtschaftspolitik ist daher zu beachten, daß sie auch politischer und zweckbezogener Rationalität Rechnung tragen muß und infolge dessen nur unter Berücksichtigung konkreter Problemstellungen und vorgegebener Bedingungen erfolgen kann.

---

41 Vgl.: Krätzschmar, Theorie und Empirie der Regionalpolitik, S. 60f.
42 Ewringmann, Gemeinschaftsaufgabe, S. 20.
43 Verwiesen sei an dieser Stelle auf die in den 80er Jahren kritisch geführte Diskussion um die Bedeutung der regionalen Wirtschaftspolitik und deren notwendige Reform.
Vgl.: Klemmer, Reform der regionalen Wirtschaftspolitik, S. 290ff,
Hansmeyer, Regionalpolitik, S. 2.

2.2. Träger der regionalen Wirtschaftspolitik

Die Systematik der regionalpolitischen Akteure unterscheidet zwischen Entscheidungs- und Einflußträgern. Entscheidungsträger sind die Institutionen und Personen, denen die Gesellschaft die Kompetenz zuerkannt hat, eigenverantwortlich regionalpolitische Entscheidungen zu treffen und die darüber hinaus auch die Macht besitzen, diese durchzusetzen. Verfügen die Träger lediglich über die Möglichkeiten, gestaltend auf die regionale Wirtschaftspolitik einzuwirken, ohne hierzu von der Gesellschaft legitimiert worden zu sein, wird von Einflußträgern gesprochen.

2.2.1. Entscheidungsträger

2.2.1.1. Staat

Die Vielfalt regionalpolitischer Träger in der Bundesrepublik Deutschland ist in erster Linie auf den föderalistischen Staatsaufbau zurückzuführen. Gerade die räumliche Entwicklung des Wirtschaftsgeschehens muß eine Reihe von unterschiedlichen Interessen, sowohl auf gesamtwirtschaftlicher als auch auf Länderebene, berücksichtigen. Dieses Spannungsverhältnis zwischen zentral- und gliederstaatlicher Ebene konkretisiert sich einerseits in der auf Länder bzw. Kommunalebene anzutreffenden Sach- und Problemnähe und andererseits in der dem Bund obliegenden (Mit-)Verantwortung für die Herstellung und Wahrung einheitlicher Lebensverhältnisse im Bundesgebiet. Gleichwohl ist dies vom Gesetzgeber gewollt und im Grundgesetz verankert.[44]

Entsprechend dem föderativen Staatsaufbau der Bundesrepublik Deutschland sind für wirtschaftspolitische Eingriffe im allgemeinen und für strukturpolitische im besonderen primär die Länder und Kommunen zuständig. Das Grundgesetz bildet mit Art. 30 bzw Art. 28 hierfür die Basis. Aufgabe der Länder und Kommunen ist es, regionalpolitische Strategien und Konzepte auszuarbeiten, dabei

44 So z. B. in Art. 71 (Ausschließliche Gesetzgebung des Bundes) und Art. 72 (Konkurrierende Gesetzgebung) GG.

die verschiedenen Politikbereiche[45] aufeinander abzustimmen und sich ergebende Probleme zunächst in regionaler Eigenanstrengung zu lösen.[46] Diese Kompetenz von Ländern und Kommunen begründet sich mit deren besseren Orts- und Problemkenntnis sowie der politischen Verantwortung, die diese für die jeweilige lokale Entwicklung tragen.
Eingeschränkt wird dieser Entscheidungs- und Aktivitätsspielraum der Länder und Kommunen durch das übergeordnete Gesetzgebungsrecht des Bundes, das dieser zur Wahrung der Rechts- und Wirtschaftseinheit sowie der Einheitlichkeit der Lebensverhältnisse über das Gebiet eines Bundeslandes hinaus ausüben kann (Art. 72 GG). Art. 91 a GG beteiligt den Bund darüber hinaus an der regionalen Wirtschaftsförderung der Länder, ebenso Art. 104 a Abs. 4 GG, der dem Bund die Möglichkeit zu Zahlungen für strukturwirksame Investitionen, bspw. zum Ausgleich von Unterschieden in der regionalen Wirtschaftskraft, eröffnet.

Der Bund formuliert mittels seiner Gesetzgebungskompetenz die langfristigen Rahmenbedingungen für die wirtschaftliche Entwicklung. Hierbei sind spezielle Gesetze, wie z. B. das Altschuldenhilfe-Gesetz, als Basis strukturpolitischer Programme die Ausnahme. Ihre Notwendigkeit besteht dann, wenn die beabsichtigten regionalpolitischen Maßnahmen einer gesetzlichen Basis entbehren oder nicht mit ihr in Einklang gebracht werden können.[47] Einen starken und zugleich regelmäßigen Einfluß auf die Regionalpolitik besitzt der Bund aufgrund seines Haushaltsrechtes. Da fiskalische Maßnahmen zur Wirtschaftsbelebung nach wie vor ein starkes Gewicht im regionalpolitischen Instrumentarium auf-

45 Die Gemeinschaftsaufgabe trägt zur Unterstützung der Zielerreichung verschiedener Politikbereiche bei. Hierzu gehören neben dem Arbeitsmarkt die Förderung kleiner und mittlerer Unternehmen, der Umweltschutz, die Forschung und Entwicklung, der Technologietransfer und Innovationen, die Bildung und Wissenschaft sowie die Stadtentwicklung. Vgl.: Balz/Leibfritz, Regionalpolitik auf dem Prüfstand, S. 17ff.

46 In der Theorie wird die Regionalpolitik als Querschnittsaufgabe verstanden, die auf andere Politikbereiche, wie bspw. Verkehrs-, Agrar- und Wohnungspolitik, Einfluß nimmt, um sowohl die eigenen Ziele durchzusetzen, als auch gegenläufige Effekte differenzierter Förderungen zu unterbinden. Für die Praxis bleiben solche Querverbindungen lediglich theoretische Konstrukte. Diese Ansätze werden hier nicht weiter vertieft. Vgl.:Klemmer, Regionalpolitik und Umweltpolitik, S. 8f.

47 Die Notwendigkeit für die Schaffung eines Altschuldenhilfe-*Gesetzes* ergibt sich bspw. durch den Umstand, daß der Erblastentilgungsfonds in bestehende Kreditverträge einsteigen muß, um sie im Zuge der Teilentlastung ablösen zu können. Ohne gesetzliche Grundlage würde jede Bank -vor allem aufgrund der Tatsache, daß viele Kreditverhältnisse in einer Hochzinsphase abgeschlossen wurden- eine Ablösung in einer Niedrigzinsphase, vor allem ohne Vorfälligkeitsentschädigung, ablehnen.

weisen, ist ihm mit der Bereitstellung der Finanzmittel eine entsprechende Einflußmöglichkeit gegeben.
Die Aufgabe des Bundes beschränkt sich im Vergleich zu den Ländern folglich primär auf eine Mitwirkung bei der Erfüllung von Länderaufgaben, auf die Gewährleistung einheitlicher Ausgangsbedingungen als unerläßliche Voraussetzung für einen fairen Wettbewerb und auf eine Zahlungsfunktion, insbesondere bei einer finanziellen Überlastung der Länderetats.[48]

2.2.1.2. Supranationale Institutionen

Die Bundesrepublik Deutschland ist als Mitglied der Europäischen Gemeinschaft und zahlreicher anderer internationaler Organisationen zunehmend in politische Entscheidungen auf supranationaler Ebene eingebunden.[49] Dieser externe Einfluß wirkt sich auch auf den Bereich der Regionalpolitik aus und wird am Beispiel der Europäischen Gemeinschaft verdeutlicht.
Die Zielsetzung des Art. 130 a EWGV verpflichtet die Gemeinschaft, den Abstand zwischen den verschiedenen Regionen und den Rückstand der am wenigsten begünstigten Gebiete zu verringern (Konvergenzziel), um so den wirtschaftlichen und sozialen Zusammenhang der Gemeinschaft zu stärken und ihre harmonische Entwicklung als Ganzes zu fördern (Kohärenzziel).
Aus dem stetig fortschreitenden Integrationsprozeß der Europäischen Gemeinschaft ergeben sich für die Mitgliedsstaaten auf der einen Seite Chancen der wirtschaftlichen Entwicklung im gemeinsamen Markt. Auf der anderen Seite bedingt er die Unterordnung unter das gemeinsame EG-Recht und unter die Aufsicht der Gemeinschaftsorgane.

Im Mittelpunkt der europäischen Finanzinstrumente mit struktureller Zweckbestimmung steht der Europäische Fonds für regionale Entwicklung (EFRE), aus dem die Gemeinschaft finanzielle Mittel als nicht rückzahlbare Zuschüsse zur Investitionsförderung bereitstellt, um die regionalen Unterschiede im Entwick-

48 Vgl.: Teichmann, Wirtschaftspolitik, S. 9.
Da die neuen Länder nicht in der Lage sind, aus eigener Kraft die bestehenden Infrastrukturdefizite zügig abzubauen, erhalten sie (zusätzliche) Finanzhilfen des Bundes für besonders bedeutsame Investitionen. Diese im Rahmen des Investitionsförderungsgesetzes "Aufbau-Ost" gewährten Hilfen tragen damit zum Ausgleich der unterschiedlichen Wirtschaftskraft und zur Förderung des wirtschaftlichen Wachstums bei.
49 Vgl.: Püttner/Spannowsky, Regionalpolitik, S. 76f.

lungsstand innerhalb der Ländergemeinschaft zu vermindern. Darüber hinaus ist die Darlehens- und Bürgschaftsgewährung durch die Europäische Investitionsbank für den Kapitaltransfer in die Problemregionen von besonderer Bedeutung. Zusätzlich bestimmen Fonds, wie z. B. der Sozialfonds und der Agrarfonds die regionalpolitischen Fördereffekte.[50]

Neben ihrer eigenen regionalen Förderpolitik nimmt die EG-Kommission auch Einfluß auf die regionalen Fördermaßnahmen der Mitgliedsstaaten. Als eindrucksvolles Beispiel gilt das Beihilfeaufsichtsrecht. Mittels dieses Instrumentariums wird der EG-Kommission das dirigistische Recht eingeräumt, die nationale Regionalförderung zu kontrollieren und ggf. zu untersagen. Dies betrifft sowohl die Abgrenzung der nationalen Fördergebiete als auch die dort definierten Fördersätze. Der Beihilfekontrolle unterliegen sowohl die laufenden regionalen Förderprogramme als auch kurzfristigere Einzelförderungen.[51]
Damit wird dem Ausgleich regionaler Ungleichgewichte auf der Gemeinschaftsebene tendenziell der Vorrang vor dem Ausgleich nationaler Disparitäten eingeräumt.[52]

Mit dem Beitritt der Deutschen Demokratischen Republik zur Bundesrepublik Deutschland gehört das Beitrittsgebiet als Teil der Bundesrepublik Deutschland zur Europäischen Gemeinschaft und unterliegt dem Gemeinschaftsrecht.[53] Den neuen Bundesländern eröffnet sich damit der Zugang zu den Strukturfonds der Gemeinschaft und deren Mittel zur Anpassung und Entwicklung ihrer Wirtschaft. Da aufgrund der fehlenden Datenbasis für die neuen Bundesländer zu diesem Zeitpunkt eine Festlegung von Fördermaßnahmen gemäß den Kriterien der Fondsverordnung nicht realisierbar ist, verabschiedet der Rat der Gemeinschaft Ausnahme- und Übergangsregelungen für das gesamte Beitrittsgebiet.[54] Sie erlauben die Durchführung von Maßnahmen aus Strukturfondsmittel ohne

50 Vgl.: große Siemer, Europäische Regionalpolitik, S. 27ff.
51 Grundlage hierfür sind die Art. 92ff EWGV.
Die Kommission wendet dieses Instrument immer dann an, wenn direkte oder indirekte nationale Fördermaßnahmen ihrer Ansicht nach zu einer Benachteiligung anderer Regionen eines Mitgliedsstaates führen können. Vor diesem Hintergrund hat die Bundesrepublik Deutschland mit ihrer Auslegung der Gemeinschaftsaufgabe "Verbesserung der regionalen Wirtschaftsstruktur" jahrelang einen Konflikt mit der Kommission ausgetragen.
Vgl.: Zarth, Neuordnung der Regionalförderung, S. 540,
Gerstner, Europäische Integration, S. 189.
52 Vgl.: Krieger-Boden, Regionalpolitik der EG, S. 82.
53 Vgl.: Verordnung und Richtlinien des Rates ABlEG Nr. L 353 vom 17.12.1990.
54 Vgl.: Haneklaus, Regionalpolitik in der EG, S. 12.

vorherige Einstufung der Regionen gemäß den regionalpolitischen Zielrichtlinien der Gemeinschaft.

2.2.1.3. Verbände

Die Vielzahl wirtschaftspolitischer Verbände läßt sich in solche mit öffentlichrechtlichem Charakter und solchen mit privatrechtlich-organisierter Ausrichtung differenzieren. Diese Trennung verdeutlicht, daß es sich bei Verbänden, je nach Ausgestaltung, sowohl um Entscheidungsträger als auch um Einflußträger handeln kann.
Zu den Verbänden mit öffentlich-rechtlichem Charakter zählen die Industrie- und Handelskammern, Handwerksinnungen sowie die Handwerks- und Landwirtschaftskammern.
Privatrechtlich organisierte Interessenverbände entstehen durch freiwillige Zusammenschlüsse von privaten Wirtschaftseinheiten. Im Gegensatz zu den o. g. Kammern haben sie keine behördlichen Funktionen im Sinne des Verwaltungsrechtes. Ihr Ziel besteht darin, im Rahmen der Verbandsmacht die wirtschaftlichen Interessen ihrer Mitglieder wahrzunehmen und damit die Marktdaten zu beeinflussen. Typische Beispiele sind Genossenschaften, Arbeitsmarktverbände sowie die jeweiligen Branchenverbände, welche strukturpolitische Entscheidungen aktiv mitzugestalten versuchen. Bei letzteren handelt es sich oftmals um regional ausgerichtete Zusammenschlüsse, die nicht nur die gemeinsame Interessenvertretung nach außen übernehmen, sondern gleichzeitig eine wichtige Informations- und Beratungsfunktion für ihre Mitglieder im Innenverhältnis ausüben. Zu dieser Gruppe zählt der Gesamtverband der Wohnungswirtschaft (GdW) in Köln, der als Dachorganisation für die Wohnungswirtschaft zusammen mit den Wohnungsverbänden aus den jeweiligen neuen Bundesländern maßgeblich bei der Konzeption und heutigen Umsetzung des Altschuldenhilfe-Gesetzes beteiligt ist.

2.2.2. Einflußträger

Zu den Einflußträgern gehören neben privatrechtlich-organisierten Verbänden auch Parteien, marktmächtige Unternehmen, Medien sowie die beratende Wissenschaft aus dem In- und Ausland. Da diese nicht über die Kompetenz verfügen, ihre wirtschaftspolitischen Ziele durchzusetzen, versuchen sie durch verschiedene Formen der Kommunikation und Kooperation auf wirtschaftspolitische Entscheidungen Einfluß zu nehmen. Die Kooperation umfaßt die lose Kontaktaufnahme ebenso, wie den möglichen Zusammenschluß mit wirtschaftspolitischen Entscheidungsträgern. Darüber hinaus wird durch gezielte Aktionen die betroffene Bevölkerungsgruppe bis hin zur breiten Öffentlichkeit mobilisiert, um Druck auszuüben. Nicht selten verändert eine kombinierte Vorgehensweise die Zielhierachie der Entscheidungsträger.[55]

3. Instrumente der regionalen Wirtschaftspolitik und Möglichkeiten zur Analyse ihrer Wirkungen

3.1. Das regionalpolitische Instrumentarium

Das regionalwirtschaftspolitische Instrumentarium umfaßt die Summe aller Handlungsalternativen der Entscheidungsträger, die zur Verwirklichung regionalpolitischer Ziele anwendbar sind. Es unterscheidet sich grundsätzlich nicht von dem der allgemeinen Wirtschaftspolitik. Dies resultiert aus der Auffassung, daß regionale Wirtschaftspolitik eine regionalisierte allgemeine Wirtschaftspolitik ist. Die Regionalisierung bezieht sich entsprechend nicht nur auf die Ziele und Träger, sondern auch auf den Mitteleinsatz.[56] Letztlich ist es die spezifisch verfolgte regionalpolitische Absicht, mit der ein bestimmtes Instrument eingesetzt wird, die diese Maßnahme zu einem Werkzeug der Regionalpolitik und nicht der allgemeinen Wirtschaftspolitik werden läßt.

Dem potentiellen Investor werden zusätzlich zur Bereitstellung von Marktinformationen, Beratung sowie benötigter Infrastruktur vorwiegend finanzielle Anreize in Form von Subventionen gewährt, um ihn zu Entscheidungen zu bewegen, die sein Rentabilitätskalkül mit den Zielvorstellungen regionalpolitischer Träger in Übereinstimmung bringen lassen. Demnach handelt es sich um einen Ressourcentransfer aus dem öffentlichen Bereich in den privatwirtschaftlichen

55 So ist zum Beispiel die Durchsetzung gelockerter Bestimmungen bei der Anrechnung von Wohnungsprivatisierungen im Rahmen des Altschuldenhilfe-Gesetzes nicht zuletzt auf das massive Einwirken einzelner Wohnungsunternehmen auf die Bundesregierung bzw. den Lenkungsausschuß zurückzuführen.

56 Vgl.: Fürst/Klemmer/Zimmermann, Regionale Wirtschaftspolitik, S. 152.

Sektor. Der Steuerungscharakter des Transfers besteht darin, entweder durch die Verbesserung der unternehmerischen Renditelage Investionsanreize zu schaffen oder mit der Förderung die Erfüllung von Empfangs- bzw. Verwendungsauflagen zu verknüpfen.[57] Dabei bleibt dem potentiellen Adressaten der Maßnahmen überlassen, auf das Förderangebot zu reagieren und es ggf. in Anspruch zu nehmen.

Die finanziellen Vergünstigungen bilden den Schwerpunkt der regionalen Wirtschaftspolitik. Sie unterscheiden sich hinsichtlich vieler Kriterien wie bspw. Berechtigtenkreis, Fördergegenstand, Förderintensität, Antragsverfahren, steuerliche Behandlung oder Rechtsanspruch. Allen Kriterien gemein ist lediglich die Tatsache, daß sie sich auf eine bestimmte förderwürdige Investition beziehen und i. d. R. Kumulierungsverbote oder zumindest Grenzen für die Förderintensität bestehen. Im folgenden werden drei für das Beitrittsgebiet maßgebliche finanzielle Instrumente skizziert:

3.1.1. Investitionszulagen

Bei der Investitionszulage handelt es sich um nicht rückzahlbare staatliche Geldmittel, die das begünstigte Unternehmen für die Durchführung von Investitionen erhält. Sie gilt als Basisinstrument der Investitionsförderung im Beitrittsgebiet und ist dort noch vor dem Einigungsvertrag mit dem Ziel eingeführt[58], in kurzer Zeit auf breiter Ebene eine Investitionsdynamik in den neuen Ländern auszulösen.

Förderfähig sind die Anschaffung oder Herstellung abnutzbarer beweglicher Wirtschaftsgüter des Anlagevermögens, bei überwiegender gewerblicher Nutzung. Erfüllt das Unternehmen die mit der Investitionszulage verbundenen Förderauflagen, besteht ein Rechtsanspruch auf die Gewährung dieser Subvention.

Investitionszulagen gehören nicht zu den Einkünften im Sinne des Einkommensteuergesetzes, d. h. sie gelten weder als steuerpflichtige Erträge noch

57 Im Rahmen des Altschuldenhilfe-Gesetzes ist die Gewährung von Zinshilfe und Teilentlastung an den Abschluß eines Kreditvertrages nach bundesdeutschem Recht gebunden (Empfangsauflage); die Verwendungsauflage besteht in der Verpflichtung, mit den gewährten Mittel die vorhandenen Altvorbindlichkeiten zu bedienen.
Vgl. Punkt III 5.

58 DDR-Investitionszulagen-Gesetz vom 4. Juli 1990, geändert am 13. September 1990, als Bundesrecht übernommen lt. Einigungsvertrag vom 31. August 1990.

sind sie von den steuerlich relevanten Anschaffungs- oder Herstellungskosten des geförderten Anlagegegenstandes abzuziehen.[59]

3.1.2. Sonderabschreibungen

Ein weiteres Förderinstrument ist die Sonderabschreibung gemäß Fördergebietsgesetz. Förderobjekte sind abnutzbare, bewegliche und unbewegliche Wirtschaftsgüter des Anlagevermögens, die überwiegend gewerblich genutzt werden. Hierfür kann das Steuersubjekt zusätzlich zur planmäßigen Abschreibung Sonderabschreibungen geltend machen. Im Gegensatz zur Investitionszulage, die sich auf Neuanschaffungen bezieht, ist die Sonderabschreibung auch bei Ausbauten und Erweiterungen an bestehenden Gebäuden des Anlagevermögens anwendbar.

Der Vorteil der Sonderabschreibung liegt nicht in einer effektiven Steuerersparnis, sondern in der Verschiebung von Steueraufwand und -zahlung in spätere Perioden. Der Steuerstundungseffekt bewirkt einen vorübergehenden Liquiditätsvorteil und damit einen Zinsgewinn für das die Sonderabschreibung nutzende Unternehmen.[60]

3.1.3. Investitionszuschüsse

Als weiteres wichtiges Instrument der regionalen Wirtschaftsförderung im Beitrittsgebiet gelten die Investitionszuschüsse im Rahmen der GRW für gewerbliche Investitionen und wirtschaftsnahe Infrastruktur. Sie sind analog zur Investitionszulage eine nicht rückzahlbare, finanzielle staatliche Investitionshilfe. Im Gegensatz zur Investitionszulage besteht kein Rechtsanspruch auf die Gewährung des Investitionszuschusses; vielmehr entscheidet die zuständige Instanz nach Lage des Einzelfalls. Darüber hinaus hat der Begünstigte die erhaltenen Zuschüsse zu versteuern.

Förderfähig sind die Anschaffungs- oder Herstellungskosten von Investitionen zur Rationalisierung oder Umstellung, Erweiterung oder Errichtung von Betriebsstätten, sofern damit die Schaffung oder Sicherung von Dauerarbeitsplätzen verbunden ist.

59 Vgl.:Richter u. a., Effizienz finanzpolitischer Fördermaßnahmen, S. 8.
60 Vgl.:BMWi, Fördergelder, S. 15.

Eine Einordnung der Altschuldenhilfe unter die vorgestellte Systematik der finanziellen regionalpolitischen Instrumente ist nicht ohne weiteres möglich, da die Altschuldenhilfe sowohl Elemente der Investitionszulage als auch des Investitionszuschusses aufweist. Für eine Klassifizierung als Investitionszulage spricht der eingeräumte Rechtsanspruch auf die Inanspruchnahme der Subvention[61]. Demgegenüber sind die vereinnahmten Mittel aus der Altschuldenhilfe nur teilweise von einkommens- und ertragsabhängigen Steuern befreit. Während die Teilentlastung gemäß § 6 AHG steuerbefreit ist, unterliegt die Zinshilfe grundsätzlich der Besteuerung. Danach wäre die Altschuldenhilfe als Investitionszuschuß zu charakterisieren.

3.2. Erfolgskontrollen für regionalpolitische Instrumente

Jedes Wirtschaften steht unter dem Diktat knapper Mittel und somit unter der Maßgabe, den Vorgaben des ökonomischen Prinzips Folge zu leisten. In einer marktwirtschaftlich organisierten Volkswirtschaft soll dieser Grundsachverhalt durch den Wettbewerb gelöst werden: Der Wettbewerb zwischen den verschiedenen Anbietern einer Branche soll dazu führen, daß die ihnen zur Verfügung stehenden Ressourcen nur für solche Produkte und Leistungen Verwendung finden, die von den Nachfragern gewünscht werden. Auf diese Weise erfolgt der Mitteleinsatz zielgerecht und ökonomisch vertretbar. Ein hiervon abweichender Mitteleinsatz führt zu Absatzschwierigkeiten und zur Verdrängung durch die Konkurrenz, so daß das Unternehmen aus dem Markt ausscheidet und der nicht zielgerichtete Mitteleinsatz damit korrigiert wird.
Im Rahmen des Einsatzes von öffentlichen Mitteln fehlt der Steuerungsmechanismus "Wettbewerb". Darum ist es erforderlich, vergleichbare andere Instrumente zur Erfolgskontrolle zu nutzen. Ihre Aufgabe ist es im Rahmen einer Ziel-Mittel-Rationalität zu überprüfen, ob und inwieweit die mit den regionalpolitischen Maßnahmen angestrebten Ziele tatsächlich erreicht werden bzw. weitergehend, ob die eingesetzten Mittel effektiv, d. h. nur mit dem notwendigen Aufwand und ohne Verschwendung eingesetzt werden.[62] Erfolgskontrollen sind umso wichtiger, als infolge der spezifischen regionalen Strukturen und Entwicklungen die gleiche Maßnahme in verschiedenen Regionen unterschiedlich wirken kann. Neben der reinen (vergangenheitsorientierten) Erfolgskontrolle ist

61 Vgl.: Punkt IV 2.1.1.3.
62 Vgl.: Deutscher Bundestag, Drucksache 13/1376, S. 18.

das Ergebnis dieser Analyse Ausgangspunkt für einen verbesserten zukünftigen Einsatz regionalpolitischer Instrumente. Erfolgskontrollen sind daher für die Analyse von Wirkungszusammenhängen unverzichtbar. Eine solche Notwendigkeit ist bereits mit der Einführung der Gemeinschaftsaufgabe "Verbesserung der regionalen Wirtschaftsstruktur" (GRW) im Jahre 1969 erkannt und eine laufende Überprüfung der Effizienz der eingesetzten Mittel durch den Bund-Länder-Planungsausschuß gefordert.

3.2.1. Vollzugskontrolle

Die heute in der Praxis durchgeführte Erfolgskontrolle der Gemeinschaftsaufgabe unterscheidet zwischen der Vollzugs-[63], der Zielerreichungs- sowie der Wirksamkeitskontrolle. Als Datenbasis dienen zumeist die vom Bundesamt für Wirtschaft aufgestellten Statistiken.[64]
Die Vollzugskontrolle überprüft, ob das regionalpolitische Programm im Sinne der zugrundeliegenden Programmformulierung durchgeführt worden ist. Im einzelnen bedeutet dies, die Akzeptanz und Inanspruchnahme des fördernden Instrumentes durch den potentiellen Adressatenkreis zu ermitteln, sowie darüber hinaus ex post das Handeln der Durchführungsinstanzen auf Normkonformität zu prüfen.[65] Hierbei handelt es sich um den traditionellen Untersuchungsbereich von Verwaltungen und Rechnungshöfen.
Im Rahmen der Untersuchung des Altschuldenhilfe-Gesetzes als Instrument der regionalen Wirtschaftspolitik findet die Vollzugskontrolle primär Anwendung bei der Beurteilung der Akzeptanz des Förderinstrumentariums durch die Woh-

63 Alternativ zum Begriff der Vollzugskontrolle verwendet die Literatur teilweise auch die Begriffe "Inanspruchnahmekontrolle" oder "Durchführungskontrolle".
Vgl.: Hußmann, Problematik von Erfolgskontrollen, S. 17.

64 Zu nennen ist speziell die Statistik der bewilligten Förderfälle, die bereits eine Kontrolle der Inanspruchnahme des jeweiligen Förderinstrumentes unter verschiedenen Aspekten (z. B. Anzahl und Art der Investition, geförderte Wirtschaftsbereich und Anzahl neugeschaffener Arbeitsplätze) darstellt.

65 Im Rahmen der GRW sind für die Durchführung der konkreten Förderung nach der grundgesetzlichen Kompetenzverteilung allein die Länder zuständig, die auch die Kontrolle darüber ausüben, ob die Förderregeln durch die Investoren eingehalten werden. Die Aufgabe des Bundes -und hier speziell des Bundeswirtschaftsministeriums- beschränkt sich auf eine Kontrolle der Länder gemäß § 11 Abs. 3 GA-Gesetz, ob diese bei der Bewilligung der GA-Mittel die hiermit verbundenen Auflagen hinsichtlich der Fördergebietes, der Fördersätze etc. eingehalten haben.

nungswirtschaft in Punkt IV 1. Eine zusätzliche Überprüfung der konkreten Mittelverwendung ist nicht notwendig.[66]

3.2.2. Zielerreichungskontrolle

Die Zielerreichungskontrolle beurteilt als Soll-Ist-Vergleich ex-post das Verhältnis zwischen den dem Instrument zurechenbaren, realisierten Ergebnissen und den an das Instrument gestellten Sollvorstellungen, denen zuvor formulierte regionalpolitische Zielvorstellung zugrunde liegen. Damit ist nachweisbar, inwieweit durch den gezielten Einsatz des angewendeten Instrumentes im Untersuchungszeitraum regionale Disparitäten abgebaut werden können. Der vergangenheitsorientierte Soll-Ist-Vergleich ist zudem Entscheidungsgrundlage für eine eventuell notwendige Anpassung des Zielsystems und für die Modifikation des Mitteleinsatzes in der Zukunft.
Dieses Analysekonzept findet auch bei der Beurteilung der Altschuldenhilfe im Hinblick auf die angestrebte Verbesserung der Kredit- und Investitionsfähigkeit in Punkt IV 2., aber auch für eine Beurteilung der hierdurch realisierten Steigerung der individuellen Wohneigentumsquote in Punkt IV 3. Anwendung.

3.2.3. Wirksamkeitskontrolle

Während sich die Zielerreichungskontrolle auf die Überwachung der Zielerfüllung beschränkt, untersucht die Wirksamkeitskontrolle, welche regionalen bzw. gesamtwirtschaftlichen Auswirkungen über das originäre Förderziel hinaus dem Instrumentarium zuzuordnen sind. Die Überwachung von Zielerreichung und Wirksamkeit der bereitgestellten Mittel obliegt regelmäßig den für die jeweilige Förderung zuständigen Ministerien.
Die später in Kapitel V geführte Diskussion über die Auswirkungen des Altschuldenhilfe-Gesetzes auf die wachstums-, ausgleichs- und stabilitätspolitische Entwicklung in den fünf neuen Bundesländern und Berlin (Ost) basiert auf dem Konzept der Wirksamkeitsanalyse.

---

66 Eine solche Kontrolle ist im Rahmen der Förderkonzeption des Altschuldenhilfe-Gesetzes nicht angezeigt, da die Fördermittel nicht den Wohnungsunternehmen (bar) ausgezahlt, sondern bestehende Verbindlichkeiten (teilweise) vom Bund bzw. den Länder übernommen werden.
Vgl.: Punkt III 5.

3.2.4. Einzelbetriebliche Erfolgskontrolle

Zusätzlich zu den drei genannten Arten der Erfolgskontrolle ist für eine umfassende Beurteilung der regionalpolitischen Instrumente und ihrer Wirkung eine einzelbetriebliche (mikroökonomische) Erfolgskontrolle[67] notwendig. Hierunter wird eine über die reine Vollzugskontrolle hinausgehende Prüfung der Auswirkungen der Fördermaßnahmen auf das einzelne Unternehmen verstanden. Durch systematische Auswertung der meßbaren Wirkungen auf betriebswirtschaftlicher Ebene und anschließender Abstraktion und Projektion können die Auswirkungen auf eine Branche bzw. eine Region hergeleitet werden.
Entsprechend diesem Ansatz legt Punkt IV 2. die betriebswirtschaftlichen Daten von 12 ausgewählten Wohnungsunternehmen zugrunde, um hierauf aufbauend Aussagen über mögliche Auswirkungen auf die ostdeutsche Wohnungswirtschaft zu treffen.

3.2.5. Grenzen der Erfolgskontrollen

Der Versuch einer Erfolgskontrolle strukturpolitischer Eingriffe der öffentlichen Hand ist in der Regel mit erheblichen Problemen behaftet. Diese sind sowohl grundsätzlicher Natur, d. h. sie treten ebenso auf anderen Gebieten der Wirtschaftspolitik auf, als auch speziell mit der regionalen Strukturpolitik verbunden. Eine Restriktion für jede Art von Erfolgskontrolle resultiert aus der Tatsache, daß "Laborbedingungen" in der Praxis nicht vorhanden sind, sondern viele externe und meist nicht bestimmbare Effekte den Ergebnisprozeß beeinflussen. Es kann nicht mehr zweifelsfrei gefolgert werden, ob eine bestimmte Entwicklung tatsächlich die Folge der wirtschaftspolitischen Einwirkung ist oder ob sie sich auch ohne den lenkenden staatlichen Eingriff, bspw. durch eine Marktanpassung, vollzogen hätte. Wirtschaftspolitisch verfolgte Zielsetzungen sind zudem meist über einen längerfristigen Zeitraum definiert, so daß die Wahrscheinlichkeit für derartige unvorhergesehene Einflußgrößen im Zeitablauf steigt und deren Beitrag an der vollzogenen Entwicklung schwer identifizierbar bzw. quantifizierbar ist.

---

67 Die Bedeutung einzelbetrieblicher Erfolgskontrollen erkennen die Gremien der Gemeinschaftsaufgabe erst Anfang der 80er Jahre. Ein erstes Kontrollverfahren prüft ex post die im Zeitraum 1972-1977 geförderten Neuansiedlungsprojekte. Diese einzelbetriebliche Erfolgskontrolle scheitert jedoch an dem zum damaligen Zeitpunkt fehlenden Vergleichsmaßstab.

Problematisch ist darüber hinaus die Abschätzung, wie stark ein bestimmter Anreiz sein muß, damit die angestrebte Entwicklung im gewünschtem Ausmaß eintritt. Die Bestimmung des notwendigen "Schwellenwertes" erweist sich in der Praxis aufgrund der nicht exakt vorherbestimmbaren Multiplikatoreffekte[68] des staatlichen Anreizes als äußerst schwierig. Eine Möglichkeit zur Evaluierung des adäquaten Schwellenwerts ergibt sich über die einzelbetriebliche Erfolgskontrolle. Unter der Annahme einer weitgehenden Homogenität zwischen den einzelnen untersuchten Unternehmen und den insgesamt vorhandenen Unternehmen einer Branche bzw. Region, läßt sich der einzelbetriebliche Schwellenwert als Richtgröße für die Gesamtheit festlegen. Dennoch wird es Unternehmen geben, bei denen dieser finanzielle Anreiz nicht die gewünschte wirtschaftspolitische Verhaltensweise hervorruft, während andere Unternehmen dagegen bereits bei einem geringeren Anreiz die erwünschte Entscheidung getroffen hätten.

Für die Regionalpolitik ist die Erfolgskontrolle ein unverzichtbares Instrumentarium, "... wenngleich zweifelsfreie Beweise für den Erfolg der regionalpolitischen Fördermaßnahmen von ihr nicht erwartet werden dürfen. Möglich sind empirisch begründete Vermutungen über Richtung und -in Bandbreiten- Stärke des Einflusses der regionalpolitischen Instrumente auf die regionalpolitische Zielgröße."[69]

4. Exkurs: Die Entwicklung der Territorialplanung in der Deutschen Demokratischen Republik von 1945 bis 1990

Nach Kriegsende ist mit der Implementierung des neuen Gesellschaftssystems in der Sowjetischen Besatzungszone, als Vorläufer der späteren DDR, ideologiebedingt ein Wandel innerhalb der bestehenden Eigentumsstrukturen notwendig. Gemäß der sozialistischen Gesellschaftstheorie kann nur Gemeinschaftseigentum der gesamtwirtschaftlich sinnvollen Koordination und Nutzung der vorhandenen Ressourcen dienen und für den gesellschaftlichen Fortschritt und Wohlstand sorgen. Entsprechend forciert der Staat die "Umwidmung" von nicht systemkonformen privatem Eigentum in sozialistisches, gemeinschaftli-

68 Zur Theorie des Multiplikatorprinzips vgl.: Rettig/Voggenreiter, Makroökonomische Theorie, S. 232ff und Siebke/Thieme, Einkommen, Beschäftigung, Preisniveau, S. 103ff.
69 Deutscher Bundestag, Drucksache 13/1376, S. 18.

ches Eigentum, dem sog. "Volkseigentum". Parallel erfolgt der Aufbau gesamtwirtschaftlicher Planungs- und Steuerungssysteme sowie entsprechender Koordinationsorgane. Als zentrale Instanz etabliert sich Ende 1950 die Staatliche Plankommission.[70] Damit sind nach sozialistischem Verständnis die ersten organisatorischen Voraussetzungen für einen systematischen Wiederaufbau und die weitere planmäßige "proportionale Entwicklung" der Volkswirtschaft geschaffen.

Die "proportionale Entwicklung" ist Ausdruck für die planmäßige Abstimmung der verschiedenen Bereiche und Regionen der Volkswirtschaft. Sie kann als ein politisch erwünschtes Zusammenspiel der Standortplanung der Investitionen, der planmäßigen Entwicklung der regionalen Bevölkerungsverteilung sowie der gezielten Ansiedlung technischer und sozialer Infrastruktur interpretiert werden. Als rechtliche Grundlage der territorialen Zielsetzung in der DDR dienen überwiegend die Beschlüsse der SED-Parteitage und der Regierung über die "Standortverteilung der Produktivkräfte und die Entwicklung in den Bezirken"[71]. Gesetzliche Vorgaben, vergleichbar dem Gesetz über die Gemeinschaftsaufgabe "Verbesserung der regionalen Wirtschaftsstruktur" oder dem Raumordnungsgesetz, existieren nicht oder nur als nicht veröffentlichte "interne Richtlinien".

In der ersten Phase des wirtschaftlichen Wiederaufbaus etabliert sich ein vorrangig an Wirtschaftszweigen orientiertes, zentralisiertes Planungssystem. Sein Schwerpunkt liegt auf dem Aus- und Aufbau der Grundstoff- und Produktionsgüterindustrie unter Vernachlässigung der Konsumgüterindustrie. Die Wirtschaftspolitik -und mit ihr das Planungs- und Leitungssystem- orientiert sich in dieser Phase deutlich an der schnellen und quantitativen Produktionsausweitung. Den örtlichen Staatsorganen kommt kaum mehr als eine komplementäre Funktion zu, die sich auf die Bereitstellung der hierfür notwendigen Infrastruktur be-

70 Die Staatliche Plankommission ist als Organ des Ministerrates Mitglied der Regierung der DDR. Ihr obliegt, unter Aufsicht des Ministerrates, die Planung, Leitung und Kontrolle der gesamten Volkswirtschaft der DDR. Sie arbeitet Pläne (langfristige Pläne, Fünfjahrespläne, Jahresvolkswirtschaftspläne etc.) aus, die der Ministerrat -mit Zustimmung des Politbüros- genehmigt. Gleichzeitig ist sie für die Erfüllung der von ihr aufgestellten Pläne verantwortlich. Die umfassenden und weitreichenden Kompetenzen, die sich auch auf die Plankoordinierung innerhalb der RGW erstrecken, veranschaulichen ihren beträchtlichen Machtfaktor. Vgl.: Scherzinger, Regionalplanung in der DDR, S. 10f.

71 Diese basieren auf den laufenden Erkenntnissen und Erfahrungen von Wissenschaftlern und Praktikern der UDSSR und anderer sozialistischer Länder im Rahmen der Zusammenarbeit der Territorialwissenschaftler der RGW-Mitgliedsstaaten.

schränkt. Die zentrale Entscheidungsvorgabe führt aufgrund der mangelnden Berücksichtigung örtlicher Gegebenheiten zu nicht durchkalkulierten Industriestandorten, hohen gebietswirtschaftlichen Investitionsaufwendungen und damit zu einer ineffizienten regionalen Wirtschaftsstruktur.[72]

Der IV. Parteitag der SED 1954 problematisiert diese aus der mangelnden Zusammenarbeit von zentralen und örtlichen Organen resultierenden Schwierigkeiten und erarbeitet Lösungsvorschläge. "Die Planung unserer Volkswirtschaft berücksichtigte bisher zu wenig die Fragen der rationellen Standortverteilung der Produktion auf die einzelnen Bezirke. Die Ausarbeitung und Durchführung des 2. Fünfjahresplanes erfordert es, daß die regionale Planung stärker beachtet wird. Deshalb sind Entwicklungspläne für die einzelnen Bezirke[73] der DDR auszuarbeiten, in denen ausgehend von der Entwicklung der für die gesamte Volkswirtschaft wichtigen Wirtschaftszweige die wirtschaftlichen und kulturelle Entwicklung der Bezirke festgelegt wird."[74] Eine Möglichkeit zur Steigerung der ökonomischen Effektivität erhofft sich die politische Führung von der verstärkten Umlenkung von Verantwortung auf die mittlere Politebene sowie von erweiterten Mitbestimmungsrechten der untersten Verwaltungsstufe hinsichtlich aller wirtschaftlichen und kulturellen Entscheidungen mit örtlicher Bedeutung. Mit diesem politischen Umdenken wird die bislang ausgeprägte Zentralisierung durch eine stärkere Einflußnahme der örtlichen Volksvertretung relativiert. Basis hierfür ist das "Gesetz über die Vervollkommnung und Vereinfachung des Staatsapparates"[75]. Die örtlichen Organe der Staatsmacht erhalten Kompetenzen für die staatlichen und wirtschaftlichen Aufgaben in ihrem Zuständigkeits-

72 Vgl.: Matern, Kampf für Frieden, Demokratie und Sozialismus, S. 58.

73 Mit den Vorbereitungen zum ersten Fünfjahresplan 1949/50, der den Aufbau neuer Industriestandorte vorsieht, erkennt die politische Führung, daß die Landes- und Kreisgrenzen der nach dem Krieg gebildeten fünf Länder (Brandenburg, Mecklenburg, Sachsen, Sachsen-Anhalt und Thüringen) zusammenhängende Wirtschaftsräume zerschneiden. Vor diesem Hintergrund lösen die Machthaber 1952 die fünf Länder wieder auf und ersetzen sie durch 15 Bezirke. Zahlreiche Kreisgrenzen werden neu festgelegt und Kommunen umgegliedert bzw. zusammengefaßt. Motivation für die Neugliederung ist die Schaffung sinnvoller Einheiten von Region, Wirtschaft und Verwaltung, die insbesondere die vorherrschenden regional-ökonomischen Bedingungen berücksichtigen. Kennzeichnend für diese Gebiete sind sowohl eine intensive innerbetriebliche Verflechtung der Produktionsstätten, eine typische Spezialproduktion sowie eine ökonomische Schwerpunktbildung der jeweiligen Bezirkshauptstädte.
Vgl.: Autorenkollektiv, Ökonomische Geographie der DDR, S. 71,
Kabermann, Territoriale Neugliederung, S. 280.

74 Vgl.: Ulbricht, Neue Aufgaben im nationalen Aufbau, S. 3.

75 Gesetz über die Vervollkommnung und Vereinfachung des Staatsapparates vom 11. Februar 1958, GBl. I, Nr. 11, 1958.

bereich sowie ein größeres Eingriffsrecht bei der Konkretisierung der zentralen Rahmenpläne.

Für die Raumentwicklung in der DDR bildet das "Gesetz über die Vervollkommnung und Vereinfachung des Staatsapparates" die Basis für die Einführung einer "komplex-territorialen Planung", deren Ziel die Beseitigung bestehender regionaler Disproportionen und damit der Aufbau homogener Wirtschaftsräume ist. Das Konzept der komplex-territorialen Gebietsplanung geht von der Vorstellung sich weitgehend selbst versorgender Gebietskörperschaften aus. Die sich ergebenden Spezialisierungsvorteile der einzelnen Bezirke sollen durch Kooperationen mit den übrigen Bezirken zu einem immer höheren regionalen Lebensstandard und letztlich zu einem gesamtwirtschaftlichen Fortschritt führen.

Faktisch fördert die Erweiterung des dezentralen Handlungsspielraumes der örtlichen Parteifunktionäre die Bevorzugung der lokalen Wirtschaft und die Verwirklichung deren Investitionsvorhaben. Das mangelnde Interesse und Verständnis der unteren Planungsinstitutionen an den verfolgten gesamtökonomischen Zielsetzungen führt einerseits zu sinkenden Zuwachsraten des gesellschaftlichen Gesamtproduktes und andererseits zu wirtschaftlichen und regionalen Disproportionen.[76] Das zentrale Ziel des IV. Parteitags wird vernachlässigt. Schon der 1959 verabschiedete Siebenjahresplan[77] leitet daher eine Rückbesinnung auf das zentrale Planungsystems ein, die die negativen Erfahrungen der ersten Planperiode berücksichtigt. Die Staatliche Plankommission legt ein Thesenpapier vor, das anstelle der komplexen Gebietsplanung ein System der zentral geleiteten und regional unterstützten Gebietsplanung vorsieht - das "Neue Ökonomische System der Planung und Lenkung" (NÖSPL)[78]. In diesem neuen Planungs- und Lenkungssystem obliegt den örtlichen Staatsorganen die Aufgabe, umfassende Gebietsanalysen und regionale Entwicklungsprofile als Entscheidungsvorlage für die Zentrale zu erarbeiten. Die Aufgabe

76 Vgl.: Horn, System der örtlichen Volksvertretung, S. 48,
Krau, Demokratischer Zentralismus, S. 139.

77 Im Rahmen der Anpassung der Planperioden innerhalb des RGW wird 1959 in der laufenden Planperiode des 2. Fünfjahresplanes (1956-1960) ein Siebenjahresplan eingeführt. Diesen gibt die SED aufgrund seiner mangelnden Praktikabilität jedoch bereits 1961 wieder auf und ersetzt ihn erneut durch eine Fünfjahresplanung.

78 Aus der Konzeption des NSÖPL entwickelt sich drei Jahre später das "Ökonomische System des Sozialismus", das die Grundideen des NSÖPL in modifizierter Form fortsetzt. Auf eine Erläuterung soll hier verzichtet werden.

der Zentrale konzentriert sich auf die Festlegung grundlegender gesamtgesellschaftlicher und gesamtwirtschaftlicher Planungen, deren Umsetzung sie wiederum auf die örtlichen Staatsorgane und Betriebe delegiert.

Die Einführung des NSÖPL hat auf die Entwicklung der Territorialplanung erhebliche Auswirkungen. Die zentralen bzw. mittleren Verwaltungsorganen richten spezielle Abteilungen für die Territorialplanung ein; zu ihrem Aufgabenbereich gehört die Ausarbeitung von Plänen für den abgestimmten Auf- und Ausbau der Wirtschaft und der hierfür notwendigen Infrastruktur in der Region, wie z. B. dem Wohnungsbau. Den unteren Verwaltungsorganen ist lediglich ein Beratungsrecht eingeräumt.
Die Umsetzung der Territorialplanung erfolgt durch die Betriebe und örtlichen Staatsorgane. Ihre Zusammenarbeit prägen Vereinbarungen, bei denen beide Partner gleichberechtigt sind und erstreckt sich auf die Verbesserung der Arbeits-, Lebens- und Wohnbedingungen sowie auf die Sicherung des betrieblichen Arbeitskräftebedarfs, die zur (Über-)Erfüllung der Produktions- und sonstigen Planvorgaben notwendig erscheinen.

Da die Kooperation zwischen den oberen, mittleren und unteren Verwaltungsorganen entgegen den Erwartungen nicht die gewünschte Produktivitätssteigerung erbringt, besinnt sich der VIII. Parteitag 1971 wieder auf die "reinen", uneingeschränkten zentralen Planvorgaben; eine Politik, die für die siebziger Jahre bestimmend bleibt. Als zentrale Instanz für die Entwicklung der Territorialplanung fungiert der Ministerrat über die Staatliche Plankommission. "Der Ministerrat trifft grundsätzliche Entscheidungen, um eine harmonische, mit der Entwicklung der Zweige und Bereiche abgestimmte politische, ökonomische, kulturelle und soziale Entwicklung in den Territorien zu sichern. Das betrifft vor allem Fragen der Standortverteilung der Produktivkräfte, die Entwicklung der Infrastruktur, des rationellen Einsatzes des Arbeitsvermögens, der Entwicklung der Arbeits- und Lebensbedingungen, der Bürger sowie der sozialistischen Landeskultur einschließlich des Umweltschutzes."[79]

Die wirtschaftlichen Krisen der siebziger Jahre prägen die folgenden Fünfjahresplanungen und führen zu neuen ökonomischen Strategien. Der Einsatz der

79 Gesetz über den Ministerrat vom 16. Oktober 1972, § 1 (17).
Vgl. auch: Gesetz über die planmäßige Gestaltung der sozialistischen Landeskultur in der DDR vom 14. Mai 1970, GBl. I, S. 67ff.

vorhandenen Ressourcen konzentriert sich fortan auf die Erhöhung der Exportkraft, die Senkung des spezifischen Materialverbrauchs und die Steigerung der wirtschaftlichen Effizienz bei anhaltend hohen Wachstumsraten.[80] Die veränderte Ressourcenallokation dient dem Ziel, die DDR als gleichwertigen Teilnehmer im internationalen Wettbewerb zu positionieren und läßt die territoriale Ausrichtung der Wirtschaft -und damit die Angleichung der regionalen Lebensbedingungen der Bevölkerung- in den Hintergrund treten. Sie wird nicht mehr explizit in den Fünfjahresplänen aufgeführt.

Die Situation in den neuen Bundesländern zum Zeitpunkt der Wiedervereinigung, insbesondere im Bereich der Wohnungsversorgung[81], macht deutlich, daß es der SED als Führungspartei der DDR mit der von ihr verfolgten Territorialplanung nicht gelungen ist, das regionale Gefälle des Lebensstandards in ausreichendem Maße zu verringern oder eine optimale Nutzung der vorhandenen Ressourcen zu realisieren.[82]

5. Die Herausforderung für die regionale Wirtschaftspolitik in den neuen Bundesländer

Nach Herstellung der politischen Einheit gilt es, die wirtschaftliche und soziale Einheit Deutschlands in einem überschaubaren Zeitraum zu vollenden. Basis ist der Einigungsvertrag, der die Bedingungen zur Verwirklichung der staatlichen Einheit definiert und den Weg zur Schaffung einheitlicher Lebensverhältnisse in Ost und West zu erleichtern versucht.

Die Verwirklichung der Einheit hängt entscheidend davon ab, ob und wann der in den neuen Bundesländern vorgefundene wirtschaftliche Rückstand gegenüber den alten Bundesländern aufgeholt werden kann.
Aufgrund der fehlenden Wettbewerbsfähigkeit der Unternehmen und ungeklärter rechtlicher Rahmenbedingungen scheint zum Zeitpunkt der Wiedervereinigung ein baldiger und sozial verträglicher Abbau des Defizits allein durch den Marktmechanismus nicht realisierbar. Vertreter aus Politik und Wirtschaft ver-

80 Vgl.: Cornelsen, Wirtschaftspolitik in der Honecker-Ära, S. 35,
Haase, Wirtschaftssystem der DDR, S. 56.
81 Vgl.: Punkt II 2.2.
82 Vgl.: Klaus/Schleicher, Räumliche Wirtschaftspolitik, S. 67.

ständigen sich daher frühzeitig auf Ziele und Grundsätze für eine Wirtschaftsförderung im Beitrittsgebiet.

Die enorme Herausforderung, die zur Umsetzung dieser Wirtschaftsförderung an die allgemeine Wirtschaftspolitik bzw. an die hier thematisierte regionale Strukturpolitik gestellt ist, läßt sich wie folgt charakterisieren: "Sie bezieht sich einmal auf die Reduktion der großräumigen Disparitäten zwischen den alten und neuen Bundesländern durch Steigerung des wirtschaftlichen Wachstums im Osten, zum anderen aber auch auf die Verringerung der sich längerfristig herausbildenden regionalen Disparitäten innerhalb der neuen Bundesländer durch eine räumliche Gleichverteilung von Wachstumschancen."[83]

Die Annahme und Bewältigung dieser Herausforderung setzt die Identifikation sanierungsfähiger Unternehmen und zukunftsträchtiger Wirtschaftszweige sowie deren gezielte Unterstützung, den Abbau von Investitionshemmnissen, den Aufbau mittelständischer Wirtschaftsstrukturen sowie den Einsatz des arbeitsmarktpolitischen Instrumentariums als Eckpfeiler der Aufbaupolitik voraus.[84] Ferner bedarf es komplementärer Investitionen im Bereich der Infrastruktur, die einen entsprechenden Förderrahmen mitgestalten. "Hierbei bietet es sich an, in der Anfangsphase vor allem auf eine Schaffung jener Entwicklungsvoraussetzungen hinzuarbeiten, die in allen Teilgebieten für ein regionales Wachstum notwendig erscheinen."[85] Auf diese Weise soll sowohl die Wettbewerbs- und Überlebensfähigkeit der Unternehmen in Ostdeutschland gestärkt, als auch die für private Investitionen unabdingbaren Voraussetzungen geschaffen werden. Neben der Verbesserung der Verkehrs- und Kommunikationsinfrastruktur, der Umweltsituation[86], des Technologietransfers etc. runden insbesondere Modernisierungs- und Instandsetzungsmaßnahmen im Wohnungsbau den Investitionskatalog ab. "Will man die kurzfristigen und mittelfristigen Entwicklungschancen der DDR-Wirtschaft beurteilen, so ist der Blick auch auf die wirtschaftsnahe Infrastruktur zu richten. Wirtschaftliche Produktivkräfte können sich nicht entfalten, wo es an der Infrastruktur mangelt, die zum einzelwirtschaftlichen Produktionsapparat komplementär ist."[87]

---

83 Klemmer, Übertragbarkeit regionalpolitischer Konzepte, S. 611.

84 Vgl.: BMWi, Aufschwung Ost, S. 6ff.
In diesem Zusammenhang wird der Begriff der "Sieben Säulen" als Gerüst für die Strategie "Aufschwung-Ost" geprägt.
Vgl.: Bundesregierung, Sondergutachten, S. 21.

85 Klemmer, Modernisierung der ostdeutschen Wirtschaft, S. 561.

86 Unter den Oberbegriff der Umweltsituation werden u. a. die Bereiche Altlastenbewältigung (ökologische Sanierung), Kanalisation, Abwasserreinigung und -wiederaufbereitung, Abfallwirtschaft, Luftreinhaltung und Energieeinsparung zusammengefaßt.

87 Bundesregierung, Sondergutachten, S. 9.

Die erfolgreiche Umsetzung einer derartigen Investitionsförderung bedingt nicht nur die Definition der Investitionsschwerpunkte, sondern bedarf nicht zuletzt einer erprobten, professionellen Vorgehensweise, die einerseits das bestehende westdeutsche Förderinstrumentarium und andererseits die neu zu installierende Förderkonzeption für das Beitrittsgebiet in ein in sich konsistentes Gesamtkonzept zusammenfaßt. Gleichzeitig gilt es, einen aus gesamtwirtschaftlicher Sicht unerwünschten Förderwettbewerb zwischen den Regionen des Beitrittsgebietes untereinander zu verhindern. Vor diesem Hintergrund -ebenso wie in Anbetracht der Tatsache, daß für eine ausführliche Diskussion und Erprobung einer speziell auf den Umstrukturierungsprozeß der neuen Länder abgestimmten Förderkonzeption die notwendige Zeit fehlt-, nutzt die Bundesregierung die seit 1970 in den alten Bundesländern etablierte Förderkonzeption der Gemeinschaftsaufgabe "Verbesserung der regionalen Wirtschaftsstruktur" auch für das Beitrittsgebiet.[88] Durch die räumliche Dimension hat sich die Aufgabenstellung der Gemeinschaftsaufgabe jedoch entscheidend gewandelt. Konzentriert sich die Gemeinschaftsaufgabe vor der Wiedervereinigung primär auf den Ausgleich von Entwicklungsrückständen kleinräumiger Problemregionen, die sich über das gesamte Gebiet der alten Bundesrepublik verteilen, hat sie in Ostdeutschland einer flächendeckenden Förderung Rechnung zu tragen.
Als die wichtigsten Träger der ostdeutschen Förderpolitik haben sich bislang der Bund und die Länder etabliert. Der Schlüssel für die wirtschaftliche Anpassung der neuen Bundesländer liegt gleichwohl bei privaten Investoren, die durch Subventionen motiviert werden sollen, sich in den neuen Ländern zu engagieren.

Im Mittelpunkt der weiteren Diskussion steht die Herausforderung an die regionale Wirtschaftspolitik, die sich speziell aus den Problemen der Wohnungswirtschaft, als Anbieter von komplementärer Infrastrukturausstattung, ergibt. Nach

88 Der zunächst unspezifiziert festgelegte Förderungszeitraum von fünf Jahren wird auf Beschluß des Planungsausschusses um ein Jahr, bis zum 31.12.1996, verlängert. Im März 1996 hat der Bund-Länder-Planungsausschuß im Rahmen eines Grundsatzbeschlusses zur Neuabgrenzung der GA-Fördergebiete die Fördergebiete in Ostdeutschland neu festgelegt. Danach wird die GA-Förderung ab 1997 zugunsten der strukturschwächsten ostdeutschen Regionen differenziert. Die Einschätzung der Förderwürdigkeit erfolgt anhand von drei Indikatoren: Unterbeschäftigungsquote in 1995 (Anzahl der Arbeitslosen, Kurzarbeiter, Teilnehmer an ABM und FuU-Maßnahmen, § 249 h AFG), Pro-Kopf-Einkommen der sozialversicherungspflichtigen Beschäftigten und Infrastrukturausstattung, die zu 50, 40 bzw. 10 vH in die Wertung eingehen. In den strukturschwächsten Regionen leben nach Einschätzung des Planungsausschusses rd. 60 vH der ostdeutschen Bevölkerung. Vgl.: Deutscher Bundestag, Drucksache 13/7205, S. 14f.

einer ausführlichen Darstellung der Wohnsituation in den neuen Bundesländern zum Zeitpunkt der Wiedervereinigung wird anhand des hierauf abgestimmten Förderinstrumentariums "Altschuldenhilfe" nach dem Altschuldenhilfe-Gesetz untersucht, ob und inwieweit innerhalb eines fünfjährigen Betrachtungszeitraums die im Wohnungssektor vorgefundenen Disparitäten beseitigt und damit ein Beitrag zur Vollendung der inneren Einheit Deutschlands geleistet wird.

Kapitel II Wohnungswirtschaft und Wohnungspolitik

1. Einführung in die Wohnungswirtschaft und Wohnungspolitik

1.1. Begriffsbestimmung

Die Wohnungswirtschaft bildet aus betriebswirtschaftlicher Sicht den Oberbegriff für Unternehmen, die die Versorgung der Bevölkerung mit Wohnraum sicherstellen sollen. Je nach Unternehmensziel wird zwischen freien und gemeinnützigen Wohnungsunternehmen differenziert, die in diesem Marktsegment tätig sind. Beide Gruppen unterscheiden sich weniger in ihrer Aufgabe, als vielmehr in ihrer Verhaltensweise und ihren Bindungen, die sie am Markt eingehen. Während freie Wohnungsunternehmen (wie privatwirtschaftliche Unternehmen) primär nach erwerbswirtschaftlichen Vorteilen, wie Gewinn, streben, stellt die gemeinnützige Wohnungswirtschaft darauf ab, für breite Schichten der Bevölkerung Wohnungen zu erstellen und am Wohnungsmarkt unter Berücksichtigung des Kostendeckungsprinzips anzubieten. Um diesen Auftrag zu erfüllen, ist sie durch wirtschaftliche Beschränkungen und soziale Bindungen gekennzeichnet. Hierzu gehören Vorschriften hinsichtlich der anzubietenden Wohnungsgröße, der Mietpreisgestaltung, der Geschäftstätigkeit aber auch bei der eigenen Vermögensbindung und der Zugehörigkeit zu einem gesetzlichen Prüfungsverband.[89] Als Ausgleich für diese Restriktionen und zur Steigerung der Leistungsfähigkeit räumt der Staat den gemeinnützigen Wohnungsunternehmen Vergünstigungen ein, wie z. B. die Bereitstellung von günstigem Bauland und die Gewährung von Steuererleichterungen sowie von besonderen Finanzierungshilfen bei Wohnungsbauvorhaben.[90] Zu der Gruppe der gemeinnützigen Wohnungsunternehmen gehören die Wohnungsgenossenschaften sowie der überwiegende Teil der kommunalen Wohnungsunternehmen.

Die volkswirtschaftliche Begriffsinterpretation von Wohnungswirtschaft, die in der hier vorliegenden Arbeit im Vordergrund steht, ist wesentlich weiter gefaßt und umschließt sämtliche Bereiche, die sich mit dem elementaren ökonomischen Gut "Wohnung" beschäftigen. Sie ist entscheidend durch staatliche Aktionen geprägt, die unter dem Begriff der Wohnungspolitik zusammengefaßt

89 Vgl.: Duvigneau/Schönefeldt, Wohnungspolitik, S. 18.
90 Vgl.: Czasny, Wohnungspolitik in sechs europäischen Staaten, S. 5f.

sind. Die Wohnungspolitik beschreibt die Gesamtheit aller wirtschaftlichen und sozialen Maßnahmen des Staates, die sich mit der Errichtung und Nutzung von Wohnraum beschäftigen; insbesondere wird die Sicherung der quantitativ und qualitativ angemessenen Versorgung der Bevölkerung mit Wohnraum zu tragbaren Wohnkostenbelastungen betont.[91] Sie umfaßt die Erstellung neuer Wohnungen (Wohnungsbaupolitik), die Erhaltung und Verbesserung vorhandener Bestände (Wohnungsbestandspolitik) sowie deren Verteilung.

Gerechtfertigt wird ein Eingreifen des Staates in die Wohnungswirtschaft überwiegend damit, daß sowohl die Grundversorgung mit Wohnraum als auch der für notwendig erachtete Wohnstandard aufgrund der individuellen Leistungsfähigkeit des Einzelnen nicht von jedem aus eigener Kraft erreicht werden kann. In einer reinen Marktwirtschaft führen dadurch Angebot und Nachfrage unter Umständen zu Versorgungslücken. Die im Grundgesetz formulierte Sozialverpflichtung des Staates zwingt diesen, durch Eingriffe die Marktergebnisse zu korrigieren und gegen soziale Härten gezielt anzugehen. "Nach den Grundprinzipien der sozialen Marktwirtschaft hat die Wohnungspolitik vor allem dafür zu sorgen, daß die Vorteile marktwirtschaftlicher Effizienz möglichst umfassend zur Verbesserung der Wohnungsversorgung genutzt werden können und die notwendigen Rahmenbedingungen für einen ausgeglichenen Wohnungsmarkt geschaffen werden. Darüber hinaus geht es darum, die Marktkräfte im Sinne der sozialen Marktwirtschaft dort zu korrigieren, wo sie den notwendigen sozialen Ausgleich bei der Deckung des Wohnungsbedarfs nicht sicherstellen können. Wohnungspolitik ist auf allen Handlungsebenen daher immer ein Kompromiß zwischen marktwirtschaftlichen und sozialen Notwendigkeiten und Anforderungen."[92] Daneben läßt sich eine Rechtfertigung für staatliches Eingreifen aus den "Externen Effekten" ableiten, die ein Bauvorhaben und seine anschließende Verwertung auf seine direkte Umgebung und Landschaft bewirkt.[93]

---

91 Vgl.: Hamm, Wohnungspolitik im Spannungsfeld, S. 32,
Heuer, Wohnungswirtschaft, S. 810.

92 BMBau, Nationaler Aktionsplan, RN 70.

93 Vgl.: Stiglitz/Schönfelder, Finanzwissenschaft, S. 364.

Ein Rückblick auf die deutsche Wohnungspolitik der letzten Jahrzehnte zeigt, daß der Staat in kritischen sozialen Situationen maßgeblich in den Wohnungsmarkt eingegriffen hat.[94]

1.2. Wohnungspolitik als Teil der regionalen Wirtschaftspolitik

Diese weitgefaßte Begriffsdefinition macht deutlich, daß Zusammenhänge zwischen der speziellen Wohnungspolitik und der allgemeinen Wirtschaftspolitik -und damit auch mit der regionalen Wirtschaftspolitik- bestehen, die es im folgenden beispielhaft darzustellen gilt.

Die Auswirkung der Wohnungspolitik auf die Regionalpolitik konkretisiert sich durch die weitreichenden städtebaulichen und räumlichen Effekte ihrer Maßnahmen. Sie ergeben sich insbesondere bei der Aufschließung größerer Neubaugebiete oder bei umfassenden Sanierungsmaßnahmen im Rahmen Städtebaulicher Entwicklungs- und Sanierungsgebiete durch deren Einfluß auf die räumliche Verteilung und Mobilität der Bevölkerung, deren Zugang zum regionalen Arbeitsmarkt und in Folge auch der Standortverteilung kleiner und mittelständischer Unternehmen sowie der komplementären Flächeninanspruchnahme, z. B. die der Verkehrsinfrastruktur.[95] Damit übt die Wohnungspolitik erheblichen Einfluß darauf aus, ob und inwieweit ein angestrebter Strukturwandel unterstützt wird und letztlich auch auf die Gewährleistung gleichwertiger räumlicher Lebensbedingungen.[96] Insofern ist zu vermuten, daß

94 Hierzu gehört z. B. die Objektförderung im Rahmen des sozialen Wohnungsbaus und die Subjektförderung mit Hilfe des Wohngelds.
Vgl.: Voss, Sektorale Strukturpolitik, S. 36f,
Hunger, Soziale Aufgabe, S. 108.

95 Vgl.: Lauschmann, Bedeutung der Wohnungspolitik für die Regionalpolitik, S. 290.

96 Vgl.: Eekhoff, Einfluß der Wohnungspolitik, S. 494,
Füllenkemper, Wirkungsanalyse der Wohnungspolitik, S. 7

aus einer adäquaten regionalen Wohnungsversorgung mit entsprechender haushaltsorientierter Infrastruktur eine tendenziell größere ökonomische Leistungsfähigkeit resultiert.[97]

Hinsichtlich der Verteilung und Mobilität der Bevölkerung am Arbeitsmarkt ist festzustellen, daß -sofern das Angebot von Arbeitskräften an einem Ort entweder quantitativ oder qualitativ nicht ausreichend ist- ein Bedarf an Berufspendlern, überwiegend jedoch an umzugswilligen Fachkräften, entsteht. Verschiedene Untersuchungen[98] belegen, daß die Mobilitätsbereitschaft der Arbeitnehmer in erheblichem Maße von der gegebenen "Wohnattraktivität" abhängig ist. Einfluß auf die Wohnzufriedenheit übt vor allem das subjektive Wohlbefinden aus, das entscheidend durch die eigenen wohnlichen Verhältnisse (u. a. Größe und Ausstattung der Wohnung), aber auch durch die räumliche Struktur (Stadt-Land), das "Image" der unmittelbaren Umgebung, das gut erreichbare kulturelle und gesellschaftliche Angebot und die wahrnehmbare Freizeit- und Umweltqualität[99] in der Region geprägt wird. Ist der Arbeitnehmer mit seiner wohnlichen Situation zufrieden, sinkt seine arbeitsplatzbedingte Umzugsbereitschaft erheblich; er nimmt eher große zeitliche und persönliche Belastungen bei der täglichen Fahrt auf sich.[100]

Die räumliche Bindung der Arbeitnehmer hat gemäß den Ergebnissen von Mieth Einfluß auf den Niederlassungssitz von (vor allem kleinen und mittelständischen) Unternehmen standortunabhängiger Branchen. Er stellt fest, daß die Unternehmen bei ihrer Standortwahl nicht ausschließlich durch eigene Ziel-

---

97 "Nicht nur geeignete Grundstücke, technische Infrastrukturausstattung und finanzielle Anreize stellen günstige Ausgangsbedingungen für neue Investoren dar, sondern der regionale Wohnwert und die regionale Kooperationsmöglichkeiten mit einem breitgefächerten Angebot von mittelständischen hochspezialisierten Unternehmen, die ihren Sitz zum Teil in benachbarten Ober- und Mittelzentren haben. Der Wohnwert einer Region wird dabei durch die Attraktivität der Siedlungsschwerpunkte (gute Wohngebiete, saubere Umwelt, hochwertiges und vielseitiges Kultur- und Infrastrukturangebot, ausreichende innerstädtische Frei- bzw. Grünräume) aber auch von den zur Verfügung stehenden Flächen und Gebieten für Naherholung, Freizeit und Sport in guter Erreichbarkeit aus den städtischen Siedlungsgebieten bestimmt."
BMBau, Aufbau in den neuen Ländern, S. 5f.

98 Vgl.: Mieth, Regionale Arbeitsmärkte, S. 14,
Kreuter, Industrielle Standortaffinität, S. 17,
Pohl, Wirtschaftsförderung in Großstädten, S. 118.

99 Vgl.: Klemmer, Regionalpolitik und Umweltpolitik, S. 24ff.

100 Nach den Ergebnissen von Mieth erwägen nur 10 vH der Befragten einen Umzug in die Nähe ihres Arbeitsortes. Dagegen war bei 60 vH der Befragten (mit erklärter aktueller Wohnzufriedenheit) die Bereitschaft zum Arbeitsplatzwechsel vorhanden, wenn in der Nähe ihres Wohnortes vergleichbare Arbeitsplätze geschaffen und angeboten würden.

vorstellungen geprägt sind, sondern durchaus private Interessen potentieller Arbeitnehmer, wie z. B. deren Wohnortpräferenzen, mit in ihr Entscheidungskalkül aufnehmen.[101] Nach Mieth ist demnach das vorhandene und potentielle Angebot an qualifizierten Arbeitskräften und deren "Wanderungsverhalten" für die Standortwahl mitbestimmend.

Soll sowohl den aufgezeigten Ansprüchen der Arbeitnehmer als auch den Flächen-Erfordernissen der Unternehmen nachgekommen werden, ergibt sich ein Bedarf an Flächennutzungsräumen, die zugleich hohe Wohn- und Freizeitqualität bieten. Je mehr Wohn- und Arbeitsbereich räumlich ineinander übergehen, desto geringer ist der Bedarf an zusätzlicher technischer Infrastruktur wie Verkehrswege, Energieleistungen sowie Ver- und Entsorgungsanlagen. Hierdurch wird nicht zuletzt auch dem immer bedeutsameren Umweltaspekt Rechnung getragen.[102]

Abschließend ist festzuhalten, daß wohnungspolitische Maßnahmen, insbesondere wenn sie wie in den neuen Bundesländern aufgrund ihrer Komplexität mit der Aufschließung neuer Wohnungsbaugebiete vergleichbar sind, vielfältige Rückwirkungen auf die Entwicklung der Region zeigen.[103] Daher sollten gerade die hochvolumigen öffentlichen Förderungen, wie z. B. die Altschuldenhilfe, im Wohnungssektor als räumliches Steuerungsinstrument aktiv eingesetzt werden.

1.3. Exkurs: Die Entwicklung der Wohnungspolitik in der Bundesrepublik Deutschland

Die ersten Nachkriegsjahre in der Bundesrepublik Deutschland sind durch einen beträchtlichen Wohnungsfehlbestand gekennzeichnet. Der schon vor Beginn des 2. Weltkrieges herrschende Wohnungsmangel verschärft sich durch die kriegsbedingten Zerstörungen und den einsetzenden Strom von Vertriebe-

101 Vgl.: Gatzweiler/Irmen/Janich, Regionalpolitik als Infrastrukturpolitik, S. 599, Eckey, Grundlagen der Strukturpolitik, S. 57.
Der Autor bezieht sich an dieser Stelle auf die o. g. Ergebnisse der Untersuchung von Kreutzer, Industrielle Standortaffinität aus dem Jahre 1971. Diese Einschätzung ist n. M. d. V. auch gegenwärtig zutreffend.

102 Vgl.: Eekhoff, Einfluß der Wohnungspolitik, S. 498.

103 Vgl.: Hüpen, Bedeutung des Wohnungsbaus, S. 686.

nen, Flüchtlingen und Zuwanderern aus der Sowjetischen Besatzungszone sowie den angrenzenden Ostgebieten. Daneben schränkt der von den Besatzungstruppen und Militärregierungen geltend gemachte Wohnraumbedarf den für die einheimische Bevölkerung verfügbaren Wohnraum weiter ein. Eine erste Linderung des Problems bringt die staatliche Reglementierung der Wohnungsbelegung und der Mietpreisbildung wie auch ein gesetzlich verankerter Mieterschutz, wodurch der Begriff der Wohnungszwangswirtschaft geprägt wird.

Im Jahr 1950 wächst die Bevölkerung auf über 50 Mio Menschen an, was zu einem Fehlbestand von 5-6 Mio Wohnungen führt.[104] Daher wird kurzfristig das Erste Wohnungsbaugesetz erarbeitet, das am 27. April 1950 in Kraft tritt.[105] Ziel des Gesetzes ist es, die ausreichende Wohnraumversorgung vorrangig durch den Mietwohnungsbau zu sichern, wobei der soziale Wohnungsbau im Mittelpunkt steht. Paragraph 1 des Gesetzes proklamiert die Errichtung von 1,8 Mio Sozialwohnungen "für die breite Schicht der Bevölkerung" im Verlauf von sechs Jahren (1950-55). Der öffentlich geförderte soziale Wohnungsbaus wird im Zuge des Wiederaufbaus damit das wichtigste Lenkungsinstrument der staatlichen Wohnungspolitik.

Die umfangreichen staatlichen Maßnahmen begrenzen die Wohnungsnot und schon in der zweiten Hälfte der fünfziger Jahre ist auch der Kapitalmarkt soweit erholt, daß über ihn im stärkeren Maße als bisher privates Kapital in die Wohnungsbaufinanzierung fließen kann. Fortan konzentrieren sich die wohnungspolitischen Aktivitäten vermehrt von der Wohnungsbaupolitik auf die Wohnungsbestandspolitik und weg vom Mietwohnungsbau hin zur Förderung von Einzeleigentum, was sich auch im Zweiten Wohnungsbaugesetz vom 27. Juni 1956 manifestiert.[106] Paragraph 1 Abs. 2 des WoBauG definiert in seiner zweiten Fassung explizit die Forderung nach Schaffung von Wohneigentum für weite Kreise der Bevölkerung - die in den folgenden Jahrzehnten nachdrücklich verfolgt und vor allem durch vielfältige staatliche Anreize gefördert wird.
Parallel hierzu verabschiedet der Gesetzgeber 1960 das sog. "Abbaugesetz"[107], besser bekannt unter dem Begriff "Lücke-Plan". Er verbindet

104 Vgl.: Blumenroth, Wohnungspolitik, S. 372.
105 Erstes Wohnungsbaugesetz vom 24. April 1950, BGBl. I, S. 83.
106 Zweites Wohnungsbaugesetz (Wohnungsbau- und Familienheimgesetz) vom 27. Juni 1956, BGBl. I, S. 523.
107 Gesetz über den Abbau der Wohnungszwangswirtschaft und über ein soziales Miet- und Wohnrecht vom 1. Juli 1960, BGBl. I, S. 389.

die Aufhebung der Zwangsbewirtschaftung mit der Freigabe der Mietpreise, der Änderung des Mietrechtes und der Gewährung von Miet- und Kostenbeteiligungen. Die umfangreichen Gesetzesänderungen treten schrittweise in Kraft und reformieren grundlegend die bis dahin geltende Wohnungspolitik. Die Bundesregierung zieht damit einen Schlußstrich unter die Wohnungszwangswirtschaft als zeitlich begrenzte, staatliche Reglementierung des zu knappen Wohnungsangebotes. Nach Schaffung der Grundlagen beginnt nun in einer zweiten Stufe die weitgehende Überführung der Wohnungswirtschaft in die soziale Marktwirtschaft. Eine völlige Liberalisierung der Wohnungsmärkte ist aufgrund der definierten sozialen Verantwortung des Staates nicht angestrebt - was sich bis in die Gegenwart in einer Reihe von wohnungspolitischen Steuerungsinstrumenten, wie z. B. Preisbindungs-, Belegungs- oder Kündigungsregularien, der politischen Entscheidungsträger[108] dokumentiert.[109]

Die Anforderungen der Bevölkerung an die staatliche Wohnungspolitik steigen in der zweiten Hälfte der 80er Jahre im Zusammenhang mit der monierten "neuen Wohnungsnot". Obwohl den Bundesbürgern eine große Wohnfläche zur Verfügung steht, fehlen Wohnungen. Dieser scheinbare Widerspruch erklärt sich aus dem Auseinanderfallen von Angebot und Nachfrage. So steht beispielsweise dem Angebot an großflächigen Mehrzimmer-Wohnungen die Nachfrage nach single- bis kleinfamiliengerechten Wohnungen gegenüber. Diese Disparität ist primär auf falsch prognostizierte demographische und ökonomische Veränderungen zurückzuführen. Bevölkerungswissenschaftler sehen Anfang der 80er Jahre mittelfristig einen deutlichen Rückgang der Bevölkerung bzw. der Haushalte voraus, was wiederum zu einem Rückgang der Wohnungsbautätigkeit führt.[110] Entgegen den Prognosen wächst die Zahl der Privathaushalte aufgrund der gestiegenen Lebenserwartung und dem Hineinwachsen geburtenstarker Jahrgänge in das Erwerbsleben. Es erhöht sich vor allem die An-

108 Die Förderung des Wohnungsbaus in der Bundesrepublik Deutschland ist als Gemeinschaftsaufgabe von Bund, Ländern und Kommunen formuliert: Der Bund besitzt die Rahmenkompetenzen für die bundeseinheitliche Gesetzgebung (Planung-, Bau- und Mietrecht); darüber hinaus stellt er den einzelnen Ländern einen jährlichen Plafonds für die Wohnungsbauförderung zur Verfügung. Die Länder sind in ihrem Hoheitsgebiet verantwortlich für die Durchführung der Wohnungsbauförderung und die Struktur des (Sozial-) Wohnungsbaus (Mietwohnungsbau oder selbstgenutztes Wohneigentum). Das Aufgabengebiet der Kommunen umfaßt hauptsächlich die Bebauungsplanung, die Vergabe von Baugenehmigungen und die zur Verfügungstellung von geeigneten Grundstücken. Direkte finanzielle Engagements spielen bei ihnen eine eher untergeordnete Rolle.

109 Vgl.:Czasny, Wohnungspolitik in sechs europäischen Staaten, S. 14f.

110 Vgl.:o. V., Nachfrage nach Wohnungen, S. 439.

zahl der Einpersonenhaushalte. Zugleich verringert sich der Wohnungsbestand durch Abrisse und Umwandlungen und der wohlstandsbedingten Zunahme der Pro-Kopf-Wohnfläche. Ende der 80er Jahre verschärft die Aus- und Übersiedlerwelle zusätzlich die angespannte Wohnraumsituation. Die Folge ist ein quantitativer Wohnungsmangel insbesondere in Ballungsräumen und für einkommensschwache Haushalte, dem vom staatlicher Seite zunächst weniger mit aktivem Neubau als vielmehr mit höheren Ausgleichszahlungen (Wohngeld, Mietzuschuß etc.) begegnet wird.[111] Mit den wohnungspolitischen Programmen 1989/90 setzt der Staat wieder verstärkt auf den Neubau von Mietwohnungen, den Um- und Ausbau vorhandener Wohn- und Nichtwohnbauten (z. B. Förderung von Dachausbauten oder Umwidmungen von Nicht-Wohnflächen), die Erschließung von Notquartieren sowie die Eigentumsförderung.[112]

2. Die Erblasten der sozialistischen Wohnungspolitik in der Deutschen Demokratischen Republik

2.1. Die Entwicklung der Wohnungspolitik von 1945 bis 1990 - zwischen Anspruch und Wirklichkeit

In der ersten Phase nach Kriegsende konzentriert sich die Wohnungsbautätigkeit in der Sowjetischen Besatzungszone, der späteren DDR, auf die Wiederherstellung kriegsbeschädigter Wohnbauten.[113] Der Wohnungsneubau beginnt erst ca. 10 Jahre später sehr zögerlich, was hauptsächlich auf den Mangel an Baumaterialien und Finanzmitteln zurückzuführen ist. Investitionen für den Industrieaufbau, die Rüstung und die Staatssicherheit genießen eindeutigen Vorrang. Die geringe Bautätigkeit beschränkt sich zudem auf politisch bestimmte Schwerpunkte in den 15 Bezirkshauptstädten sowie auf einige wichtige indu-

111 Vgl.: Dahlmann, Neubesinnung in der Wohnungspolitik, S. 7,
Hamm, Wohnungspolitik im Spannungsfeld, S. 15.

112 Vgl.: Bartholmai/Melzer/Schulz, Aktuelle Tendenzen, S. 305.

113 Trotz der nach Kriegsende durch Zuwanderungen aus den Ostgebieten steigenden Bevölkerungszahl kann die Versorgung der Bevölkerung mit Wohnraum zunächst sichergestellt werden: Zum einen sind die kriegsbedingten Zerstörungen geringer, zum anderen die Wohndichte schon vor dem Krieg günstiger als in Westdeutschland. Die Wohndichte beträgt 1950 in der DDR 3,6 Personen pro Wohnung gegenüber 4,6 Personen pro Wohnung in der Bundesrepublik Deutschland. Allerdings fällt die durchschnittliche Wohngröße in der DDR um rd. 20 vH geringer aus. Daneben rechtfertigt die nach 1950 zu verzeichnende Bevölkerungsstagnation bzw. -rückgang eine Zurückhaltung im Wohnungsbau.
Vgl.: Jenkis, Wohnungswirtschaft und Wohnungspolitik, S. 23.

strielle Zentren. Hervorzuheben sind Berlin-Ost, als Vorzeigestadt und Verwaltungshauptsitz, sowie die neuen "sozialistischen Wohnstätten" Hoyerswerda, Eisenhüttenstadt und Halle-Neustadt, in denen Wohnraum -als infrastrukturelle Voraussetzung einer neu zu schaffenden industriellen Basis- für die Unterbringung der Arbeiter dringend benötigt wird.[114] In den übrigen Regionen entwickelt sich die Wohnungsfrage zu einem der Hauptprobleme, das sich durch den kontinuierlichen Verfall der Altbausubstanz zunehmend verschärft.

Das Ausmaß der Wohnungsmisere wird durch die Ergebnisse der 1971 durchgeführten Wohnraum- und Gebäudezählung erkennbar[115]: Rund die Hälfte aller Wohnungen sind stark baufällig oder drohen zu verfallen, ca. 30 vH weisen leichte bis mittelschwere Schäden auf und lediglich ein Fünftel gilt als schadensfrei. Zusätzlich zu den hauptsächlich altersbedingten baulichen Schäden verschärfen die mangelhafte Ausstattung und die unzureichenden hygienischen Verhältnisse die Situation. Erst zu diesem Zeitpunkt erkennt der Staat die Brisanz dieses Problems, das sich auch auf andere Bereiche, wie bspw. der Familienplanung[116], dem Anteil der berufstätigen Frauen[117] und die ideologische Verbundenheit der Bevölkerung mit dem Sozialismus[118] auswirkt bzw. auszuwirken droht.

---

114 Vgl.: Scherzinger, Regionalplanung in der DDR, S. 19,
Schöller, Städtepolitik in der DDR, S. 19.

115 Volks-, Berufs-, Wohnraum- und Gebäudezählung vom 01.01.1971 (Vollerhebung). Die ersten beiden Wohnungszählungen in der DDR finden am 20.06.1950 (Vollerhebung) und am 15.03.1961 (Stichprobe) statt.

116 Die bestehenden Wohnungsprobleme, speziell das Zusammenleben mit anderen Angehörigen aufgrund der Wohnraumunterversorgung, unterdrücken den Wunsch nach Kindern, was 1969 erstmalig in der Geschichte der DDR zu einem Gestorbenenüberschuß führt. Da diese Entwicklung kein Zeichen für die oft zitierte "Überlegenheit des sozialistischen Systems" sein kann, erklärt Honecker 1975: "Die Lösung zur Zeit noch bestehender Wohnungsprobleme wird dazu beitragen, junge Paare in ihrem Wunsch nach Kindern zu bestärken. Hier geht es um ein erfülltes Leben des einzelnen und zugleich um wichtige gesellschaftliche Interessen". Bereits fünf Jahre später belegen Untersuchungen von Pinther, "... daß in jenen Fällen, wo junge Leute eine Wohnung als Hauptmieter beziehen konnten, inzwischen mehr Kinder geboren wurden als dort, wo die Paare noch beengt oder in Wohngemeinschaft mit anderen Angehörigen zusammenlebten"
Honecker, Wohl der Arbeiterklasse und aller Werktätigen, S. 3,
Pinther, Dem Kinderwunsch auf der Spur, S. 7.

117 Durch verbesserte Wohnbedingungen -sowohl im Haushalt, als auch bei der Versorgung mit Einkaufsstätten, Kindereinrichtungen etc.- soll eine Arbeitserleichterung besonders für berufstätige Frauen geschaffen werden.
Vgl.: Junker, Wohnungsbauprogramm für 1976 bis 1990, S. 5.

118 "Wir streben in den Städten und Dörfern Wohnverhältnisse an, die den Stolz der Werktätigen auf ihre sozialistische Heimat festigen und die Entwicklung ihrer sozialistischen Lebensweise fördern."
Junker, Wohnungsbauprogramm für 1976 bis 1990, S. 5.

Vor diesem Hintergrund erklärt 1971 der VIII. und 1976 der IX. Parteitag der SED in einer Grundsatzentscheidung den bis zu diesem Zeitpunkt vernachlässigten Wohnungsbau zum "Kernstück der Sozialpolitik"[119] und damit zur Hauptaufgabe der sozialistischen Politik. Ziel ist es, innerhalb von 20 Jahren[120] (1971 bis 1990) die "Wohnungsfrage als soziales Problem" zu lösen.[121] Die SED-Führung knüpft mit dieser Zielsetzung eine enge Verbindung zwischen dem materiellen Lebensniveau der Bevölkerung und der allgemeinen Wirtschaftsentwicklung in der Republik. Die "Einheit von Wirtschafts- und Sozialpolitik" soll konsequent verwirklicht werden, wobei die Erhöhung der Leistungen in der Produktion mit einer Steigerung des allgemeinen Lebensstandards verknüpft wird.[122]

Im Jahre 1973 formuliert die SED auf der 9. und 10. Tagung des Zentralkomitees die konkreten Planziele für die Umsetzung des umfangreichen Rahmen-Wohnungsbauprogramms des VIII. Parteitages. Diese sehen vor, insbesondere Arbeiterfamilien, Familien mit mehreren Kindern, Behinderten und jungen Paaren eine zufriedenstellende und menschenwürdige Wohnung bei einem admi-

119 "Als Kernstück des sozialistischen Programms erweist sich in immer stärkerem Maße das Wohnungsbauprogramm. Es ist darauf gerichtet, bis 1990 die Wohnungsfrage als soziales Problem zu lösen."
Honnecker, Reden und Aufsätze (1977), S. 387.

120 Der Parteibeschluß setzt für die Durchführung des Wohnungsbauprogramms zunächst 15 Jahre (1976-1990) an. Bereits kurz nach seiner Vorstellung erweitert die politische Führung den Durchführungszeitraum um weitere fünf Jahre (1971-1975), was primär auf die bereits 1971 erfolgte Machtübernahme Honeckers zurückzuführen ist. Unter Berücksichtigung dieses zusätzlichen Zeitraums ist frühzeitig eine größere Anzahl fertiggestellter Neubauwohnungen als politische Errungenschaft vorweisbar.
Vgl.: Buck/Reuter, Scheitern des SED-Wohnungsbauprogramms, S. 16.

121 "Unter Lösung der Wohnungsfrage als soziales Problem verstehen wir, daß bei stabilen Mieten jeder Familie bzw. jedem Haushalt eine eigene Wohnung bereitgestellt wird, und diese Wohnung soll der Familiengröße entsprechen, daß die Wohnung in einem guten baulichen Zustand sich befinden muß, daß besonders sanitärtechnisch zweckmäßige Ausstattungen eingebaut werden, daß ferner dazu gehört, die neuen und modernisierten Wohngebiete mit den erforderlichen gesellschaftlichen Einrichtungen für die Bildung, das Gesundheitswesen, Betreuung der Kinder und für die Versorgung bzw. Dienstleistungen der Bürger auszustatten."
Vgl.: Junker, Wohnungsbauprogramm für 1976 bis 1990, S. 5.

122 "Was wir uns nicht erarbeitet haben, können wir selbstverständlich auch nicht verbrauchen."
Honnecker, Reden und Aufsätze (1975), S. 76.

nistrativ festgesetzten niedrigen Mietzinsniveau[123] zur Verfügung zu stellen. Da der Bau einzelner (kleiner) Wohngebäude dieser Zielsetzung unter Zeit- und Kostenaspekten nicht gerecht werden kann, konzipieren die Städteplaner weitläufige Wohnungsbaustandorte an der Peripherie in überwiegend industrieller Montagebauweise - den sog. "komplexen Wohnungsbau".[124]
Das Bauministerium erhält den Auftrag, zwischen 1976 und 1990 2,8 bis 3 Mio Wohnungen entweder durch Neubau errichten oder durch Rekonstruktion wieder in einen bewohnbaren Zustand versetzen zu lassen. Die Kosten des gesamten Bauprogramms belaufen sich schätzungsweise auf M/DDR 200 Mrd. Damit sollen bis zur Planerfüllung 1990 die Wohnverhältnisse für mehr als die Hälfte der DDR-Bürger erheblich verbessert werden.[125]

Als wichtiger Bestandteil des Volkswirtschaftsplans unterliegt der Wohnungsbau ab diesem Zeitpunkt dem System der zentralen Planung und staatlichen Lenkung. Politische Vorstellungen beeinflussen entsprechend den Umfang und die regionale Verteilung des Städtebaues. Damit setzt eine Wohnungszwangswirtschaft ein, die durch politisch motivierte Bauplatzzuweisungen, vorgeschriebene Bautypen, allgemein verbindliche Kostenhöchstsätze[126] und staatliche Kontrollen des planmäßigen Bauablaufes gekennzeichnet ist. Das System der Wohnungsversorgung in der DDR ist fortan geprägt von der Zielsetzung, die Wohnung zu einem festen Bestandteil der staatlichen Grundversorgung für die gesamte Bevölkerung zu machen. Die Vermietung von Wohnungen soll nicht erwerbswirtschaftlichen Zielen dienen, sondern vielmehr den Bedarf der Mieter -unabhängig von deren finanziellen Möglichkeiten- decken. Entsprechend beschränken staatliche Verordnungen den Neubau von Wohnungen nahezu ausschließlich auf den Mietwohnungsbau in staatlicher Regie; der vorhandene Altbaubestand wird in zunehmendem Umfang in staatliches Eigentum verwandelt, zumindest aber unter staatliche Verwaltung gestellt.

123 Das Gut "Wohnen" gilt in der DDR als Sozialleistung des Staates; entsprechend ist der Mietzins für den gesamten Mietwohnungsbestand auf Vorkriegsniveau (Stand 1936) festgeschrieben; er liegt bei durchschnittlich M/DDR 1/m² Wfl. Die direkte Belastung des Bürgers mit Wohnkosten entspricht damit in etwa 3 vH des verfügbaren Einkommens. Die hierdurch bedingte Kostenunterdeckung erreicht im Gesamtbestand bis zu 80 vH, die der Staat zuletzt mit rd. M/DDR 16 Mrd Subventionszahlungen ausgleicht.
Vgl.: Bartholmai/Melzer, Perspektiven des Wohnungsbaus, S. 93f.

124 Vgl.: Penig, Komplexer Wohnungsbau, S. 16ff.

125 Vgl.: Melzer, Bau- und Wohnungswirtschaft, S. 88.

126 Vgl. hierzu: Punkt II 2.3.

Die Ausführung des politischen Bauauftrags erfolgt zunächst primär über die in jedem der 15 Bezirke eingerichteten volkseigenen Gebäudewirtschaften. Trotz großer Anstrengungen und Anreize zur Planübererfüllung reicht die ausschließlich staatliche Bautätigkeit nicht aus, den enormen Wohnraumbedarf zu befriedigen. Daher beschließt die SED den genossenschaftlichen Wohnungsbau[127] als Ergänzung zur staatlichen Wohnraumschaffung zuzulassen und zu fördern.[128] Der genossenschaftliche Anteil am Wohnungsneubau liegt 1971 bei rund 17 vH. Schon der Fünfjahresplan 1971-1975 fordert die deutliche Ausweitung der genossenschaftlichen Bautätigkeit auf etwa 45 vH der im Jahr 1975 fertiggestellten Neubauwohnungen.[129]
Die Beteiligung des genossenschaftlichen Sektors am Wohnungsbauprogramm erweist sich auch in anderer Hinsicht als vorteilhaft: Die von den Mitgliedern erbrachte Eigenleistung (bspw. bei den Schacht- und Planierarbeiten, Verlade- und Transportarbeiten sowie der Außengestaltung) ersetzen teilweise die staatliche Baukapazität, so daß diese für andere Aufgaben innerhalb der hochgestecken Programmziele genutzt werden können.

In den Wiederaufbau nach Kriegsende involviert die staatliche Wohnungspolitik zunächst auch private Bauherren. Sie erhalten zinslose oder niedrigverzinsliche Hypothekardarlehen bzw. materielle Unterstützung in Form von kostenlosen Baulandzuweisungen, Baumaterialien und Arbeitskräften.[130] Darüber hinaus ermächtigt das "Gesetz über die Aufnahme des Bausparens"[131] die Spar-

---

127 Bei den genossenschaftlichen Trägerschaften existieren zwei Alternativen. Zum einen schließen sich ab 1954 Bauberechtigte zu AWG oder GWG zusammen. Durch den Erwerb von Genossenschaftsanteilen, der Beteiligung an den Bauarbeiten und zusätzlichen Geldleistungen tragen sie zum Bau der Wohnungen bei. Über ein Zuteilungssystem erhalten sie eine Genossenschaftswohnung, deren Miteigentümer sie nach Maßgabe der eingebrachten Arbeits- und Geldleistung sind.
Zum anderen bauen sonstige Genossenschaften wie die LPG, die PGH und sonstige Genossenschaften spezieller Innungen in Gemeinschaftsarbeit für ihre Mitglieder bzw. Beschäftigten Wohnungen.

128 Die Wohnungsgenossenschaften sind überwiegend an einen volkseigenen Produktionsbetrieb angeschlossen, dessen Arbeiter und Angestellte Mitglieder sind. Die Zurverfügungstellung von Wohnraum dient dort wiederum zur Bildung und Bindung von Stammbelegschaften.

129 Vgl.:Gesetz über den Fünfjahresplan für die Entwicklung der Volkswirtschaft der DDR 1971-1975 v. 20.12.1971, GBl I, S. 187, bestätigt durch das Gesetz über den Fünfjahresplan für die Entwicklung der Volkswirtschaft der DDR 1976-1980 v. 15.12.1976, GBl I, S. 528.

130 Entgegen der politischen Versprechen erhalten die Bürger im Rahmen des privaten Eigenheimbaus hauptsächlich finanzielle Unterstützung, weniger jedoch Baumaterialien oder Arbeitskräfte. Folglich müssen private Bauherren primär auf Eigenleistung bzw. "Schwarzarbeit" mit "organisierten" Baumaterialien zurückgreifen.

131 Gesetz über die Aufnahme des Bausparens vom 15. September 1954, GBl. S. 783.

kassen, Bausparverträge mit Privaten zur Förderung von Wohneigentum abzuschließen. Mit zunehmender Etablierung des sozialistischen und kommunistischen Gedankenguts ändert sich die positive Einstellung zur privaten Wohnungsbauförderung, was sich 1970/71 u. a. durch die Abschaffung des Bausparens als Spar- und Finanzierungsform manifestiert; laufende Verträge werden in normale Sparkonten umgewandelt oder storniert.
Vor dem Hintergrund des (im Herbst) 1971 beschlossenen gewaltigen Wohnungsbauprogramms reaktiviert die Partei ein Jahr nach seiner Abschaffung den privaten Wohnungsbau und nimmt seine Förderung wieder auf. Ausschlaggebend für diesen binnen Jahresfrist erneut vollzogenen Kurswechsel der SED ist -vergleichbar ihrer Motivation für die Förderung der Wohnungsgenossenschaften- vor allem die Entlastung der staatlichen Bauwirtschaft durch den Einsatz privater Arbeitskräfte und Finanzreserven.
Daneben kommt dem Eigenheimbau eine den großflächigen Geschoßwohnungsbau ergänzende Funktion zu: Zum einen verbessert er die Wohnraumsituation in den Gebieten (Land, Klein- und Mittelstädte), in denen Großbauprojekte nicht vorgesehen sind. Auf der anderen Seite unterbindet die gezielte Förderung von Bauvorhaben junger Menschen deren Landflucht.[132]
Einen größeren Beitrag zur Erfüllung der angestrebten Fertigungszahlen im Rahmen des Wohnungsbauprogramms leistet der private Eigenheimbau nicht[133]; dennoch bleibt er als Bestandteil des staatlichen Wohnungsbauprogramms im straff geleiteten System der zentralen Planung, Lenkung und Kontrolle der Wirtschaftsprozesse integriert.

Die gesetzliche Grundlage für die Anfang der 70er Jahre modifizierte Wohnungspolitik bildet die in 1968 geänderte Verfassung der DDR, in der es in Art. 37 Abs. 1 heißt:

> "Jeder Bürger der Deutschen Demokratischen Republik hat das Recht auf Wohnraum für sich und seine Familie entsprechend den volkswirtschaftlichen Möglichkeiten und örtlichen Bedingungen. Der Staat verpflichtet sich, dieses Recht durch Förderung des Wohnungsbaus, die Werterhaltung vorhandenen Wohnraums und die öffentliche Kontrolle über die gerechte Verteilung des Wohnraums zu verwirklichen."

---

132 Vgl.: Jenkis, Wohnungswirtschaft und Wohnungspolitik, S. 113, Hinrichs, Wohnungsversorgung in der DDR, S.29f.

133 Zwar vervier- bzw. -fünffacht sich die Quote des individuellen Eigenheimbaus ab 1974/75 gegenüber 1971, sie erreicht dennoch nur einen Anteil von rd. 10 vH (1971: 2,9 vH) am gesamten Wohnungsbau.

Mit dieser Formulierung gewährt die DDR-Verfassung dem Staat als wohnungspolitischem Entscheidungsträger einen erheblichen Spielraum zur Erfüllung seiner Aufgaben. Durch die Anknüpfung der Wohnungspolitik an die aktuellen volkswirtschaftlichen Rahmendaten bleibt es dem Staat überlassen, Ausmaß und Zeitpunkt seiner wohnungspolitischen Aktivitäten im Neubau und bei der Sanierung des vorhandenen Bestandes zu bestimmen. Der in der Verfassung verankerte Zwang zur entsprechenden Wohnraumversorgung existiert faktisch nicht.

Auch die Absicht, den vorhandenen Wohnraum gerecht zu verteilen, relativiert sich in der Praxis. Üblich ist die staatliche Zuweisung von Wohnraum durch die örtlichen Wohnungsvergabestellen, deren Arbeit die Wohnraumlenkungsverordnung[134] regelt. Basis für die Verteilung und die Bemessung des Mindestanspruches an Wohnraum bildet nicht ein für die ganze Republik einheitlicher Maßstab, sondern das Wohnangebot im jeweiligen Kreis bzw. in der kreisfreien Stadt.[135] Damit verfügt die DDR-Führung über ein wichtiges Steuerungsinstrument für Arbeitskräfte: In Gebieten mit arbeitsintensiver Produktion schaffen gezielte Schwerpunktprogramme besonders günstige Wohnverhältnisse, um die regionale Attraktivität zu steigern; erwünschte Abwanderungseffekte werden durch gesteuerte Stagnation im örtlichen Wohnungsbau forciert.

Eine realistische Beurteilung der letzten zwei Jahrzehnte Wohnungserhaltungs- und Wohnungsbaupolitik in der DDR legt offen, daß die systematische Verjüngung der Wohnungssubstanz im Rahmen des "komplexen Wohnungsbaus" weitgehend zu Lasten der Bestandspflege geht. Maßnahmen zur Instandhaltung und Instandsetzung sind nur in einem Umfang vollzogen, der den fortschreitenden Verschleiß der vorhandenen Wohnsubstanz kaum aufhalten kann. Eine grundlegende Sanierung bildet die Ausnahme. Entsprechend wirken sich nur etwa zwei Drittel der neu errichteten Wohnungen bestandserhöhend aus. Das restliche Drittel des Neubauvolumens kompensiert den zunehmenden

---

134 Gesetzblatt der DDR i. d. F. v. 28. Oktober 1985, Teil I, Nr. 27, S. 301-308.

135 Als Voraussetzung für die Zuteilung von Wohnraum muß der Wohnungssuchende zunächst einen begründeten Antrag bei den jeweiligen örtlichen Räten stellen. Zu den Berechtigten zählen gemäß § 9 WLVO volljährige Einzelpersonen, Ehepaare und Familien. Die Zuweisung des Wohnraums erfolgt auf der Grundlage der von den Bezirken erarbeiteten Fünf-Jahres-Pläne. Die Chance einer Zuteilung sind besonders für Familien mit drei und mehr Kindern sehr hoch. Bei Einzelpersonen dagegen besteht kaum Aussicht auf eine Zuteilung, es sei denn, ein Betrieb hat sie dringend als Arbeitskraft angefordert. Das Privileg für Familien ist Teil des Familienförderprogramms, das nachweislich zu einem Anstieg der Drittgeburten führt.

Verfall des Altbestandes in Städten und Dörfern.[136] Zusammenfassend ist festzuhalten, daß der zum Zeitpunkt der Wiedervereinigung vorgefundene Wohnungsbestand zur Deckung des quantitativen Wohnbedarfs nicht ausreichend ist[137], deutliche Rückstände in der Wohnungsausstattung aufweist und sich vor allem in einem unzureichenden Bauzustand befindet. Dieses Gesamtbild schließt auch erhebliche regionale Disparitäten mit ein. Die Erfüllung der auf dem VIII. und IX. SED-Parteitag skizzierten Vision, bis 1990 die "Wohnungsfrage als soziales Problem" zu lösen, kann nachweislich verneint werden.

2.2. Die Ausgangssituation der Wohnungswirtschaft zum Zeitpunkt der Wiedervereinigung

Die knapp zwanzig Jahre lang praktizierte dirigistische Planung und Lenkung der Wohnungs(bau)politik in der DDR prägt die heutige Struktur des Wohnungsbestandes in den neuen Bundesländern. Dies gilt für die Eigentumsformen, die Gebäudetypen sowie die angewandte Bauweise und zeigt sich darüber hinaus im durchschnittlichen Alter der Gebäude und in der Ausstattung der einzelnen Wohnungen. Der gewaltige Instandsetzungs- und Modernisierungsbedarf ist Ausdruck dafür, welche Anstrengungen zu unternehmen sind, um auch im Wohnungssektor die geforderte Angleichung der Lebensverhältnisse zwischen den alten und neuen Bundesländern zu realisieren.

2.2.1. Wohnungsversorgung

Die Angaben des Statistischen Amtes der DDR zur Wohnungsversorgung zum Zeitpunkt der Wiedervereinigung basieren auf den Ergebnissen der in 1981 zuletzt vorgenommenen Volks-, Berufs-, Wohnungs- und Gebäudezählung der

136 Bartholmai/Melzer geht sogar davon aus, daß sich der seit Anfang bis Mitte der 80er Jahre durch Neubau gewonnene Wohnraum und der verfallsbedingte Abgang die Waage halten.
Vgl.: Bartholmai/Melzer, Wohnungsbaufinanzierung, S. 17.

137 In 1989 liegen 800.000 registrierte Wohnungsanträge vor, davon ca. 470.000 von Haushalten ohne eigene Wohnung. Bei den übrigen Antragstellern handelt es sich um Wohnungssuchende, die entweder in Gemeinschaftsunterkünften leben oder in Wohnungen, bei denen eine baldige Räumung unvermeidbar ist.
Vgl.: Zimmermann, Wohnungsmarkt und Städtebau, S. 13.

DDR (Vollerhebung) und der auf kommunaler Ebene durchgeführten Bestandsfortschreibung, abgeleitet aus der jährlich ermittelten Wohnungsbautätigkeit. Die ausgewiesenen Werte weichen allerdings nicht nur in Definition und Differenzierungsgrad, sondern auch bezüglich ihrer Zuverlässigkeit von dem aus westlichen Erhebungen gewohnten Datenmaterial ab. Westliche Beobachter unterstellen bereits frühzeitig Fortschreibungsfehler und Manipulationen. Erst nach der Wende ist mit Hilfe intern geführter Aufzeichnungen von Mitarbeitern des Statistischen Amtes der DDR der Nachweis des real vorhandenen Wohnungsbestandes möglich.

Zurückzuführen ist der überhöhte Ausweis des Wohnungsbestandes auf das Bestreben der SED, im Wohnungsbestand möglichst hohe Fertigungszahlen auszuweisen, um damit politische Erfolge im Sinne des 1971 proklamierten Wohnungsbauprogramms zu dokumentieren. So erläßt sie eine Reihe von Sonderregelungen, die die Ergebnisse der Neubautätigkeit künstlich erhöhen:

Maßgeblich wirkt sich die besondere Berücksichtigung von Modernisierungen auf die Bestandsdaten aus. Ab 1971 erfassen die Statistiken die durch Einbau von Innen-WC, Bad/Dusche etc. modernisierten (aber bereits vorhandenen) Wohnungen in der Kategorie der fertiggestellten Neubauten. Dies führt dazu, daß ein und dieselbe Wohnung nach ihrer Fertigstellung unter Umständen mehrfach -je nach Anzahl der Modernisierungen- in der jährlichen Liste der Neubauten aufgeführt wird. Im Zeitraum 1971 bis 1988 sind so rd. eine Million Wohnungen als zusätzlicher Wohnraum ausgewiesen.

Ferner legt der Beschluß des Ministerrates von 1974 fest, daß bei Errichtung von Alten- und Pflegeheimen -unabhängig davon, ob tatsächlich eine eigene abgeschlossene (Alten-)Wohnung geschaffen wird- jeweils ein Heimplatz als Wohnungseinheit abzurechnen ist. Zugleich erfaßt die Jahresabrechnung der fertiggestellten *gesellschaftlichen* Einrichtungen den als Neubauwohnung deklarierten Heimplatz ein zweites Mal, wodurch die Wohnungsbau-Statistiken der Jahre 1974 bis 1988 unberechtigt rd. 55.000 Heimplätze als Wohnungsneubauten berücksichtigen.
Auch die Abrechnung der Gemeinschaftsunterkünfte in Arbeiterwohnheimen folgt dieser Praxis, was zu einem weiteren Zuwachs in der Neubaustatistik in Höhe von rd. 13.000 Wohneinheiten führt. Das gleiche gilt für Um- und Aus-

bauwohnungen, wie z. B. im Dachgeschoß, und für Rekonstruktionswohnungen[138] in einem geschätzten Umfang von rd. 122.000 Wohnungen.

Im Ergebnis dieser von der politischen Spitze zu verantwortenden Entscheidungen ist das Volumen der in den Jahren 1971 bis 1989 neu geschaffenen Wohneinheiten um rd. 1,2 Mio zu hoch angesetzt.[139]

Tabelle 1 Durch Neubau und Modernisierung fertiggestellte Wohnungen im Gebiet der ehemaligen DDR im Zeitraum 1970 bis 1989

	Angaben bis 1989			Angaben ab 1990			
Jahr	fertiggestellte Wohneinheiten	davon: Neubauten	Modernisierungen	fertiggestellte Wohneinheiten	davon: Neubauten	Um-/Ausbau Rekonstruktionen*	Differenz in vH
1970	76.088	65.786	10.302	76.088	65.786	10.302	0,0
1971	86.777	65.021	21.756	76.020	64.911	11.109	12,4
1972	117.026	69.552	47.474	85.901	69.552	16.349	26,6
1973	125.769	80.725	45.044	96.218	80.725	15.493	23,5
1974	138.301	88.312	49.989	102.468	87.530	14.938	25,9
1975	140.793	95.976	44.817	107.347	95.133	12.214	23,8
1976	150.617	103.091	47.526	111.158	99.558	11.600	26,2
1977	162.745	106.826	55.919	113.846	103.278	10.568	30,0
1978	167.799	111.909	55.890	114.173	104.641	9.532	32,0
1979	162.743	117.355	45.388	110.446	101.188	9.258	32,1
1980	169.223	120.206	49.017	111.933	102.209	9.724	33,9
1981	185.350	125.731	59.619	120.545	110.916	9.629	35,0
1982	187.053	122.417	64.636	117.375	110.823	6.552	37,3
1983	197.221	122.636	74.585	118.592	107.258	4.396 / 6.938	39,9
1984	207.034	121.654	85.380	117.470	103.655	3.555 / 10.260	43,3
1985	212.222	120.728	91.494	115.722	99.129	3.432 / 13.161	45,5
1986	215.690	119.335	96.355	116.545	100.067	3.367 / 13.111	46,0
1987	214.186	113.974	100.212	109.754	91.896	3.302 / 14.556	48,0
1988	219.243	110.511	108.732	104.666	93.472	2.747 / 8.447	52,3
1989	197.929	k.A.	k.A.	92.347	83.361	2.074 / 6.912	53,3
1990	–	–	–	62.468	60.055	844 / 1.569	
Summe				Summe			
1971~198	3.059.792			1971~1988	1.950.179		
1971~198	3.257.721			1971~1989	2.042.526		

* erstmalige Erfassung: 1983

Quelle: Statistisches Amt der DDR, Statistisches Jahrbuch 1989, S. 168,
Statistisches Amt der DDR, Statistisches Jahrbuch 1980, S. 190,
eigene Berechnungen.

138 Hierbei handelt es sich um Wohneinheiten, die aufgrund von Verschleiß o. ä. nicht mehr bewohnbar sind und durch (umfassende) Baumaßnahmen ihrer Zweckbestimmung wieder zugeführt werden können.

139 Vgl.: Manzel, Planabrechnung und Wirklichkeit, S. 279ff.

Im Jahr 1991 präsentiert das Statistische Jahrbuch der DDR für 1990 erstmals eine Bilanz der DDR-Wohnungsbauaktivitäten, die nach Korrektur der politisch gesteuerten Neubauzahlen, einen Bestand von 7.002.539 Wohneinheiten im Beitrittsgebiet ausweist. Damit stehen 426 Wohnungen je 1.000 Einwohner und fast 28 Quadratmeter Wohnfläche pro Kopf der Bevölkerung zu Verfügung. Im Vergleich zu den alten Bundesländern (430 Wohneinheiten und 35 Quadratmeter) handelt es sich, unter rein quantitativen Aspekten, um relativ günstige Werte.[140]

Ursächlich für den ab 1982 einsetzenden Rückgang der Bautätigkeit (gemäß den korrigierten statistischen Angaben ab 1990) ist neben der sich verschlechternden Wirtschaftslage und dem hieraus resultierenden Kapitalmangel vor allem der hohe Verschleiß der bereits zu diesem Zeitpunkt überalterten Produktionsanlagen.[141] Schon zu Beginn des Wohnungsbauprogramms Mitte der siebziger Jahre sind rd. 53 vH der Produktionsausrüstung der Bauwirtschaft abgeschrieben. Da für Ersatz- und Nettoinvestitionen die notwendigen finanziellen Mittel fehlen, sind in der zweiten Hälfte der achtziger Jahre bereits 70 vH des Maschinenparkes und der sonstigen Produktionsausrüstung überholt und abgenutzt. Die daraus resultierende hohe Reparaturanfälligkeit führt bei regelmäßigem Ersatzteilmangel zu längerfristigen Ausfallzeiten und damit letztlich zu einem Abfall der Bauleistungen.[142]

Für eine realistische Bestimmung des Wohnungsbestands ist, in Ergänzung zur Zahlenbereinigung aufgrund falsch abgerechneter "Neubauten", das Volumen der leerstehenden, gesperrten, ungenutzten oder andersweitig genutzten Wohnungen zu berücksichtigen. Schätzungen bezüglich dieser Wohnungsabgänge schwanken zwischen 400.000-600.000 Wohneinheiten, so daß zum Zeitpunkt der Wiedervereinigung effektiv nur von einem verfügbaren Wohnungsbestand von 6,6-6,4 Mio auszugehen ist.[143] Hierdurch verschlechtern sich entsprechend die o. g. Kennziffern der Wohnungsversorgung.

140 Vgl.: Bartholmai/Melzer, Wohnungsbaufinanzierung, S. 18.
141 Vgl.: Statistisches Amt der DDR, Statistisches Jahrbuch 1990, S. 120f.
142 Vgl.: Buck/Reuter, Scheitern des SED-Wohnungsbauprogramms, S. 23.
143 6,6 Mio.: Gluch, Baubedarf bis 2005, S. 12,
Manzel, Planabrechnung und Wirklichkeit, S. 283.
6,4 Mio.: Hinrichs, Wohnungsversorgung in der DDR, S.39,
Kelle, Wohnungspolitik seit der Wiedervereinigung, S. 650.

Für die nachfolgenden Auswertungen ist grundsätzlich eine weitere Modifikation der im Jahr 1991 veröffentlichten Statistik wünschenswert, was jedoch aufgrund der nur eingeschränkt vorliegenden Informationen über Wohnungsabgänge nicht durchgängig für alle Alters- und Eigentumsstrukturen geleistet werden kann. Entsprechend liegen den folgenden Untersuchungen Bestandsangaben des statistischen Amtes der DDR aus 1991 zugrunde, die üblicherweise heute für die Beurteilung des Wohnungsbestandes im Beitrittsgebiet Verwendung finden.
Diese Vorgehensweise hat den entscheidenden Vorteil, daß über Globalangaben für das Beitrittsgebiet hinaus auch Werte für die einzelnen neuen Bundesländer zur Verfügung stehen. Unter der Annahme einer relativ gleichmäßigen Bestandsüberhöhung durch nicht berücksichtigte Wohnungsabgänge ist eine vermutete Bestandsabweichung in Höhe von 6-9 vH zu vernachlässigen.

2.2.2. Eigentumsstruktur

Die Entwicklung der Wohneigentumsstruktur in der DDR im Verlaufe der letzten 20 Jahre verdeutlicht eine Zunahme des staatlichen Wohnungsbestandes von 28 vH auf 41 vH bei einem gleichzeitigen Rückgang der privaten Eigentumsquote von 62 vH auf 41 vH. Letztere splittet sich zu 17 vH in vermietetes und zu 24 vH in selbstgenutztes Privateigentum auf.[144] Der genossenschaftliche Wohnungsbestand entwickelte sich aufgrund der bereits geschilderten politischen Entwicklung von 10 vH auf 18 vH.

Wesentliche Determinanten für die Eigentumsverschiebung von Privat- in Staatseigentum sind das niedrige Mietzinsniveau und die schwache Rechts

144 Nach einer Untersuchung des Instituts für Städtebau und Architektur aus 1986 zu den städtebaulichen Strukturtypen der Wohnbebauung und den Eigentumsformen in 93 Städten der DDR liegt der Anteil der privaten Eigentümer in Gebieten mit Ein- und Zweifamilienhäusern und dörflicher Bebauung bei 81 vH. In Gebieten mit Mehrfamilienhausbebauung vor 1870 bei 61 vH, in Gebieten mit Mehrfamilienhäusern aus der Jahrhundertwende -abhängig von der Geschoßzahl- bei 60 vH bzw. 48 vH sowie in Gebieten mit Mehrfamilienhausbebauung aus der Zwischenkriegszeit immerhin noch bei 25 bis 29 vH. Generell sind in Altbauquartieren überproportional häufig Privatwohnungen vertreten.
Vgl.: Bauakademie der DDR, Städtebauprognose, S. 88.

position[145] der privaten Vermieter. Der republikweit einheitlich festgesetzte Mietzins beträgt -mit Ausnahme einer etwas höheren Kostenstruktur in Berlin-für eine Neubauwohnung rd. M/DDR 1,00/m² Wfl. Hinzu kommen Heizkosten in Höhe von M/DDR 0,40/m² Wfl. Für Altbauten schwankt der Mietzins um M/DDR 0,45/m² Wfl. Bei einem solchen Mietzinsniveau sind die Kosten für die Unterhaltung und Instandhaltung der Wohnungen für einen privaten Vermieter regelmäßig nicht tragbar.[146]

Abbildung 1 Entwicklung der Wohneigentumsstruktur zwischen 1971 und 1990 (in vH)

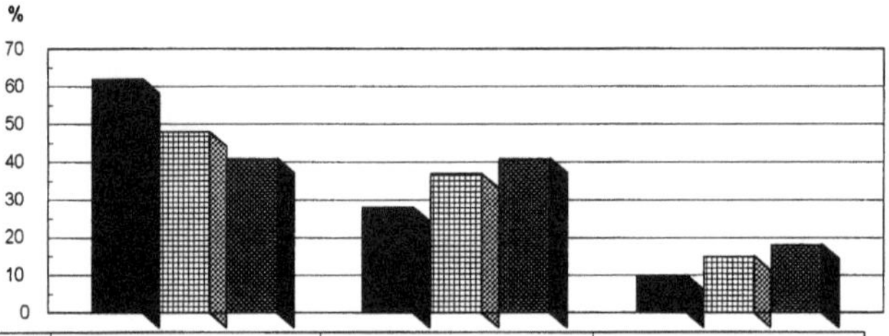

	Privateigentum	Volkseigentum	Genoss.eigentum
1971	62	28	10
1981	48	37	15
1990	41	41	18

Quelle: Statistisches Jahrbuch der DDR 1990, S. 200.

Um dennoch wohnraumerhaltende Maßnahmen zu gewährleisten, verpflichtet § 20 WLVO die Vermieter zur Instandhaltung und Modernisierung ihrer Wohnungen im Rahmen der Planfestlegung. Folgt der Vermieter seiner Pflicht (zumeist aus finanziellen Gründen) nicht, dürfen gemäß § 22 WLVO die notwendigen Bauarbeiten von den zuständigen staatlichen Behörden zu Lasten der Vermieter in Auftrag gegeben werden. In Erwartung der hieraus resultierenden finanziellen Belastungen übereignen viele ihr Häuser dem Staat oder werden ent-

145 Gemäß § 122 Zivilgesetzbuch der DDR kann ein (privater) Vermieter grundsätzlich Eigenbedarf anmelden. Für die Durchsetzung seiner Ansprüche berücksichtigt der zuständige Rat der Kommune die örtliche Wohnraumlage und wägt die Interessen von Mieter und Vermieter ab. Bekommt der Vermieter seine Wohnung zugesprochen, kann er dazu verpflichtet werden, einen Teil der Verfahrenskosten sowie die Umzugsaufwendungen des Mieters zu erstatten.

146 Vgl.: § 2 der Verordnung über die Festlegung von Mietpreisen in volkseigenen und genossenschaftlichen Neubauwohnungen vom 19.11.1981, GBl I Nr. 34, S. 389,
Zimmermann, Wohnungsmarkt und Städtebau, S. 20,
Krohnfeld, Altschuldenhilfegesetz, S. 26.

eignet, sofern sie ihren Verpflichtungen nicht nachkommen. Ein Umstand, der für die heutige Restitutionsproblematik[147] mitverantwortlich ist. Da zudem der Neubau von privaten Miethäusern verboten ist, sinkt der Besitzanteil der privaten Haushalte an Geschoßwohnungen deutlich. Zusammen mit dem privaten Eigenheimbau ergibt sich eine private Eigentumsquote von 41 vH. Diese durchschnittliche Quote weist im interregionalen Vergleich deutliche Varianzen auf. Insbesondere in ländlichen Gemeinden mit bis zu 2.000 Einwohnern und in den südlichen Bezirken der ehemaligen DDR bleibt der private Wohneigentumsanteil deutlich höher als im Vergleich zu den städtischen bzw. nördlichen Regionen.[148]

Abbildung 2 Eigentümerstruktur des Wohnungsbestandes nach Bundesländern zum Jahresende 1989 (in vH)

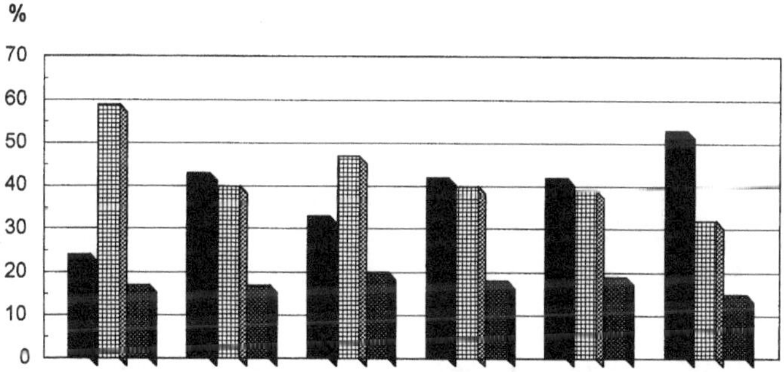

	Berlin	Brandenburg	Mecklenburg-V.	Sachsen	Sachsen-Anhalt	Thüringen
Privateigentum	24	43	33	42	42	53
Volkseigentum	59	40	47	40	39	32
Gen.eigentum	17	17	20	18	19	15

Quelle: Statistisches Amt der DDR, Statistisches Jahrbuch 1990, S. 11f, eigene Berechnungen.

147 Vgl. hierzu ausführlich: Punkt II 5.
148 Vgl.: Bartholmai/Melzer, Wohnungsbaufinanzierung, S. 30f.

2.2.3. Altersstruktur und Bauzustand

Die Altersstruktur des Wohnungsbestandes ist differenziert zu betrachten: Während bis 1918 37 vH des gesamten Wohnungsbestandes erbaut wird und zwar überwiegend als Ein- und Zweifamilienhäuser, entstammen lediglich 19 vH aus dem Zeitraum vom Beginn des Ersten bis zum Ende des Zweiten Weltkriegs. Dem Zeitraum 1946 bis 1970 sind 18 vH der heute vorhandenen Wohneinheiten zuzuordnen, die zunächst aufgrund des nachkriegsbedingten Wohnungsbedarfs zu 64 vH und später ideologiebedingt bis zu 91 vH in Mehrfamilienhausbauweise errichtet werden. In Folge des staatlich initiierten Neubauprogramms entstehen 1971-1990 26 vH der Wohneinheiten, zumeist im Rahmen des komplexen Wohnungsbaus. Dieses Volumen entspricht in etwa Dreiviertel dessen, was in den 50 Jahren zuvor entstanden ist.

Tabelle 2 Altersstruktur des Wohnungsbestandes in 1989, aufgeteilt nach Ein-/Zwei- und Mehrfamilienhäusern (in 1000 WE)

Baujahr	Wohnungs-bestand (in 1000 WE)	Anteil am Bestand (vH)	davon: EFH/ZFH (vH)	MFH (vH)
bis 1918	2.596	37	58	42
1919-1945	1.341	19	52	49
1946-1960	600	9	36	64
1961-1970	632	9	9	91
1971-1980	931	13	10	90
1981-1989	903	13	14	86
Gesamt	7.003	100	33	67

Quelle: Statistisches Amt der DDR, Statistisches Jahrbuch 1989, S. 51, Bartholmai/Melzer, Wohnungsbaufinanzierung, S. 24, eigene Berechnungen.

Nur bei quantitativer Betrachtung entsteht der Eindruck einer ausreichenden Wohnraumversorgung; dieser ist unter Berücksichtigung des oft desolaten Bauzustandes zu relativieren. Der Modernisierungs- und Instandsetzungsbedarf steht in direktem Zusammenhang zum Alter und zur Bauweise. Eine solche Aussage bestätigt das Untersuchungsergebnis der Bauakademie der DDR über den Bauzustand der in konventioneller Bauweise errichteten Wohngebäude (Tabelle 3). Demnach befinden sich Ein- und Zweifamilienhäuser trotz des hohen Durchschnittsalters überwiegend in besserem Zustand als die Mehrfamilienhäuser. Zurückzuführen ist dies primär auf die unterschiedliche Eigentümerstruktur: Privater Wohnraum zeichnet sich durch eine bessere Instandhaltung aus, als der vergleichbare staatliche Wohnraum. Dies läßt auf umfangreichere individuelle Aktivitäten schließen. Dennoch weisen nicht nur 51 vH der Mehrfamilienhäuser, sondern auch 20 vH der Ein- und Zweifamilien-häuser schwere bauliche Schäden auf, die teilweise zur Unbewohnbarkeit führen. Hiervon betroffen sind überwiegend Gebäude mit Baujahr bis 1914.

Tabelle 3 Bauzustandsstufen konventionell errichteter Wohngebäude, unterteilt nach Ein-/Zwei- und Mehrfamilienhäuser (in vH)

Bauzustandsstufen	Anteil am Bestand	davon: EFH/ZFH	MFH
I gut erhalten	9	30	9
II geringe Schäden	40	50	40
III schwerwiegende Schäden	40	17	40
IV in Funktion unbrauchbar	11	3	11

Quelle: Winkler, Sozialreport 1990, S. 162,
BMBau, Haus und Wohnung, S. 19,
eigene Berechnungen.

Ein erheblicher Sanierungsbedarf ist gleichermaßen bei den in Plattenbauweise errichteten Mehrfamilienhäusern feststellbar. Vor allem die ersten Plattenbauprojekte der 70er Jahren weisen erhebliche "Kinderkrankheiten" auf. Aber auch die nach 1985 errichteten Plattenbauten bilden eine Problemgruppe, da aufgrund knapper Mittel und ehrgeiziger Planvorgaben Quantität über Qualität dominiert. Durchweg wird zuwenig auf dauerhaft beständige sowie verbrauchssenkende Konstruktionen und Ausbaulösungen geachtet, die sich vor allem in hohen Betriebskosten niederschlagen. Die häufigsten und schwerwiegendsten Schäden an Plattenbauten treten an Dächern, Fassaden, Grundisolierungen, Versorgungsleitungen sowie an Fugenverbindungen auf.

2.2.4. Wohnungsausstattung

Die Vernachlässigung des "volkseigenen" Wohnungsbestandes spiegelt sich regelmäßig in der Ausstattung der Wohnungen wider. Bei den Ausstattungsmerkmalen im Innenbereich kann davon ausgegangen werden, daß zum Zeitpunkt der Wiedervereinigung 82 vH aller Wohnungen über ein Bad/Dusche verfügen und nur 76 vH über ein Innen-WC. Angeschlossen an moderne Heizungssysteme, wie z. B. Fernwärme, Etagen- oder Zentralheizung, sind lediglich 47 vH aller Haushalte.[149] Hierbei ist zu berücksichtigen, daß die Durchschnittswerte maßgeblich durch den hohen Anteil der Neubauwohnungen im Wege des komplexen Wohnungsbaus bestimmt sind, die im Vergleich zum Altbestand einen überdurchschnittlichen Ausstattungsstandard aufweisen. Dessen ungeachtet sind auch für diese Wohnungsbestände -aufgrund des geringen Qualitätsstandards- erhebliche Sanierungsleistungen erforderlich. Insgesamt betrachtet, entspricht das Ausstattungsniveau der Wohnungen in den neuen Bundesländern dem in der Bundesrepublik Deutschland am Ende der 60er Jahre erreichten Stand.

Abbildung 3 Ausstattung des Wohnungsbestandes nach Bundesländern (in vH)

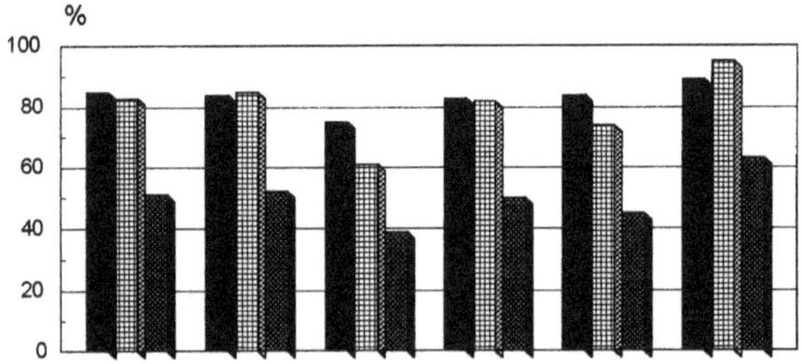

	Bb	MV	Sn	SA	Tn	Bn
Bad/Dusche ■	85	84	75	83	84	89
Innen-WC ▦	83	85	61	82	74	95
Sammelh. ▩	51	52	39	50	45	63

Quelle: Statistisches Amt der DDR, Statistisches Jahrbuch 1990, S. 13, eigene Berechnungen.

149 Vgl.: Zimmermann, Wohnungsmarkt und Städtebau, S. 9, GdW, Daten und Fakten 1991, S. 10.

2.3. Die Finanzierung der Wohnungswirtschaft

Sowohl die Finanzierung von Wohnungsneubauten als auch Rekonstruktionsmaßnahmen im vorhandenen Bestand erfolgen in der DDR primär über Kredite auf der Grundlage des staatlichen Kreditplanes und erst in zweiter Linie über Eigenfinanzierung und Eigenleistungen des Bauträgers.

Im Mietwohnungsbau fungieren Kommunale Wohnungsverwaltungen (KWV) bzw. Gebäudewirtschaften (VEB) und Genossenschaften als Bauträger, deren Finanzierung durch die Vorgaben des Staatsapparates geprägt ist. Bis 1970/71 obliegt die Kreditvergabe für den Wohnungsneubau ausschließlich den Sparkassen, die sich vorwiegend über die Ausgabe von Obligationen und Pfandbriefen refinanzieren. Als Haupterwerber dieser Papiere ist die Bevölkerung mit ihren Spargeldern angesprochen. Obwohl die Obligationen als mündelsichere Anlagen gelten und weder die Kapitalanlage noch die darauf entfallenden Zinserträge zu versteuern sind, entspricht ihr Absatz nicht den Erwartungen der politischen Führung. Daher erfolgen staatlich gesteuerte Zwangskäufe durch Sparkassen, städtische und ländliche Kreditgenossenschaften ebenso wie durch die Deutsche Versicherungsanstalt mit ihren Spareinlagen bzw. dem Deckungsstock für abgeschlossene Lebensversicherungen und Sparrentenverträge, um das staatliche Finanzierungskonzept sicherzustellen.[150]

Die Absatzschwierigkeiten der Refinanzierungsobligationen forcieren im Jahr 1971 die Umstellung der Finanzierung des Wohnungswesens auf Staatsbank-Kredite. Gleichzeitig entwickelt das Ministerium der Finanzen der DDR[151] ein System von "Nutzeffektivitätskriterien zur optimalen Kostengestaltung" bei der Ausleihung von Kreditmitteln, um die bis dahin uneinheitliche Kreditvergabe abzulösen. Das bedeutet, daß einerseits die Kosten für die Errichtung der Wohnungen in den standardisierten Bautypen staatlich vorgegeben werden und andererseits, die für die Finanzierung des Bauvorhabens einheitlichen Quoten für den aufzubringenden Eigen- und Fremdfinanzierungsanteil einzuhalten sind. Diese verbindlichen Kennziffern können lediglich durch geringe Modifikationen den örtlichen Begebenheiten angepaßt werden. Mittels dieser Vorgehensweise soll die Möglichkeit geschaffen werden, die Effektivität der

150 Vgl.: Braune, Wohnungsbau und Wohnungswesen in der Sowjetzone, S. 15, Hess, Wohnungsbaufinanzierung, S. 76.

151 Vgl.: Ministerium der Finanzen, Finanzierung des Wohnungswesens, S. 1ff.

Bauvorhaben zu beurteilen und vor allem eine exakte Berechnung des staatlichen Engagements vorzunehmen.

Ebenso wie die KWV/VEB erhalten die Genossenschaften seit den siebziger Jahren Staatsbankkredite für Neubauten und Modernisierungsvorhaben. Während die örtlichen Haushalte die Zins- und Tilgungsleistungen aus dem volkseigenen Wohnungsbau jährlich vollständig übernehmen, müssen Genossenschaften ein Fünftel der Annuität, den Tilgungsanteil, selbst tragen. Die restlichen vier Fünftel, den Zinsanteil, trägt wiederum der örtliche Haushalt. Vor dem Hintergrund des staatlich fixierten niedrigen Mietzinsniveaus bewirkt diese Aufteilung der Annuitätenleistungen bei Genossenschaften langfristig eine -im Vergleich zum volkseigenen Wohnungsbau- immer stärker zunehmende Verschuldung gegenüber der Staatsbank. Es ist zu unterstellen, daß die SED zu gegebener Zeit -ohne direkte Enteignung- das genossenschaftliche Wohneigentum auf eine politisch definierte "höhere Stufe des gesellschaftlichen Eigentums", dem Volkseigentum, überführt hätte.

Tabelle 4 Altschulden des kommunalen und genossenschaftlichen Wohnungsbestandes zum Zeitpunkt der Wiedervereinigung (nach Baujahren)

Baujahr	1960-64	1965-69*	1970-74	1975-79	1980-84	1985-89
Summe der errichteten Wohneinheiten	343.873	255.280	337.011	457.798	483.530	423.062
davon:						
kommunaler Bestand	145.861	182.926	237.885	256.945	279.865	286.630
genoss. Bestand	198.012	72.354	99.126	200.853	203.665	136.432
Φ Verschuldung vor Moratorium pro WE	5.060	8.238	11.329	12.381	21.585	33.501
davon:						
kommunaler Bestand	5.135	8.200	11.123	12.031	20.760	32.275
genoss. Bestand	5.005	8.322	11.822	12.941	22.718	36.076
Φ Verschuldung nach Moratorium (pro WE)	6.780	11.039	15.181	16.591	28.924	44.891
davon:						
kommunaler Bestand	6.881	10.988	14.905	16.256	27.818	43.239
genoss. Bestand	6.707	11.151	15.841	17.073	30.442	48.342

* Angaben in DM

Quelle: Angaben lt. Staatsbank der DDR/Deutsche Kreditbank AG.

Tabelle 4 verdeutlicht den zunehmenden Verschuldungsgrad im genossenschaftlichen Wohnungsbestand: Die im Zeitraum 1960-1964 errichtete Wohnungen weisen zum Zeitpunkt der Wiedervereinigung mit DM 5.005 -vor Moratorium- einen rd. 2,5 vH niedrigeren Verschuldungsgrad auf als vergleichbare Wohnungen im kommunalen (ehemals volkseigenen) Bestand mit DM 5.135. Bereits in der nächsten Periode liegt die durchschnittliche Verschuldung des kommunalen Bestandes rd. 1 vH unter dem der Genossenschaften. Ursächlich für diese Veränderung dürfte der in dieser Periode erstmals von den Genossenschaften selbst zu tragende Tilgungsanteil in Höhe von 1 vH sein, der häufig zu einer Tilgungsstreckung bzw. Aufstockung der Kredite in Höhe des Tilgungsanteils führt. In der Periode 1985-1989 beträgt die Differenz, nicht zuletzt aufgrund des Zinseszins-Effektes, bereits 12 vH.

3. Der zukünftige Wohnungsbedarf in den neuen Bundesländern

Der zukünftige Wohnungsbedarf in den neuen Bundesländern -und damit der Umfang der zu tätigenden Modernisierungs-, Instandsetzungs- und Neubaumaßnahmen- wird durch den aktuell vorhandenen Bestand und spezifische Einflußfaktoren determiniert.

Das aktuelle Wohnraumangebot besteht aus dem vorhandenen, bereits als Wohnraum genutzten, Flächenangebot und dem noch erschließbaren Potential in Form leerstehender Wohneinheiten. Eine Veränderung des Angebots resultiert ferner aus Wohnungsabgängen durch Abriß oder Umwidmung sowie Zugängen durch fertiggestellten neuen Wohnraum.
Zu den spezifischen Einflußgrößen auf den (regionalen) Wohnraumbedarf zählen die natürliche Entwicklung der Bevölkerung, ihr Wanderungsverhalten und der Wunsch junger Menschen, einen eigenen Hausstand zu gründen. Hinzu kommt als externer Faktor das Wanderungsverhalten benachbarter Nationen.

Schätzungen hinsichtlich des zukünftigen Wohnungsbedarfs einerseits und zum Umfang der notwendigen Wohnungsbauleistungen andererseits liegen bereits vor. An dieser Stelle wird vor allem auf die Arbeiten von Bartholmai/

Melzer[152] sowie von Hübl/Möller[153] verwiesen, die mittels verschiedener Szenarien die Wohnungssituation in den neuen Bundesländern bis zum Jahre 2000 bzw. 2005 prognostizieren.
Unter Berücksichtigung der für den östlichen Wohnungsmarkt signifikanten bevölkerungsverändernden Komponenten (Fertilität, Mortalität und Wanderungen)[154] ermitteln Bartholmai/Melzer einen durchschnittlich erforderlichen Wohnungsersatzbedarf in Ostdeutschland zwischen 80.000 und 120.000 Wohneinheiten p. a. bis in das Jahr 2000[155], der aus Kostengründen mehrheitlich über eine Modernisierung und Instandsetzung des vorhandenen Bestandes und weniger über den Wohnungsneubau zu realisieren sein wird. Hübl/Möller hingegen legen bis zum Jahr 2005 einen jährlichen Ersatzbedarf von lediglich 62.000 Wohneinheiten[156] zugrunde.[157]
Wie sich der tatsächliche Wohnraumbedarf letztlich entwickelt, hängt in erster Linie von der wirtschaftlichen Entwicklung in der Region und den gesellschaftlichen Entwicklungen[158] ab. Auch wenn die beiden angeführten Hochrechnungen zu unterschiedlichen Ergebnissen kommen, wird deutlich, daß umfangreiche Sanierungsmaßnahmen realisiert werden müssen.

4. Die Überführung der preisgebundenen Mieten in das Vergleichsmietensystem

Zum Zeitpunkt der Wiedervereinigung unterliegt der weit überwiegende Teil der Wohnungsmieten im Beitrittsgebiet (rd. 96 vH) der Mietpreisbindung. Nach

152 Vgl.: Bartholmai/Melzer, Perspektiven des Wohnungsbaus, S. 77.
153 Vgl.: Hübl/Möller, Entwicklung des Wohnungsmarktes, S. 86ff.
154 Vgl.: BfLR, Perspektiven der künftigen Bevölkerungsentwicklung, 1992, Scherzinger, Regionalplanung in der DDR, S. 30ff.
155 Diesen Bedarf schätzen auch Pfeiffer und Ammann in ihrer Untersuchung. Vgl.: Pfeiffer/Ammann, Wohnungspolitik in Ostdeutschland, S. 11.
156 Als Ergebnis der Untersuchung wird festgehalten, daß ein Neubaubedarf von rd. 684.000 Wohneinheiten in 11 Jahren entsteht. Dies entspricht einem Durchschnitt von 62.000 Wohneinheiten pro Jahr.
157 Als Vergleich dazu ermittelt das Institut für Siedlungs- und Wohnungswesen in den alten Bundesländern für den Zeitraum 1975-1985 -unter Zugrundelegung bestimmter normativer Versorgungsstandards- einen Gesamtbedarf von 4,8 Mio Wohnungen, d. h. von jährlich rd. 440.000 Wohnungen, um den bis 1985 entstehende Nachhol-, Neubau- und Ersatzbedarf zu decken. Bezogen auf die zugrundeliegende Bevölkerung und unter Berücksichtigung der weniger positiven wirtschaftlichen Entwicklungen entspricht dies in etwa der oben aufgezeigten Bau-Prognose für die neuen Bundesländer. Vgl.: Füllenkemper, Wirkungsanalyse der Wohnungspolitik, S. 1.
158 Vgl. hierzu ausführlich: Eichener/Heinze/Bucksteg, Anforderungen an die Wohnungswirtschaft, S. 4ff.

der Intention des Einigungsvertrags sollen die Mieten der zu DDR-Zeiten errichteten Wohngebäude schrittweise und unter Berücksichtigung der Einkommensentwicklung an das in den alten Bundesländern seit 1974 angewendete Vergleichsmietensystem herangeführt werden. Diese Vorgabe bildet den Ausgangspunkt für die einsetzende Mietenpolitik in den neuen Bundesländern.

Für einen Übergangszeitraum bis Ende 1990 erhalten die Wohnungsunternehmen gemäß den im Einigungsvertrag getroffenen Regelungen von Seiten des Bundes eine finanzielle Unterstützung zur Überbrückung ihrer Liquiditätsengpässe, die sich aus den nicht kostendeckenden Mieten ergeben. Nachdem der Bund Anfang 1991 seine Subventionszahlungen einstellt, fällt die weitere Förderung -da es sich um Verbrauchersubventionen handelt- in den Zuständigkeitsbereich der Länder. Diese leisten zunächst Bewirtschaftungshilfen[159], die jedoch die Liquiditätsengpässe nicht wirklich überbrücken können.

Vor diesem Hintergrund nimmt die Bundesregierung das ihr im Einigungsvertrag eingeräumte Recht -auf dem Verordnungswege und nach Zustimmung des Bundesrates- zur Anhebung der Mieten als auch der Umlagen für Betriebskosten wahr. Mit Wirkung zum 1. Oktober 1991 tritt die Erste Grundmietenverordnung in Kraft. Danach kann der Vermieter die Mieten im Durchschnitt um DM 1,00/m² Wfl. anheben. Zusätzlich sind in Abhängigkeit von der Ausstattung der Wohnung und der Größe der Wohngemeinde Zu bzw. Abschläge möglich. Ferner regelt die Erste Grundmietenverordnung die Berechnung der Betriebskosten für den Mieter ab sofort auf einer verbrauchsbezogenen Basis.[160]

Im Einklang mit der Entwicklung der verfügbaren Haushaltseinkommen läßt die Bundesregierung mit Wirkung zum 1. Januar 1993 eine weitere Anhebung der Grundmieten zu. Diese Zweite Grundmietenverordnung erschließt den Wohnungsunternehmen einen zusätzlichen finanziellen Freiraum für die notwendigen Modernisierungs-, Instandsetzungs- und Instandhaltungsmaßnahmen am Wohnungsbestand. Über eine pauschale Anhebung der Grundmieten um

159 Die Länder Brandenburg, Sachsen, Sachsen-Anhalt, Thüringen und Berlin stellen Subventionen und Liquiditätshilfen zur Verfügung. Das Land Mecklenburg-Vorpommern dagegen räumt den Unternehmen lediglich zinslose Darlehen ein, welche in 1993 rückwirkend in nicht rückzahlbare Zuschüsse umgewandelt werden.

160 Die kalten Betriebskosten können auf dieser Grundlage in voller Höhe, die warmen Betriebskosten bis zu einer Höchstgrenze von DM 3,00/m² Wfl. dem Mieter weiterbelastet werden. Darüber hinaus kann der Vermieter ohne Zustimmung des Mieters jährlich bis zu 11 vH der Kosten für Modernisierungen gemäß § 3 MHG auf die Monatsmiete umlegen.

DM 1,20/m² Wfl. hinaus kann der Vermieter Beschaffenheitszuschläge geltend machen.[161] Die warmen Betriebskosten dürfen ab dem 1. Januar 1994 die monatlichen Mieten dagegen nur noch maximal mit DM 2,50/m² Wfl. belasten.

Den Übergang in das für 1998 anvisierte Vergleichsmietensystem gestaltet das Mietenüberleitungsgesetz[162], das in zwei Stufen zum 1. August 1995 und zum 1. Januar 1997 in Kraft tritt.
Für Bestandswohnungen mit Baujahr vor dem 3. Oktober 1990 und bei laufenden Mietverträgen kann der Vermieter ab dem 1. August 1995 -nach Ankündigung und Zustimmung durch den Mieter- eine Anhebung der Miete um 15 vH/m² Wfl. monatlich verlangen. Basis für die Mieterhöhung ist die Grundmiete nach der Ersten und Zweiten Grundmietenverordnung ohne Betriebskosten. Bei Wohnungen, die kein Bad oder keine Zentralheizung haben oder bei denen beides fehlt, darf die Miete nur um 10 vH erhöht werden. Ab dem 1. Januar 1997 können die Mieten um weitere 5 vH angehoben werden, sofern die Voraussetzungen für den ordnungsgemäßen Zustand des Wohngebäudes vorliegen. Diese zweite Stufe der Mieterhöhung gilt nur für Städte mit mindestens 20.000 Einwohnern oder für Gemeinden, die an Städte mit mindestens 100.000 Einwohnern räumlich angrenzen.

Für die nach dem 3. Oktober 1990 neugebauten oder aus bewohnbarer Wohnsubstanz neu entstandenen Wohnungen besteht aufgrund des höheren Ausstattungsstandards von Anfang an keine Mietpreisbindung. Es gilt bereits uneingeschränkt das Miethöhegesetz mit seinen Vorschriften über die zulässigen Mieten und Erhöhungsmöglichkeiten in laufenden Mietverhältnissen. Bei Neuvermietung kann die Miete frei vereinbart werden. Für mit öffentlichen Mitteln geförderte neue Sozialwohnungen gelten besondere Bestimmungen.

Zur sozialen Flankierung der Mieterhöhungen im Rahmen der Überleitung in das Vergleichsmietensystem ist eine Fortführung und Anpassung des Wohn-

161 Der Beschaffenheitszuschlag richtet sich nach fünf qualitätsbedingten Kriterien: Befinden sich Fenster, Dach und Fassade in einem guten Zustand ("ohne erhebliche Mängel") darf der Vermieter ab dem 01.01.1993 jeweils DM 0,30/m² Wfl. auf die monatliche Miete aufgeschlagen. Sofern die Hausflure/Treppenräume und Hausinstallationen den Beschaffenheitsanforderungen entsprechen, sind weitere Zuschläge von je DM 0,30/m² Wfl. -jedoch erst ab dem 01.01.1994- möglich.

162 BGBl. I, Nr. 28, S. 748 vom 10.06.1995.

geldes nach den Wohngeldsonderzahlungen vorgesehen, die dafür sorgt, "... daß auf der einen Seite die Mieten für die Mieter finanziell verkraftbar bleiben und auf der anderen Seite, die Durchführung der notwendigen Investitionen ermöglicht wird."[163]

Die Überarbeitung der Mietpreisgestaltung ist für die Wohnungswirtschaft neben dem Inkrafttreten der Schuldenentlastung zur Jahresmitte 1995 durch das Altschuldenhilfe-Gesetz ein wichtiger Fortschritt. Hierdurch ist eine neue wirtschaftliche Basis und ein verläßlicher Rahmen für weitere Investitionen im Wohnungsbestand geschaffen.[164]

5. Auswirkungen des Gesetzes zur Regelung offener Vermögensfragen auf die Wohnungswirtschaft

Das Gesetz zur Regelung offener Vermögensfragen[165] bildet den Rahmen für die Restitution von Privateigentum, d. h. die Rückübertragung von in DDR-Zeiten enteignetem Grundvermögen in das Eigentum seiner früheren Besitzer. Nach Inhalt und Zielsetzung soll das Vermögensgesetz offene Vermögensfragen in einer sozial verträglichen Art und Weise lösen. Das Gesetz dient damit der Rechtssicherheit und dem Rechtsfrieden, um so im geeinten Deutschland zu einer akzeptierten gemeinsamen Rechtsordnung zu gelangen.[166] Als sein Kernstück gilt die Regelung "Rückgabe vor Entschädigung".
Betroffen von dem Vorbehalt der Rückgabe sind grundsätzlich nur die Vermögen, deren Enteignung (nach Gründung der DDR) Bundesbürgern oder Ausländern, die nicht im Gebiet der DDR ansässig waren oder sie unter dem Druck der politischen Verhältnisse verließen, widerfahren ist. Sofern deren Vermögen gegen eine, wenn auch sehr niedrig angesetzte, Entschädigung "übernommen" wurde, sind nach der Intention des Gesetzes heutige Ansprüche auf Rückübertragung unberechtigt.

163 Deutscher Bundestag, Wohngeld- und Mietenbericht, S. 37.
164 Leinberger, Wohnungssanierung und Privatisierung Ost, S. 171.
165 Gesetz zur Regelung offener Vermögensfragen (Vermögensgesetz/VermG), Gesetzblatt der DDR, Teil I, S. 1800ff.
Das Vermögensgesetz ist mit seiner Veröffentlichung am 28.09.1990 im Gesetzblatt der DDR in Kraft getreten. Es ist ein Gesetz der DDR, das seit dem 03.10.1990 als Recht der Bundesrepublik Deutschland weiter gilt. Eine entsprechende Erklärung der Regierungen vom 15.06.1990 enthält der Einigungsvertrag in seiner Anlage III.
166 Vgl.: Leutheusser-Schnarrenberger, Rechtsangleichung im vereinten Deutschland, S. 2466.

Der Grundsatz "Rückgabe vor Entschädigung" bewirkt eine Anspruchsflut, die sich auf mehr als 2 Millionen Grundstücke und Immobilien in Ostdeutschland erstreckt. Mit der Ausführung des Gesetzes sind die Ämter zur Regelung offener Vermögensfragen in den einzelnen Ländern betraut. Ihre Aufgabe besteht darin, die z. T. konkurrierenden Anträge auf ihre Rechtmäßigkeit zu prüfen und über eine eventuelle Rückübertragung zu entscheiden.[167]

Die Restitutionsproblematik wirkt sich nicht in allen Stadtgebieten und Wohnlagen gleich aus. Nach einer Analyse des Bundesbauministeriums aus dem Jahre 1994[168] sind schätzungsweise 1,3 Mio Wohnungen mit Ansprüchen von Alteigentümern belegt (Tabelle 5). Absolut betrachtet stehen 700.000 Ansprüchen auf Wohnungen in Mehrfamilienhäusern 400.000 Ansprüche auf Einfamilienhäuser bzw. 200.000 Ansprüche auf Wohnungen in Zweifamilienhäusern gegenüber. Bezogen auf den jeweils zugrundeliegenden Gesamtbestand der verschiedenen Gebäudetypen verschiebt sich der Anspruchsschwerpunkt weg vom Mehrfamilienhausbestand hin zum Ein- und Zweifamilienhausbestand: Gut ein Drittel aller Einfamilienhäuser sind mit Ansprüchen Dritter belastet, im Zweifamilienhausbestand mehr als ein Viertel. Dagegen beanspruchen Alteigentümer nur etwa ein Siebtel der Wohnungen im Mehrfamilienhausbestand.

Tabelle 5 Verteilung der vermögensrechtlichen Ansprüche nach Gebäudetypen

Gebäudetyp	Gesamtbestand an Wohnungen	Ansprüche von Alteigentümern	Anteil (vH)
Einfamilienhaus	1.130.000	400.000	35
Zweifamilienhaus	750.000	200.000	27
Mehrfamilienhaus	4.950.000	700.000	14
Gesamt	6.830.000	1.300.000	19

167 Hinsichtlich der sich in der Praxis ergebenden Bearbeitungszeiten für Restitutionsansprüche gibt Punkt V 1.1.1. Aufschluß.

168 BMBau, Wohnungspolitischer Umbruch in Ostdeutschland, S. 34.
Die Datengrundlage dieser Analyse weicht damit von dem in dieser Arbeit unterstellten Wohnungsbestand von 6,4 bis 6,6 Mio (Punkt II 2.2.1.) ab. Ebenso erscheint der Anteil der Restitutionsansprüche am Gesamtbestand mit 19 vH etwas überhöht. Ein Wert von 15 vH ist n. M. d. V. und in Anlehnung an Scholz realistischer.
Vgl.: Scholz, Stadtentwicklung im Umbruch, S. 32.

Obwohl nur ein relativ kleiner Anteil der Mehrfamilienhäuser von der Restitutionsproblematik betroffen ist, ergeben sich hier die meisten Probleme.[169] Die Praxis zeigt, daß sich diese Ansprüche meist auf großstädtische Altstadtgebiete und Gründerzeitviertel konzentrieren. Hier ist auf relativ engem Raum fast jedes Gebäude von der Wiederherstellung der ursprünglichen Eigentumsverhältnisse betroffen. Die sich hieraus ergebenden Folgen für die Gebäude- bzw. Wohnviertelerneuerung, als auch die sozialen Folgen für die Mieter, sind erheblich. Je länger das Verfahren bis zur endgültigen Rückübertragung dauert, desto mehr verschlechtert sich der bauliche Zustand der Objekte, da aufgrund der mit dem Restitutionsanspruch verbundenen Verfügungssperre dem heutigen Verwalter -zumeist eine kommunale Wohnungsgesellschaft- Investitionen vom Eigentümer (sofern er als solcher im Restitutionsverfahren ermittelt wird) nicht rückerstattet werden müssen. Die Folge sind Auszug der Mieter, dauerhafte Leerstände und hieraus bedingt ein weiter zunehmender Verfall. Der damit verbundene Kostenanstieg für eine Sanierung der Gebäude kann oftmals nicht mehr vom Eigentümer geleistet werden, weshalb sie ihre Gebäude veräußern oder in Büroflächen bzw. Luxusappartements umwandeln. Für die im Viertel ansässige Bevölkerung besteht in beiden Fällen im Fortzug die einzige Alternative.
Nach Reimann[170] kehrt kaum ein anspruchstellender Alteigentümer bzw. Erbe tatsächlich zurück, da keine Bindung an das Gebäude bzw. den Stadtteil besteht. Dies gilt um so mehr bei Immobilien von Verfolgten des Dritten Reiches. Demzufolge hätte eine Entschädigung als Alternative zur Restitution einer großen Anzahl von Alteigentümern sehr viel mehr entsprochen.

Während die Restitutionsproblematik bei Mehrfamilienhäusern relativ anonym von statten geht, tragen die (westdeutschen) Eigentümer und (ostdeutschen) Nutzer von Ein- und Zweifamilienhäusern meist offen ihre Konflikte aus. Vor allem der Speckgürtel um Berlin ist hiervon betroffen. Seine Bewohner, die z. T. erheblich in die Bestandserhaltung und -verbesserung investiert haben und fest verwurzelt sind, fürchten nun von den Alteigentümern vertrieben zu werden. Ihnen bleibt nur die Möglichkeit, sich mit allen rechtlichen Mitteln zu wehren, die zur Verfügung stehen. Die Erfahrungen belegen viele Beispiele resignierter Mieter, die ausziehen, bevor die rechtmäßige Kündigung durch den Alteigentümer kommt

169 Vgl. hierzu auch Punkt V 1.1.1.
170 Vgl.: Reimann, Restitution, S. 107.

6. Aktueller Handlungsbedarf der Wohnungspolitik und dessen Finanzierung

Die Weichen für mehr Marktwirtschaft im Wohnungswesen sind bereits durch die DDR-Kommunalverfassung vom Mai 1990, das Treuhandgesetz und den Einigungsvertrag gestellt. Während zuvor die volkseigenen und genossenschaftlichen Betriebe der Gebäudewirtschaft mit der Verwaltung des Wohnungsbestandes betraut waren, geht mit dem Einigungsvertrag das Eigentum am Wohnungsbestand, einschließlich der hierauf lastenden anteiligen Schulden, auf die Kommunen bzw. die genossenschaftlichen Rechtsnachfolger über.[171]

Mit diesen Bestimmungen gestaltet sich für die ostdeutsche Wohnungswirtschaft der Übergang zu marktwirtschaftlichen Verhältnissen schon in den Grundzügen abweichend zu anderen Wirtschaftsbereichen. Insbesondere die Zuweisung der Altverbindlichkeiten aus Wohnungsbau- oder Rekonstruktionsfinanzierungen auf die Kommunen bzw. Genossenschaften differiert erheblich von der bei Industrieunternehmen üblichen Vorgehensweise, die DDR-Staatsschulden komplett in den Kreditabwicklungsfonds (Erblastentilgungsfonds) einzubringen. Auch ist die Wohnungswirtschaft einer der wenigen Bereiche, in dem die Einführung der Wirtschafts-, Währungs- und Sozialunion nicht mit einer sofortigen Preisfreigabe einhergeht.

Besonders den ostdeutschen Kommunen respektive den von ihnen neu gegründeten kommunalen Wohnungsgesellschaften wird damit eine wesentlich umfangreichere (finanzielle) Verantwortung für die Wohnungswirtschaft sowie für die Wohnraumversorgung der Bevölkerung übertragen, als es der in Westdeutschland vorherrschenden Aufgabenverteilung zwischen Bund, Ländern und Gemeinden entspricht. Die bedeutendste Aufgabe der gegenwärtigen Wohnungspolitik in den neuen Länder liegt auf dem Gebiet der Instandsetzung und Modernisierung von Wohnraum. Hierin wird ein großes Potential sowohl für die Sicherung der Wohnraumversorgung als auch für die Schaffung von

---

171 An den Wohnungen der ehemals volkseigenen Produktionsbetriebe und Güter hält die Treuhandanstalt (über die Treuhandunternehmen) mittelbares, an den Wohnungen der Landwirtschaftlichen Produktionsgenossenschaften dagegen unmittelbares Eigentum. Für die Vermarktung dieser Wohnungen -ihr Umfang entspricht knapp 2 vH des gesamten Wohnungsbestandes- beauftragt sie die Treuhand Liegenschaftsgesellschaft.

Arbeitsplätzen im Bausektor und den damit verbundenen Branchen gesehen.[172] Die Dimension dieser Aufgabe erfordert erhebliche Anpassungsprozesse in der Wohnungswirtschaft, die es durch umfangreiche öffentliche Förderungen zu unterstützen gilt.[173]

Voraussetzung für eine Inanspruchnahme des Förderinstrumentariums (insbesondere für die Inanspruchnahme zinsgünstiger Kredite) ist die wirtschaftliche Überlebensfähigkeit des Wohnungsunternehmens, die sich aus einer positiven Einschätzung der zukünftigen Einnahmen- und Ausgabensituation ableitet. Auf der Einnahmenseite bilden die genannten Verordnungen und Gesetze zur Mietzinsgestaltung eine wichtige Basis für die Sicherung der Liquidität und damit für die Fähigkeit, Kredite bedienen zu können. Damit der so gewonnene Spielraum nicht allein durch die aus DDR-Zeiten resultierenden Verpflichtungen aufgezehrt wird, bedarf es zusätzlich auf der Ausgabenseite einer Kappung der Altverbindlichkeiten, die die hieraus resultierenden Zins- und Tilgungsleistungen auf ein tragbares Minimum reduzieren. Dieser Aufgabe stellt sich das Altschuldenhilfe-Gesetz.

172 Vgl.: BMBau, Aufbau in den neuen Ländern, S. 15.

173 Die Bundesregierung stellt für diese Aufgabe bereits frühzeitig zwei Programme mit umfangreichen Mitteln vor: Zum einen fließen mit dem Gemeinschaftswerk "Aufschwung-Ost" in den Jahren 1991/92 knapp DM 1,5 Mrd an Zuschüssen für die Modernisierung und Instandsetzung in die östlichen Bundesgebiete. Ein zusätzliches Volumen von DM 70 Mrd in Form von zinsgünstigen Krediten wird über das KfW-Wohnraum-Modernisierungsprogramm zur Verfügung gestellt; davon stehen DM 15 Mrd. zu einem nochmals um 1 vH niedrigeren Zinssatz für die Sanierung von Plattenbauten bereit.

Kapitel III Das Altschuldenhilfe-Gesetz

1. Die Entwicklung zum Altschuldenhilfe-Gesetz

Zum Zeitpunkt der Gründung der Wirtschafts-, Währungs- und Sozialunion belaufen sich die wohnungswirtschaftlichen Altverbindlichkeiten auf rd. Mark/DDR 74,8 Mrd. Durch die Währungsumstellung auf D-Mark im Verhältnis 2:1 resultieren daraus Verpflichtungen in Höhe von DM 37,4 Mrd[174] zum Stichtag 1. Juni 1990. Hauptgläubigerin ist die Deutsche Kreditbank AG[175].

Aufgrund der noch geltenden Mietpreisbindung nach DDR-Recht und der dadurch bedingten Kostenunterdeckung ist den Wohnungsunternehmen[176] die Bedienung der Altverbindlichkeiten sowie die Finanzierung notwendiger Instandsetzungs- und Modernisierungsmaßnahmen nicht möglich. Auf Drängen der wohnungswirtschaftlichen Spitzenverbände vereinbart die Bundesregierung im März 1991 mit den Gläubigerbanken[177] ein dreijähriges Zins- und Tilgungsmoratorium. Dieses Moratorium soll in Verbindung mit der im Oktober des gleichen Jahres noch in Kraft tretenden Ersten Grundmietenverordnung und der zum Jahresbeginn 1993 wirksam werdenden Zweiten Grundmietenverordnung die wirtschaftliche und finanzielle Situation der Wohnungsunternehmen stärken und erste umfassendere Instandsetzungs- und Modernisierungsaktivitäten auslösen. Die Wohnungsunternehmen stimmen dem Moratorium unter der Bedingung zu, daß damit kein Anerkenntnis ihrer Schuldposition verbunden ist.

174 Vgl.: Pickahn, Altschuldenhilfe-Gesetz, S. 955,
Gemmecke, Zusammenhänge zwischen AHG und Vermögensgesetz, S. 316.

175 Mit dem Übergang der Altverbindlichkeiten auf die Kommunen findet teilweise auch ein Gläubigerwechsel statt. Im Zusammenhang mit der rechtlichen Neustrukturierung der Staatsbank der DDR tritt diese u. a. ihre Forderungen aus den Darlehensverträgen mit den Wohnungsunternehmen an die im März 1990 als Unternehmen der Treuhandanstalt gegründete Deutsche Kreditbank AG ab. Im Frühjahr 1995 erwirbt die Bayerische Landesbank die Anteile der Treuhandanstalt an der Deutschen Kreditbank AG.
Die Finanzierung des Ostberliner Wohnungsbaues erfolgt vorwiegend durch die Berliner Sparkasse, die 1991 von der Berliner Bank AG übernommen wird.

176 Kommunen, Kommunale Wohnungsgesellschaften und Wohnungsgenossenschaften sind gemäß § 3 Abs. 2 AHG unter dem Sammelbegriff "Wohnungsunternehmen" zusammengefaßt. Dieser Begriffsauslegung bedient sich auch die vorliegende Arbeit.

177 In einer gemeinsamen Erklärung über ein Moratorium für die Kreditverpflichtungen der kommunalen und genossenschaftlichen Wohnungsunternehmen vereinbaren die Bundesregierung und die maßgeblichen Gläubigerbanken im März 1991 eine Stundung der fälligen Zins- und Tilgungsleistungen für Kredite, die vor dem 30. Juni 1990 ausgezahlt sind. Das Moratorium ist zeitlich auf die Jahre 1990 bis 1993 beschränkt. Private Vermieter sind vom Moratorium ausgeschlossen und daher zu Zins- und Tilgungszahlungen in diesem Zeitraum verpflichtet.

In der Praxis stellt sich durch das Moratorium nur teilweise der gewünschte Erfolg ein. Zwar sind die Wohnungsunternehmen aktuell von Zins- und Tilgungsleistungen befreit, jedoch gewähren die Geschäftsbanken bzw. die Kommunalaufsichten aufgrund der nach wie vor unbefriedigenden Einnahmesituation und dem absehbaren Wiederaufleben der Altverbindlichkeiten kaum Kredite. Auch Bürgschaften und andere staatliche Förderungen werden nur in geringem Umfang eingeräumt, so daß die mit dem Moratorium angestrebten umfassenden Instandsetzungs- und Modernisierungsmaßnahmen nicht realisierbar sind.

Trotz der klaren Regelung des Art. 22 Abs. 4 Einigungsvertrag[178] hinsichtlich des Übergangs von Wohnungsvermögen und den dazugehörigen Verbindlichkeiten (Akzessorität der Altschulden) führen Bund und neue Länder sowie Wohnungsunternehmen und ihre Interessensverbände kontroverse Diskussionen über die Rechtsnatur, den Fortbestand und den möglichen Schuldner der Altkredite, die sich durch die zins- und tilgungsfreie Zeit bis Ende 1993 auf rd. DM 60 Mrd erhöhen.

Argumente gegen den rechtlichen Fortbestand der Altschulden sind hauptsächlich aus dem zentralistisch ausgerichteten Wirtschaftssystem und dem hierauf aufbauenden Rechtssystem der DDR abgeleitet. Sie lassen sich schlagwortartig zusammenfassen:

- die Kreditaufnahme erfolgt aufgrund zentraler Pläne; dem Kreditnehmer fehlt die rechtliche Selbständigkeit zum Handeln,

- der Kreditnehmer ist von Beginn an nicht als "Schuldner" nach bundesdeutschem Rechtsverständnis zu interpretieren, da bereits der ursprüngliche Kreditvertrag die Aufbringung von Zins- und Tilgungsleistungen durch den örtlichen Haushalt vorsieht,

- aufgrund der faktischen Identität zwischen Gläubiger und Schuldner handelt es sich bei den "Forderungen" um reine Rechnungsposten,

- mit dem Staatsvertrag über die Wirtschafts-, Währungs- und Sozialunion tritt eine Konsolidierung der Schuldverhältnisse ein.

---

178 Vertrag zwischen der Bundesrepublik Deutschland und der Deutschen Demokratischen Republik über die Herstellung der Einheit Deutschlands - Einigungsvertrag v. 31.08.1990, BGBl. II 1990, S. 889ff.

Auf Basis dieser Argumente kommen die Rechtsgutachten von Scholz/Leciejewski[179], Harms[180] und Vogler[181] zu dem Ergebnis, daß Verbindlichkeiten, die juristisch nicht bestehen, auch nicht auf die Kommunen übergehen können. Auch sei aus Art. 22 Abs. 4 EV eine Neubegründung oder ein Wiederaufleben der Altverpflichtung nicht ableitbar.[182] Dieser Argumentation folgen die Vertreter der Wohnungswirtschaft.

Dem gegenüber vertreten Hommelhoff/Habighorst[183] und Westermann[184] die Auffassung, daß auch unter Beachtung der beträchtlichen Unterschiede zwischen den Wirtschaftssystemen

- die örtlichen Staatsorgane Beschlüsse für den Bau der Wohnungen gefaßt und damit eine rechtliche Selbständigkeit bewiesen hätten,
- das Verfahren der Kreditgewährung, die Abwicklung der Kreditgeschäfte und schließlich die Kreditrückführung viele formale Ähnlichkeiten mit der Vorgehensweise innerhalb einer marktwirtschaftlichen Ordnung aufweise,
- die Vergleichbarkeit der Kreditgeschäfte in der DDR mit den Darlehensverträgen nach bundesdeutschem Recht (§ 607 BGB) grundsätzlich gegeben sei.

Derartige Kreditverträge seien als schuldrechtliche Verträge gemäß Art. 232 § 1 EGBGB weiterhin bindend. Der durch Art. 40 Abs. 1 EV übergeleitete Vertrag über die Schaffung einer Währungs-, Wirtschafts- und Sozialunion (Art. 26 Abs. 2), der Einigungsvertrag (Art. 22 Abs. 4) und die hierauf aufbauende Gesetzgebung, wie z. B. das Gesetz über die Anpassung von Kreditverträgen an Marktbedingungen sowie über Ausgleichsleistungen vom 24. Juni 1991 behandele die an die Wohnungsunternehmen und Wohnungsgenossenschaften vergebenen Mittel wie Kredite im bundesdeutschen Rechtssinne. Die Kredite seien somit auch durch den gesamtdeutschen Gesetzgeber anerkannt.

In Anbetracht der sich weiterhin verschlechternden Lage der ostdeutschen Wohnungswirtschaft und des sich für den Bund möglicherweise ergebenden

179 Vgl.:Scholz/Leciejewski, Rechtsgutachten, S. 15.
180 Vgl.:Harms, Alt-Verpflichtungen (1), S. 1ff,
Harms, Alt-Verpflichtungen (2), S. 86.
181 Vgl.:Vogler, Zahlungsverpflichtungen aus Altkrediten, S. 305.
182 Vgl.:o. V., Altschulden der Wohnungsunternehmen, S. 3.
183 Vgl.:Hommelhoff/Habighorst, Staatsbank-Kredite, S. 675.
184 Vgl.:Westermann, Altschulden, S. 72.

Prozeßrisikos bei der Klärung der Altschuldenfrage verabschiedet der Gesetzgeber im Rahmen der Solidarpaktvereinbarungen mit dem "Gesetz zur Umsetzung des Föderalen Konsolidierungsprogramms - FKPG[185]" am 27. Juni 1993 als Art. 39 das Altschuldenhilfe-Gesetz[186]. Dieses stellt einen zentralen Bestandteil des umfangreichen Maßnahmenpaketes dar, das einerseits für den Bereich der Wohnungswirtschaft im Beitrittsgebiet die entscheidenden Voraussetzungen für die Beschleunigung des wirtschaftlichen Aufschwungs und andererseits für die hier lebenden Bürger eine qualitative und quantitative Verbesserung der Wohnraumsituation schaffen soll.

Die Konkretisierung und Ausgestaltung des Altschuldenhilfe-Gesetzes obliegt dem sog. "Lenkungsausschuß". Zu seinen Mitgliedern zählen neben den Vertretern des Bundes und der Länder auch Sachverständige aus der Kredit- und Wohnungswirtschaft. Seine Aufgabe besteht in der Erarbeitung von Empfehlungen, die von der Vergabe der Leistungen bis hin zur Überprüfung der Erfüllung der eingegangenen Verpflichtungen eine einheitliche Vorgehensweise sicherstellen sollen.
Als für die Gewährung der Altschuldenhilfe maßgebliche Institution ist die Kreditanstalt für Wiederaufbau, Frankfurt, (KfW) durch Mandatarvertrag von Bund und neuen Ländern beauftragt. Sie bescheidet auf Basis der Anträge[187] das jeweilige Fördervolumen und überwacht den Erfüllungsfortschritt der eingegangenen Verpflichtungen unter Berücksichtigung der vom Lenkungsausschuß erarbeiteten Leitlinien. Die KfW ist zudem direkter Ansprechpartner für die Wohnungsunternehmen.

---

185 Gesetz über Maßnahmen zur Bewältigung der finanziellen Erblasten im Zusammenhang mit der Herstellung der Einheit Deutschlands, zur langfristigen Sicherung des Aufbaus in den neuen Ländern, zur Neuordnung des bundesstaatlichen Finanzausgleichs und zur Entlastung der öffentlichen Haushalte (Gesetz zur Umsetzung des Föderalen Konsolidierungsprogramms - FKPG) vom 23.06.1993, BGBl I, S. 944.

186 Gesetz über Altschuldenhilfen für Kommunale Wohnungsunternehmen, Wohnungsgenossenschaften und private Vermieter in dem in Art. 3 des Einigungsvertrages genannten Gebiet vom 23.06.1993, BGBl I, S. 986.

187 Vgl.:Anlage 2.

2. Zielsetzung des Altschuldenhilfe-Gesetzes

2.1. Verbesserung der Kredit- und Investitionsfähigkeit

Das Altschuldenhilfe-Gesetz verfolgt vorrangig zwei Ziele: Das erste Ziel ist die Verbesserung der Kredit- und Investitionsfähigkeit von Wohnungsunternehmen und privaten Vermietern von Wohnraum in den neuen Bundesländern.

Der aufgezeigte hohe Instandsetzungs- und Modernisierungsbedarf erfordert Investitionen, die nicht allein durch Bund oder Länder finanziert werden können, sondern von der Wohnungswirtschaft mitgetragen werden müssen. Deren Investitionsengagement setzt ihre Kreditwürdigkeit[188] voraus, die nur dann gegeben ist, wenn die regelmäßigen Einnahmen aus dem Miet- und Verwaltungsbereich die laufenden Belastungen aus den Altverbindlichkeiten decken und zudem ein finanzieller Spielraum für die Bedienung neuer investiver Kredite vorhanden ist.

Neben den eingeräumten Mieterhöhungspotentialen[189] auf der Einnahmenseite stellt auf der Ausgabenseite vor allem die Gewährung von Zinshilfe und die teilweise Entlastung von Altverbindlichkeiten im Rahmen des Altschuldenhilfe-Gesetzes einen wesentlichen Beitrag zur Herstellung und Stärkung der Kreditwürdigkeit dar. Damit werden die Voraussetzungen für die Aufnahme von Instandsetzungs- und Modernisierungskrediten geschaffen.

188 Der Begriff der Kreditwürdigkeit umschreibt die Fähigkeit des potentiellen Kreditnehmers, für einen zur Verfügung gestellten Kredit Zins- und Tilgungsleistungen vereinbarungsgemäß erbringen zu können.
Vgl.: Büschgen, Bankbetriebslehre, S. 712.

189 Vgl.: Punkt II 4.

2.2. Verbesserung der Voraussetzungen für die Privatisierung und Bildung individuellen Wohneigentums für Mieter

Als zweites zentrales Ziel definiert das Altschuldenhilfe-Gesetz die Verbesserung der Voraussetzungen für die Privatisierung[190] und die Bildung individuellen Wohneigentums für Mieter.

Mit der Inanspruchnahme von Teilentlastung ist das Wohnungsunternehmen verpflichtet, 15 vH seines Wohnungsbestandes vorrangig an Mieter zu veräußern. Für private Vermieter entfällt diese Auflage. Die Bedingung zur Privatisierung zielt darauf ab, die individuelle Wohneigentumsquote in den neuen Bundesländern zu erhöhen und folgt damit nicht nur der Forderung des Art. 72 Abs. 2 GG nach Herstellung einheitlicher Lebensverhältnisse im gesamten Bundesgebiet[191], sondern wird auch dem Einigungsvertrages in Art. 22 Abs. 4 gerecht. Dort heißt es: "Die Kommunen überführen ihren Wohnungsbestand unter Berücksichtigung sozialer Belange schrittweise in eine marktwirtschaftliche Wohnungswirtschaft. Dabei soll die Privatisierung auch zur Förderung der Bildung individuellen Wohneigentums beschleunigt durchgeführt werden".[192]

Darüber hinaus wirkt sich die Realisation der Privatisierungsauflage positiv auf die Erreichung der ersten im Altschuldenhilfe-Gesetz formulierten Zielsetzung aus: Der durch die Veräußerung erzielte Reinerlös verbessert die Eigenkapitalbasis der Wohnungsgesellschaften und -genossenschaften und damit ihre Möglichkeiten zur Aufnahme von Fremdkapital für die Finanzierung der im verbleibenden Bestand notwendigen Investitionen. Auch für Kommunen ist die Er-

190 Der Gesetzgeber subsummiert unter dem Begriff "Privatisierung" sowohl Veräußerungen von kommunalen, wie auch von genossenschaftlichen Wohnungsbeständen, gleichwohl Wohnungsgenossenschaften nach Großfeld als "privatrechtliche Zusammenschlüsse von Mitgliedern, die sich zum Zweck setzen, durch Bau und Vergabe von Wohnungen ihre Mitglieder zu fördern" den Vereinen zuzuordnen sind. Der Begriff der "Privatisierung" i. S. v. Rückübertragung von *öffentlichem* Vermögen auf private Träger ist daher nicht passend. Gleichwohl verwendet die Praxis beide Begriffe synonym; auch die Leitlinien/ Empfehlungen des Lenkungsausschusses berücksichtigen diese Differenzierungen nicht. Dementsprechend unterscheidet auch die vorliegende Arbeit nicht zwischen Veräußerung und Privatisierung.
Vgl.:Großfeld, Gutachten zu AHG/GenG, S. 5.

191 Die Wohneigentumsquote liegt zum Zeitpunkt der Wiedervereinigung in Ostdeutschland bei ca. 22 vH im Vergleich zu gut 40 vH in den westlichen Bundesländern.

192 Ausführliche Informationen über die Wohnungsprivatisierung (vor Inkrafttreten des Altschuldenhilfe-Gesetzes) gibt die Materialsammlung für Wohnungsunternehmen "Magdeburger Gespräche ´92 - Wohnungsprivatisierung", hrsg. v. Deutschen Volksheimstättenwerk e. V., 1992.

schließung dieser Einnahmequelle angesichts der gegenwärtig noch schwachen originären Finanzkraft und ihres durch die Finanzverfassung eingeschränkten Kreditaufnahmepotentials von großer Bedeutung.

3. Antragsberechtigte

3.1. Kommunale Wohnungsunternehmen

Gemäß Art. 22 Abs. 4 EV geht das ehemals zur Wohnungsversorgung genutzte volkseigene Vermögen mit den dazugehörigen anteiligen Altverbindlichkeiten auf die Kommunen über, die sich verpflichten, ihren Wohnungsbestand unter Berücksichtigung sozialer Belange schrittweise in eine marktwirtschaftliche Wohnungswirtschaft zu überführen. Hierzu gründen sie Kapitalgesellschaften, die fast ausschließlich in der Rechtsform der GmbH firmieren, in die sie das Wohnungsvermögen und die Altverbindlichkeiten einbringen. Vor diesem Hintergrund ist die im Altschuldenhilfe-Gesetz festgelegte primäre Antragsberechtigung für Kommunale Wohnungsunternehmen mit eigener Rechtspersönlichkeit zu sehen. Die bei Kommunen verschiedentlich als Regie- oder Eigenbetriebe geführten wohnungswirtschaftlichen Bereiche sind aufgrund ihrer fehlenden eigenen Rechtspersönlichkeit als Antragsberechtigte ausgegrenzt. Nicht antragsberechtigt im Sinne des § 2 Abs. 1 Nr. 1 AHG ist ebenfalls ein aus mehreren kommunalen Eigenbetrieben bestehender Zweckverband und eine Gesellschaft, die lediglich mit der Verwaltung der Wohnungsbestände beauftragt ist.[193] In diesen Fällen ist der Altschuldenhilfe-Antrag direkt von der/den Kommune/n zu stellen.

Eine vom Gesetzgeber vorgegebene Definition eines "Kommunalen Wohnungsunternehmens" fehlt. Die Rechtspraxis bezeichnet Wohnungsunternehmen regelmäßig dann als "kommunal", wenn der kommunale Gesellschafter mehr als 50 vH der Stimmanteile des wirtschaftlich und rechtlich selbständigen Unternehmens hält. Unter dieser Voraussetzung ist von einer entscheidenden Einflußnahme der Kommune auf die Unternehmensführung auszugehen. Dieser Interpretation folgt auch die KfW bei der Bearbeitung der Altschuldenhilfe-Anträge.

193 Vgl.:BMI, Arbeitshilfe, S. 5.

Aufgrund massiver Probleme[194] bei der grundbuchamtlichen Zuordnung und Übertragung des Wohnungsvermögens auf die Gesellschaften liegt zum Zeitpunkt der Antragstellung auf Altschuldenhilfe Ende 1993 nur in Ausnahmefällen eine rechtlich abgeschlossene Eigentumsübertragung und damit eine rechtlich eindeutige Vermögenszuordnung vor. Um dieser besonderen Problematik Rechnung zu tragen, wird zur zeitnahen Umsetzung des Altschuldenhilfe-Gesetzes ein Kompromiß geschlossen: Bei Vorlage eines Kommunalbeschlusses (Gemeinde- oder Stadtratsbeschluß) bzw. einer Absichtserklärung des Bürgermeisters, das wohnungswirtschaftliche Vermögen einschließlich der dazugehörigen Altverbindlichkeiten in absehbarer Zeit zu übertragen, ist von einer Antragsberechtigung auszugehen.

3.2. Kommunen

Nachrangig zu Kommunalen Wohnungsunternehmen sind unter bestimmten Voraussetzungen Kommunen antragsberechtigt.
Neben den in Punkt III 3.1. genannten Ausnahmetatbeständen räumt § 2 Abs. 1 Nr. 2 AHG Kommunen dann eine Antragsberechtigung ein, wenn die Übertragung des Wohnungsbestandes auf ein ggf. noch zu gründendes Kommunales Wohnungsunternehmen aufgrund seines "geringen Umfangs" nicht vertretbar ist.
Motivation des Gesetzgebers für diese Regelung ist, daß auch Kommunen, die aus ökonomischen Gründen ihren Wohnungsbestand selbst verwalten oder im Rahmen eines Eigen- bzw. Regiebetriebs führen, antragsberechtigt für die Gewährung der Altschuldenhilfe sein sollen. Die Gründung rechtlich selbständiger, jedoch betriebswirtschaftlich nicht vertretbarer Wohnungsunternehmen, allein zum Zwecke der Inanspruchnahme von Altschuldenhilfe, wird hierdurch vermieden.[195]

Da der Begriff "geringer Umfang" nicht aus der Gesetzesvorschrift ableitbar ist, bestimmt der Lenkungsausschuß eine Grenze von maximal 500 Wohneinheiten. Danach ist bei einem dauerhaft verbleibenden Wohnungsbestand von bis

194 Als wesentliches Problem für eine grundbuchliche Dokumentation des Eigentumsübergangs erweist sich das Fehlen von Vermessungsurkunden, Grundbuchblättern, Katasterauszügen etc.
195 Vgl.:Deutscher Bundestag, Drucksache 12/4401, S. 115.

zu 500 Wohneinheiten, d. h. nach Abzug der restitutionsbelasteten Wohneinheiten und nach Erfüllung der 15 prozentigen Veräußerungsquote, eine Antragsberechtigung der Kommune gegeben.
Grundsätzlich ist jedoch auf den jeweiligen Einzelfall und die Besonderheiten der Kommune abzustellen. Erbringt eine Kommune den Nachweis, auch einen größeren Bestand eigenverantwortlich wirtschaftlich zu verwalten, erfüllt sie gleichermaßen die Voraussetzung zur Antragstellung.

Eine weitere, im Altschuldenhilfe-Gesetz nicht explizit genannte, Ausnahmeregelung betrifft den Wohnungsbestand in Städtebaulichen Entwicklungs- und Sanierungsgebieten (§§ 136 ff. und 165 ff. BauGB). Kommunen sind hier neben ihrem gleichzeitig antragstellenden Wohnungsunternehmen antragsberechtigt (sog. parallele Antragstellung). Die Begründung für diese Ausnahmeregelung liegt in der Besonderheit des genehmigungspflichtigen Verfahrens: Mit Ausweisung des Städtebaulichen Entwicklungs- und Sanierungsgebietes und seiner Bestätigung durch das (Länder-)Ministerium für Bauwesen ist eine Übertragung der Grundstücke/Gebäude auf das Wohnungsunternehmen aufgrund der Bestimmungen des Baugesetzbuches ausgeschlossen. Nur mit Hilfe der parallelen Antragstellung ist eine Gleichbehandlung gegenüber anderen antragsfähigen Wohnungsgrundstücken außerhalb des ausgewiesenen Gebietes möglich.

3.3. Wohnungsgenossenschaften

Im Rahmen des Altschuldenhilfe-Gesetzes sind gemäß § 2 Abs. 1 Nr. 3 AHG ferner Wohnungsgenossenschaften antragsberechtigt. Hierzu zählen die ehemaligen Arbeiterwohnungs(bau)genossenschaften, gemeinnützige Wohnungs(bau)genossenschaften, sonstige Wohnungs(bau)genossenschaften sowie deren Rechtsnachfolger.

Aufgrund des als Art. 40 des FKPG erlassenen Wohnungsgenossenschafts-Vermögensgesetz[196] entfällt eine im Regierungsentwurf zum Altschuldenhilfe-Gesetz zunächst noch enthaltene Voraussetzung, wonach für eine Antragsbe-

196 Gesetz zur Regelung vermögensrechtlicher Angelegenheiten der Wohnungsgenossenschaften und zur Änderung des Artikel 22 Absatz 4 und der Protokollnotiz Nr. 13 des Einigungsvertrages (Wohnungsgenossenschafts-Vermögensgesetz) vom 23.06.1993, BGBl I, S. 989.

rechtigung der von der Genossenschaft genutzte ehemals volkseigene Grund und Boden auf die Genossenschaft bereits überführt oder seine Übertragung durch die Antragstellerin zumindest beantragt sein muß. Dementsprechend sind die Genossenschaften bereits zum Zeitpunkt der Antragstellung (gegenüber Gesellschaften, die zumindest einen entsprechenden Übertragungsbeschluß der Kommune benötigen) uneingeschränkt antragsberechtigt.[197]

3.4. Private Vermieter

Antragsberechtigt sind des weiteren private Vermieter von Wohnraum, die die Verfügungsbefugnis über die Wohnung aufweisen (§ 2 Abs. 1 Nr. 4 AHG). Diesen wird Zinshilfe und nur in nachgewiesenen Härtefällen Teilentlastung gewährt.

Die Gruppe der Antragsberechtigten umfaßt sowohl die privaten Vermieter, deren Haus- und Grundbesitz während der Geltungsdauer der Rechtsvorschriften der DDR im Privateigentum verblieben, als auch private Vermieter, die erst nach dem 3. Oktober 1990 aufgrund der Vorschriften des Vermögensgesetzes die volle Verfügungsbefugnis über ihr Wohneigentum zurückerhalten haben. Die Einbeziehung privater Vermieter von Wohnraum in die Entschuldung erfolgt erst im Rahmen der Klausurtagungen zum Solidarpakt und aufgrund der Ergebnisse der hierfür eingesetzten Arbeitsgruppen.[198]

---

197 Die förmliche Übertragung des Eigentums an den Grundstücken von den Kommunen auf die Wohnungsgenossenschaften hat sich durchweg später vollzogen, als ursprünglich im Jahr 1990 angenommen. Der Gesetzgeber hat daher mit einer Reihe von gesetzlichen Maßnahmen den Versuch unternommen, beschleunigend in den Prozeß einzugreifen. Neben dem Wohnungsgenossenschaft-Vermögensgesetz dient auch das Berliner Wohnungsgesellschafts-Vermögensgesetz sowie das Registerverfahrensbeschleunigungsgesetz dieser Zielsetzung. Als Ausgleich für die Übertragung von Grund und Boden leisten die Wohnungsgenossenschaften gegenüber den Kommunen eine sog. Übergangspauschale, deren Höhe sich nach der Grundstücksfläche, bewertet mit einem von der Einwohnerzahl der Kommune abhängigen Faktor, bestimmt. Dieser beträgt mindestens DM 1 (bei einer Einwohnerzahl bis 30.000) und höchstens DM 3 (bei mehr als 100.000 Einwohnern). Maßgeblich ist die Einwohnerzahl zum Zeitpunkt, in dem der Zuordnungsbescheid durch die Oberfinanzdirektion erfolgt. Ungeachtet dessen besteht die Möglichkeit eines zwischen der Genossenschaft und der Kommune vertraglich geregelten geringeren Ausgleichsbetrags.
Vgl. § 3 WohnGenVermG.

198 Der hieraus resultierende Forderungsbestand beträgt mit den aufgelaufenen Zinsen schätzungsweise DM 3 Mrd zum Stichtag 1. Januar 1994 und damit, bei einem unterstellten Wohnungsvolumen von ca. 345.000 Wohneinheiten, rund DM 8.700 pro Wohneinheit. Bei einer durchschnittlichen Wohnungsgröße von 60 m² ergibt dies eine Verschuldung von unter DM 150/m² Wfl.

4. Berechnungsgrundlage für die Gewährung von Altschuldenhilfe

4.1. Maßgebliche Wohnflächen

Berechnungsgrundlage für die Gewährung von Altschuldenhilfe ist zum einen die "maßgebliche Wohnfläche" und zum anderen die "maßgeblichen Altverbindlichkeiten".

Die "maßgebliche Wohnfläche" basiert auf der zum 1. Januar 1993[199] insgesamt vorhandenen Wohnfläche, die der Mietpreisbindung gemäß den Vorschriften des § 11 Abs. 2 und 3 MHG unterliegt, unabhängig davon, ob sie mit Altschulden belastet ist oder nicht. Sind bei zwischenzeitlichen Mieterhöhungen nach der Ersten und Zweiten Grundmietverordnung die §§ 42 und 44 der Zweiten Berechnungsverordnung zugrundegelegt, bestimmt sich die Wohnfläche nach diesen Vorschriften.[200]

Von dieser Wohnfläche sind gemäß § 4 Abs. 1 Satz 3 AHG die nach dem 1. Januar 1993 veräußerten Wohnflächen abzuziehen, sofern die zugehörigen Altverbindlichkeiten vor dem 1. Januar 1994 getilgt werden bzw. auf ihnen keine Schulden lasten.[201]

Des weiteren bleiben die Wohnflächen unberücksichtigt, die bis zum Tag der Antragstellung gemäß Vermögensgesetz bestandskräftig rückübertragen oder für die ein Antrag auf Restitution gestellt ist. Damit entfallen die Flächen, aus denen das Wohnungsunternehmen keine Einnahmen erzielt, jedoch aufgrund

---

199 Mit dem für die Ermittlung maßgeblichen Zeitpunkt 1. Januar 1993 vermeidet der Gesetzgeber, daß nachträglich vor allem gering belasteter Wohnungsbestand ausgegliedert und in Folge auf einen hochverschuldenten verbleibenden Wohnungsbestand ein höherer Teilentlastungsbetrag gewährt werden muß (Vermeidung eines altschuldenhilfe-optimalen Verhalten).
Vgl.: Deutscher Bundestag, Drucksache 12/4401, S. 116.

200 So ist gemäß der §§ 42 und 44 der Zweiten Berechnungsverordnung die Balkonfläche, die bislang nur zu einem Viertel als Wohnfläche zählt, jetzt zur Hälfte als Bestandteil der maßgeblichen Wohnfläche einzubeziehen.
Vgl. hierzu ausführlich: Redder/Schröter/Seeger, Altschuldenlösung, S. 57.

201 Mit dieser Regelung hat der Gesetzgeber Anreize für eine Privatisierung und Ablösung von Altverbindlichkeiten noch in 1993 geschaffen. Er vermeidet damit, daß ohne diese Abzugsmöglichkeit der Teilentlastungsbetrag nach einer Privatisierung geringer ausfällt als ohne Privatisierung.
Vgl.: Deutscher Bundestag, Drucksache 12/4401, S. 116.

der Auslegung des Vermögensgesetzes mit Verpflichtungen zur Zins- und Tilgungsleistung belastet ist.
In den Fällen, in denen im Antrag auf Altschuldenhilfe Restitutionsflächen ausgewiesen werden, die noch nicht bestandskräftig rückübertragen sind, ergeht der Teilentlastungsbescheid unter Vorbehalt einer positiven endgültigen Entscheidung des Amtes für offene Vermögensfragen. Für den Fall der negativen Bescheidung von Restitutionsansprüchen verbleibt das Wohnungsvermögen beim Antragsteller, der zur Rückzahlung der zu hoch gewährte Teilentlastung verpflichtet ist.[202]

4.2. Altverbindlichkeiten für maßgebliche Wohnflächen

Altverbindlichkeiten[203] umfassen zum einen Kredite für mietpreisgebundene Wohnungsbauten, die bis zum 30. Juni 1990 aufgrund von Rechtsvorschriften der DDR im Rahmen des volkseigenen und genossenschaftlichen Wohnungsbaus sowie zur Schaffung, Erhaltung oder Verbesserung von privatem Wohnraum gewährt worden sind.
Zu den Altverbindlichkeiten im Sinne des Altschuldenhilfe-Gesetzes zählen zum anderen auch die nach dem 30. Juni 1990 zur Fertigstellung bereits begonnener Bauvorhaben aufgenommen Kredite (sog. Wendeverbindlichkeiten).[204] Ferner gehören hierzu die durch die neuen Länder im Rahmen des § 116a Zweites Wohnungsbaugesetz zur Sicherung einer dauerhaften Finanzierung für Wendebauten bewilligten Darlehen, die teilweise der Ablösung bereits aufgenommener Kapitalmarktdarlehen dienen. Schließlich gelten die im Rahmen des

202 Vgl.:hierzu ausführlich Punkt IV 2.1.3.2.

203 Der Begriff der "Altverbindlichkeiten" findet somit in doppelter Weise Anwendung: Einerseits für Verpflichtungen aus Krediten im Sinne des § 3 Abs. 1 Nr. 1, die noch zur DDR-Zeit begründet sind (Altverbindlichkeiten i. e. S.), andererseits als allgemeiner Oberbegriff für alle Verpflichtungen aus Krediten, die das Altschuldenhilfe-Gesetz berücksichtigt (Altverbindlichkeiten i. w. S.).

204 Nach dem ersten Gesetzentwurf sind lediglich die Altverbindlichkeiten i. e. S. mit einem Gesamtumfang von rd. DM 51 Mrd einbezogen. Erst aufgrund der Ergebnisse der Klausurtagungen im März 1993 werden auch die Wendeverbindlichkeiten mit rd. DM 6 Mrd in die gesetzliche Regelung zur Entschuldung des ostdeutschen Wohnungsvermögens aufgenommen.

Zins- und Tilgungsmoratoriums bis zum 31. Dezember 1993 aufgelaufenen Zinsen und Bürgschaftsgebühren[205] als Altverbindlichkeiten.

Grundlage für die Gewährung von Altschuldenhilfe ist gemäß § 2 Abs. 1 Satz 3 i. V. m. § 3 Abs. 1 AHG, daß die Antragstellerin die Altverbindlichkeiten i. e. S. gegenüber der kreditgebenden Bank schriftlich anerkennt und hierüber einen rechtswirksamen Kreditvertrag abschließt. Ziel ist es, die Kreditbeziehung auf die neuen rechtlichen und wirtschaftlichen Belange bezüglich Laufzeit, Tilgung, Verzinsung und Besicherung abzustimmen. Für Wendeverbindlichkeiten entfällt diese Zielsetzung, da die hier zugrundeliegenden Kreditverträge bereits nach bundesdeutschem Recht abgeschlossen sind.

Sofern Altverbindlichkeiten durch neue Kredite von Dritter Seite abgelöst (ausgenommen Ablösungen durch Förderinstitute) oder von der Antragstellerin selbst zurückgeführt werden, sind die neuen Kredite bzw. die zurückgeführten Beträge keine Altverbindlichkeiten im Sinne des Altschuldenhilfe-Gesetzes und somit nicht Bestandteil des Antrags.[206] Ebenso bleiben Kredite unberücksichtigt, deren zugehörige Fläche zum Stichtag 1. Januar 1993 gewerblich vermietet ist.[207]

Resultieren Altverbindlichkeiten i. e. S. sowohl aus der Schaffung als auch aus Maßnahmen zur Erhaltung von Wohnraum (sog. Rekonstruktionskredite), sind

205 Wohnungsunternehmen, die nicht im Grundbuch als Eigentümer eingetragen sind, haben regelmäßig Schwierigkeiten bei der Kreditaufnahme. Da die Fristen bis zur Eintragung häufig mehrere Jahre betragen, gewährt der Bund Übergangsbürgschaften, um die Investitionsfähigkeit der Unternehmen (auch zur Fertigstellung der Wendebauten) zu sichern.

206 Ziehen es die Kreditnehmer vor, nach Gewährung der Altschuldenhilfe ihre Kreditbeziehung zur Deutschen Kreditbank AG (DKB) nicht fortzuführen, so haben sie die Möglichkeit, die Laufzeit ihres Kreditvertrages zunächst auf die Laufzeit der Altschuldenhilfe abzustimmen und eine Vertragsdauer bis zum 30. Juni 1995 zu vereinbaren. In den Fällen, in denen noch vor Auslaufen der Altschuldenhilfen ein Wechsel des Kreditinstitutes vollzogen werden soll, ist ein Gläubigerwechsel grundsätzlich nur in Form der *Abtretung* des Kreditvertrages von der DKB an ein anderes Kreditinstitut möglich. Voraussetzung ist, daß sich durch die Abtretung die Identität der Altschulden nicht verändert und Bund und Länder hierdurch keine zusätzlichen Belastungen entstehen.

207 Die Kreditaufnahme für Bauvorhaben erfolgt zu DDR-Zeiten unabhängig von der späteren Verwendung als Wohn- oder Gewerbefläche; (anteilige) Kredite für Gewerbeflächen sind daher in den ursprünglichen Kreditverträgen als solche nicht eindeutig identifizierbar. Angesichts dieser Tatsache ist eine quotale Ermittlung der auf die Gewerbeflächen entfallenden Altverbindlichkeiten notwendig. Dazu werden den insgesamt vorhandenen Kreditverpflichtungen die im Antrag angegebenen Wohnflächen und die mitfinanzierten Gewerbeflächen gegenübergestellt. Die so ermittelte durchschnittliche Belastung pro Quadratmeter dient als Multiplikator für die Berechnung der anteiligen Altverbindlichkeiten für Gewerbeflächen.

Wendeverbindlichkeiten nur anerkennungswürdig, sofern es sich bei der finanzierten Maßnahme um ein Mietwohnungs*bau*vorhaben handelt.[208]

Gemäß § 9 AHG sind die Anträge spätestens bis zum 31. Dezember 1993 bei der jeweils kreditgebenden Bank zu stellen. In der Regel ist dies für Altverbindlichkeiten i. e. S. die Deutsche Kreditbank AG, sowie nachgeordnet die Berliner Bank AG für Berliner Wohnungsunternehmen und die Sparkassen für private Vermieter. Zuständig für Wendeverbindlichkeiten sind hauptsächlich die drei großen Universalbanken aber auch die jeweiligen Förderinstitute der Länder. Nach Prüfung und Abstimmung der im Antrag angegebenen Kreditsalden bzw. nach Abschluß eines rechtswirksamen Kreditvertrags nach bundesdeutschem Recht leiten die einzelnen Kreditinstitute die Anträge an die Kreditanstalt für Wiederaufbau weiter.

5. Leistungen des Altschuldenhilfe-Gesetzes

5.1. Zinshilfe

Für den Zeitraum vom 1. Januar 1994 bis zum 30. Juni 1995 übernehmen gemäß § 7 Abs. 1 AHG der Bund und die jeweiligen Länder je zur Hälfte die Zinsverpflichtungen der Wohnungsunternehmen und privaten Vermieter auf die dem Altschuldenhilfe-Antrag zugrundeliegenden maßgeblichen Altverbindlichkeiten, soweit die vereinbarten Zinssätze die marktübliche Höhe nicht übersteigen.[209]

---

208 Eine solche Einschränkung wird vom Lenkungsausschuß damit begründet, daß die mit der Rekonstruktionsmaßnahme geschaffene Wertsteigerung der Wendeobjekte nicht vergleichbar ist mit dem Wert eines Neubauobjektes.

209 Gewährt die KfW einem Wohnungsunternehmen Zinshilfe, ruft das kreditgebende Institut zum jeweiligen Zinsabrechnungstermin die fälligen Zinsen bei der KfW ab und belastet nicht das Wohnungsunternehmen. Der Bund und das Land, dem die geförderte Wohnfläche zuzurechnen ist, erstatten der KfW je zur Hälfte ihre Auslagen.

5.2. Teilentlastung

Bei positiv beschiedenem Teilentlastungsantrag übernimmt der vom Bund eingerichtete Erblastentilgungsfonds[210] gemäß § 4 Abs. 1 AHG zum Stichtag 1. Juli 1995 einen Teil der am 1. Januar 1994 bestehenden Altverbindlichkeiten mit befreiender Wirkung gegenüber dem bisherigen Gläubiger.

Der Teilentlastungsbetrag berechnet sich grundsätzlich aus der Differenz zwischen den am 1. Januar 1994 vorhandenen Altverbindlichkeiten und einem als Restgröße beim Wohnungsunternehmen verbleibenden "Sockelbetrag", der sich aus der für die Gewährung von Altschuldenhilfe maßgeblichen Wohnfläche multipliziert mit einem Betrag von DM 150 zusammensetzt.[211]
Während Altverbindlichkeiten i. e. S. in voller Höhe in die Berechnungsgrundlage für die Gewährung von Teilentlastung einfließen, beschränkt § 4 Abs. 2 AHG die Höhe der ansetzbaren Wendekredite auf maximal DM 1.000/m² Wfl. Unter Berücksichtigung des Sockelbetrages von DM 150/m² Wfl. ist damit für diese Flächen nur eine maximale Entlastung in Höhe von DM 850/m² möglich. Mit dem Berechnungsschema erfolgt die Teilentlastung unternehmensbezogen. Das bedeutet, daß nicht nur überdurchschnittlich hoch belastete Objekte, sondern auch die niedrig oder gar nicht belasteten mietpreisgebundenen Wohnflächen mit in die Berechnung einfließen.

---

210 Der durch Art. 38 des FKPG v. 26.06.1993 errichtete Erblastentilgungsfonds (Sondervermögen des Bundes) übernimmt ab dem 1. Juni 1995 die Schulden des Ende 1994 aufgelösten Kreditabwicklungsfonds (errichtet durch Art. 23 EV v. 23.09.1990; er beinhaltet die Schulden der im Zeitraum 01.07-03.10.1990 entstandenen Verbindlichkeiten sowie solche aus der Zuteilung von Ausgleichsforderungen an Kreditinstitute und Außenhandelsbetriebe), Teile der Altverbindlichkeiten der Wohnungsbauunternehmen der ehemaligen DDR sowie die Verbindlichkeiten der Treuhandanstalt. Die Bedienung der sich hieraus ergebenden Verpflichtungen erfolgt durch den Bundeshaushalt.

211 Noch zur Jahreswende 1992/93 verteidigen das Bundesbauministerium, das Bundesfinanzministerium und Länderministerien ihre jeweilige Altschuldenlösung. Danach wird seitens des Bundesbauministeriums ein Sockelbetrag von DM 350/m² Wfl. und vom Bundesfinanzministerium eine Kappungsgrenze von DM 250/m² Wfl. vorgeschlagen. Letztlich setzen die Länderministerien ihre Forderung nach DM 150/m² Wfl. verbleibenden Altverbindlichkeiten durch. Dies geschieht aufgrund des großen Entscheidungs- und Erfolgsdrucks, dem der Solidarpakt zu diesem Zeitpunkt ausgesetzt ist. Durch die Verschiebung der Kappungsgrenze erhöht sich die Teilentlastung der ostdeutschen Wohnungswirtschaft von DM 7 Mrd (bei DM 350/m² Wfl.) auf DM 31 Mrd.
Bei einem unterstellten Zinssatz von 7 vH p. a. und einem Tilgungsanteil von 1 vH p. a. müssen nach Gewährung von Teilentlastung für den Kapitaldienst der verbleibenden Altverbindlichkeiten (Sockelbetrag von ca. DM 150/m² Wfl.) nur noch DM 1 aus der monatlichen Miete je Quadratmeter Wohnfläche für Zins und Tilgung aufgebracht werden.

Werden Teile des Wohnungsbestandes nach dem Stichtag ausgegliedert, berechnet sich die Teilentlastung auf Basis des am 1. Januar 1993 beim abgebenden Unternehmen insgesamt vorhandenen Wohnungsbestand einschließlich der dazugehörigen Altverbindlichkeiten.[212] Der sich hieraus ergebende (maximale) Teilentlastungsbetrag wird dem Antragsberechtigten, in der Regel der Kommunalen Wohnungsgesellschaft, im Verhältnis der übertragenen Fläche zur Gesamtfläche gewährt.[213]

5.3. Zusätzliche Teilentlastung im Rahmen der Härtefallregelung

Sofern die beim Wohnungsunternehmen verbleibenden Restverpflichtungen aus den nicht gekappten *Wende*schulden zu einer die wirtschaftliche Existenz des Unternehmens gefährdenden Belastung führen, kann ein höherer Entlastungsbetrag festgelegt werden. Das antragstellende Wohnungsunternehmen ist verpflichtet, die besondere Existenzgefährdung für das Unternehmen -gerade aufgrund dieser verbleibenden Restverpflichtungen- nachzuweisen.

Die Anwendung der Härtefallregelung stellt auf die durchschnittliche Verschuldung pro Quadratmeter Wohnfläche nach Gewährung der (normalen) Teilentlastung ab. Für den Fall, daß die verbleibende durchschnittliche Belastung (bezogen auf den gesamten Wohnungsbestand) über dem Sockelbetrag von DM 250/m² Wfl. liegt, kann das Wohnungsunternehmen auf Wunsch pauschal auf DM 250/m² Wfl. entschuldet werden. Auf Verlangen führt die KfW eine Einzelfallprüfung durch, die den zusätzlichen Entlastungsbetrag bis auf eine verbleibende Restverschuldung von DM 150/m² Wfl. erhöhen kann. Ergibt die Einzelfallprüfung, daß das Unternehmen auch eine Belastung von mehr als DM 250/m² Wfl. tragen kann, so ist dieser als Sockelbetrag maßgeblich für die zusätzliche Entlastung. Im ungünstigsten Fall entfällt eine zusätzliche Entlastung. Die Einzelfallprüfung stellt auf die vom Wohnungsunternehmen anzugebenden erfolgswirksamen Einflußfaktoren ab, wie die laufenden Mieteinnahmen, Erträge aus Veräußerungen sowie die Belastungen aus den notwendigen (kreditierten) Investitionen im Wohnungsbestand.

212 Vgl.:KfW, Merkblatt Altschuldenhilfe-Gesetz, S. 2.
213 In diesem Zusammenhang wird auch von der "quotalen Teilentlastung" gesprochen.

Die Wohnungsunternehmen beurteilen die Härtefallregelung überwiegend positiv; 172 Wohnungsunternehmen stellen einen entsprechenden Antrag, wovon 131 Anträge auf die Pauschalregelung und 41 Anträge auf die Einzelfallprüfung entfallen. Das im Rahmen der Härtefallregelung zusätzlich gewährte Teilentlastungsvolumen beläuft sich auf rd. DM 711 Mio.

Gemäß § 4 Abs. 9 AHG hat der Antrag auf Teilentlastung eines privaten Vermieters Aussicht auf Erfolg, wenn seine Belastung durch die Altverbindlichkeiten -nach Ablauf der Zinshilfe- zu einer erheblichen Beeinträchtigung der Wirtschaftlichkeit des Hausbesitzes führt. Nach einer Empfehlung des Lenkungsausschusses über die Ausgestaltung der Härtefallregelung bei privaten Vermietern können diese zwischen einer pauschalen Kappung der Altverbindlichkeiten auf DM 200/m² Wfl. und einer Einzelfallprüfung, bei der eine verbleibende Restschuld von DM 150/m² Wfl. festgelegt werden kann, wählen.

6. Verpflichtungen aus der Inanspruchnahme von Altschuldenhilfen

Mit der Inanspruchnahme der Altschuldenhilfe erklären sich die Wohnungsunternehmen bereit, die jeweiligen im Gesetz definierten Verpflichtungen zu übernehmen und einzuhalten. Diese Verpflichtungen sind nach dem Willen des Gesetzgebers integraler Bestandteil der Altschuldenlösung. Auf diese Weise soll sichergestellt werden, daß mit der Entlastung der Wohnungswirtschaft die Überführung des ehemaligen volkseigenen Wohnungsbestands in die soziale Wohnungswirtschaft beschleunigt wird.

6.1. Verpflichtungen aus der Inanspruchnahme von Zinshilfe

Gemäß § 2 Abs. 1 Satz 2 AHG müssen die antragstellenden Wohnungsunternehmen und privaten Vermieter spätestens bis zur Gewährung der Zinshilfe ihre Altverbindlichkeiten schriftlich anerkennen und hierüber einen rechtswirksamen Kreditvertrag abschließen.
Diese Vorschrift dient der Rechtssicherheit und soll vermeiden, daß trotz positiven Bescheids ein Begünstigter die Übernahme und Bedienung der bei ihm

verbleibenden Altverbindlichkeiten verweigert. Für den Bund schließt sich mit dem Anerkenntnis der Antragstellerin das Prozeßrisiko aus, evtl. als Folge eines verlorenen Rechtsstreites mit den gesamten Altschulden belastet zu werden. Lehnt das Wohnungsunternehmen den Abschluß eines neuen Kreditvertrages ab, steht ihm eine gerichtliche Klärung der Altschuldenfrage frei. In solchen Fällen kann das Wohnungsunternehmen keinen Antrag auf Altschuldenhilfe stellen.

Zusätzlich können für die Antragstellerin Verpflichtungen aus dem Belegbindungsrecht[214] der Länder entstehen. Im Gegenzug zur anteiligen Übernahme der Zinsverpflichtungen darf gemäß § 12 Abs. 2 AHG das jeweilige Bundesland eine Belegung von bis zu 50 vH des künftig freiwerdenden Wohnungsbestandes vorschreiben. Auf diese Weise wird eine Verlängerung des zum 31. Dezember 1995 endenden Belegbindungsrechts bis maximal in das Jahr 2013 erzielt.[215]

6.2. Verpflichtungen aus der Inanspruchnahme von Teilentlastung und Härtefallregelung

Über die Anerkennung der Altverbindlichkeiten und den Abschluß eines rechtswirksamen Kreditvertrages hinaus sind bei der Inanspruchnahme der Teilentlastung zusätzliche Verpflichtungen zu erfüllen.

Die Antragstellerin ist verpflichtet, ein Unternehmenskonzept für den Zeitraum 1992-1995 (wahlweise bis 1996) aufzustellen. Dieses beinhaltet als wesentliche Bestandteile den Investitionsplan und die Finanzvorschau. Im Investitionsplan sind die zum Zeitpunkt der Antragstellung teilweise realisierten (1992/93) und teilweise noch umzusetzenden Investitionen (1994-95(96)) dargelegt. Mit Hilfe der Finanzvorschau soll die Antragstellerin auf Basis ihrer finanziellen Möglichkeiten ein Konzept erarbeiten, das die im Investitionsplan prognostizierten Maßnahmen finanziell unterlegt. Insgesamt soll das Unternehmenskonzept auf Basis realistisch eingeschätzter finanzieller Möglichkeiten einen Abbau des

214 Gesetz über die Gewährleistung von Belegbindungsrechten im kommunalen und genossenschaftlichen Wohnungswesen vom 22. Juli 1990, GBl. DDR I Nr. 49, S. 894.

215 Über das Belegbindungsrecht der Länder wird das Altschuldenhilfe-Gesetz somit als Instrument der Wohnungssozialpolitik genutzt.

Instandsetzungs- und Modernisierungsbedarfs beim einzelnen Wohnungsunternehmen erkennen lassen.

Neben dem Unternehmenskonzept ist das Privatisierungs- bzw. Veräußerungskonzept von zentraler Bedeutung. Hierin spiegelt sich die zweite Zielsetzung des Altschuldenhilfe-Gesetzes, die Voraussetzungen für die Bildung individuellen Wohneigentums für Mieter zu verbessern, wieder. Danach verpflichtet sich das Wohnungsunternehmen bis zum 31. Dezember 2003 mindestens 15 vH seines mengen- und flächenmäßigen Wohnungsbestandes vorrangig an Mieter zu veräußern.[216]

Gemäß § 5 Abs. 2 AHG sind Anteile des Nettoerlöses aus dem Verkauf der Wohneinheiten mit im Zeitablauf steigenden Quoten[217] an den Erblastentilgungsfonds abzuführen. Von der Abführungspflicht bleiben diejenigen Verkaufserlöse ausgenommen, die durch Veräußerungen von altschuldenfreien Wohnungen in der Zeit vom 3. Oktober 1990 bis 31. Dezember 1992 erzielt werden. Das Gleiche gilt für Wohnungen, deren Altverbindlichkeiten das Wohnungsunternehmen bis zum 31. Dezember 1993 tilgt.
Der Nettoerlös berechnet sich aus dem Verkaufserlös abzüglich des beim Wohnungsunternehmen verbleibenden Sockelbetrags in Höhe von pauschal

216 Der Verbesserung der Möglichkeiten zur direkten Mieterprivatisierung dient die im Rahmen des Altschuldenhilfe-Änderungsgesetz (AHÄG) Ende 1996 beschlossene Einbeziehung der Erbbaurechtsbestellung ab dem 01.01.1997. Unter der Voraussetzung einer mindestens 75-jährigen Laufzeit ist sie dem im Altschuldenhilfe-Gesetz geforderten Verkauf gleichzusetzen. Eine Anrechnung von bereits in früheren Jahren abgeschlossenen Erbbaurechtsverträgen auf die Veräußerungsverpflichtung ist nicht möglich.
Vgl.: Gesetz zur Änderung des Altschuldenhilfe-Gesetzes vom 21. November 1996, BGBl I, S. 1780.

217 Die Erlösabführungsanteile aus der Veräußerung des 15-prozentigen Wohnungsbestandes staffeln sich gemäß § 5 Abs. 2 AHG zunächst wie folgt:
bei Veräußerungen bis zum 31.12.94: 20 vH, vom 01.01.1995 bis 31.12.1995: 30 vH
vom 01.01.1996 bis 31.12.1996: 40 vH, vom 01.01.1997 bis 31.12.1997: 60 vH
vom 01.01.1998 bis 31.12.2000: 80 vH und vom 01.01.2001 bis 31.12.2003: 90 vH.
Mit den Neuregelungen des AHÄG reduziert die Bundesregierung -hauptsächlich auf Druck der Wohnungswirtschaft- die Erlösabführungsquoten. Danach sind bei Veräußerungen:
vom 01.01.1997 bis 31.12.1998: 45 vH, vom 01.01.1999 bis 31.12.2000: 50 vH
und vom 01.01.2001 bis 31.12.2003: 55 vH abzuführen.
Maßgeblich für die Anrechnung des Erlösabführungsanteils ist das Datum des Antrages auf Eigentumsumschreibung beim Grundbuchamt, sofern es aufgrund des gestellten Antrages zur Eigentumsumschreibung kommt (§ 5 Abs. 2 AHG).

DM 150/m² Wfl.[218] und den in Verbindung mit dem Verkauf entstandenen Sanierungskosten[219]. Ferner können die Antragsteller, insbesondere Genossenschaften, den Kaufpreis für Grund- und Boden gemäß § 73 Abs. 1 SachenRBerG und eventuelle Nachzahlungen gemäß § 73 Abs. 3 SachenRBerG in Abzug bringen. Mit dieser Vorgehensweise knüpft der Gesetzgeber die Erlösabführung an den Verkaufsgewinn der Wohnungsunternehmen als Residualgröße.

Je rascher das Wohnungsunternehmen seine Privatisierungsverpflichtung erfüllt, umso geringer fällt sein an den Erblastentilgungsfonds abzuführender Erlösanteil aus. Eine zügige Privatisierung zahlt sich somit in einer Erhöhung der im Unternehmen verbleibenden liquiden Mittel aus, die dann als Eigenmittel zur Finanzierung weiterer Investitionen zur Verfügung stehen. Damit wirkt die gestaffelte Erlösabführung zugleich überhöhten Kaufpreisforderungen entgegen.
Maßgebend für die Berechnung der Erlösabführung an den Erblastentilgungsfonds ist grundsätzlich der Zeitpunkt des Antrags auf Eigentumsumschreibung beim Grundbuchamt "... wenn es aufgrund des gestellten Antrages zur Eigentumsumschreibung kommt."[220]
Abweichend zu den Ausführungen der §§ 925 ff. BGB, wonach ein Eigentumswechsel erst mit der Grundbucheintragung vollzogen wird, trägt der Gesetzgeber mit dieser Regelung dem besonderen Umstand Rechnung, daß aufgrund der Überlastung der Grundbuchämter eine endgültige Eintragung des neuen Eigentümers i. d. R. erst nach 2-3 Jahren erfolgt. Hieraus sollen den Wohnungsunternehmen keine Nachteile erwachsen.
Darüber hinaus kann für Verkäufe ab 1997 auch das Datum des notariellen Kaufvertrags bzw. des Erbbaurechtsbestellungsvertrags maßgeblich für die Bestimmung der Erlösabführungsquote sein, sofern das Wohnungsunterneh-

218 Die lediglich pauschale Berücksichtigung von DM 150/m² Wfl. ist für Unternehmen von Nachteil, wenn sie über einen Wendewohnungsbestand verfügen, der deutlich über DM 1.000/m² Wfl. belastet ist. In solchen Fällen bedingen die bei der Kappung nicht berücksichtigten Verbindlichkeiten eine zusätzliche Belastung, die auch durch eine evtl. zusätzliche Entlastung im Rahmen der Härtefallregelung nur teilweise aufgefangen werden kann. Vorteilhafter für Wohnungsunternehmen wäre, wenn sie ihre individuell ermittelte durchschnittliche Belastung nach Teilentlastung in Abzug bringen können; dem stehen jedoch die Ausführungen des § 5 Abs. 2 AHG entgegen.

219 Gemäß dem Rundschreiben der KfW vom 06.10.96 an alle teilentlasteten Wohnungsunternehmen ist beim Ansatz der Sanierungskosten von den Abgrenzungen des § 3 MHG auszugehen. Danach können nur solche Kosten geltend gemacht werden, die im Rahmen eines Mietverhältnisses für eine Mieterhöhung hätten herangezogen werden können. Vgl.: KfW, Rundschreiben 10/96, S. 3.

220 Mit dem letzten Halbsatz schließt der Gesetzgeber aus, daß die Wohnungsunternehmen unvollständige Anträge lediglich zur Fristwahrung dem Grundbuchamt einreichen, obwohl die rechtlichen Voraussetzungen für eine Eigentumsübertragung noch nicht bestehen.

men das Fehlen der Voraussetzungen für die Antragstellung auf Eigentumsumschreibung bzw. Erbbaurechtsbestellung nicht zu vertreten hat.[221]

Der § 4 Abs. 5 Satz 1 Nr. 2 AHG verlangt ferner von der Antragstellerin, daß sie nach ihren rechtlichen und wirtschaftlichen Verhältnissen geeignet und in der Lage ist, ihre Geschäfte ordnungsgemäß zu führen. Als Nachweis für eine den Erfordernissen des Unternehmens entsprechende ordnungsgemäße Geschäftsführung kommt im Falle der kommunalen Wohnungsunternehmen mit eigener Rechtspersönlichkeit bzw. der Genossenschaften insbesondere der Wirtschaftsprüferbericht in Betracht. Sofern das Wohnungsunternehmen nicht bereits kraft Gesetz einer jährlichen Prüfung seiner Geschäftstätigkeit und seiner wirtschaftlichen Verhältnisse unterliegt, verpflichtet das Altschuldenhilfe-Gesetz in § 4 Abs. 5 Nr. 3 den Antragsteller sich einer derartigen Prüfung zu unterziehen.

Abschließend verpflichtet sich die Antragstellerin, jährlich über den Stand ihres Investitionsprogrammes und der Ergebnisse der Privatisierung zu berichten. Hierzu erhält sie einen standardisierten Vordruck, der in Aufbau und Umfang dem des Antragsformulars gleicht. Dieser Bericht[222] ist Basis für die Überprüfung der Erfüllung von Investitions- und Privatisierungsverpflichtung, gleichzeitig dient er als Berechnungsgrundlage für die Erlösabführung an den Erblastentilgungsfonds. Die jährliche Berichterstattung endet in dem Jahr, in dem das Wohnungsunternehmen die notwendige 15prozentige Privatisierungsquote erfüllt, alle angemeldeten Restitutionsansprüche beschieden sind und der bei der Antragstellerin verbleibende Wohnungsbestand umfassend saniert ist.

6.3. Sanktionen bei Nichterfüllung der Verpflichtungen

Sofern die mit der Teilentlastung verbundenen Verpflichtungen nicht eingehalten werden, ist der Bescheid über die Gewährung der Teilentlastung ganz oder teilweise aufzuheben. Darüber hinaus ist der (anteilige) Teilentlastungsbetrag einschließlich der vom Erblastentilgungsfonds gezahlten (Refinanzierungs-) Zinsen vom Wohnungsunternehmen zu erstatten.

---

221 Vgl.:§ 1 Nr. 2d AHÄG.
222 Er wird in der Praxis als "jährlicher Bericht" bezeichnet (Anlage 3).

Diese Erstattungspflicht greift grundsätzlich, sofern die Begünstigte die Privatisierungsverpflichtung bis zum Ende des Jahres 2003 nicht oder nur teilweise erfüllt. Sie besteht auch, wenn bei der jährlichen Überprüfung der Privatisierungs- und Investitionskonzepte erhebliche Abweichungen von den eigenen Zielvorgaben sichtbar werden.

Der Gesetzgeber hat diese Rückerstattungspflicht dahingehend gemildert, daß nur im Falle der selbstverschuldeten Abweichung eine Haftung entsteht. Von einer Rückerstattung ist abzusehen, wenn das Unternehmen die Abweichung im Investitionsplan oder im Privatisierungskonzept nicht zu vertreten hat.

Kapitel IV Die Umsetzung und Auswirkungen des Altschuldenhilfe-Gesetzes in der Praxis

1. Umsetzung des Altschuldenhilfe-Gesetzes

1.1. Antragsstatistik

1.1.1. Wohnungswirtschaftliche Unternehmen

Als Ausgangspunkt der folgenden statistischen Auswertungen und deren anschließende Beurteilung dient der Stichtag 31. Dezember 1996. Zu diesem Zeitpunkt sind über 99 vH der insgesamt 4.814 eingereichten gewerblichen Anträge auf Zinshilfe und/oder Teilentlastung abschließend bearbeitet.

Für Altverbindlichkeiten im gewerblichen Wohnungsbereich stellen von 4.395 Kreditnehmern der Deutschen Kreditbank AG[223] 3.796 einen Antrag auf Altschuldenhilfe. Das entspricht einem Anteil von 86 vH. Dabei entfallen auf Kommunen 67 vH, auf kommunale Wohnungsgesellschaften 16 vH und auf Genossenschaften 17 vH der Anträge.
Bei der Berliner Bank AG, als Nachfolgeorganisation der Berliner Sparkassen, stellen 39 in Berlin ansässige Wohnungsunternehmen (12 Gesellschaften und 27 Genossenschaften) 45 Anträge auf Zinshilfe und/oder Teilentlastung.
Die übrigen Sparkassen leiten 352 Anträge an die KfW weiter, wovon 6 vH Gesellschaften, 7 vH Genossenschaften und 87 vH Gemeinden zuzuordnen sind.
Für Wendeverbindlichkeiten bearbeitet die KfW 621 über verschiedene Kreditinstitute (in der Regel Großbanken sowie Institute des Sparkassen- bzw. Genossenschaftsbankensektors) eingereichten Anträge; 67 vH entfallen davon auf Gesellschaften, 20 vH auf Genossenschaften und 13 vH auf Gemeinden.
Die Gesamtsumme der hier betrachteten 4.814 gewerblichen Anträge auf Altschuldenhilfe teilt sich auf die folgenden Antragsarten auf:

- 3.039 kombinierte Anträge auf Zinshilfe und Teilentlastung
- 1.772 isolierte Zinshilfeanträge
- 3 isolierte Teilentlastungsanträge

---

223 Stand: 31.12.1993.

Um eine höhere Transparenz zwischen den Auswirkungen von Zinshilfe und Teilentlastung zu gewährleisten, unterscheidet die Auswertung zwischen isoliert oder kombiniert gestellten Zinshilfeanträgen einerseits und den isoliert oder kombiniert gestellten Teilentlastungsanträgen andererseits.
Hierzu werden die 3.039 kombinierten Anträge jeweils mit den 1.772 isoliert gestellten Zinshilfe- bzw. den 3 isoliert gestellten Teilentlastungsanträgen zusammengefaßt.

Von 4.811 Anträgen auf **Zinshilfe** sind im Betrachtungszeitpunkt 348 aus der eigentlichen Antragsbearbeitung herausgelöst.[224] Bezogen auf den Restbestand von 4.463 gewährt die KfW in 97 vH der Fälle Zinshilfe, 2,6 vH der Anträge lehnt sie ab[225]. Für die restlichen 0,4 vH ist aus verschiedenen Gründen bis zu diesem Zeitpunkt eine abschließende Bearbeitung nicht möglich.

Hinsichtlich **Teilentlastung** sind von 3.042 Anträge 365 herausgelöst[226] und von den verbleibenden 2.677 Anträgen 97,8 vH positiv beschieden sowie 1,6 vH abgelehnt. Die Ursachen für eine Ablehnung decken sich dabei weitestgehend mit denen für abgelehnte Zinshilfe-Anträge. Der Anteil noch nicht abschließend bearbeiteter Anträge beträgt zum Stichtag 31. Dezember 1996 0,6 vH.

1.1.2. Private Vermieter

Ebenso wie bei wohnungswirtschaftlichen Anträgen ist auch bei privaten Vermietern zwischen Anträgen auf Zinshilfe und auf Teilentlastung zu unterschei-

224 Darunter fallen *zurückgesandte Anträge* (die zunächst auf falschen Formularen gestellt und erfaßt sind), *zurückgezogene Anträge* (der u. a. "zur Sicherheit" auch von Gesellschaftern kommunaler Wohnungsgesellschaften parallel gestellten Anträge) und *stornierte Anträge* (der z. B. sowohl als Fax als auch im Original eingegangen bzw. mehrfach erfaßten Anträge).

225 Ablehnungen begründen sich zumeist auf einer fehlenden Bereitschaft zur Anerkennung der Altverbindlichkeiten bzw. zum Abschluß eines Kreditvertrages. Daneben lehnt die KfW Anträge für Bodenreformkredite und Kredite im Zusammenhang mit werksgebundenem Wohnungsbau ab, da sie nicht der Förderung im Sinne des Altschuldenhilfe-Gesetzes unterliegen.

226 Ein Vergleich zwischen der Anzahl herausgelöster Zinshilfe- und Teilentlastungs-Anträge zeigt einen Überhang zu Lasten der Teilentlastungsanträge. Mitverantwortlich hierfür sind u. a. die von den Wohnungsunternehmen (zumeist vor dem Hintergrund der hiermit verbundenen Veräußerungsverpflichtung) noch vor Bescheidung durch die KfW zurückgezogenen Anträge.

den. Um die große Antragsflut privater Vermieter zeitnah bearbeiten zu können, nutzt die KfW im Bereich der Zinshilfe das sog. "Sammelverfahren". Hierbei können die kreditgebenden Institute nach einer Vorprüfung Fälle, bei denen die Voraussetzungen des Altschuldenhilfe-Gesetzes zweifelsfrei erfüllt sind, in einem (Sammel-)Antrag zusammenfassen. Diese Sammelanträge reichen sie der KfW ein, die sie abschließend bearbeitet. Bestehen Zweifel leiten die kreditgebenden Institute den Einzelantrag weiter. Anträge auf Teilentlastung werden generell im Einzelverfahren übermittelt.

Sparkassen und Volksbanken leiten 7.268 Einzelanträge und 664 Sammelanträge (mit zusammen rd. 34.000 Einzelanträgen) auf **Zinshilfe** von privaten Vermietern an die KfW weiter. Von den Einzelanträgen sind zum Stichtag 1.693 Anträge herausgelöst, 3.347 Anträge positiv und 1.404 Anträge negativ beschieden. In der laufenden Bearbeitung befinden sich 824 Anträge, wobei es sich hierbei ausschließlich um bearbeitungsintensive Fälle handelt.
Sammelanträge hingegen sind im Betrachtungszeitpunkt vollständig bearbeitet, wobei lediglich 48 aus der Bearbeitung herausgelöst werden müssen. Die Zusagequote liegt in diesem Segment bei 94 vH.
Neben den Anträgen auf Zinshilfe liegen der KfW 6.352 Anträge auf **Teilentlastung** vor, wovon im Betrachtungszeitpunkt 37,5 vH herausgelöst, 16,2 vH zugesagt und 35,2 vH abgelehnt sind. In der laufenden Bearbeitung befinden sich 11,1 vH. Dieser relative Rückstand in der Bearbeitung gegenüber den gewerblichen Antragstellern erklärt sich primär daraus, daß der Lenkungsausschuß erst im Mai 1995[227] eine Empfehlung über die Ausgestaltung der Teilentlastung für private Vermieter verabschiedet hat.

Zum Stichtag 1. Januar 1994 umfaßt der zum Zeitpunkt der Wiedervereinigung vorhandene und durch das Zins- und Tilgungsmoratorium sowie den Wendeverbindlichkeiten aufgelaufene Altschuldenbestand der gewerblichen Woh-

227 BMBau, Teilentlastung privater Vermieter, S. 1.

nungswirtschaft schätzungsweise DM 57 Mrd[228]. Hinzuzurechnen sind Verbindlichkeiten der privaten Vermieter in Höhe von rd. DM 3 Mrd[229].
Die der KfW eingereichten Altschuldenhilfe-Anträge der Wohnungswirtschaft mit DM 53,3 Mrd bzw. 0,52 Mrd der private Vermieter erfassen damit 94 vH bzw. 17 vH[230] des gesamten Altverbindlichkeitsvolumens.
Mit diesem Ergebnis ist festzuhalten, daß sowohl die Wohnungsunternehmen als auch die privaten Vermieter in den neuen Bundesländern das Angebot der Altschuldenhilfe in Form von Zinshilfe und Teilentlastung in großem Umfang angenommen haben.

1.2. Zusagevolumen

1.2.1. Wohnungswirtschaftliche Unternehmen

Den zum Stichtag 31. Dezember 1996 positiv beschiedenen **Zinshilfeanträgen** der gewerblichen Wohnungswirtschaft liegen maßgebliche Altverbindlichkeiten von DM 53,1 Mrd zugrunde (Tabelle 6). Diese setzen sich aus DM 47,3 Mrd (für den Alt-Wohnungsbestand) bzw. DM 5,8 Mrd (für den Wende-Wohnungsbestand) zusammen, wobei bei ersteren die Kürzungen der Verbindlichkeiten

228 Die Angaben über den am 01.01.1994 insgesamt vorhandenen Altschuldenbestand schwanken in der Literatur zwischen DM 51 und 59 Mrd. Nach eigenem Ermessen erscheint der häufiger genannte Wert von DM 57 Mrd realistisch und wird daher auch hier der Arbeit zugrundegelegt.
Vgl.: Maaß/Hitpaß, Problemfall oder Patenlösung, S. 531 (DM 51 Mrd),
Renger/ Redder, Drei Jahre Altschuldenhilfe-Gesetz, S. 805 (DM 57 Mrd),
Pickahn, Altschuldenhilfe-Gesetz, S. 955 (DM 59 Mrd).

229 Vgl.: Deutscher Bundestag, Drucksache 12/4748, S. 165.

230 Für eine Interpretation des Verhältnisses zwischen den insgesamt vorhandenen und den im Rahmen des Altschuldenhilfe-Gesetzes zugrundegelegten Schulden privater Vermieter sind mehrere Faktoren zu berücksichtigen: Viele private Vermieter scheuen zum Zeitpunkt der Antragstellung einen neuen Kreditvertrag, was nicht zuletzt auf die Hochzinsphase Ende 1993 zurückzuführen ist. Daneben sind viele Sparkassen trotz einer offensiven Informationspolitik seitens des BMBau und der KfW nicht über die Förderhilfe informiert bzw. nicht an einer vermeintlich arbeitsintensiven Antragstellung interessiert.

aufgrund des sog. "BGH-Urteils"[231] berücksichtigt sind. Die Summe der aus positiv beschiedenen Zinshilfe-Anträgen resultierenden Zinshilfeabrufe beläuft sich auf DM 5,1 Mrd.[232]

Tabelle 6 Volumen der maßgeblichen Altverbindlichkeiten und zugesagter Zinshilfeleistungen an gewerbliche Antragsteller nach Ländern (in Mio)

Land	maßgebliche Altverbindlichkeiten	davon: Kom	Ges	Gen	ZH-Abrufe
Berlin	10.300	--	7.700	2.600	920
Brandenburg	7.200	400	4.200	2.600	710
Mecklenburg-V.	6.100	600	3.200	2.300	600
Sachsen	13.500	800	7.000	5.700	1.300
Sachsen-A.	8.300	500	4.100	3.700	820
Thüringen	7.700	600	4.100	3.000	750
	53.100	2.900	30.300	19.900	5.100

Die maßgeblichen Altverbindlichkeiten der abgelehnten Zinshilfe-Anträge summiert sich auf DM 190 Mio, was einem Anteil von knapp 0,4 vH am entschiedenen Altverbindlichkeitsvolumen entspricht. Die hierdurch nicht gewährte Zinshilfe beläuft sich schätzungsweise auf DM 20 Mio[233] bzw. rd. 0,4 vH des entschiedenen Zinshilfe-Volumens.

Bei Wendeverbindlichkeiten können für die Berechnung der Teilentlastung aufgrund der oberen Kappungsgrenze von DM 1.000/m² Wfl. anstelle der DM 5,8 Mrd lediglich DM 2,5 Mrd angerechnet werden. Hierdurch reduziert sich

231 Auslöser für das Urteil des Bundesgerichtshofs ist die Klage eines Wohnungsunternehmens gegen die Höhe der von der DKB in Rechnung gestellten Zinssätze im dritten Quartal 1990. Der Bundesgerichtshof bestätigt in seinem Urteil, daß das Kreditinstitut einen über dem Durchschnittsniveau der damaligen Zeit liegenden Zinssatz berechnet hat. Die DKB korrigiert daraufhin alle Saldenbestätigungen. Dies führt zu einer Neubescheidung aller bereits beschiedenen Altschuldenhilfe-Anträge, die die Wohnungsunternehmen über die DKB der KfW einreichen. Während für Zinshilfe-Bescheide ein pauschalisiertes Verfahren zwischen Bund, Länder und der DKB zur Anwendung kommt, müssen die Teilentlastungsbescheide unter Beachtung der individuellen Daten von der KfW einzeln neu erstellt werden. Das Volumen der für die Gewährung der Altschuldenhilfe maßgeblichen Altverbindlichkeiten reduziert sich um rd. DM 1,3 Mrd; die hierauf gewährte Teilentlastung um ca. DM 1,2 Mrd.

232 Im Rahmen des Antragsverfahrens übernehmen der Bund und die Länder die Zinszahlungen auf die maßgeblichen Altverbindlichkeiten, soweit die Höhe des vereinbarten Zinssatzes die marktübliche Höhe nicht übersteigt. Der Bescheidtext gibt diese Zielsetzung wieder, ohne auf eine bestimmte, individuell berechnete, Höhe der Zinshilfe einzugehen. Ein solcher Verzicht resultiert aus der Tatsache, daß bei Antragstellung auf die Zusendung des abgeschlossenen Kreditvertrages zwischen Antragsteller und kreditgebendem Institut aus prüfungstechnischen und vor allem Zeitgründen bewußt verzichtet wird.

233 Der Berechnung liegt ein durchschnittlicher Zinssatz von 7,0 vH p.a. zugrunde.

die Bemessungsgrundlage der positiv beschiedenen **Teilentlastungsanträge** auf maßgebliche DM 49,8 Mrd (Tabelle 7). Die Höhe der beschiedenen Teilentlastung beläuft sich am Stichtag -ebenfalls unter Berücksichtigung des BGH-Urteils- auf insgesamt DM 28,3 Mrd.

Tabelle 7 Volumen der maßgeblichen Altverbindlichkeiten und zugesagter Teilentlastungsbeträge an gewerbliche Antragsteller nach Ländern (in Mio)

Land	maßg. AV	davon: Kom	Ges	Gen	Höhe TE	davon: Kom	Ges	Gen
Bn	10.000	--	7.700	2.300	6.950	--	5.400	1.550
Bb	6.400	300	3.700	2.400	3.500	150	2.000	1.350
MV	5.800	500	3.100	2.200	2.950	250	1.500	1.200
Sn	12.300	700	6.800	4.800	6.450	350	3.350	2.750
SA	7.900	400	3.900	3.600	4.250	250	1.900	2.100
Tn	7.400	500	4.000	2.900	4.200	350	2.250	1.600
	49.800	2.400	29.200	18.200	28.300	1.350	16.400	10.550

In Bezug auf die Teilentlastung können von den angegebenen Altverbindlichkeiten insgesamt DM 116,5 Mio, das entspricht einem Anteil von 0,23 vH des entschiedenen Antragsvolumens, nicht im Rahmen des Altschuldenhilfe-Gesetzes anerkannt werden. Eine Schätzung des hindurch versagten Teilentlastungsvolumens ist nicht möglich, da Erkenntnisse über die hierbei zugrundeliegende Quadratmeterbelastung der Wohnflächen fehlen.

1.2.2. Private Vermieter

Den zum Stichtag positiv beschiedenen privaten Anträgen auf **Zinshilfe** liegen DM 481,9 Mio Altverbindlichkeiten zugrunde. Hierfür übernimmt der Bund und die Länder die Zinszahlungsverpflichtungen im Betrachtungszeitraum 1. Januar 1994 bis 30. Juni 1995 in einem Umfang von DM 52,5 Mio. Hingegen lehnt die KfW für Altverbindlichkeiten im Umfang von DM 38,7 Mio entsprechende Zahlungen ab; die hierdurch nicht gewährte Zinshilfe beträgt schätzungsweise DM 4,2 Mio.[234]

234 Der Berechnung liegt ein durchschnittlicher Zinssatz von 7,2 vH p.a. zugrunde.

Hinsichtlich der **Teilentlastung** übernimmt der Erblastentilgungsfonds DM 29,2 Mio des den privaten Anträgen zugrundeliegenden Altverbindlichkeitsvolumens von DM 102,8 Mio. Deutlich höher als das Zusagevolumen beziffert sich das Ablehnungsvolumen, dem DM 129,5 Mio Altverbindlichkeiten zugrunde liegen. Zurückzuführen ist dieses hohe Volumen auf eine Vielzahl von Altschuldenhilfe-Anträgen für Wohnflächen mit einer durchschnittlichen Belastung von unter DM 250/m² Wfl. Eine Schätzung des hindurch nicht gewährten Teilentlastungsvolumens ist nicht möglich.

Tabelle 8 Volumen der maßgeblichen Altverbindlichkeiten, Zinshilfeleistungen und Teilentlastungsbeträge an private Antragsteller nach Ländern (in TDM)

Land	maßg. AV für Zinshilfe	Zinshilfe-Abrufe	maßg. AV für Teilentlastung	Teilentlastung
Berlin	192.900	19.500	61.500	17.300
Brandenburg	33.800	4.300	5.700	2.000
Mecklenburg-V.	26.100	3.100	7.100	2.100
Sachsen	163.200	18.000	20.900	5.700
Sachsen-A.	43.000	4.800	5.300	1.700
Thüringen	22.900	2.800	2.300	400
	481.900	52.500	102.800	29.200

1.3. Statistikdaten des der Auswertung zugrundegelegten Wohnungsbestandes

Die Grundlage der folgenden Untersuchung bilden im wesentlichen die Daten der Wohnungsunternehmen (Kommunen, Wohnungsgesellschaften und Wohnungsgenossenschaften), bei denen mindestens ein Antrag auf Teilentlastung positiv beschieden ist und die damit der Sanierungs- und Privatisierungsverpflichtung des Altschuldenhilfe-Gesetzes unterliegen. Gleichwohl sie auch Zinshilfe erhalten haben, wird teilweise im folgenden verkürzt von "teilentlasteten Wohnungsunternehmen" gesprochen.

Stand der Auswertung ist, soweit nicht anders angegeben, der 31. Dezember 1996, als Datenbasis liegen Angaben der KfW zugrunde, die entsprechend aufbereitet werden.

Über den Antrag auf Altschuldenhilfe -fortgeschrieben durch die Jährliche Berichterstattung[235]- liegen sowohl Informationen über die Ausstattung des Wohnungsbestandes, den Sanierungsumfang, den Umfang der Restitutionsansprüche als auch Angaben über die wirtschaftliche Ausgangssituation und die Weiterentwicklung der Wohnungsunternehmen vor. Damit bieten diese Informationen eine umfassende Grundlage für die folgenden Betrachtungen und Interpretationen.

Wohnungsunternehmen, die lediglich Zinshilfe beantragen, sowie private Antragsteller sind nicht verpflichtet, nähere Angaben über Umfang, Art oder Zusammensetzung ihres Wohnungsbestandes zu machen, so daß hierüber keine auswertbaren Informationen vorliegen. Ebenso entfällt für die Statistik der Wohnungsbestand, für den der Antrag auf Teilentlastung (vollständig) negativ beschieden bzw. herausgelöst ist.
Der auf diese Weise selektierte Bestand von rd. 2,6 Mio Wohneinheiten entspricht 42,3 vH aller bewohnten Wohnungen in Wohngebäuden bzw. 57,2 vH aller bewohnten Mietwohnungen zum Stichtag 1. Januar 1993 in den neuen Bundesländern.[236]

Eine länderspezifische Gegenüberstellung des hier zugrundegelegten Wohnungsbestandes mit dem in Punkt II 2.2. vorgestellten gesamten bzw. kommunalen und genossenschaftlichen Wohnungsbestand ist aufgrund unterschiedlicher Datenabgrenzungen bei der 1%-Gebäude- und Wohnungsstichprobe 1993 sowie beim Antragsformular nur teilweise möglich.

235 Gemäß § 4 Abs. 7 AHG hat das Wohnungsunternehmen jährlich über den Stand seines Investitionsprogrammes und die Ergebnisse der Privatisierung zu berichten. Der Jährliche Bericht enthält außerdem Informationen über die Entwicklung restitutionsbehafteter Wohnflächen, die bei der Berechnung der Teilentlastung herauszurechnen sind.

236 Vgl.: Statistisches Bundesamt, Bautätigkeit und Wohnungen, S. 12f.
Danach existieren zum Stichtag 30.09.1993 insgesamt 6.120.600 bewohnte Wohneinheiten in Wohngebäuden, wovon 4.523.000 als Mietwohneinheiten ausgewiesen sind.
Der in der hier vorliegenden Arbeit angestellte Vergleich des Wohnungsbestandes 01.01.1993/30.09.1993 unterstellt, daß innerhalb der neun Monate in Höhe des Wohnungsabganges neuer Wohnraum geschaffen wird, so daß beide Zeitpunkte vergleichbar sind.

Für Vergleichszwecke stehen jedoch einzelne Werte ebenso wie das vom GdW zusammengestellte Datenmaterial, das rund 84 vH aller gesellschaftlichen und genossenschaftlichen Wohnungsbestände in den neuen Bundesländern umspannt, zur Verfügung.[237]

237 Der GdW befragt seine Mitgliedsunternehmen in den neuen Bundesländern seit 1990 jährlich zu wichtigen Strukturdaten und Ergebnissen ihrer unternehmerischen Tätigkeit. Gemäß der Gebäude- und Wohnungszählung aus 1993 gibt es rund 7 Mio Miet- und Eigentumswohnungen in den neuen Bundesländern, wovon über 40 vH (rd. 3,1 Mio Wohnungen) von den 1.260 Mitgliedsunternehmen (Gesellschaften und Genossenschaften) bewirtschaftet werden.
Ein quantitativer Vergleich zwischen den Wohnungsunternehmen mit positiv beschiedenem Antrag auf Teilentlastung und den durch die Erhebungen des GdW repräsentierten Unternehmen zeigt, daß nur maximal 80 vH der altschuldenhilfe-begünstigten Wohnungsgesellschaften und nur 50 vH der Genossenschaften im GdW organisiert sind. Knapp 450 GdW-Gesellschaften und 720 GdW-Genossenschaften stehen 352 teilentlasteten Gesellschaften und 363 Genossenschaften gegenüber. Hinsichtlich des betroffenen Wohnungsbestandes sind vermutlich nur 65 vH der GdW-Wohnungen in Gesellschaftsbesitz und 72 vH der Genossenschaftswohnungen im Rahmen der Altschuldenhilfe begünstigt. Dennoch vergleicht die Praxis die von der KfW im Rahmen des Altschuldenhilfe-Gesetzes veröffentlichten Daten in Bezug auf die Instandsetzung und Modernisierung oder hinsichtlich der Veräußerung von Wohnungsbeständen mit den Ergebnissen der jährlichen Erhebungen des GdW.
Vgl. GdW, Daten und Fakten 1996, S. III.

Tabelle 9 Statistikdaten des der Auswertung zugrundegelegten Wohnungsbestandes zum Stichtag 01.01.93 (incl. Restitutionsbestände)

	Kommunen (1350)		Kom. WoGes (348)		WoGen (362)		insgesamt	
Baujahr	**Gebäude**	**Wohnungen**	**Gebäude**	**Wohnungen**	**Gebäude**	**Wohnungen**	**Gebäude**	**Wohnungen**
bis 1918	7.396	25.774	45.132	266.064	536	3.755	53.064	295.593
1919-1948	4.612	13.846	27.147	158.912	3.029	20.566	34.788	193.324
1949-1960	1.600	7.847	11.331	133.393	7.438	65.837	20.369	207.077
1961-1970	1.984	25.746	10.766	246.071	8.379	182.929	21.129	454.746
1971-1980	1.253	20.966	13.772	356.524	8.342	285.127	23.367	662.617
1981-1992	1.974	32.320	18.993	448.754	9.347	295.349	30.314	776.423
gesamt	18.819	126.499	127.141	1.609.718	37.071	853.563	183.031	2.589.780
Bauart								
EFH / ZFH	5.776	9.066	10.212	16.008	2.731	4.466	18.719	29.540
MFH	13.043	117.433	116.929	1.593.710	34.340	849.097	164.312	2.560.240
- konv. Bauw.	10.046	56.372	76.823	571.658	10.465	111.959	97.334	739.989
- Fachwerk	1.078	4.063	4.348	19.487	55	258	5.481	23.808
- Mauerw.bau	8.968	52.309	72.475	552.171	10.410	111.701	91.853	716.181
- <3 Ges.	8.383	44.820	49.214	322.952	8.275	77.951	65.872	445.723
- >3 Ges.	585	7.489	23.261	229.219	2.135	33.750	25.981	270.458
- indust. Bauw.	2.997	61.061	40.106	1.022.052	23.875	737.138	66.978	1.820.251
- Blockbau	1.091	17.958	8.762	187.683	6.531	136.673	16.384	342.314
- Plattenbau	1.906	43.103	31.344	834.369	17.344	600.465	50.594	1.477.937
- <6 Ges.	1.879	41.924	26.822	605.062	15.967	488.544	44.668	1.135.530
- >6 Ges.	27	1.179	4.522	229.307	1.377	111.921	5.926	342.407
WE in GWA		–		357.043		326.821		683.939
Ausstattung								
Bad / Dusche		107.040		1.417.542		847.173		2.371.755
Innen-WC		100.378		1.351.158		827.368		2.278.904
Zentralheizung		18.522		152.792		135.585		306.899
Fernwärme		19.057		849.681		608.436		1.477.174

2. Auswirkungen des Altschuldenhilfe-Gesetzes auf die Verbesserung der Kredit- und Investitionsfähigkeit von Wohnungsunternehmen in den neuen Bundesländern und Berlin (Ost)

Als erste Zielsetzung benennt das Altschuldenhilfe-Gesetz die Verbesserung der Kredit- und Investitionsfähigkeit von Wohnungsunternehmen wie auch von privaten Vermietern von Wohnraum in den neuen Bundesländern.

In Anbetracht des beträchtlichen Altschuldenbestandes, des erheblichen Sanierungsbedarfs und der geringen laufenden Einnahmen aufgrund des niedrigen Mietzinsniveaus gibt es für die meisten Unternehmen rechtlich, nicht aber wirtschaftlich, die Möglichkeit, auf Zinshilfe und vor allem Teilentlastung zu verzichten. Die ökonomischen Folgen eines Antragsverzichtes wären für viele Unternehmen kaum tragbar - auch wenn mit der Inanspruchnahme der Altschuldenhilfe die Auflage zur zügigen Modernisierung und Instandsetzung sowie der Veräußerung von 15 vH des stichtagsbezogenen Wohnungsbestandes verbunden ist.

Im folgenden sind die Auswirkungen von in Anspruch genommener Zinshilfe und Teilentlastung auf die Bilanzen bzw. in den Gewinn- und Verlustrechnungen der Wohnungsgesellschaften und Wohnungsgenossenschaften erläutert.[238] Hieran schließt sich eine Analyse der durch die Förderhilfen induzierten wirtschaftlichen Auswirkungen an, die eine Aussage über die Kredit- und Investitionsfähigkeit der Wohnungsunternehmen ermöglichen.[239] Diese Analyse stützt sich auf eine Stichprobe von 12 ausgewählten Wohnungsgesellschaften und

238 Obwohl auch Kommunen definitionsgemäß zu den Wohnungsunternehmen zählen, bleiben sie bei dieser Analyse unberücksichtigt, da sowohl die Zinshilfe als auch die Teilentlastung als Einnahmen in den Haushaltsplan einfließen und gemäß dem Nonaffektationsprinzip zur Deckung aller Ausgaben dienen. Eine Auswirkung auf die Kredit- und Investitionsfähigkeit ist damit nicht im gleichen Maße gegeben, wie bei den untersuchten Wohnungsgesellschaften und -genossenschaften.

239 Einschränkend ist darauf hinzuweisen, daß aufgrund des handelsrechtlichen Datenmaterials bzw. der vorgenommenen Informationsaggregation die Bilanzanalyse und die hierfür verwendete Kennzahlenanalyse nur in begrenztem Umfang geeignet ist, einen unmittelbaren und abschließenden Zusammenhang zwischen der wirtschaftlichen Entwicklung eines Unternehmens und deren erfolgsbestimmenden Faktoren herzustellen. Entsprechend kann auch hier nur der Versuch unternommen werden, eine mögliche Interpretation der feststellbaren wirtschaftlichen Veränderungen bei den untersuchten Wohnungsunternehmen im Zusammenhang mit der Altschuldenhilfe zu liefern.

Wohnungsgenossenschaften, die entsprechend ihrem (Landes-)Anteil an den insgesamt eingegangenen Altschuldenhilfe-Anträgen vertreten sind.[240]

Als rechtliche Basis für die Aufstellung der untersuchten Jahresabschlüsse dienen neben den Vorschriften des HGB insbesondere das D-Markbilanzgesetz und das Altschuldenhilfe-Gesetz. Zusätzlich findet die Stellungnahme 1/1994 des Wohnungswirtschaftlichen Fachausschusses[241] des Instituts der Wirtschaftsprüfer Anwendung.

2.1. Bilanzielle und erfolgswirksame Auswirkungen der Inanspruchnahme von Zinshilfe und Teilentlastung

2.1.1. Grundlagen

2.1.1.1. Aktivierung des Wohnungsvermögens und Passivierung der Altverbindlichkeiten

Eine Voraussetzung für die Gewährung der Altschuldenhilfen ist, daß das betrachtete Wohnungsvermögen im Wege der Gesamtrechts- oder Einzelrechtsnachfolge von der Kommune bzw. dem ehemaligen VEB/KWV auf das antragstellende Wohnungsunternehmen übergegangen und in der Bilanz als Anlage-

240 Der Analyse liegen Daten von 12 ausgewählten Wohnungsunternehmen zugrunde. Dieser Umfang entspricht einer Stichprobe von 1,7 vH aller positiv beschiedenen 710 Wohnungsunternehmen (Gesellschaften und Genossenschaften). Die Stichprobe setzt sich im Verhältnis 2:1 aus acht Gesellschaften und vier Genossenschaften zusammen. Damit trägt sie der Verteilung des durch die 710 Unternehmen insgesamt repräsentierten Wohnungsbestandes (incl. aller Restitutionsobjekte) Rechnung, der mit 1,6 Mio Wohneinheiten bei den Gesellschaften fast doppelt so hoch ist, wie bei den Genossenschaften mit 0,85 Mio Wohneinheiten (Tabelle 9).
Darüber hinaus berücksichtigt die Analyse die regionale Verteilung des kommunalen und genossenschaftlichen Wohnungsbestandes: Hierfür ist jeweils der kommunale und genossenschaftliche Anteil des Wohnungsbestandes in den jeweiligen Bundesländern am Gesamtbestand der hier zugrundegelegten 1,6 bzw. 0,85 Mio Wohneinheiten ermittelt und entsprechend auf die acht bzw. vier möglichen Untersuchungseinheiten verteilt. Danach ist je eine Wohnungsgesellschaft aus Berlin, Brandenburg, Mecklenburg-Vorpommern, Sachsen-Anhalt und Thüringen in der Analyse vertreten. Sachsen wird aufgrund des deutlich höheren Wohnungsbestandes von drei Gesellschaften repräsentiert. Bei den Genossenschaften ist je ein Vertreter aus Brandenburg, Sachsen, Sachsen-Anhalt und Thüringen in die Untersuchung einbezogen, während Mecklenburg-Vorpommern und Berlin unberücksichtigt bleiben (Anlage 1).

241 Vgl.:WFA, Bilanzierung von Altschuldenhilfe, S. 666ff.

vermögen[242] aktiviert ist. Zeitgleich sind die dazugehörigen Altverbindlichkeiten zu passivieren, um einen einseitigen Ausweis von Vermögen und Schulden zu vermeiden (Akzessorität der Altschulden).

Kann eine Kommune aus formalen oder juristischen Gründen die betreffenden Grundstücke und Gebäude noch nicht auf eine Wohnungsgesellschaft übertragen, obwohl dieser bereits Altverbindlichkeiten zugeordnet sind oder sie dem zugrundeliegenden Kreditverhältnis als Mit- bzw. Zweitschuldner beigetreten ist, kommt bei einem vorhandenen kommunalen Übertragungsbeschluß der vorübergehende Ansatz von Ausgleichsansprüchen gegenüber der abgebenden Kommune in Betracht. Er vermeidet eine ansonsten entstehende Überschuldung der Gesellschaft.

Eine dauerhafte, einseitige Zuordnung des Wohnungsvermögens auf die Wohnungsgesellschaft ohne dazugehörige Altverbindlichkeiten ist theoretisch möglich, doch im Rahmen der hier betrachteten Altschuldenhilfe ohne praktische Relevanz. In einem solchen Fall stünden einem faktisch unbelasteten Wohnungsbestand bei der Wohnungsgesellschaft "unspezifizierte" Kreditverbindlichkeiten bei der Kommune gegenüber, was im Ergebnis weder zu einer Entschuldung der Gesellschaft noch der Kommune führen kann, da beide Parteien nicht antragsberechtigt wären.

2.1.1.2. Zinshilfe

Die Zinshilfe stellt einen achtzehnmonatigen Aufwandszuschuß dar, der gemäß der individuell vertraglich vereinbarten Zinsfälligkeit erfolgswirksam zu vereinnahmen ist.

Eine direkte, verdeckte Verrechnung von Zinsaufwand und Zinshilfe ist aufgrund des Saldierungsverbotes nach § 246 Abs. 2 HGB nicht zulässig. Als Ausweismethode in der GuV bietet sich sowohl der Nettoausweis, bei dem die Zinshilfe als Ertrag offen vom Zinsaufwand abgesetzt wird, als auch der Brutto-

242 Trotz der Verpflichtung zur zügigen Veräußerung eines Teilbestandes können alle Grundstücke und Gebäude in das Anlagevermögen überführt werden. Grundlage hierfür bildet das Schreiben des Bundesministerium der Finanzen vom 20.10.1979, wonach zum Anlagevermögen gehörende Grundstücke und Gebäude, die im Zuge der Veräußerungsabsicht parzelliert bzw. in Eigentumswohnungen aufgeteilt werden sollen, ihren Charakter als Anlagevermögen nicht verlieren, sofern die bisherige Nutzung keine Änderung erfährt.

ausweis, an. Bei letzterer Alternative weist das Unternehmen die Zinshilfe als Gegenposition zu "Zinsen und ähnliche Aufwendungen" unter der Position "Sonstige betriebliche Erträge" aus. Diese Methode entspricht der Empfehlung des Fachausschusses. Ein Ausweis unter der Position "Zinserträge" ist aufgrund des besonderen Charakters der Zinshilfe unzutreffend.
Sind zum jeweiligen Bilanzstichtag Zuschußbeträge noch nicht verwendet, muß das begünstigte Wohnungsunternehmen den noch nicht beanspruchten Differenzbetrag in einen passiven Rechnungsabgrenzungsposten einstellen, um den Ertrag periodengerecht abzugrenzen.

Bei den hier betrachteten 12 Wohnungsunternehmen wählen acht Unternehmen den Bruttoausweis, während bei vier Gesellschaften bzw. Genossenschaften die Zinshilfe offen den Zinsaufwand kürzt. Die Inanspruchnahme des Zinshilfezuschusses erfolgt bei allen periodengerecht, so daß die Bildung eines passiven Rechnungsabgrenzungspostens nicht erforderlich ist.

2.1.1.3. Teilentlastung

Für den Fall, daß ein Wohnungsunternehmen gemäß § 2 AHG antragsberechtigt ist, die Voraussetzungen für die Gewährung von Teilentlastung nach §§ 4 und 5 AHG erfüllt und fristgerecht einen Antrag auf Altschuldenhilfe stellt, gewährt das Altschuldenhilfe-Gesetz einen Rechtsanspruch auf die Übernahme von Altverbindlichkeiten.[243]
Dieser Anspruch ist frühestens im ersten Jahresabschluß nach Inkrafttreten des Altschuldenhilfe-Gesetzes als gesonderte Bilanzposition "Forderung gemäß § 4 AHG"[244] zu aktivieren, sofern mit ausreichender Sicherheit von einer positiven Bescheidung ausgegangen werden kann.

243 "Bei Zuwendungen, auf die ein Rechtsanspruch besteht, erfolgt die Aktivierung des Anspruchs, wenn das Unternehmen am Bilanzstichtag die sachlichen Voraussetzungen erfüllt hat und der erforderliche Antrag gestellt ist."
Analoge Anwendung von HFA, Stellungnahme 1/1984, WPg 1984, S. 612.

244 Aufgrund ihres besonderen Charakters ist diese Forderung stets gesondert auszuweisen und nach den allgemeinen Grundsätzen der Forderungsbewertung zum jeweiligen Bilanzstichtag zu bewerten. Da die Stellungnahme des WFA erst im Oktober 1994 erscheint, finden sich in den Jahresabschlüssen der Wohnungsunternehmen auch hiervon im Wortlaut abweichende Bezeichnungen dieser Bilanzposition.

In Zweifelsfällen erfolgt die Aktivierung mit Erteilung des bewilligenden Bescheides. Beidem steht nicht entgegen, daß die Teilentlastung erst ab dem 1. Juli 1995 durch rechtswirksame Schuldübernahme fällig ist.

Die untersuchten Unternehmen aktivieren die "Forderung gemäß § 4 AHG" ausschließlich im Jahresabschluß 1994. Vier Unternehmen erhalten den bewilligenden Bescheid erst Anfang 1995.

Der Forderungsbetrag setzt sich aus zwei Bestandteilen zusammen: Dem Betrag, der sich auf die maßgeblichen Altverbindlichkeiten zum Stichtag der D-Markeröffnungsbilanz (1. Juli 1990), den sog. Kapitalsaldo, bezieht und dem Teil, der auf die während des Moratoriums zwischen dem 1. Juli 1990 bis zum 31. Dezember 1993 aufgelaufenen Zinsen und ggf. Bürgschaftsgebühren entfällt.

Gemäß der Empfehlung des WFA 1/1994 ist der letztere Bestandteil erfolgswirksam in der Gewinn- und Verlustrechnung zu vereinnahmen, wobei der Betrag (dem außerbetrieblichen und außergewöhnlichen Charakter entsprechend) unter der Position "außerordentliche Erträge" erfaßt werden sollte. Einige der hier untersuchten Wohnungsunternehmen wählen hiervon abweichend auch die Position "sonstige betriebliche Erträge".

Die Komponente der Teilentlastung, die sich auf den Kapitalsaldo zum Stichtag bezieht, ist gemäß § 36 Abs. 1 DMBilG erfolgsneutral auf der Passivseite der Bilanz in der Sonderrücklage nach § 27 Abs. 2 Satz 3 DMBilG auszuweisen.[245] Sie erhöht den Eigenkapitalanteil des Unternehmens, stellt aber keinen ausschüttungsfähigen Gewinn dar. Zusätzlich ist zu beachten, daß diese Sonderrücklage nicht mit weiteren in § 36 Abs. 1 Satz 2 DMBilG genannten Posten verrechenbar ist.

Sogenannte "Wendeverbindlichkeiten", die am 1. Juli 1990 per Definition nicht bestehen, werden aufgrund des wirtschaftlich übereinstimmenden Sachverhaltes gleichermaßen behandelt. In Analogie zur o. g. Vorgehensweise bei "Altverbindlichkeiten i. e. S.", ist der hieraus resultierende Anspruch auf Teilent-

245 "Ergibt sich bei der Aufstellung späterer Jahresabschlüsse, daß Vermögensgegenstände oder Sonderposten in der Eröffnungsbilanz nicht oder mit einem zu niedrigen Wert oder Schulden oder Sonderposten zu Unrecht oder mit einem zu hohen Wert angesetzt worden sind, so ist in der späteren Bilanz der unterlassene Ansatz nachzuholen oder der Wertansatz zu berichtigen, wenn es sich um einen wesentlichen Betrag handelt". § 36 Abs. 1 Satz 1 D-Markbilanzgesetz.

lastung ebenfalls in eine Komponente "Kapitalsaldo" (Kapitalanteil im Zeitpunkt der Kreditaufnahme) und eine Komponente "aufgelaufene Zinsen und Bürgschaftsgebühren" zu splitten und entsprechend erfolgsneutral bzw. erfolgswirksam zu vereinnahmen.

Im ersten nach dem 1. Juli 1995 endenden Geschäftsjahr erfolgt auf Basis der dann rechtswirksamen Übernahme des Teilentlastungsbetrages durch den Erblastentilgungsfonds eine Verrechnung der eingebuchten Forderung gemäß § 4 AHG in voller Höhe mit den auf der Passivseite ausgewiesenen, zugehörigen Alt- bzw. Wendeverbindlichkeiten.
Die gebildete Sonderrücklage in Höhe des Kapitalssaldos bleibt hiervon unberührt. Sie darf gemäß § 27 Abs. 2 Satz 3 zum Ausgleich zukünftiger Unternehmensverluste verwendet werden.

Entlastungen, die das Unternehmen aufgrund der zusätzlich beantragten Härtefallregelungen oder aufgrund anderer Sachverhalte (z. B. rückwirkende Neuvermessung der Wohnflächen oder zusätzliche Restitutionsansprüche) nachträglich erhält, sind zuvor meist nicht berechenbar oder als Forderung auszuweisen.[246] Die Vereinnahmung dieser Entlastung erfolgt erst nach Zugang des bewilligenden Bescheides.
Positive Teilentlastungsbescheide nach dem 1. Juli 1995 bedingen eine rückwirkende Schuldübernahme. Bei zwischenzeitlich geleisteten laufenden Zahlungen durch das Wohnungsunternehmen (Zins- und/oder Tilgungzahlungen), deren Höhe das kreditgebende Institut auf Basis eines zu hohen Schuldenstandes ermittelt, wird auch der Differenzbetrag zum nachträglich reduzierten Schuldenstand auf Antrag vom Erblastentilgungsfonds übernommen und dem Wohnungsunternehmen erstattet.
In Höhe des Teilentlastungsbetrages sind hier die Altverbindlichkeiten direkt entweder gegen Erhöhung der Sonderrücklage (Kapitalsaldo) oder über die außerordentliche Erträge zu verrechnen bzw. auszubuchen.

246 Im Gegensatz dazu sind drohende Belastungen aufgrund von Neuvermessungen oder nicht begründeten Restitutionsansprüchen etc. gemäß dem Vorsichts- und Imparitätsprinzip durch die Bildung einer Rückstellung oder den Ausweis einer Verbindlichkeit sofort bei Bekanntwerden zu berücksichtigen.

2.1.2. Verpflichtungen aus der Inanspruchnahme der Teilentlastung

2.1.2.1. Berücksichtigung der Erlösabführungspflicht

Gemäß § 5 Abs. 2 AHG ist das Wohnungsunternehmen verpflichtet, Teile seiner Nettoverkaufserlöse aus der Veräußerung von 15 vH seines Wohnungsbestandes an den Erblastentilgungsfonds abzuführen. Die Höhe des Abführungsbetrages richtet sich nach dem Zeitpunkt, an dem der Antrag auf Eigentumsumschreibung beim Grundbuchamt gestellt wird[247] und variiert zwischen 20 und 55 vH des Nettoverkaufserlöses[248].

Die Erlösabführungsverpflichtung entsteht mit Übernahme eines Teils der Altverbindlichkeiten und ist zeitgleich zum Forderungsausweis durch die Bildung einer Rückstellung zu berücksichtigen sowie im Anhang zu erläutern.
Analog zur "Forderung gemäß § 4 AHG" ist eine gesonderte Position "Rückstellung für Erlösabführungspflicht gemäß § 5 AHG" zu bilden. Die Dotierung dieser Position basiert auf den im unternehmensspezifischen Privatisierungskonzept prognostizierten Veräußerungszeitpunkten der Wohneinheiten und den angenommenen Veräußerungserlösen in Verbindung mit den hierfür geltenden Erlösabführungsanteilen gemäß § 5 Abs. 2 AHG.[249] Wohnungsveräußerungen, die zum Bilanzstichtag nicht den Anforderungen des Altschuldenhilfe-Gesetzes bzw. den ergänzend herausgegebenen Merkblättern und Leitlinien[250] entsprechen oder die geforderte 15 vH-Quote übersteigen, bleiben unberücksichtigt.
Der jeweilige Zeitpunkt der Wohnungsveräußerung ist vorsichtig zu schätzen und die Dotierung der Rückstellung hinsichtlich des realisierbaren Veräußerungszeitpunktes an jedem Bilanzstichtag neu zu überprüfen.

---

247 Gemäß § 5 Abs. 2 Satz 4 des im November 1996 novellierten Altschuldenhilfe-Gesetzes kann bei Verkäufen nach dem 31.12.1996 unter bestimmten Voraussetzungen auch das Datum des notariellen Kaufvertrages für die Berechnung des Erlösabführungsbetrags herangezogen werden.

248 Vgl. Punkt III 6.2.

249 Gemäß Stellungnahme des WFA ist bei der ersten Bildung der Rückstellung auf die Buchwerte der zum Verkauf vorgesehenen Objekte zurückzugreifen. Sie dienen als Hilfsgröße für zukünftige Verkaufspreise und sind bei Schätzungen auch für spätere Zeitpunkte beizubehalten.

250 Angesprochen sind hier die in Zusammenarbeit von BMBau und KfW herausgegebenen Merkblätter und Leitlinien vom 18./19.05.1995, 22.12.1995 und 25.04.1996.

Die Rückstellung ist nach § 36 Abs. 2 DMBilG erfolgsneutral durch die offene Inanspruchnahme der Sonderrücklage nach § 27 Abs. 2 Satz 3 zu bilden. Dieses Vorgehen ist laut Stellungnahme des WFA[251] vertretbar, da die Erlösabführung eine direkte Maßnahme im Vollzug des Altschuldenhilfe-Gesetzes darstellt.
Die 12 untersuchten Unternehmen wenden diese Bilanzierungstechnik ausnahmslos an.

2.1.2.2. Berücksichtigung der Sanierungspflicht

Neben der Veräußerungsverpflichtung ist dem Wohnungsunternehmen gemäß § 4 Abs. 5 Nr. 2 AHG auferlegt, seine Bestände unter Berücksichtigung seiner wirtschaftlichen Lage "zügig" instandzusetzen und zu modernisieren.[252]

Auf der Passivseite der Bilanz resultiert hieraus im Zeitablauf regelmäßig eine Zunahme der Verbindlichkeiten, da die Finanzierung der Sanierungsvorhaben überwiegend durch Aufnahme von Kapitalmarktdarlehen oder zinsgünstiger öffentlicher Fördermittel und nur nachgeordnet aus Mitteln des originären Geschäftsbetriebes erfolgt.[253]
Kann das Wohnungsunternehmen die Sanierungsaufwendungen einschließlich der Fremdkapitalkosten aufgrund der gegebenen Mietpreisbindung bzw. der nur begrenzt möglichen Umlage der Modernisierungskosten nicht vollständig über gesteigerte Mieteinnahmen finanzieren, muß es für den Differenzbetrag gemäß D-Markbilanzgesetz[254] erfolgswirksam eine Drohverlustrückstellung aus schwebenden Geschäften bilden.

Während Modernisierungskosten als nachträgliche Herstellungskosten grundsätzlich aktivierungsfähig sind, können demgegenüber Sanierungsaufwendun-

251 Vgl.:WFA, Bilanzierung von Altschuldenhilfen, S. 668.
252 Von einer *Modernisierung* ist auszugehen, wenn sich der Zustand der Wohnungen über ihren bisherigen Zustand hinaus verbessert und sich insofern die Wohnungsqualität gegenüber jedem vorhergehenden Zeitpunkt erhöht.
Instandsetzung liegt vor, wenn die Wohnung oder ein Wohnungsteil aufgrund der Maßnahmen wieder der ursprünglichen Zweckbestimmung zugeführt werden kann.
Der Begriff *Instandhaltung* beschreibt den Umstand, wenn die vorgenommenen Maßnahmen zur Wiederherstellung eines zwischenzeitlich unterschrittenen Niveaus an Wohnungsqualität dienen.
253 Vgl. hierzu im speziellen: Punkt IV 2.2.1.2.
254 Vgl.:§ 17 Abs. 2 DMBilG.

gen mit Instandsetzungs- oder Instandhaltungscharakter nicht aktiviert werden. Sie sind erfolgswirksam in der GuV zu erfassen. Begründet wird diese Vorgehensweise durch die Stellungnahme des WFA 1/1996[255] in Verbindung mit einer restriktiven steuerlichen Rechtsprechung des Bundesfinanzhofes.[256] Der bilanzielle Grundsatz, daß Instandsetzungs- bzw. Instandhaltungsaufwendungen nicht aktivierungsfähig sind, führt bei ostdeutschen Wohnungsunternehmen aufgrund der vielfach unklaren Abgrenzung zwischen Instandsetzung und (laufender) Instandhaltung einerseits und Modernisierung andererseits zu Verunsicherungen beim Ausweis dieser nachträglichen Herstellungskosten bzw. laufenden Aufwendungen, der in dieser Arbeit jedoch vernachlässigt wird.[257]

Die Zunahme der Verbindlichkeiten und ggf. der Rückstellungsposition für drohende Verluste führt zwangsläufig zu einer Verschlechterung der Eigenkapitalquote[258], was durch die nur begrenzte Aktivierungsfähigkeit der Sanierungsmaßnahmen weiter verstärkt wird. Diese Entwicklung ist mit der Zielsetzung des Altschuldenhilfe-Gesetzes, die Kredit- und Investitionsfähigkeit zu verbessern, nur insofern vereinbar, als daß mit der Erfüllung der Instandsetzungs- und Modernisierungsauflage keine wirtschaftliche Gefährdung des Unternehmens in seinem Fortbestand verbunden ist. Entscheidet sich das Wohnungsunternehmen aufgrund seiner angespannten finanziellen Lage gegen eine umfassende kreditfinanzierte Sanierung des Wohnungsbestandes und damit für ein wirtschaftliches Überleben, besteht gemäß § 4 Abs. 7 AHG auf der anderen Seite die Gefahr einer (Teil-)Rücknahme der Teilentlastung aufgrund einer zu vertretenden Nichterfüllung der Sanierungsverpflichtung. Praktische Relevanz dürfte dieses Risiko vor dem verfolgten Ziel der Unternehmenserhaltung und Unternehmensstärkung jedoch nicht erhalten.

Anhand der eingereichten Unterlagen ist bei allen der 12 näher betrachteten Unternehmen von einer ausgewogenen Mischung zwischen Eigen- und Fremd-

255 Vgl.: WFA, Stellungnahme 1/1996, S. 103.
Die Stellungnahme "Zur Abgrenzung von Erhaltungsaufwand und Herstellungskostenaufwand bei Gebäuden" ersetzt die Stellungnahme WFA 2/1983 "Zur Aktivierung von Modernisierungskosten bei Wohngebäuden".

256 Vgl.: Stuhrmann, Abgrenzung von Herstellungs- und Erhaltungsaufwendungen, S. 660.

257 Ein unzutreffender Ausweis der Kosten könnte einen Einfluß auf die tatsächliche Höhe der in Punkt IV 2.2. behandelten Instandsetzungs- und Modernisierungsvolumina haben. Da weder in der Praxis noch in der Literatur ein entsprechender Korrekturfaktor bekannt ist, wird im folgenden von einem Ausgleich innerhalb der falsch berücksichtigten Positionen ausgegangen.

258 Vgl. hierzu ausführlich: Punkt IV 2.1.4.2.

finanzierung (40/60 Verhältnis) auszugehen. Lediglich zwei Unternehmen finanzieren mehr als 80 vH der Investitionssumme in 1993/94 über Kredite, was jedoch aufgrund der spezifischen Unternehmensverhältnisse vertretbar erscheint.

2.1.3. Auswirkungen durch Aufhebung des Teilentlastungsbescheides

2.1.3.1. Aufhebung nach § 5 Abs. 3 und § 4 Abs. 7 AHG

Nach § 5 Abs. 3 AHG wird der Teilentlastungsbescheid ganz oder teilweise aufgehoben, sofern das Wohnungsunternehmen der Verpflichtung zur Privatisierung und/oder Erlösabführung nicht fristgerecht nachkommt und dies auch zu vertreten hat.[259] In diesem Fall ist der (anteilige) Teilentlastungsbetrag zuzüglich der hierfür vom Erblastentilgungsfonds zur Refinanzierung gezahlten Zinsen vom Wohnungsunternehmen rückzuerstatten.

Eine Rückerstattungspflicht ergibt sich ferner aus § 4 Abs. 7 AHG, wenn aus dem Jährlichen Bericht über den Stand des Investitionsprogrammes und der Privatisierung eine wesentliche, vom Wohnungsunternehmen zu verantwortende Abweichung zum Investitionsplan, Privatisierungskonzept bzw. der Vorausschau des vorangegangenen Jährlichen Berichtes ersichtlich ist.

Ist eine (Teil-)Aufhebung der Bescheide nach § 5 Abs. 3 oder § 4 Abs. 7 AHG nach objektiven Gesichtspunkten abzusehen, ist eine Rückstellungsbildung geboten.

259 Entsprechend § 276 BGB muß der Schuldner "Vorsatz und Fahrlässigkeit" vertreten. Fahrlässig handelt, wer die im Verkehr erforderliche Sorgfalt außer acht läßt. Dies bedeutet, ein Verschulden kann ausgeschlossen werden, wenn in der konkreten Situation ein anderes Verhalten nicht zumutbar gewesen wäre bzw. mit der alternativen Durchführung des Vorhabens eine Opfergrenze überschritten worden wäre.
Vgl. hierzu: Palandt, BGB-Kommentar zu § 276, RN 5ff.
Wichtig ist in diesem Zusammenhang auch die Frage der prozessualen Darlegungs- und Beweislast. Nach der gesetzlichen Lastverteilung muß die Behörde -hier die KfW als Mandatar- darlegen und beweisen, daß das Wohnungsunternehmen seine Privatisierungsverpflichtung verletzt hat. Erst wenn dies geschehen ist, kann das Wohnungsunternehmen aufgefordert werden, ein Nichtverschulden darzulegen und zu beweisen. Da grundsätzlich nicht davon auszugehen ist, daß die Wohnungsunternehmen willentlich eine Nichterfüllung ihrer Veräußerungsverpflichtung verfolgen, verlangt die Stellungnahme des WFA nicht die Bildung einer Rückstellung in Höhe der gewährten Teilentlastung - ggf. im Zeitablauf reduziert um die anteilige Erfüllung der Auflage.

Die Wahrscheinlichkeit für die Bildung einer solchen Rückstellung richtet sich nach den Kriterien des Lenkungsausschusses auf die Frage des "Vertretenmüssens", die bislang (Stand: Dezember 1997) noch nicht allgemeingültig aufgestellt sind. Die Gefahr einer Rückerstattungspflicht in diesem Zusammenhang ist tendenziell als gering einzustufen und dürfte ohnehin erst kurz vor Ablauf der gesetzten Frist im Jahre 2003 Bedeutung erlangen.

2.1.3.2. Ergänzender Bescheid nach § 4 Abs. 4 AHG

Maßgeblich für die Berechnung des Teilentlastungbetrages ist die am 1. Januar 1993 vorhandene Wohnfläche abzüglich der Veräußerungen in 1993 und des mit Restitutionsansprüchen belasteten Wohnraums (§ 4 Abs. 1 u. 4 AHG).[260] Auf Basis des Jährlichen Berichtes erfolgt eine Überprüfung dieser Flächenangaben. Sofern ein bestandskräftiger Teilentlastungsbescheid aufgrund von nicht anrechenbaren Veräußerungen in 1993 oder negativ beschiedenen Restitutionsansprüchen eine zu hohe Entlastungssumme ausweist, ergeht gemäß § 4 Abs. 4 AHG ein "ergänzender" Bescheid in Form einer (Teil-) Rücknahme.[261] Der Unterschiedsbetrag, einschließlich der für den Zeitraum zwischen dem 01.07.1995 und der Teilrücknahme vom Erblastentilgungsfonds gezahlter Zinsen, ist an diesen zu erstatten.[262]

Ist eine (Teil-)Rücknahme absehbar, muß das Wohnungsunternehmen eine entsprechende Rückstellung bilden. Inwieweit vor dem Hintergrund der latenten Gefahr einer tatsächlichen Rückgabe des Wohnungsvermögens für die gesamte Höhe der angegebenen Restitutionsansprüche eine Rückstellung zu bil-

260 Vgl. hierzu Punkt III 4.1.

261 In der Praxis wird der gesetzliche Begriff des "ergänzenden Bescheides" differenziert behandelt. Stellt sich nachträglich ein zu hoch gewährter Teilentlastungsbetrag heraus, ergeht eine *Teilrücknahme*. Ist hingegen der Teilentlastungsbetrag zu niedrig angesetzt, z. B. aufgrund nachträglich bekanntgewordenen Restitutionsansprüchen, ergeht ein *Ergänzungsbescheid* unter Zugrundelegung der neuen maßgeblichen Wohnfläche.

262 Hiervon sind insbesondere die Großstädte Berlin, Leipzig und Dresden betroffen. Zurückzuführen ist dies zum einen auf die teilweise unternehmensgesteuerten überhöhten Restitutionsansprüche bei Antragstellung und zum anderen auf eine Reihe von durch jüdische Bürger bzw. Rechtsorganisationen gestellten Ansprüche, die aufgrund von früheren Entschädigungen unberechtigt sind und daher voraussichtlich abgelehnt werden.
Des weiteren gehen die Antragsteller bei den Verkäufen in 1993 oftmals vom notariellen Kaufvertrag oder der Auflassungsvormerkung an Stelle des Antrages auf Eigentumsumschreibung -wie in § 5 Abs. 2 AHG gefordert- aus, so daß auch hier ein Handlungsbedarf gegeben ist.

den ist, bleibt im Fachgutachten des WFA ungeklärt. Ein solches Vorgehen erscheint in Anbetracht der verfolgten wirtschaftlichen Stärkung des Wohnungsunternehmens wenig sinnvoll, da sich hierdurch der Eigenkapital-Anteil tendenziell verringert und damit die Kreditfähigkeit verschlechtert.[263]
Auch alle 12 Wohnungsunternehmen verzichten auf den maximal möglichen Rückstellungsansatz und legen vielmehr einen Schätzwert für verbleibende Immobilien in Höhe von 10-20 vH der Dotierung zugrunde.

Aus den Jährlichen Berichten der Jahre 1994 und 1995 ist ersichtlich, daß vor dem Hintergrund der zeitintensiven Bearbeitung gemeldeter Ansprüche beim Amt für offene Vermögensfragen (ARoV) und der zeitlich unbegrenzten Möglichkeit zur Anmeldung jüdischer Eigentumsansprüche durchaus eine nachträgliche Erhöhung der abzugsfähigen Wohnflächen vorkommt. Da im Altschuldenhilfe-Gesetz diesbezüglich keine Fristen vermerkt sind, innerhalb derer solche Ansprüche für die Berücksichtigung bei der Teilentlastung nachgemeldet werden können, überprüft und korrigiert ggf. die KfW weiterhin jährlich die Grundlage für die gewährte Teilentlastung.

2.1.4. Analyse und Beurteilung der Auswirkungen von Zinshilfe und Teilentlastung mittels einer Bilanzanalyse

Anhand der vorstehenden Ausführungen ist durch die Gewährung von Altschuldenhilfe eine deutliche Verbesserung der wirtschaftlichen Verhältnisse ostdeutscher Wohnungsunternehmen zu erwarten. Dies ist im folgenden anhand einer Analyse und Beurteilung der Jahresabschlüsse 1993 und 1994 der 12 ausgewählten Wohnungsunternehmen zu belegen. Teilweise verdichten Kennzahlen die sich hieraus ergebende Informationsfülle in wenige, aber aussagekräftige Größen.

Die kennzahlengestützte Jahresabschlußanalyse ist ein in der Praxis traditionell angewandtes Instrument, um wirtschaftliche Veränderungen innerhalb ei-

263 Es ist zu beobachten, daß die Dotierung dieser Rückstellung im Rahmen der Bilanzpolitik oftmals dazu genutzt wird, das wirtschaftliche Ergebnis des Unternehmens zu gestalten. Dementsprechend kann die Dotierung auf der Annahme der vollständigen Rückgabe aller mit Ansprüchen belasteten Flächen bis hin zur Annahme ihres vollständigen Verbleibens beim Wohnungsunternehmen variieren.

nes Beobachtungszeitraumes festzustellen. Die Auswahl der jeweiligen Kennzahl ist dabei vom verfolgten Erkenntnisziel abhängig.

Die vorliegende Analyse wählt Kennzahlen aus, die sich gemäß Zielsetzung des Altschuldenhilfe-Gesetzes auf die zu fördernde Kredit- und Investitionsfähigkeit der Wohnungsunternehmen beziehen.
Ein Unternehmen ist investitionsfähig[264], wenn es zur Beschaffung von langfristig nutzbarem Vermögen über genügend finanzielle Mittel verfügt - sei es durch Innenfinanzierung oder über eine Kreditfinanzierung. Da die betrachteten ostdeutschen Wohnungsunternehmen für die eingegangene umfassende Sanierungsverpflichtung nicht über eine ausreichende Innenfinanzierungskraft verfügen, ist ihre Kreditfähigkeit Voraussetzung für Investitionen. Die Kreditfähigkeit entspricht in einer weiten Auslegung der Kreditwürdigkeit, d. h. der Fähigkeit einer natürlichen oder juristischen Person, ihren Verpflichtungen aus einer Kreditaufnahme in Form von Zins- und Tilgungsleistungen fristgemäß und vollständig nachzukommen.[265] Indikatoren für die Kreditwürdigkeit sind insbesondere die Vermögens-, Finanz- und Erfolgslage des potentiellen Kreditnehmers. Im folgenden wird, soweit sinnvoll, mittels geeigneter Kennzahlen überprüft, ob die Fördermaßnahmen im Rahmen des Altschuldenhilfe-Gesetzes die Vermögens-, Finanz- und Erfolgslage der Wohnungsunternehmen positiv beeinflußt haben. Betrachtungsgegenstand der Analyse ist zum einen der direkte Jahresvergleich der Wirtschaftsjahre 1993 und 1994, zum anderen das Szenario, das sich ergeben hätte, wenn die Altschuldenhilfe nicht gewährt worden wäre.

2.1.4.1. Analyse der Vermögensstruktur

Die Vermögensstruktur bezeichnet die Zusammensetzung des Vermögens, d. h. sie beschreibt das Verhältnis von Anlage- zu Umlaufvermögen. Dieses wird in der Bilanzanalyse durch entsprechende Quotienten dargestellt.[266]

264 Der angeführten Definition liegt der vermögensorientierte Investitionsbegriff zugrunde.
265 Vgl.: Büschgen, Bankbetriebslehre, S. 712.
266 Hierzu gehören u. a.: Anlagevermögen zu Umlaufvermögen, Anlagevermögen zu Gesamtvermögen und Umlaufvermögen zu Gesamtvermögen.
Vgl.: Wöhe, Allgemeine Betriebswirtschaftslehre, S. 1265.

Einen direkten Einfluß auf die Vermögensstruktur der Wohnungsunternehmen hat die Bildung der Forderung auf Teilentlastung, die aufgrund ihres Charakters zum Umlaufvermögen zählt. Durch ihre Zweckbestimmung, die Verrechnung mit Altverbindlichkeiten zum Stichtag 1. Juli 1995, handelt es sich nur um eine zeitlich begrenzte Verschiebung zu Gunsten des Umlaufvermögens, die keine nachhaltige und interpretationswürdige Auswirkung auf die Vermögensstruktur hat und daher zu vernachlässigen ist.

Mit der Erfüllung der Verpflichtung zur Instandsetzung und Modernisierung des Immobilienbestandes ergibt sich im Zeitablauf ein indirekter Einfluß auf die Vermögensstruktur. Die Aktivierung von Sanierungsleistungen bewirkt c. p. eine Erhöhung des Anlagevermögens, was sich vor allem positiv bei einer zukünftigen Beleihung der Objekte auswirkt.

In Anbetracht der notwendigen Vorlaufzeiten für eine Sanierung von Immobilien ist im zugrundeliegenden Untersuchungszeitraum 1993 bis 1994 keine deutliche Erhöhung des Anlagevermögens aufgrund von Modernisierungsleistungen im Rahmen der Altschuldenhilfe ersichtlich. Erste nennenswerte Steigerungen werden frühestens in den Bilanzen der Geschäftsjahre 1995 bzw 1996 erwartet. Eine Auswertung von Kennzahlen zur Vermögensstruktur für die Jahre 1993 und 1994 erübrigt sich hierdurch.

2.1.4.2. Analyse der Finanzlage

Ziel der Finanzanalyse ist die Gewinnung einer Aussage über die finanzielle Sicherheit des betreffenden Unternehmens. Bestandteil dieser Untersuchung ist zum einen die Kapitalanalyse, zum anderen die Liquiditätsanalyse.[267]

Die **Kapitalanalyse** hat die Aufgabe, das in der Bilanz ausgewiesene Kapital hinsichtlich seiner Struktur und Fristigkeit zu erfassen, um eventuell inhärente Finanzierungsrisiken aufzudecken.
Als zentrale Kennzahl für die Beurteilung der Kapitalstruktur gilt die Eigenkapi-

267 Vgl.:Coenenberg, Jahresabschluß u. Jahresabschlußanalyse, S. 575.

talquote[268]. Sie weist den Anteil des im Unternehmen gebundenen Eigenkapitals am gesamten zur Verfügung stehenden Kapital aus. Einen Richtwert für das optimale Verhältnis zwischen Eigen- und Gesamtkapital zur Sicherung der finanziellen Stabilität existiert, insbesondere für ostdeutsche Wohnungsunternehmen, nicht. Generell gilt jedoch: Je größer der Eigenkapitalanteil ist, desto höher ist die finanzielle Stabilität.
Vor dem Hintergrund des Untersuchungszieles, die Auswirkungen der Altschuldenhilfen (hauptsächlich in Form der Teilentlastung) zu bewerten, stehen damit nicht die absoluten Eigenkapitalquoten sondern deren Entwicklung im Zeitablauf im Vordergrund.

Der Anspruch auf die Übernahme von Altverbindlichkeiten bewirkt einerseits eine Erhöhung der Sonderrücklagen gemäß § 27 Abs. 2 DMBilG und andererseits eine positive Beeinflussung des Jahreserfolges.[269] Hierdurch erhöht sich die Eigenkapitalquote. Die Auswertung der Unternehmensdaten in Tabelle 10 bestätigt diese Aussage: Bei zehn[270] der zwölf ausgewählten Unternehmen steigerte sich die Eigenkapitalquote im Jahresvergleich 1993 und 1994 (EK 93/ EK 94) z. T. erheblich.

Für die Ermittlung der ausschließlich durch die Gewährung der Altschuldenhilfen resultierenden Veränderungen werden bei den zugrundeliegenden Unternehmensdaten zusätzliche Sondereinflüsse des betrachteten Geschäftsjahres in den Bilanzen eliminiert und in der Kennzahl "EK 94 bereinigt" abgebildet. Hierzu zählen vor allem Wertkorrekturen des Anlagevermögens wie Zu- oder Abschreibungen, die gemäß § 36 DMBilG ebenfalls die Sonderrücklagen nach § 27 Abs. 2 DMBilG beeinflussen.

268 Auch bei kommunalen (Wohnungs-)Unternehmen spielt die Eigenkapitalquote eine zunehmend wichtigere Rolle, da aufgrund der z. T. desolaten finanziellen Verhältnisse der Gesellschafterkommunen eine Rückhaftung (auch durch das jeweilige Bundesland) angezweifelt werden muß. So hat das Land Brandenburg teilweise einen Haftungsausschluß für die Verbindlichkeiten von kommunalen Institutionen (wie z. B. Abwasserverbänden) erklärt, was wiederum einen negativen Einfluß auf die ehemals durchweg positive Bonitätsbeurteilung dieser kommunalen Unternehmen hat.
Vgl.: o. V., Kreditwürdigkeit von Kommunen in Brandenburg, S. 3.

269 Vgl.: Punkt IV 2.1.1.3.

270 Der Rückgang der Eigenkapitalquote bei Unternehmen Nr. 3 und 11 ist in beiden Fällen auf eine hohe Rückstellungsbildung und die deutliche Zunahmen der Verbindlichkeiten gegenüber Kreditinstituten aufgrund ausschließlich fremdfinanzierter Investitionen zurückzuführen.

Tabelle 10 Entwicklung der differenzierten Eigenkapitalquote (in vH)

Nr.	Unter-nehmen	EK 93	EK 94	EK 94 bereinigt	Sondereinflüsse	EK 94 ohne AH
1	Ges (Bn)	25,9	28,4	28,4	--	24,6
2	Ges (Bb)	34,1	38,8	37,9	Einbringung von Anlageverm., Neubew.	25,9
3	Gen (Bb)	41,5	35,2	35,2	--	32,3
4	Ges (MV)	22,5	39,0	37,6	Neueinlagen der Gesellschafter, Neubew.	29,8
5	Ges (Sn)	54,9	61,1	60,3	Neubew. Grund und Boden	57,8
6	Ges (Sn)	28,2	41,9	28,3	Neubew. Grund und Boden	38,0
7	Ges (Sn)	32,5	52,4	49,1	Neubew. Grund und Boden	35,1
8	Gen (Sn)	27,6	40,5	33,1	Berichtigung d. eingebr. Vermögen	33,0
9	Ges (SA)	45,3	49,5	51,7	Berichtigung d. eingebr. Vermögen	41,4
10	Gen (SA)	35,8	39,3	42,7	Sonderabschreibungen	20,4
11	Ges (Tn)	28,6	20,2	19,8	Neubew. Grund und Boden	9,4
12	Gen (Tn)	47,4	60,7	59,2	Berichtigung d. eingebr. Vermögen	49,2

Herauszurechnen ist des weiteren die nachträgliche Einbringung oder Herauslösung von Gebäuden und Grundstücken durch Gesellschafter, die meist auch auf der Passivseite eine Anpassung des gezeichneten Kapitals bewirken.

Nach Eliminierung der Sondereinflüsse ist bei zehn Wohnungsunternehmen unverändert eine Verbesserung der Eigenkapitalquote zu konstatieren (EK 93/ EK 94 bereinigt), die vereinzelt sogar über dem vorherigen Niveau (incl. Sondereinflüsse) liegt.

Auch der Vergleich der bereinigten Eigenkapitalquote für das Geschäftsjahr 1994 (EK 94 bereinigt) mit der für 1994 -incl. der Sondereinflüsse, jedoch ohne den Einfluß der Zinshilfe und Teilentlastung- (EK 94 ohne AH) bestätigt den positiven Einfluß der Altschuldenhilfe: Bei elf der 12 Unternehmen liegt die Quote, die die Altschuldenhilfe berücksichtigt, deutlich über dem Vergleichswert.

Zusammenfassend ist bereits an dieser Stelle festzuhalten, daß die Gewährung von Zinshilfe und Teilentlastung zu einer höheren Eigenkapitalquote und damit zu einer größeren finanziellen Stabilität führt. Diese können die Wohnungsunternehmen zu einer verstärkten Kreditaufnahme für die Finanzierung von Sanierungsvorhaben nutzen. Im Geschäftsjahr 1994 steigen bei fünf Gesellschaften/Genossenschaften die Verbindlichkeiten gegenüber Kreditinstituten im Vergleich zum Vorjahr um bis zu 10 vH, zwei zwischen 10 und 20 vH sowie zwei weitere zwischen 20 und 30 vH. Bei den drei "Spitzenreitern" erhöht sich die Quote um 50, 74 bzw. 113 vH.

Im ersten nach dem 30. Juni 1995 endenden Geschäftsjahr erfolgt eine Verrechnung der eingebuchten Forderung gemäß § 4 AHG in voller Höhe mit den Altverbindlichkeiten. Hiervon unberührt bleibt die zuvor gebildete Sonderrücklage nach § 27 Abs. 2 Satz 3 DMBilG. Dies führt c. p. im Ergebnis zu einer Verringerung der Bilanzsumme und des Fremdkapitals bei einem unveränderten Eigenkapitalausweis. Hierdurch wird die bereits eingeleitete Steigerung des Eigenkapitalanteils und damit der finanziellen Stäbilität verstärkt.

Die dargestellte positive Entwicklung der Eigenkapitalquote wird teilweise kompensiert durch die im Altschuldenhilfe-Gesetz verankerte Erlösabführungspflicht, für die die Wohnungsunternehmen in ihren Jahresabschlüssen eine "Rückstellung für Erlösabführung an den ELF" gegen die Sonderrücklage nach § 27 Abs. 2 Satz 3 DMBilG gebildet haben.
Daneben ist in den zugrundeliegenden Bilanzen auch ein starker Anstieg anderer Rückstellungen auffällig: Einerseits die "Rückstellung für negative Restitutionsentscheide", andererseits die "Rückstellung für drohende Verluste aufgrund schwebender Geschäfte". Letztere basiert auf Annahmen bzgl. der prognostizierten Verluste aus Vermietung und Verpachtung in Folgeperioden, die sich aufgrund der nicht auf die Miete umlegbaren Instandsetzungs- und Modernisierungskosten berechnen.
Der Umfang dieser beiden Rückstellungen belastet in voller Höhe das Ergebnis und wirkt sich damit eigenkapitalmindernd aus. Die Gesellschaften verfügen bei ihrer Dotierung über einen erheblichen Ermessensspielraum[271]. Es ist auffällig, daß die Höhe der Zuführung zu diesen Rückstellungen teilweise mit dem erfolgswirksam verbuchten Teil der Teilentlastung korrespondiert. Die Unternehmen haben damit eine Glättung ihres Unternehmensergebnisses im Rahmen der Bilanzpolitik vorgenommen.

271 Dieser manifestiert sich vor allem in dem zugrundeliegenden Betrachtungszeitraum. In den Bilanzen 1994 sind teilweise Drohverlustrückstellungen für die Jahre 1995-97 und sogar bis 2004 gebildet.

Der Begriff der **Liquidität** beschreibt die Fähigkeit der Unternehmen, sämtlichen Zahlungsverpflichtungen termingerecht und vollständig nachzukommen.[272] Dabei steht die Frage im Vordergrund, inwieweit sie aus dem betrieblichen Umsatzprozeß resultiert[273]. Dem entsprechend ist zu untersuchen, ob und in welchem Umfang die Altschuldenhilfe dazu beitragen kann, die Innenfinanzierungskraft der Wohnungsunternehmen zu stärken. Dies erscheint vor allem vor dem Hintergrund der zu finanzierenden Sanierungsmaßnahmen, als auch der späteren finanziellen Belastung aus nicht gekappten Altverbindlichkeiten von Bedeutung.

Als wichtige Kennzahl der stromgrößenorientierten Liquiditätsanalyse gilt der Cash-flow, der als Saldogröße von Ein- und Auszahlungen einer Periode das (Innen-) Finanzierungspotential eines Unternehmens im Betrachtungszeitraum aufzeigt. Um die Auswirkungen von Zinshilfe und Teilentlastung auf den Cash-flow darzustellen, wird dieser auf Basis der Prüfungsberichte für die Jahre 1993 und 1994 berechnet und einander gegenübergestellt. Als Berechnungsmodus liegt die indirekte Methode zugrunde, da nur handelsrechtliches Zahlenmaterial zur Verfügung steht.[274]

272 Vgl.: Wöhe, Allgemeine Betriebswirtschaftslehre, S. 668.

273 Grundsätzlich kennt die Liquiditätsanalyse eine bestandsgrößen- und eine stromgrößenorientierte Ausrichtung. Während die bestandsorientierte Analyse die Liquidität zeitpunktbezogen durch Gegenüberstellung von Vermögen und Kapital ermittelt, versucht die stromgrößenorientierte Analyse die zeitraumbezogene Liquidität zu beurteilen, indem aus vergangenen Zahlungsströmen zukünftige Zahlungsströme abgeleitet werden sollen. Gegen eine bestandsorientierte Liquiditätsanalyse in der vorliegenden Arbeit spricht, daß zum Zeitpunkt der Unternehmensbetrachtung (Geschäftsjahr 1993 und 1994) die Vermögensübertragung teilweise noch ausstehen, während die Verbindlichkeiten überwiegend zugeordnet sind. Dieser Umstand würde das Ergebnis einer bestandsorientierten Liquiditätsanalyse verzerren.

274 Die Zielsetzung des Cash-flows besteht darin, die dem Jahresabschluß anhaftende mangelnde Aussagefähigkeit hinsichtlich der finanzwirtschaftlichen Lage eines Unternehmens dadurch zu beheben, daß dem externen Bilanzleser ein Einblick in die dem Jahresergebnis zugrundeliegenden Zahlungsströme bzw. deren Saldo gegeben wird.
Bei der *indirekten* Berechnungsmethode wird aufbauend auf dem ausgewiesenen Periodenerfolg durch Addition der nicht auszahlungswirksamen Aufwendungen, wie z. B. der Abschreibungen und Erhöhung der Rückstellungen und Subtraktion der nicht einzahlungswirksamen Erträge, wozu die aktivierten Eigenleistungen, Bestandserhöhungen unfertiger/fertiger Erzeugnisse zählen, der sog. Netto-Cash-flow gebildet.
Im Gegensatz hierzu beschreibt die *direkten Methode* die Liquidität des Unternehmens anhand von Zahlungsmittelbewegungen, d. h. Ein- und Auszahlungen des Wirtschaftsjahres. Da i. d. R. Informationen über die Zahlungswirksamkeit der im Jahresabschluß dokumentierten Vorgänge fehlen, ist der externe Bilanzanalyst weitgehend auf die indirekte Methode angewiesen.
Vgl.: Wöhe, Allgemeine Betriebswirtschaftslehre, S. 1266f.

Die Ermittlung des Cash-flows verdeutlicht, daß die Teilentlastung für aufgelaufene Zinsen und die Zinshilfe keine direkten positiven Auswirkungen auf die Liquidität hat, da es sich um nicht einzahlungswirksame Erträge handelt.[275].
Die Auswertung der 12 Unternehmen in Tabelle 11 stellt den Cash-flow des Jahres 1993 dem des Jahres 1994 -unter Berücksichtigung der Altschuldenhilfe, jedoch ohne Einfluß von Sondergrößen- gegenüber. Es zeigt sich, daß lediglich geringe Abweichungen bestehen, die hauptsächlich aus den in der Regel liquiditätswirksamen Bereichen wie Umsatzerlöse, Aufwendungen für bezogene Lieferungen und Leistungen sowie Personalaufwand resultieren. Ein unmittelbarer Zusammenhang mit dem Altschuldenhilfe-Gesetz ist aus dieser Auswertung nicht erkennbar.

Tabelle 11 Entwicklung des Cash-flows (in TDM)

Nr.	Unternehmen	Cash-flow 1993	Cash-flow 1994*	Veränderung (in vH)	Anteil TE am JÜ** (in vH)
1	WoGes, Bn	-9.354,0	-8.023,5	16,6	57,7
2	WoGes, Bb	648,0	661,2	2,0	68,3
3	WoGen, Bb	3.153,9	3.502,1	11,0	90,5
4	WoGes, MV	1.423,4	1.400,2	-1,6	∞
5	WoGes, Sn	-511,1	-434,0	17,8	∞
6	WoGes, Sn	2.027,3	2.113,7	4,3	86,4
7	WoGes, Sn	1.167,6	1.321,7	13,2	∞
8	WoGen, Sn	1.335,9	1.330,5	-0,4	89,2
9	WoGes, SA	4.704,2	4.779,2	1,6	87,1
10	WoGen, SA	3.961,8	3.902,1	0,0	79,5
11	WoGes, Tn	3.564,6	3.989,2	11,9	∞
12	WoGen, Tn	-119,2	-100,8	18,2	∞

* unter Berücksichtigung der Altschuldenhilfe, ohne Einfluß von Sondergrößen

** Anteil der erfolgswirksam eingestellten Teilentlastung am Jahresüberschuß

Auch wenn kurzfristig ein unmittelbarer Einfluß des Altschuldenhilfe-Gesetzes unter Liquiditätsaspekten zu verneinen ist, ergibt sich mittelfristig eine indirekte Auswirkung ab dem Geschäftsjahr 1995. Aufgrund der Kappung benötigen die

275 Eine positive Auswirkung ist jedoch möglich, wenn Unternehmen in 1993 -was vereinzelt geschehen ist- trotz Moratorium Zinsen für Wendeverbindlichkeiten zahlen. Durch das Einsetzen der Zinshilfe werden diese Zahlungen durch Bund und Länder übernommen und dadurch die Liquidität des Unternehmens verbessert. Auch eine Verschlechterung der Liquidität ist möglich, sofern altschuldenbelastete Gewerbeflächen vorhanden sind. Das Zins- und Tilgungsmoratorium bezieht sich auch auf diese Verbindlichkeiten; durch seinen Wegfall müssen im Jahre 1994 erstmals Zinsen und Tilgungsanteile hierfür geleistet werden, da diese nicht im Rahmen der Altschuldenhilfen abgedeckt sind.

Wohnungsunternehmen nach dem 1. Juli 1995 für die Bedienung der verbleibenden Alt- und Wendeverbindlichkeiten weniger liquide Mittel. Der eingesparte Mittelabfluß kann alternativ für die Bedienung neu aufgenommener Sanierungskredite verwendet werden.[276]

Ein wesentlich positiveres Beurteilungsergebnis ergibt der Vergleich mit der Unterlassungsalternative. Hätte das Unternehmen 1994 selbst in die Verpflichtungen eintreten müssen, wäre durch die Zins- und Tilgungsleistungen auf sämtliche (nicht gekappte) Altverbindlichkeiten erheblich mehr Liquidität abgeflossen. Die Altschuldenhilfe hat unter diesem Blickwinkel das Einsetzen und die Höhe des Schuldendienstes verzögert bzw. vermindert und damit tatsächlich -gemäß seiner Zielstellung- einen Zeitraum zur finanziellen Stärkung des Unternehmens von innen heraus geschaffen.

2.1.4.3. Analyse der Erfolgslage

Die Analyse der Erfolgslage versucht, einen Einblick in die Ertragskraft und damit in die wirtschaftliche Erfolgssituation des Unternehmen zu vermitteln. Hierfür benötigte Daten stammen aus der Gewinn- und Verlustrechnung.[277]

Ausgehend vom Jahresergebnis wird der Einfluß der Zinshilfe und Teilentlastung demonstriert. Die Analyse der Erfolgslage verzichtet auf eine kennzahlengestützte Betrachtung, da die Entwicklung der Jahresergebnisse bereits Hinweise für die Auswirkungen des Altschuldenhilfe-Gesetzes auf den Unternehmenserfolg gibt.

Die Analyse der Jahresabschlüsse 1993 und 1994 verdeutlicht, daß die erfolgswirksame Verbuchung von Zinshilfe und Teilentlastung für aufgelaufene Zinsen zu einer erheblichen Verbesserung der Ertragslage führt: Während in 1994 die Zinshilfe für das gesamte Wirtschaftsjahr den Ertrag steigert, verringern sich in 1995 die positiven Effekte auf die übernommenen Zinsen für das halbe Wirtschaftsjahr. In den Folgejahren wirkt sich weiterhin der durch die

276 Da zum Zeitpunkt der Auswertung die Bilanzen für das Geschäftsjahr 1995 nicht vollständig vorliegen, kann diese Aussage nicht mit Zahlenmaterial verifiziert werden.
277 Vgl.: Coenenberg, Jahresabschluß u. Jahresabschlußanalyse, S. 659f.

Teilentlastung verminderte Zins- und Tilgungsaufwand positiv auf die Ertragslage aus.

Tabelle 12 Entwicklung der Erfolgslage (in TDM)

Nr.	Unternehmen	Ertragslage 1993	Ertragslage 1994	Ertragslage 1994 ohne Altschuldenhilfe
1	WoGes, Bn	-66.005,0	32.017,0	-29.784,0
2	WoGes, Bb	-1.898,0	7.447,4	-806,8
3	WoGen, Bb	-283,8	9.956,1	-675,1
4	WoGes, MV	-3.696,0	2.815,4	-117,0
5	WoGes, Sn	-1.866,0	-288,0	-799,0
6	WoGes, Sn	-30.671,7	-4.993,0	17.689,2
7	WoGes, Sn	-2.403,5	11.748,9	-951,2
8	WoGen, Sn	-2.590,6	9.062,0	-355,8
9	WoGes, SA	-7.032,9	24.669,0	3.641,3
10	WoGen, SA	-9.192,0	-2.362,7	-27.283,9
11	WoGes, Tn	5.680,5	-2.768,6	-9.875,4
12	WoGen, Tn	-270,0	843,7	72,5

Zusammenfassend ist festzustellen, daß sich durch die Inanspruchnahme von Zinshilfe und Teilentlastung die Vermögens-, Finanz- und Ertragslage der Wohnungsunternehmen verbessert. Über die damit einhergehende Stärkung ihrer Kreditfähigkeit und der gleichzeitig stabilisierten Liquiditätslage wird ihnen die Finanzierung der Sanierungsmaßnahmen im Bestand erleichtert. Die Ausschöpfung des sich hieraus erschließenden Mieterhöhungspotentials trägt mit dazu bei, die neu eingegangenen Kreditverpflichtungen bedienen zu können, ohne die durch die Altschuldenhilfen verbesserte wirtschaftliche Lage erneut zu gefährden.

2.2. Realisierte Instandsetzungs- und Modernisierungsvolumina

2.2.1. Wohnungsunternehmen mit Antrag auf Zinshilfe und Teilentlastung

2.2.1.1. Höhe des Investitionsvolumens

Seit Anfang 1996 liegt der dritte Bauschadensbericht vor. Er trägt schwerpunktmäßig dem aktuellen Zustand der Bausubstanz in den neuen Bundesländern Rechnung, der kurz- bzw. mittelfristige Nachbesserungs- bzw. Instandset-

zungsmaßnahmen erforderlich macht. Das Referenzjahr ist 1992. Berücksichtigt sind alle Schadensformen, unabhängig ob sie durch Mängel bei der Planung und Ausführung, durch unterlassene Instandhaltung, normale Alterung oder durch verstärkte Alterung aufgrund ungünstiger Umwelteinflüsse hervorgerufen worden sind.
Die Schadensschwerpunkte im Altbaubestand[278] liegen mit 83 vH aller Gebäude an den Fassaden (Risse, Putzablösungen) und im Bereich der Fenster, deren Erneuerung bei 16 vH der Gebäude als dringend eingestuft wird. Im Bereich der Keller (durchfeuchtete Sockel und Außenkellerwände, beschädigte Kellerwände) besteht bei ca. zwei Drittel aller Gebäude ein hoher Instandsetzungsbedarf, den die Untersuchung bei jedem achten Gebäude als dringend bezeichnet. In ähnlicher Größenordnung liegt die Häufigkeit der Schäden an Dächern und Schornsteinen.
Die ab 1958 bis 1990 in Fertigteilbauweise erstellten rd. 2,2 Mio Wohneinheiten weisen trotz des geringeren Alters einen hohen Instandsetzungsbedarf auf: 69 vH der Gebäude haben Fassadenschäden, bei 61 vH sind Fenster, bei 56 vH die Sockel besonders betroffen. Im Hinblick auf die Dringlichkeit hervorgehoben werden Schäden im Bereich der Balkone und der Flachdächer.

Der durch die Erhebung ermittelte Instandsetzungsbedarf des ostdeutschen Immobilienaltbestandes (Gebäude mit Baujahr bis 1960) beziffert sich auf DM 83 Mrd.[279] Hinzu kommt ein weiterer Mittelbedarf für Fertigteilbauten in einer geschätzten Höhe von rd. DM 28,8 Mrd[280], der den gesamten Sanierungsbedarf auf rd. 112 Mrd ansteigen läßt.
Die folgenden Ausführungen zeigen, inwieweit durch die Gewährung der Altschuldenhilfe bis Ende 1996 ein Abbau dieses Investitionsstaus erfolgen kann. Hierbei liegt der Schwerpunkt zunächst auf dem Investitionsverhalten der Unternehmen mit Zinshilfe und Teilentlastung. Hieran schließen sich Prognosen über das Investitionsverhalten von Unternehmen mit ausschließlichem Zinshilfe-Antrag und dem von Restitutions-Begünstigten an.

Für den Nachweis einer zügigen Instandsetzung und Modernisierung ihres Wohnungsbestandes sind Wohnungsunternehmen mit Teilentlastungsbegehren bereits mit Antragstellung zu Angaben über die in 1992 und 1993 erfolgten und

278 Nicht in industrieller Bauweise errichtete Gebäude mit Baujahr bis 1960.
279 Vgl.: Bundesregierung, Dritter Bauschadensbericht, S. 18.
280 Vgl.: Bundesregierung, Dritter Bauschadensbericht, S. 19.

in den Folgejahren voraussichtlich noch zu realisierenden Sanierungsleistungen aufgefordert. Eine Überprüfung der Prognosen und die Fortschreibung der Investitionsplanungen erfolgt im Rahmen der jährlichen Berichterstattung.

Die nachstehenden Ausführungen zur Instandsetzung und Modernisierung des Wohnungsbestandes stützen sich für die Jahre 1992 und 1993 auf Angaben in den Anträgen auf Altschuldenhilfe sowie für die Jahre 1994 bis 1996 auf die der Jährlichen Berichte 1994 und 1995.[281] Daß auch Investitionen in 1992 und 1993 mit in die Betrachtung einfließen, ist durch die Wirkung des Zins- und Tilgungsmoratoriums (als Vorstufe zum Altschuldenhilfe-Gesetz) zu begründen, wodurch bereits Ende 1991 erste Investitionen initiiert werden, die überwiegend in 1992 zur Durchführung kommen.

Im Betrachtungszeitraum 1992-1996 wenden alle teilentlasteten Unternehmen gemeinsam DM 47,9 Mrd für die Instandsetzung und Modernisierung auf, wobei im Durchschnitt die Wohnungsgesellschaften mit 56 vH, die Wohnungsgenossenschaften zu 38 vH und Kommunen mit 6 vH hieran beteiligt sind. Der Anteil der Instandsetzung am Gesamtvolumen liegt mit 51 vH über dem für Modernisierung mit 49 vH, wobei letztere im Rahmen des Miethöhegesetzes erfahrungsgemäß zu 40-60 vH auf die Bewohner umlagefähig ist.

Die Entwicklung des Investitionsvolumens zwischen den Jahren 1992 und 1994, dargestellt in Tabelle 13, ist durch deutliche Steigerungsraten gekennzeichnet. So erhöht sich die Kapitalanlage der Wohnungsunternehmen im Bereich der Instandsetzung und Modernisierung auf mehr als das Doppelte (+115 vH) zwischen den Jahren 1992 und 1993, und auch in 1994 wenden die Investoren gegenüber dem Vorjahr fast 50 vH mehr für die Verbesserung der Wohnverhältnisse auf. Im Jahr 1995 verzeichnet die Wohnungswirtschaft ein Zuwachsplus von 11 vH, während im Jahr 1996 das Investitionsvolumen gegenüber dem Vorjahr um 10 vH unterschreitet.

281 Bei den Angaben zum Wirtschaftsjahr 1996 handelt es sich streng genommen um Plandaten, die dem Jährlichen Bericht 1995 entnommen sind. Da die berichtspflichtigen Unternehmen ihren Jährlichen Bericht 1995 überwiegend Ende 1996 der KfW einreichen, ist von der weitgehenden Bestandskraft der Angaben als "Ist"-Größe auszugehen; sie sind daher ohne weitere Korrektur in die Datenauswertung aufgenommen.

Tabelle 13 Investitionsvolumen teilentlasteter Wohnungsunternehmen über alle Länder und Rechtsformen im Zeitraum 1992-1996 (in Mio DM)

	Instandsetzung & Modernisierung	davon Modernisierung	sonstige Investitionen
1992*	3.683	1.504	357
1993*	7.930	3.709	790
1994**	11.697	5.821	1.170
1995***	12.931	6.625	1.548
1996***	11.683	5.639	1.885
Gesamt	47.924	23.298	5.750

Datenbasis: * Altschuldenhilfe-Antrag
** Jährlicher Bericht 1994
*** Jährlicher Bericht 1995.

Die mit Tabelle 13 vorliegende Gesamtbetrachtung entspricht überwiegend dem Investitionsverhalten der Wohnungsunternehmen in den einzelnen Ländern. Auch hier ist meist ein ähnlich ausgeprägter Anstieg der Investitionsquote zwischen 1992/93 feststellbar, der sich in 1994/95 abschwächt und in 1996 leicht rückläufig ist.

Bezogen auf die Rechtsform ist festzustellen, daß die Entwicklung des Investitionsverhaltens bei Gesellschaften nahezu der Gesamtbetrachtung entspricht, was sich auf die Dominanz der Gesellschaften im Vergleich zu den Kommunen und Genossenschaften zurückführen läßt.

Tabelle 14 Investitionsverhalten teilentlasteter Gesellschaften über alle Länder im Zeitraum 1992-1996 (in Mio DM)

	Instandsetzung & Modernisierung	davon Modernisierung	sonstige Investitionen
1992*	2.285	771	231
1993*	4.371	1.815	668
1994**	6.419	3.048	985
1995***	7.256	3.524	1.251
1996***	6.810	3.146	1.473
Gesamt	27.141	12.304	4.608

Datenbasis: * Altschuldenhilfe-Antrag
** Jährlicher Bericht 1994
*** Jährlicher Bericht 1995.

Dagegen zeichnet sich das kommunale Engagement zunächst ebenfalls durch einen starken Anstieg aus, der mit 99 vH deutlich unter der durchschnittlichen Steigerungsrate aus der Gesamtbetrachtung von 115 vH liegt. Diese schwächt sich in 1994 stärker ab und liegt bereits 1995 im negativen Bereich. Zurückzuführen ist diese Entwicklung weniger auf ein geringeres Interesse, den vorhandenen bzw. verbleibenden Bestand auf ein besseres Wohnniveau anzuheben. Vielmehr haben vor allem die Kommunen neue Projekte aufgrund finanzieller Engpässe im Haushaltsetat erst nach dem Abschluß der vorherigen Projekte initiiert. Da in 1994/95 der hohe Bedarf nach Fördergeldern lediglich teilweise durch die verfügbaren Bundes- und Landesmitteln gedeckt werden kann, entstehen Verzögerungen in der Investitionstätigkeit, die teilweise erst in späteren Jahren wieder aufholbar sind. Hinzu kommt, daß einige Kommunen bis Ende 1994 ihren meist aus Ein- oder kleinen Mehrfamilienhäusern bestehenden Bestand weitgehend instandgesetzt oder in unsaniertem Zustand veräußert haben.

Tabelle 15 Investitionsverhalten teilentlasteter Kommunen über alle Länder im Zeitraum 1992-1996 (in Mio DM)

	Instandsetzung & Modernisierung	davon Modernisierung	sonstige Investitionen
1992*	300	187	46
1993*	599	383	31
1994**	732	489	20
1995***	634	431	28
1996***	512	318	32
Gesamt	2.777	1.808	157

Datenbasis: * Altschuldenhilfe-Antrag
** Jährlicher Bericht 1994
*** Jährlicher Bericht 1995.

Wohnungsgenossenschaften beginnen umfangreiche Modernisierungsprogramme vielfach in 1992 planerisch und im kleinen Umfang bereits baulich. Einen wirklichen Fortschritt bei der Durchführung der Modernisierungsmaßnahmen gibt es erst im Laufe der Jahre 1993/94. In Kenntnis der Altschuldenhilfen und nach Klärung der bis dahin weitgehend offenen Vermögensfrage auf Basis des verabschiedeten Wohnungsgenossenschaft-Vermögensgesetzes werden zu diesem Zeitpunkt auch größere Modernisierungsvorhaben erstmals plan- und finanzierbar. Vor diesem Hintergrund erklärt sich das in 1993 gegenüber

1992 um fast 170 vH gestiegene Sanierungsengagement und auch, daß in 1994 die Zuwachsrate mit 54 vH über dem Durchschnittsniveau liegt.

Tabelle 16 Investitionsverhalten teilentlasteter Genossenschaften über alle Länder im Zeitraum 1992-1996 (in Mio DM)

	Instandsetzung & Modernisierung	davon Modernisierung	sonstige Investitionen
1992*	1.098	546	80
1993*	2.960	1.510	92
1994**	4.547	2.284	164
1995***	5.041	2.670	269
1996***	4.361	2.175	380
Gesamt	18.007	9.185	985

Datenbasis: * Altschuldenhilfe-Antrag
** Jährlicher Bericht 1994
*** Jährlicher Bericht 1995.

Unabhängig von der Rechtsform ist die beschriebene Entwicklung des Investitionsverhaltens im Zeitablauf einerseits auf den zunächst großen Nachholbedarf der ersten Nachwendejahre zurückzuführen, der durch die umfangreichen zusätzlichen Förderprogramme von Bund und Ländern stark prozyklisch gefördert wird. Andererseits spiegelt sich in diesen Volumina die Hoffnung der Wohnungsunternehmen wider, durch eine Verbesserung der Wohnsubstanz die laufenden Mieteinnahmen deutlich zu steigern und die Attraktivität der Objekte für einen späteren Verkauf zu erhöhen.

Die Möglichkeit zur Mietsteigerung relativiert sich in der Praxis an den für Vermieter nur begrenzt vorteilhaften gesetzlichen Vorschriften der beiden Grundmietenverordnungen bzw. den des 1995 beschlossenen Mietenüberleitungsgesetzes.

Auch die Hoffnung auf einen Verkauf zu besseren Konditionen hat sich sowohl durch das gestiegene Wohnungsangebot, verbunden mit einem entsprechenden Preisverfall am Markt, als auch durch die gegenwärtig z. T. noch unbefriedigenden rechtlichen Rahmenbedingungen für den Verkauf der Objekte nicht vollständig erfüllt. Aus diesen Gründen kürzen vor allem die Gesellschaften ihre Investitionen in 1996. Dieser Trend wird, wenn auch in abgeschwächter Form, für das Jahr 1997 prognostiziert.

Als weitere Begründung für die sinkenden Bestandsinvestitionen führt die Wohnungswirtschaft[282] das Zurückfahren der öffentlichen Fördergelder, das Einsetzen der Zins- und Tilgungsleistungen für die Altverbindlichkeiten i. w. S. sowie die beginnende Bedienung der ersten Wohnraum-Modernisierungskredite[283] an.

Zusätzlich zum o. g. Instandsetzungs- und Investitionsvolumen wenden die Unternehmen zwischen 1992 und 1996 weitere DM 5,8 Mrd für sonstige Investitionen auf. Hierunter fallen Wohnumfeldmaßnahmen, wie die Gestaltung von Hauseingangsbereichen, Grünflächen, Spielplätzen, Parkflächen etc. aber auch Lückenbauten auf alten "Trümmergrundstücken". Rund 80 vH des Gesamtvolumens werden von den Gesellschaften aufgebracht. Daß der Genossenschaftsanteil diesbezüglich nur bei 17 vH liegt, ist vor allem auf eine geringere Neubautätigkeit und wesentlich mehr Eigeninititative auf Basis des genossenschaftlichen Selbsthilfe-Gedankens, dem sich die überwiegend ältere Bewohnerschaft auch heute noch verbunden fühlt, zurückzuführen.
Aufgrund des engen Zusammenhangs mit der Instandsetzung und Modernisierung des Wohnungsbestandes und der damit einhergehenden Steigerung der Wohnzufriedenheit der Mieter schließt die folgende Betrachtung auch diese Investitionen mit ein.

2.2.1.2. Finanzierung der Investitionen

Detailliertere Aussagen über die Zusammensetzung der Finanzierung von Instandsetzungs- und Modernisierungsmaßnahmen (einschließlich der sonstigen Investitionen) für die Wohnungsunternehmen liegen erst mit den Jährlichen Berichten ab 1994 vor. Für die Jahre 1992 und 1993 läßt sich die Finanzierungsstruktur der Vorhaben hinsichtlich ihres Eigen- und Fremdkapitalanteils anhand der Altschuldenhilfe-Anträge nur sehr unscharf über die Eckdaten der Unternehmenskonzepte ermitteln. Erschwerend kommt hinzu, daß diese Größen für

282 Vgl.:o. V., Tage der Thüringer Wohnungswirtschaft, S. 2,
Tenschert, Programmierte Nöte, S. 179.

283 Im Rahmen des KfW-Wohnraum-Modernisierungsprogramms besteht die Möglichkeit, fünf tilgungsfreie Anlaufjahre in Anspruch zu nehmen. Diese Option haben die Unternehmen mehrheitlich in Anspruch genommen, so daß 1997/98 die ersten Tilgungsleistungen zu erwarten sind.

Kommunen nur unvollständig erfaßt sind.[284] Daher beschränken sich die aussagekräftigeren Auswertungen auf die Jahre ab 1994.

In 1992 beläuft sich das Investitionsvolumen aller teilentlasteten Wohnungsunternehmen auf rd. DM 4,0 Mrd; die Finanzierung erfolgt überwiegend aus Eigen- und nur schätzungsweise zu 30-40 vH aus Fremdmitteln. Ursächlich hierfür sind die nicht nur für Genossenschaften, sondern auch für Gesellschaften zu diesem Zeitpunkt sehr beschränkten Möglichkeiten zur Besicherung der aufzunehmenden Investitionskredite. Aus Mitteln des Wohnraum-Modernisierungsprogramms[285] stammen hiervon weniger als 10 vH. Schon in 1993 steigt das Engagement der Wohnungsunternehmen auf DM 7,9 Mrd; der hiervon kreditierte Teil erhöht sich auf ca. 45 vH. Es ist naheliegend, daß der Bund und die Länder durch ergänzende Förderprogramme die Vorhaben subventionieren und damit die weitgehend verbrauchten Eigenmittel-Reserven der Unternehmen entlasten. Trotz des insgesamt nur relativ leicht gestiegenen Fremdkapitalanteils erhöht sich der Anteil der Finanzierung über das Wohnraum-Modernisierungsprogramm deutlich auf 18 vH, was durch dessen Zinsvorteil gegenüber den am Markt üblichen Konditionen für derartige Finanzierungen erklärbar ist.

---

284 Die Annahmen leiten sich bei Kommunen aus den Angaben über die Höhe der Investitionen, der voraussichtlichen Mieteinnahmen und Schätzungen über die Höhe der Ausgaben ab.

285 Das seit Ende 1990 angebotene KfW-Wohnraum-Modernisierungsprogramm dient der zinsgünstigen, langfristigen Finanzierung von Investitionen zur Modernisierung bzw. Schaffung von Wohnraum in den neuen Ländern einschließlich Berlin (Ost), wobei der Zinssatz in den ersten 10 Jahren aus Mitteln des Bundes verbilligt wird. Antragsberechtigt sind neben Privatpersonen und Unternehmen auch Gemeinden, Kreise, Kreisverbände, Zweckverbände sowie sonstige Körperschaften und Anstalten des öffentlichen Rechts. Finanziert werden Maßnahmen der Modernisierung und Instandsetzung von vermietetem und eigengenutztem Wohnraum durch bauliche Modernisierung, bauliche Maßnahmen zur Verbesserung der allgemeinen Wohnverhältnisse, Maßnahmen der Energieeinsparung sowie SO_2-und CO_2-Minderung und die Behebung baulicher Mängel durch Reparatur und Erneuerung.
Vorhaben können nur dann gefördert werden, wenn der Kreditantrag vor Beginn des Vorhabens gestellt wird. Ausgeschlossen ist damit die Umschuldung bzw. Nachfinanzierung von Investitionsvorhaben. Verbilligt werden die unmittelbar durch die Baumaßnahmen entstandenen Aufwendungen, jedoch maximal DM 500/m² Wfl. Für Maßnahmen, für die Fördermittel aus öffentlichen Haushalten in Anspruch genommen werden, ist die Förderung durch die zinsgünstigen Darlehen nicht möglich. Ausgeschlossen von diesem Kumulierungsverbot sind Förderungen im Rahmen des Denkmalschutzes und teilweise der Stadt- und Dorferneuerung. Mit einem inzwischen aufgestockten Programmvolumen von DM 75 Mrd ist es das für die Sanierung von Wohnungsbeständen in den neuen Bundesländern bedeutendste Einzelprogramm.
Vgl.:KfW, Merkblatt Wohnraum-Modernisierungsprogramm, S. 1f.

Für den Zeitraum 1994 bis 1996 ist in einer rechtsformunabhängigen Betrachtung eine relativ konsistente Finanzierungsstruktur feststellbar. Bei einem durchschnittlichen Eigenkapitalanteil von rd. 35 vH finanzieren Fremdkapitalgeber rd. 65 vH des Mittelbedarfs. Wichtigster Bestandteil über den gesamten Zeitraum ist das Wohnraum-Modernisierungsprogramm mit durchschnittlich 46 vH . Mit einen Anteil von 28 vH stellt das Hypothekardarlehen die zweite Säule der Fremdfinanzierung. Öffentliche Darlehen schließen mit einem Anteil von 20 vH im wesentlichen die noch offene Lücke.

Wirkt die Finanzierungsstruktur in der Gesamtbetrachtung stabil, so unterschiedlich ist sie bei einer Einzelbetrachtung der jeweiligen Rechtsformen ausgeprägt.
Kommunen finanzieren in 1994 zunächst 75 vH ihrer Investitionen fremd, wobei insbesondere das KfW-Modernisierungsprogramm in Anspruch genommen wird (50 vH). Im Gegensatz zu den Gesellschaften und Genossenschaften bevorzugen Kommunen das öffentliche Darlehen mit 27 vH vor dem Hypothekardarlehen mit nur 12 vH. Zurückzuführen ist diese, dem Durchschnitt entgegengesetzte Gewichtung, hauptsächlich durch deren erleichterten Zugang zu öffentlichen Mitteln. Bis 1996 reduziert sich der überdurchschnittlich hohe Fremdfinanzierungsanteil auf 69 vH, da anstelle der Fremdmittel die steigenden Einnahmen aus den Wohnungsverkäufen für die Finanzierung der Investitionen verwendet werden. Bezüglich der Finanzierungsstruktur sinkt der Anteil des Wohnraum-Modernisierungsprogramms um 20 vH auf 40 vH, während der Anteil öffentlicher Darlehen und Hypothekardarlehen ansteigt (30 bzw. 18 vH). Aufgrund des relativ geringen absoluten Investitionsvolumens gegenüber Gesellschaften und Genossenschaften[286] haben diese Werte jedoch nur einen geringen Einfluß auf die Durchschnittsbildung über alle Rechtsformen.

Der Fremdfinanzierungsanteil von Gesellschaften und Genossenschaften schwankt im Zeitablauf 1994 bis 1996 nur geringfügig um 65 vH. Lediglich die Gewichtung der jeweiligen Fremdfinanzierungsbestandteile weist deutliche Unterschiede auf, die in der Rechtsform begründet sein dürften. Gesellschaften finanzieren im Betrachtungszeitraum 40 vH ihres Kapitalbedarfs über das KfW-Programm, 32 vH über Hypothekardarlehen und 21 vH mit öffentlichen Darlehen. Diese Werte entsprechen damit in etwa den oben skizzierten Mittelwerten.

286 Vgl. Punkt VI 2.2.1.1.

Genossenschaften nutzen für durchschnittlich 55 vH ihres Kapitalbedarfs die KfW-Mittel, für 24 vH das Hypothekardarlehen und nur für 18 vH öffentliche Mittel. Der im Vergleich zu Gesellschaften niedrigere Anteil der Hypothekardarlehen dürfte auf die in der Praxis verzögerte Vermögensübertragung von Grund und Boden zurückzuführen sein, die eine grundbuchliche Absicherung der Kredite erschwert.

2.2.2. Wohnungsunternehmen mit ausschließlichem Antrag auf Zinshilfe

Anders als bei Wohnungsunternehmen, die einen Antrag auf Teilentlastung gestellt haben, besteht für diejenigen mit isoliertem Zinshilfe-Antrag keine Verpflichtung, der KfW ein Unternehmenskonzept über die realisierten oder geplanten Investitionsvolumen einzureichen. Auch entfällt bei dieser Zielgruppe die jährliche Berichtspflicht.
Eine Schätzung des bei ihnen realisierten Investitionsvolumens kann auf der Datenerhebung aus dem KfW-Wohnraum-Modernisierungsprogramm für diejenigen Unternehmen erfolgen, die neben dem isolierten Antrag auf Zinshilfe dieses Förderprogramm in Anspruch nehmen. Dabei ist sowohl der Gesamtinvestitionsbetrag als auch der KfW-finanzierte Anteil ersichtlich.

Tabelle 17 Inanspruchnahme von KfW-Wohnraum-Modernisierungskrediten durch Wohnungsunternehmen mit ausschließlich positiv beschiedenem Zinshilfe-Antrag im Zeitraum 1992-1996 (in Mio DM)

Land	Investitionsvolumen	davon KfW-finanziert	in vH
Berlin	370	239	64,6
Brandenburg	864	546	63,2
Mecklenburg-Vorpommern	345	212	61,4
Sachsen	1.338	936	70,0
Sachsen-Anhalt	369	262	71,0
Thüringen	203	139	68,5
Gesamt	3.488	2.334	66,9

Im Betrachtungszeitraum 1992-1996 realisieren die in Rede stehenden Unternehmen Investitionen im Umfang von rd. DM 3,5 Mrd, die sich im Durchschnitt zu 67 vH über das KfW-Programm finanzieren. Da zu unterstellen ist, daß die Wohnungsunternehmen zusätzliche Fremdmittel durch ihre Hausbanken aufnehmen -ähnlich wie bei teilentlasteten Wohnungsunternehmen- erhöht sich entsprechend der fremdfinanzierte Anteil des Investitionsvolumens; nach Meinung des Verfassers scheint ein Anteil von rd. 80 vH plausibel. Der relativ hohe Fremdkapitaleinsatz ist ein Zeichen dafür, daß Wohnungsunternehmen mit ausschließlicher Zinshilfe eine vergleichsweise geringere Belastung durch Alt- und Wendeverbindlichkeiten tragen müssen und so zusätzlich neues Fremdkapital aufnehmen können.

2.3. Ausstehende Instandsetzungs- und Modernisierungsvolumina aufgrund ungeklärter Restitutionsansprüche

Ungeklärte Restitutionsansprüche stellen auch noch in 1997 ein erhebliches und für die Wohnungsunternehmen noch immer schwer kalkulierbares Risiko dar. Nach der Wiedervereinigung melden Alteigentümer insgesamt über 600.000 Ansprüche[287] auf Wohneigentum an, von denen Ende 1995 für 375.000 Wohnungen noch keine endgültigen Entscheidungen vorliegen. Dabei vollzieht sich nach den Erfahrungen des GdW die Rückgabe an Alteigentümer aufgrund fehlender oder widersprüchlicher Angaben und Unterlagen immer langsamer. Absolut betrachtet sinkt die Zahl der bearbeiteten Rückübertragungsvorgänge von 60.000 in 1993 über 44.700 in 1994 auf 20.000 in 1995. Im Jahr 1996 werden erstmalig wieder 60.000 Entscheidungen über Restitutionsansprüche getroffen, was im Vergleich zum Vorjahr einer Steigerungsrate von 200 vH entspricht.[288] Dieser Bearbeitungsfortschritt ist dem Druck der wohnungswirtschaftlichen Verbände auf Kommunen und Ämter zur Regelung offener Vermögensfragen zu verdanken.

287 Vgl.: Gemmecke, Zusammenhänge AHG und Vermögensgesetz, S. 316.
288 Im Bestand der GdW-organisierten Wohnungsunternehmen sind von rd. 638.000 restitutionsbehafteten Wohnungen, die fast ausschließlich durch Gesellschaften verwaltet werden, bis Ende 1996 278.000 Fälle (44 vH) auf Rückgabe an die Alteigentümer und in 46.000 Fällen (7 vH) auf Verbleib beim Wohnungsunternehmen entschieden. Offen sind demnach noch 49 vH der gestellten Ansprüche.
Vgl.: GdW, Daten und Fakten 1996, S. 5.

Dennoch besteht unverändert eine weitreichende, ungeklärte Eigentumssituation bis in die Gegenwart[289], die, abgesehen von der Verwaltungsbelastung, ein nicht zu unterschätzendes Investitionshemmnisse darstellt. Während einerseits die Restitution fordernden Antragsteller vor einem endgültigen Bescheid des Amtes für offene Vermögensfragen nicht investieren führen andererseits auch die Wohnungsunternehmen keine entsprechenden Aktivitäten durch, da sie keinen Erstattungsanspruch für Sanierungsaufwendungen gegenüber den möglichen künftigen Eigentümern haben.[290] Nicht zuletzt deshalb stehen in 1996 schätzungsweise 65.000 restitutionsbelastete Wohnungen aufgrund schwerwiegender baulicher Schäden leer.

Tabelle 18 Abwicklungsstand der im Rahmen des AHG erfaßten Restitutionsansprüche (in WE)

Land	WE	Restitutions-ansprüche	%	bis ´95 beschieden	%	davon bis ´95 pos. besch.	%
Bn	427.862	119.568	27,9	34.193	28,6	27.662	80,9
Bb	329.083	38.217	11,6	20.237	52,9	17.632	87,1
MV*	319.192	20.220	6,3	11.706	57,9	10.025	85,6
Sn	747.651	169.553	22,7	62.107	36,6	57.635	92,8
SA	469.100	63.722	13,6	24.702	38,8	22.970	92,9
Tn	313.239	33.592	10,7	17.476	52,0	16.457	94,2
gesamt	2.606.127	444.872	17,1	170.421	38,3	152.381	89,4

* incl. Flächen, die nach der Gebietsreform zu Niedersachsen bzw. Schleswig-Holstein zählen

Die Anträge auf Altschuldenhilfe weisen über alle Rechtsformen verteilt rd. 445.000 Wohnungen bzw. 27 Mio Quadratmeter Wohnfläche als restitutionsbehaftet aus. Nur für 38 vH dieses Bestandes (170.500 Wohneinheiten) ist bis Ende 1995 die Eigentumsfrage abschließend geklärt. Dabei liegt die Rückga-

289 In einer Umfrage des GdW bei seinen Mitgliedern sind allein in 1996 neue Restitutionsbegehren für knapp 30.000 Wohnungen bekannt geworden. Neben Fällen, die auf die Verwaltungspraxis der Vermögensämter zurückzuführen sind, ist dieser Anstieg im wesentlichen auf vermögensrechtliche Ansprüche von NS-Verfolgten zurückzuführen. In vielen Fällen sind gerade diese Ansprüche aber bis heute noch nicht bzw. nicht vollständig präzisiert, so daß die Wohnungsunternehmen keinen bzw. nur einen sehr unvollständigen Überblick darüber haben, welche Grundstücke im einzelnen betroffen sind. Nach Schätzungen der Landesämter zur Regelung offener Vermögensfragen sollen über 1.000 Wohnungsunternehmen mit ca. 6.000 Grundstücken hiervon betroffen sein und damit ein Vermögen von drei bis vier Milliarden D-Mark zur Disposition stehen.
Vgl.:GdW, Daten und Fakten 1996, S. 6.

290 Vgl.:Vornholz, Lage und Perspektiven der Wohnungswirtschaft in Ostdeutschland, S. 218.

bequote an Alteigentümer bei 89 vH, die restlichen 11 vH (18.100 Wohneinheiten) verbleiben im Bestand der Wohnungsunternehmen.[291]

Im Durchschnitt aller Länder sind rd. 17 vH des Wohnungsbestandes zum Stichtag 1. Januar 1993 mit Restitutionsansprüchen belastet. Die Betrachtung der länderspezifischen Einzelwerte zeigt eine erhebliche Spannbreite. An der Spitze steht Berlin mit 28 vH Restitutionsanteil, der sich vollkommen im Verwaltungsbestand kommunaler Wohnungsgesellschaften befindet.[292] Bis Ende 1995 bearbeitet das zuständige Amt für offene Vermögensfragen hiervon 29 vH der Ansprüche, wovon 81 vH der Objekte an die Anspruchsteller zurückgeführt werden. Die restlichen 6.531 Wohneinheiten verbleiben nach einem negativen Bescheid bei den Wohnungsunternehmen und führen in Folge zu einer teilweisen Rücknahme der Teilentlastung. Auch Sachsen ist mit 23 vH überdurchschnittlich von der Restitutionsproblematik betroffen. Hier sind bis Ende 1995 mit 37 vH im Vergleich zu Berlin deutlich mehr Ansprüche abschließend bearbeitet. Im Mittelfeld des Anspruchsvolumens befinden sich Thüringen, Brandenburg und Sachsen-Anhalt und mit 11, 12 bzw. 14 vH. Das geringste Volumen an Restitutionsansprüchen weist Mecklenburg-Vorpommern mit nur 6 vH auf, wovon bereits mehr als die Hälfte positiv beschieden sind.

Warum insbesondere Berlin, Sachsen und Teile von Brandenburg von der Restitutionsproblematik besonders betroffen sind, ist bislang noch nicht abschließend geklärt.[293] Es ist zu vermuten, daß vor allem in und um die großen Städte und Handelszentren Berlin, Dresden und Leipzig aufgrund ihrer wirtschaftlich hohen Bedeutung viele wohlhabende Bürger lebten, die im Lauf des zweiten Weltkrieges aufgrund ihrer Abstammung bzw. nach Ende des Krieges aus Angst vor dem neuen politischen System emigrierten.

291 Bei einer unterstellten durchschnittlichen Restverschuldung von DM 150/m² Wfl. ergibt sich hieraus eine Rückerstattungspflicht in Höhe von DM 207 Mio, zuzüglich den vom Erblastentilgungsfonds hierfür gezahlten Zinsen.

292 Hierbei ist zu beachten, daß die Stadt Berlin selbst keinen Antrag auf Altschuldenhilfe gestellt hat und somit auch der ansonsten bei Kommunen ausgewiesene Anteil hier in den Anträgen der Wohnungsgesellschaften enthalten ist.

293 Der größte Teil der Restitutionsanträge konzentriert sich auf den Althausbestand der Großstädte. So befinden sich allein die Hälfte der restitutionsbehafteten Wohnungen in den Ballungszentren Berlin, Dresden, Leipzig, Chemnitz, Magdeburg und Halle. In diesen Städten gibt es ganze Straßenzüge, die aufgrund der ungeklärten Eigentumsverhältnisse ein Bild des Verfalls bieten.

Für den Versuch einer Einschätzung, welches potentielle Investitionsvolumen bei einer abschließenden Klärung der noch offenen Eigentumsverhältnisse erschlossen werden könnte, wird zunächst ein durchschnittlicher Satz in Höhe von DM 362/m² Wfl. unterstellt.[294] Auf dieser Basis, die dem durchschnittlichen Engagement von Unternehmen mit Zinshilfe und Teilentlastung entspricht, ergäbe sich bei 274.500 Wohneinheiten ein Kapitalbedarf von schätzungsweise DM 6 Mrd.
Nach Einschätzung des Bauzustandes von Gebäuden mit Baujahr vor 1949 dürfte es sich dabei nur um ein absolutes Minimum handeln, um die Gebäude vor dem Verfall zu retten. Das wahrscheinlichere Szenario dürfte sein, daß schätzungsweise 40 vH des Bestandes abgerissen werden, um das Grundstück einer neuen Bebauung zuzuführen. Die restlichen 60 vH sanieren die Eigentümer (nicht zuletzt aufgrund der Denkmalschutzvorschriften) vermutlich im notwendigen Maße. Bei Zugrundelegung eines Mindestinvestitionsbedarfs von DM 750-950/m² Wfl. ergäbe sich damit ein noch erschließbares Kapitalengagement von DM 7,6-9,7 Mrd.

Wann dieses Investitionsvolumen tatsächlich erschlossen werden kann, bleibt fraglich. Eine Möglichkeit trotz gestellter Rückübertragungsansprüche nach dem Vermögensgesetz bereits heute Investitionen zu realisieren, bietet das Investitionsvorranggesetz[295]. Dieses sieht vor, daß der jeweilige "Verfügungsberechtigte"[296] Grundstücke und Gebäude, obwohl sie restitutionsbehaftet sind, zu investiven Zwecken u. a. veräußern, vermieten oder verpachten kann (§ 2 InVorG). Einzige Bedingung hierfür ist, daß die Investitionen einem der in § 3 InVorG genannten, besonderen Investitionszwecke dienen, wie z. B. der Schaffung von Arbeitsplätzen oder von neuem Wohnraum zum Ausbau der Infrastruktur.

Der positive Investitionsvorrangbescheid bekundet, daß das Vorhaben des Investors die Bedingungen des Gesetzes erfüllt und die Verfügungssperre gemäß

---

294 Der Wert ist ein Vorgriff auf in Punkt V 2.1. ermittelte Werte.
Es ist bewußt auf den niedrigeren Wert des bei Unternehmen mit Zinshilfe und Teilentlastung sowie Unternehmen mit ausschließlicher Zinshilfe ermittelten Investitionsvolumens abgestellt, um eine überhöhte Darstellung des Sanierungsengagements zu vermeiden.

295 Gesetz über den Vorrang für Investitionen bei Rückübertragungsansprüchen nach dem Vermögensgesetz (Investitionsvorranggesetz - InVorG) vom 14. Juli 1992, BGBl. I, S. 1268.

296 Verfügungsberechtigt sind bei ehemaligem Volkseigentum und Rechtsträgerschaft nach § 8 VZOG meist die Gemeinden, Städte und Landkreise, die überwiegend zum Verkauf der Objekte neigen.

§ 3 Abs. 3 VermG für den im Bescheid bezeichneten Vermögenswert nicht (mehr) gilt. Damit ist die vorzeitige Verkehrsfähigkeit der Immobilie hergestellt. Für den Alteigentümer bzw. den Rückgabeberechtigten bedeutet dies, daß er im Falle einer (späteren) Zuordnung an Stelle der Immobilie "nur" den Erlös aus der Veräußerung oder sonstigen Verwertung durch den Verfügungsberechtigten erhält. Seine Berechtigung auf den Veräußerungserlös stellen die jeweiligen Ämter zur Regelung offener Vermögensfragen in einem gesonderten Bescheid fest.

Weitere Möglichkeiten zur vorzeitigen Investition sehen die §§ 18-21 InVorG vor.[297] Der Vorteil des Investitionsvorrangverfahrens ist besonders im Hinblick auf die Anträge, die aller Voraussicht nach nicht zu einer Rückgabe führen (z. B. bei Enteignungen auf besatzungsrechtlicher bzw. besatzungshoheitlicher Grundlage) zu sehen.

Die jährliche Berichterstattung zeigt, daß in der Praxis immer mehr Wohnungsunternehmen diese Möglichkeit aktiv nutzen. Neben einer frühzeitigen Steigerung der Wohnqualität der Mieter sichern sie sich damit auch eine niedrigere Erlösabführungsquote, sofern das Amt für offene Vermögensfragen die Immobilie nicht dem Anspruchsteller zuordnet. Als Beispiel für die erfolgreiche Umsetzung des Gesetzes ist Berlin-Mitte anzuführen, wo für 540 Grundstücke Investitionsvorrangbescheide erteilt werden, die Investitionen im Umfang von rd. DM 7,8 Mrd ermöglichen und ca. 30 000 Arbeitsplätze sichern bzw. schaffen. Das Investitionsvorrang-Gesetz wird daher auch als "Konjunkturprogramm" bezeichnet.[298]

---

297 § 18 InVorG: Verfahren für investive Vorhaben gemäß eines Vorhabens- bzw. Erschließungsplans; die Beteiligung des Alteigentümers richtet sich nach den allgemeinen Baurecht-Regelungen.
§ 19 InVorG: öffentliches Bietverfahren seitens der Gebietskörperschaft bzw. der Treuhandanstalt, d. h. Vorrangstellung des Alteigentümers bei (annähernd) gleichem Angebot.
§ 20 InVorG: spezielles Investitionsverfahren für Vorhaben über mehrere Grundstücke hinweg, d. h. Gesamtverfügung für alle angemeldeten Grundstücke; Vorrangstellung für Alteigentümer nur dann, wenn das Angebot (annähernd) dem Gesamtvorhaben (für mehrere Grundstücke) gleicht.
§ 21 InVorG: definiert die sog. investive Rückgabe, was bedeutet, daß der Anspruch der Alteigentümer auf die bevorzugte Übereignung der betreffenden Immobilie existiert; allerdings kann innerhalb von drei Monaten nach der Antragstellung das Interesse von Fremdinvestoren Berücksichtigung finden. Der Vorrang des Alteigentümers ergibt sich bei (annähernd) gleichen investiven Maßnahmen. In § 21 sind Sicherungen zugunsten des Investors vorgesehen. Auch bei einem rechtswidrigen Investitionsvorrangbescheid wird von einem Schutz der Investoren ausgegangen und zwar dann, wenn die Investitionen nachhaltig begonnen wurde und keine Erfolgsaussichten für eine Klage des Alteigentümers bestehen.

298 Vgl.:Reinsch, Erben-Bauentwickler-Spekulanten, S. 11.

In diesem Zusammenhang beschließt der Deutsche Bundestag das sog. "Gesetz zur Absicherung der Wohnraummodernisierung und einiger Fälle der Restitution (Wohnraummodernisierungssicherungsgesetz)" im Frühjahr 1997. Das Gesetz verfolgt die Absicht, noch offene vermögensrechtliche Fragen zu klären und vor allem Hindernisse bei der Durchführung von Investitionen abzubauen. Dabei sollen durch Änderung des § 3 Abs. 1 Satz 4 und 5 VermG die während der nationalsozialistischen Herrschaft geschädigten Bürger und Organisationen nun Ansprüche auf Einräumung von Bruchteilseigentum an den Vermögenswerten erhalten, die im Eigentum eines nicht geschädigten Unternehmen standen, an dem das verfolgungsbedingt geschädigte Unternehmen Anteile gehalten hat, sog. "weggeschwommene Vermögenswerte". (sog. "doppelte Durchgriff") Als Rechtfertigung dient die Vermutung, daß das nicht geschädigte Unternehmen Vermögensgegenstände während der nationalsozialistischen Herrschaft mit Mitteln aus der Beteiligung des geschädigten Unternehmens erworben hat. Die Reform soll nach Angaben des Bundesjustizministeriums Ungerechtigkeiten und Rechtsstreitigkeiten, die die Abwicklung bei der Rückgabe jüdischen Vermögens erheblich verzögern könnten, vermeiden helfen.
Anders als von der Politik beabsichtigt, begünstigt der doppelte Durchgriff im wohnungswirtschaftlichen Sektor vor allem Ansprüche des Deutschen Gewerkschaftsbundes bzw. der BGAG Immobilien Ost GmbH, die eine vollständige Rückgabe des ehemaligen gewerkschaftlichen Vermögens anstreben. Genaue Zahlen über den Umfang des betroffenen Wohnungsbestandes liegen nicht vor; der Gewerkschaftsbund selbst macht hierzu keine Angaben. Fachleute gehen davon aus, daß bis zu 200.000 Wohneinheiten betroffen sein können.

Es ist wahrscheinlich, daß das Gesetz dazu beitragen kann, durch neue Impulse in der Sanierung die Wohnbedingungen der Mieter weiter zu verbessern. Auf der anderen Seite hat das Gesetz einschneidende wirtschaftliche Konsequenzen für die Unternehmen zur Folge, da in diesen Beständen schon Modernisierungen durchgeführt worden sind oder unmittelbar bevorstehen. Auch wurden Teile der Bestände bereits veräußert. Nach der jetzigen Rechtslage verbleiben die hierauf lastenden Altverbindlichkeiten und die ggf. für die Sanierung aufgenommenen Kredite ohne Entschädigung beim Wohnungsunternehmen.

Da die Ansprüche der Gewerkschaften bis dato nicht vollständig auf die einzelnen Grundstücke konkretisiert sind, kann der gesamte, möglicherweise betroffene Immobilienbestand einer Verfügungssperre nach § 3 Abs. 3 VermG unterworfen werden. Weitere Investitionstätigkeiten des Wohnungsunternehmens wären hierdurch in Frage gestellt.

Als Fazit ist zusammenzufassen: Von dem im Bauschadensbericht für 1992 skizzierten notwendigen Investitionsbedarf von insgesamt DM 112 Mrd im vorhandenen Bestand, kann aufgrund der durch die Altschuldenhilfen verbesserten Kredit- und Investitionsfähigkeit der Wohnungsunternehmen ein erheblicher Teil abgebaut werden. Allein die Wohnungsunternehmen mit positiv beschiedenem Zinshilfe- und Teilentlastungsantrag wenden im Betrachtungszeitraum mit DM 47,9 Mrd gut 43 vH der Summe auf. Weitere DM 3,5 Mrd realisieren Unternehmen mit isoliertem Zinshilfe-Antrag. Damit sind gut 45 vH des aufgezeigten Investitionsbedarfs realisiert. Unberücksichtigt sind Investitionen von Zwischenerwerbern[299], Privatpersonen und nicht antragsberechtigten Unternehmen die auch dazu beitragen, daß sich die Wohnverhältnisse für die Bürger in den neuen Bundesländern entscheidend verbessern.

Obwohl alle Beteiligten mit diesem Volumen einen großen Teil zur Zielvorstellung "Einheitlichkeit der Lebensverhältnisse" beigetragen haben, ist ein Ende der Maßnahmen nicht erreicht. Genaue Zahlen über den in 1997 noch vorhandenen Investitionsbedarf zum Angleich an das westdeutsche Wohnniveau gibt es heute genauso wenig, wie zum Zeitpunkt der Wiedervereinigung. Schätzungen wohnungswirtschaftlichen Vertretern folgend ist mit einem weiteren Bedarf in einem Umfang von DM 100 Mrd zu rechnen[300].

299 Das von Zwischenerwerbern realisierte Investitionsvolumen bleibt bei der Betrachtung der Auswirkungen des Altschuldenhilfe-Gesetzes auf die Verbesserung der Kredit- und Investitionsfähigkeit unberücksichtigt. Es wird jedoch bei der Interpretation der wachstumspolitischen Auswirkungen des Altschuldenhilfe-Gesetzes in Kapitel V. mit einbezogen.

300 Vgl.:GdW, Daten und Fakten 1996, S. 1.

3. Auswirkungen des Altschuldenhilfe-Gesetzes auf die Verbesserung der Voraussetzungen für die Privatisierung und Bildung individuellen Wohneigentums für Mieter

Der Privatisierung von Wohnraum, und hier insbesondere der Veräußerung von Wohnungen an die Mieter, kommt aufgrund des historisch bedingten Nachholbedarfs in den neuen Bundesländern ein hoher sozial-, vermögens- und gesellschaftspolitischer Stellenwert zu. Über ihre Notwendigkeit besteht weitgehender Konsens. Nach Neumann[301] entspricht die Wohneigentumsbildung dem "... Subsidiaritätsprinzip, wenn die Gesellschaftsmitglieder für die Wohnungsversorgung selbst Sorge tragen und damit gleichzeitig Vermögen bilden und Vorsorge für das Alter betreiben. Eigentum hat darüber hinaus in unserer Wirtschaftsordnung eine konstitutive Bedeutung für die Marktsteuerung -ebenso die Konsumentensouveränität-, so daß unter diesem Aspekt die Wohneigentumsförderung ordnungspolitisch wünschenswert erscheint".
Diese Forderung greift das Altschuldenhilfe-Gesetz, gestützt auf die Ausführungen des Einigungsvertrages, auf und formuliert als sein zweites zentrales Ziel, die Voraussetzungen für die Privatisierung und Bildung individuellen Wohneigentums für Mieter zu verbessern.
Über diese Aufgabenstellung zu Gunsten der bisherigen Mieter hinaus entwickelt sich die Privatisierung für die Wohnungsunternehmen zunehmend als eine betriebswirtschaftliche Notwendigkeit. Aufgrund von Finanzengpässen bei Bund, Ländern und Kommunen reduzieren diese ihre Hilfen für die Instandsetzung und Modernisierung der Wohngebäude und Maßnahmen im Wohnumfeldbereich weitgehend. Zwar ist das eigenverantwortliche unternehmerische Handeln der Wohnungsunternehmen durch die Gewährung von Zinshilfe und Teilentlastung erheblich verbessert, doch bedarf die Kreditierung neuer Projekte auch eines gewissen Eigenkapitalanteils. Finanzielle Spielräume können und müssen sich dabei vor allem aus dem Verkauf von Immobilien ergeben.

Vor diesem Hintergrund kommt der Privatisierung eine doppelte Schlüsselfunktion bei der weiteren Anpassung des ostdeutschen Wohnungswesens an marktwirtschaftliche Verhältnisse zu.[302]

301 Neumann/Romahn, Wohneigentumsförderung, S. 149.
302 Darüber hinaus verfolgt der Gesetzgeber mit der Privatisierung das ordnungspolitische Ziel, die Unternehmensgrößen zu reduzieren und damit die häufig monopolistischen Anbieterstrukturen am regionalen Wohnungsmarkt zu entschärfen. Diese Zielsetzung wird in der vorliegenden Arbeit nicht näher untersucht.

Die folgenden Ausführungen setzen sich mit der Umsetzung der Privatisierungs- bzw. Veräußerungsverpflichtung auseinander. Sie stützen sich im wesentlichen auf eine differenzierte Auswertung der beschiedenen Altschuldenhilfe-Anträge und der Jährlichen Berichte für das Jahr 1994/1995 und berücksichtigen die konkrete Vorgehensweise und Erfahrungen der 12 ausgewählten Wohnungsunternehmen.

3.1. Einstellung der Mieter und Wohnungsunternehmen

3.1.1. Motive der Mieter für oder gegen den Eigentumserwerb

3.1.1.1. Grundsätzliches Kaufinteresse

Das Kaufinteresse von Mietern wird in verschiedenen Untersuchungen thematisiert und deren Ergebnisse durch Bevölkerungs- und Expertenbefragungen verifiziert. Zu erwähnen sind die Arbeiten von Mester[303], EMNID-Institut[304] und Eichener/Berendt[305], die alle aus 1994 stammen. In der Beurteilung kommen die

303 *Mester*: "Motive für und gegen Wohneigentumserwerb aus Mietersicht im Rahmen von Privatisierungsvorhaben in den neuen Bundesländern - untersucht am Fallbeispiel einer Plattenbauwohnanlage in Schwerin", 1994.
Der Untersuchung liegen die Ergebnisse von 107 befragten Bewohnern eines von der örtlichen Wohnungsbaugesellschaft zur Privatisierung vorgesehen (Plattenbau-)Bestandes zugrunde.

304 *EMNID-Institut*: "Wohnungsprivatisierung in den neuen Bundesländern - Ergebnisse einer repräsentativen Bevölkerungsbefragung sowie einer Studie unter Experten in der Wohnungswirtschaft", 1994.
Die Untersuchungsergebnisse beruhen auf zwei Studien des EMNID-Instituts aus dem Jahre 1994. In der ersten Studie befragt das Institut 123 zufällig ausgewählte Personen, die in der Wohnungswirtschaft (Kommunen, Wohnungsgesellschaften und -genossenschaften) beschäftigt und dort mit der Wohnungsprivatisierung betraut sind. Die zweite Studie basiert auf den Ergebnissen von 1.058 Interviews, deren Grundgesamtheit sich auf die Bevölkerung in den neuen Bundesländern (einschließlich Berlin (Ost)) im Alter vom 30 bis 49 Jahren beschränkt. Die Befragung wurde bewußt auf diese Gruppe reduziert, da in dieser Altersklasse am ehesten eine Kaufbereitschaft zu vermuten ist. Die Auswahl der Zielpersonen erfolgte nach einem Random-Route-Verfahren.

305 *Eichener/Berendt*: "Einstellungen der Mieter zur Privatisierung - Ergebnisse einer Intensivbefragung in den neuen Bundesländern", 1994.
Der Untersuchung liegt eine zweistufig geschichtete Auswahl zugrunde, die zunächst in sich homogene und untereinander heterogene Schichten, differenziert nach Gebäudetypen, Ortsgröße und Bundesland, bildet. Aus den so entstandenen Feldern werden Zufallsstichproben der zu befragenden Mieterhaushalte gezogen und eine Gesamtstichprobe von 600 Erhebungseinheiten ermittelt. Die Bundesländer Brandenburg, Mecklenburg-Vorpommern, Sachsen und Thüringen sind mit jeweils 100 befragten Mieterhaushalten vertreten, Sachsen-Anhalt aufgrund seines großen Wohnungsbestandes mit 200 Einheiten. Berlin (Ost) ist bei der Befragung ausgeklammert.

drei Studien -die sich in Aufbau und Umfang teilweise stark unterscheiden- zu ähnlichen Ergebnissen hinsichtlich der für den Mieter ausschlaggebenden Motivation, die (eigene) Wohnung zu kaufen oder doch "nur" Mieter zu bleiben.

Mesters Befragungen ergeben, daß rd. 25 vH der Mieter aktuell am Kauf ihrer Wohnung interessiert sind. Weitere 22 vH der Befragten antworten mit "nein, zur Zeit nicht", lehnen den Kauf für sich jedoch nicht ab. Beide Gruppen zusammen ergeben mittelfristig eine potentielle Käufergruppe von 47 vH. Der Anteil der Interviewpartner, die einen Kauf ganz ablehnen ("nein, bestimmt nicht"), wird hier mit 52,3 vH ermittelt.[306]
Damit fällt dieses Ergebnis ähnlich wie das der Untersuchung von Eichener/ Berendt aus, bei der 32 vH der Mieter Kaufbereitschaft oder zumindest bedingte Kaufbereitschaft zeigen und weitere 27 vH einen Kauf eigentlich ablehnen, unter bestimmten Bedingungen doch am Kauf interessiert wären. Eine totale Ablehnung läßt sich nur bei 41 vH der Haushalte feststellen.[307]
Auch EMNID ermittelt, daß bei Mietern im Alter von 30 bis 49 rd. 28 vH kaufentschlossen und weitere 14 vH kaufunentschlossen, jedoch nicht vollkommen kaufabgeneigt sind.[308]

Es bestätigt sich ferner, daß die Kaufbereitschaft mit dem Summe der Informationen über Kaufpreisbildung, Fördermöglichkeiten, Belastungsvergleich Miete/Kauf etc. korreliert; der Informationsstand ist bei den ernsthaft Kaufinteressierten weitaus höher als bei den übrigen Mietern. Dieses Ergebnis deckt sich mit den Erfahrungen im Rahmen der Durchführung des Altschuldenhilfe-Gesetzes, wonach die Wohnungsunternehmen, die eine gezielte, seriöse und umfassende Beratung ihrer Mieter -bei einer eigenen positiven Grundeinstellung gegenüber der zu bewältigenden Aufgabe- durchführen, weitaus größere Verkaufserfolge erzielen als diejenigen Unternehmen, die den Verkauf lediglich als lästige Pflicht betrachten.
Tatsächlich wird eine Reihe gängiger Vorurteile über die Situation und die Interessen der ostdeutschen Mieter sowohl durch die praktische Erfahrung ostdeutscher Wohnungsunternehmen als auch durch die wissenschaftlichen Erkenntnisse widerlegt.

306 Vgl.: Mester, Motive für und gegen Wohneigentumserwerb, S. 63.
307 Vgl.: Eichener/Berendt, Einstellungen der Mieter zur Privatisierung, S. 69.
308 Vgl.: EMNID, Wohnungsprivatisierung in den neuen Bundesländern, S. 21.

3.1.1.2. Sicherheitsbedürfnis

Das grundsätzliche Kaufinteresse der Mieter ist durch eine Anzahl verschiedener, individueller Gründe für oder gegen einen Kauf geprägt. Als wichtige Motivarten lassen sich das Sicherheits-, Finanzierungs- und Zufriedenheitsmotiv zusammenfassen.

Nach Mester sind die Sicherheitsbedürfnisse der Befragten ausschlaggebendes Moment für einen Eigentumserwerb. Fast zwei Drittel ihrer Argumente beziehen sich nach seiner Untersuchung auf die Sicherung des bisherigen Wohnraums, die spätere Altersvorsorge, die Vorsorge für Kinder bzw. Enkelkinder sowie die Sicherung bereits geleisteter Eigenarbeiten[309] in der Wohnung.
Die Dominanz des Motivs, Wohnraum zu sichern, resultiert bei einem Großteil aus der Angst, bei einem Erwerb durch Dritte aus der jetzigen Wohnung verdrängt zu werden. Dabei verbindet der Befragte eine Verdrängung oft mit einer Verschlechterung der Wohnqualität und teilweise mit einem sozialen Abstieg. Kann der Befragte in seiner Wohnung als Mieter bleiben, befürchten mehr als die Hälfte eine vergleichsweise stärkere Mieterhöhung, insgesamt schlechtere Leistungen und mieterunfreundlichere Methoden.[310]

In Bezug auf das Motiv der Kapitalanlage stellt Mester fest, daß die Befragten auf diese Weise eine finanzielle Absicherung für ihren Lebensabend anstreben.[311] Jedoch sind es nach den Umfrageergebnissen nicht ältere Mieter, die ein solches Kalkül verfolgen, sondern überwiegend Personen unter 40 Jahre. Diese Gruppe argumentiert, daß durch einen heutigen Eigentumserwerb nicht

309 Im Vergleich zu anderen Befragungen spielt das Kriterium "Sicherung bisheriger Investitionen" bei den von Mester befragten Mietern mit 3 vH eine eher untergeordnete Rolle, was nicht als typisch gilt. Verschiedene andere Studien, so z. B. die des Verbandes Berlin-Brandenburgischer Wohnungsunternehmen, ermitteln diesbezüglich Werte um 10 vH.
Vgl.: VBBW, Wohnen bei Ostberliner Genossenschaften (4), S. 3.

310 Nach EMNID sagen 46 vH der Befragten, daß sie bezüglich der möglichen Privatisierung ihrer Wohnung Angst vor Mietsteigerung haben, 29 vH befürchten sogar den Verlust der Wohnung aufgrund von Eigenbedarfskündigungen.
Vgl.: EMNID, Wohnungsprivatisierung in den neuen Bundesländern, S.13.

311 Nach einer Erhebung des Statistischen Bundesamtes wirkt sich das "mietfreie" Wohnen in den eigenen vier Wänden entscheidend auf die wirtschaftlichen Spielräume für die übrigen Lebenshaltungskosten im Rentenalter aus. Nach diesen Berechnungen haben Wohneigentümer im Alter rd. DM 700 mehr zur Verfügung, was einer Zusatzrente von über 30 vH gleichkommt.

nur ihnen, sondern auch ihren Kindern sicherer und mietfreier Wohnraum zur Verfügung steht.

Nach den Erfahrungen der privatisierungsverpflichteten Wohnungsunternehmen im Rahmen des Altschuldenhilfe-Gesetzes kann das Sicherheitsbedürfnis auch den Nichterwerb der Immobilie zur Folge haben, wenn für den potentiellen Käufer die durch den Kauf bedingte Verschuldungsangst zu groß ist. Immerhin sind für 71 vH der von Eichener/Berendt Befragten das Verschuldungsrisiko und für 63 vH die langfristige Belastung Gründe, die objektiv gegen einen Kauf der Wohnung sprechen können.[312]
Im allgemeinen streben die Menschen in den neuen Bundesländern eine Eigenkapitalquote von 35 vH (gegenüber 20 vH im Westen) an, bevor sie nach eigenem Ermessen einen Eigentumserwerb finanzieren können. Da diese Quote aktuell nicht von der Mehrheit der Kaufinteressierten realisierbar ist, wird der Kaufentschluß auf absehbare Zeit hinausgeschoben. Verschuldungsangst ist zum einen durch die Erfahrungen aus DDR-Zeiten zu erklären, als es nicht üblich war, im großen Stil Kredite aufzunehmen, zum anderen aber auch in der Sorge vor den finanziellen Folgen bei einem Arbeitsplatzverlust. Für manchen ist sicherlich auch die fehlende Bereitschaft, auf seine erst kürzlich gewonnenen Konsumfreiheiten zu verzichten, ausschlaggebend dafür, seine Wohnung nicht zu erwerben.

Der Abbau von Ängsten gegenüber dem Verschuldungsrisiko und der Angst vor dem Verlust des Arbeitsplatzes kann durch geeignete Maßnahmen, wie z. B. einer Rückkaufgarantie durch das Wohnungsunternehmen zu einem festgelegten Preis, wesentlich beeinflußt werden. Wie stark sich eine solche Garantie auf die Kaufbereitschaft auswirkt, zeigt das Ergebnis einer Mieterbefragung im Bestand der Wohnungsgenossenschaft "Stadt Magdeburg 1954". Im Auftrag der Schwäbisch Hall Wohnen GmbH hat InWIS im September 1995 die Mieter der Genossenschaft zunächst pauschal nach ihrem Kaufinteresse befragt. Im Ergebnis äußern nur 3 vH Interesse am Kauf ihrer Wohnung. Auf die Frage "Hätten Sie Interesse, Ihre Wohnung zu kaufen, wenn Sie die Garantie hätten, daß die Wohnung zum ursprünglichen Kaufpreis zurückgenommen wird, falls Sie unverschuldet in Not geraten?" antworten 35 vH der gleichen Befragten mit

312 Vgl.: Eichener/Berendt, Einstellungen der Mieter zur Privatisierung, S. 59.

"ja". Aufgrund der Rückkaufgarantie steigert sich das Kaufinteresse um mehr als das Zehnfache.
Aus den Erfahrungen bei der Umsetzung der Privatisierungsverpflichtung ist bekannt, daß die Rückkaufgarantie bereits von einzelnen Unternehmen umgesetzt wird. Die Rückkaufgarantie stellt somit eine nicht zu unterschätzende Möglichkeit dar, die psychologischen und arbeitsmarktbedingten Hemmschwellen gegen die Mieterprivatisierung abzubauen und die Kaufbereitschaft der Mieter zu vervielfachen.[313]

Interessant in diesem Zusammenhang ist das Ergebnis der EMNID-Frage, inwieweit die Struktur des Wohnungswesens privatwirtschaftlich geprägt sein solle. Die Aussage, daß möglichst vielen Privatpersonen der Erwerb von Wohneigentum ermöglicht werden solle, wird von den Befragten ebenso begrüßt (80 vH) wie die Aussage, daß Vergabe und Betreuung von Wohnungen weiterhin vor allem Aufgabe des Staates sein müsse (71 vH). Wohneigentum wird demnach von den Bürgern bejaht, gleichzeitig halten sie eine starke Rolle des Staates als Garant für eine gerechte, sozial ausgewogenen Verteilung für notwendig.

3.1.1.3. Finanzierung

Die Realisation des Kaufwunsches hängt in entscheidendem Maße von den vorhandenen Ansparungen[314] und der Höhe des monatlich zur Verfügung stehenden Einkommens ab. Sofern ein ausreichendes Grundkapital vorhanden ist, wird eine Finanzierung des Restbetrages über eine tragbare monatliche Bela-

313 Hieraus können Probleme erwachsen, wenn bspw. ein großer regionaler Arbeitgeber in Schwierigkeiten gerät. Auch ist die Abbildung solcher Eventualverbindlichkeiten für Wohnungsrückkäufe in der Unternehmensbilanz schwer darstellbar. Vor diesem Hintergrund plädieren Vertreter der Wohnungswirtschaft für die Schaffung eines entsprechenden Fonds-Modells.
Vgl.:EMNID, Wohnungsprivatisierung in den neuen Bundesländern, S. 3f.

314 In 1993 verfügen westdeutsche Haushalte über ein durchschnittliches Netto-Geldvermögen von DM 110.000, ostdeutsche dagegen nur über rd. DM 22.000. Selbständige weisen in den neuen Ländern mit DM 42.295 fast das Dreifache des Vermögens von Arbeitslosen (DM 15.026) auf. Haushalte mit einem Netto-Einkommen unter DM 1.800 im Monat haben weniger als ein Drittel dessen angespart, was Haushalte mit einem Netto-Einkommen von mehr als DM 4.000 monatlich (DM 38.321) als Sparbetrag aufweisen.
Insgesamt korreliert der Wert des Haus- und Grundbesitzes positiv mit dem Haushaltsnetto-Einkommen.
Vgl.:Schlomann/Faik, Verteilung des Haus- und Grundvermögens, S. 26.

stung -vergleichbar der Kaltmiete- möglich. Auch die Förderprogramme von Bund und Ländern unterstützen mit Erwerbszuschüssen und zinsverbilligten Darlehen den Mieter, seinen "eigenen vier Wänden" näher zu kommen.
Im Ergebnis der Untersuchungen ist festgestellt, daß die Gruppe der Kaufinteressierten im Durchschnitt zwar über doppelt so viel Eigenmittel verfügt wie die Gruppe der Kaufunentschlossenen. Dennoch können bei Kaufpreisen von rd. DM 120.000 aktuell weniger als ein Fünftel der Mieter das nach ihren Vorstellungen notwendige Eigenkapital von mindestens 20-30 vH mobilisieren.
Bei den 50 bis 60-Jährigen, von denen erfahrungsgemäß angenommen werden muß, daß sie über einen ausreichenden Sparbetrag verfügen, sinkt laut Untersuchung das Interesse am Kauf einer Immobilie mit steigendem Alter.
Die Sorge, sich für den Erwerb von Wohneigentum langfristig verschulden zu müssen, läßt diese Haushalte davor zurückschrecken, ihre Wohnung zu erwerben, obwohl sie bereits relativ viel Eigenkapital angespart haben.[315]

Die für einen Kauf notwendige Eigenkapitalbildung wird durch die derzeitige Einkommenssituation in den neuen Bundesländern negativ beeinflußt. Obwohl sich diese in den letzten Jahren deutlich verbessert hat, liegen die Einkommen in der Regel nur bei 85-90 vH des Westniveaus. Aufgrund der weitgehend an Westniveau angepaßten Lebenshaltungskosten hat der Durchschnittshaushalt gegenüber dem Westen weniger Geld zur freien Verfügung. Nicht außer acht gelassen werden darf die nach wie vor hohe Arbeitslosenquote und der hohe Anteil der Transfereinkommensbezieher.

Ein positiver Einfluß auf die Kaufbereitschaft der Mieter dürfte von der Neuregelung der Wohneigentumsförderung ausgehen. Durch die Umstellung der Fördersystematik auf die progressionsunabhängige Zulage profitieren vor allem Familien mit Kindern, die über ein niedriges bis mittleres Einkommen verfügen. Von Vorteil ist auch, daß der Käufer durch diese Neugestaltung eine verläßliche Planungsgröße und damit eine solidere Finanzierungsplanung erhält - unabhängig von einem im Zeitablauf veränderlichen Einkommen.

315 Diese Erkenntnis deckt sich auch mit den Erfahrungen im Konsumentenkreditbereich, wonach in den neuen Bundesländern auch in 1996 nur ca. 35-45 vH dessen in Anspruch genommen wird, was Bürger in den alten Bundesländern aufnehmen.
Vgl.: Brecher, Konsumentenkredite, S. 437.

Neben dem Eigenkapital als Basisgröße stellt die Finanzierung des Restbetrages die zweite Hürde beim Eigentumserwerb dar. Aus Sicht der Kreditinstitute ist die Kreditprüfung ein sehr komplexer Bereich, der neben den objektiv meßbaren Größen wie Einkommen, Geld- und Sachvermögen, Alter, Familienstand etc. auch das subjektive Erscheinungsbild des potentiellen Kreditnehmers beurteilt. Letztlich entscheidet das bereits vorhandene Risiko-Portfeuille der Bank darüber, ob das jeweilige Risiko für die Bank vertretbar ist oder nicht.

3.1.1.4. Zufriedenheit

Der Privatisierungserfolg der Wohnungsunternehmen hängt neben der objektiven Wohnqualität in den ausgewählten Objekten entscheidend vom subjektiven Wohlbefinden der hierin lebenden Mieter ab. Erkenntnisse über das Ausmaß des Wohlbefindens lassen sich aus dem Mobilitätsverhalten und der Wohnumfeldbewertung ableiten.
Die folgenden Ergebnisse basieren hauptsächlich auf einer Untersuchung des BfLR[316] aus dem Jahr 1994, ergänzt durch Informationen und Daten aus den Anträgen auf Altschuldenhilfe bzw. den Jährlichen Berichten.

Fluktuationsabsichten bestehen bei rd. 20 vH der untersuchten Haushalten. Dieser Anteil tritt vor allem in kleineren Städten (20.000-100.000 Einwohner) sowie in privaten und kommunalen Wohnungen der Baualtersklasse bis 1900 verstärkt auf. Zurückzuführen ist dieses Ergebnis auf die relativ schlechte Arbeitsmarktsituation in diesen Städten (viele kleine und mittelständische Betriebe mit geringen wirtschaftlichen Zukunftsaussichten) sowie auf den überdurchschnittlich schlechten Wohnkomfort der Wohnobjekte. Dagegen treten bei Haushalten in genossenschaftlichen Objekten und Wohnungen mit Baujahr zwischen 1949-1968 nur sehr geringe Umzugsabsichten auf (10 vH), was einerseits auf den eigentumsähnlichen Charakter der Genossenschaftswohnungen und andererseits auf die Belegung mit älteren Menschen hindeutet.
Die derzeitige Immobilität der überwiegenden Mehrheit der befragten Haushalte (80 vH) basiert zu einem gewichtigen Anteil auf der hohen Wohnzufriedenheit.[317] Nicht zu vergessen ist aber auch das gebietsweise noch immer unzureichende Wohnungsangebot, die "Macht der Gewohnheit", die nicht unbedingt an

316 Vgl.: Osenberg/Waltersbach, Wohnungsbestandspanel, S. 683ff.
317 Vgl. hierzu ausführlich: VBBW, Wohnen bei Ostberliner Genossenschaften (3), S. 1.

einen Umzug denken läßt, sowie die Angst der Menschen vor Wohnungsverlust, sozialem Abstieg und gegenüber Veränderungen im Allgemeinen, die sich auf die Mobilität hemmend auswirken.

Die Kaufabsichten der Haushalte, die derzeit nicht ausziehen wollen, liegt bei durchschnittlich 14 vH. Sie steigt in Großstädten auf 15 vH, bei Genossenschaftswohnungen auf 18 vH und bei Wohnungen in der Baualtersklasse 1901-1948 auf 17 vH. Besonders hoch ist sie bei großstädtischen, genossenschaftlichen Wohnungen mit Baujahr bis 1948 (41 vH).
Hinsichtlich der Sozialstruktur weisen Haushalte mit niedrigem Einkommen eine geringere Kaufbereitschaft als solche mit hohem Einkommen. Vor allem junge Zwei-Personen-Haushalte, solche mittleren Alters sowie Familien mit Kindern zählen zu der Käuferschicht. Niedrige Werte werden hingegen bei den Ein-Personen-Haushalten und den Haushalten mit älteren Personen ausgewiesen, da hier zudem die Banken oft entsprechende Kredite verweigern.

Eng verbunden mit Wohndauer, Fluktuationabsicht bzw. Kaufinteresse ist die Bewertung verschiedener Wohnumfeldmerkmale wie Infrastruktur, Umweltsituation, Grün- und Erholungsmöglichkeiten sowie Gesamteindruck der unmittelbaren baulichen Substanz. Tendenziell ist festzuhalten, daß bei einer bestehenden Umzugsabsicht die Bewertung des Wohnumfeldes überwiegend negativ eingeschätzt wird (72 vH). Durch Wohnumfeldverbesserungen können damit nicht nur Großsiedlungen aufgewertet, die Bewohner zum Bleiben oder sogar zum Kauf animiert, sondern insgesamt die Lebensqualität der Menschen verbessert werden.

3.1.2. Vorgehensweise der Wohnungsunternehmen im Veräußerungsprozeß

3.1.2.1. Objektauswahl

Zu Beginn der Privatisierungsbestrebungen stehen die Antragsteller vor verschiedenen Grundsatzentscheidungen, die sie abhängig von den individuellen Voraussetzungen in sehr unterschiedlicher Art und Weise lösen. Daraus ent-

wickelt sich ein Verhaltensmuster, von dem die Unternehmen später nur in Ausnahmesituationen abweichen.
Die folgenden Ausführungen gründen teils auf allgemeinen Erkenntnissen, hauptsächlich jedoch auf Erfahrungen, die sich aus der Einzelanalyse der 12 ausgewählten Wohnungsunternehmen herauskristallisieren.

Unter der Prämisse bereits geklärter Eigentumsverhältnisse werden die zur Privatisierung vorgesehenen Objekte zunächst vorrangig nach gebäude- und lagebezogenen Kriterien ausgewählt. Danach sind aus Sicht der Wohnungsunternehmen Blockbauten der 50er und 60er Jahre mit einer vier- bis fünfstöckigen Geschoßbauweise in Zentrumsnähe oder im Grünen mit Anbindung an die örtliche Infrastruktur ideale Voraussetzungen für einen erfolgreichen Verkauf.
Im Zeitablauf erkennen die Unternehmen, daß sozio-demokraphische Merkmale der Mieter, wie Altersstruktur, Arbeitslosigkeit etc. ebenfalls als kaufentscheidende Faktoren zu berücksichtigen sind. In der Praxis ergibt sich gerade bei Genossenschaften häufig das Problem, daß sich der Bestand aufgrund seiner baulichen Eigenschaften und seiner Lage sehr gut für die Veräußerung eignet. Aufgrund des hohen Alters der Bewohner und ihrer fehlenden Bereitschaft zum Umzug kann das Objekt dennoch nicht in das Privatisierungs-Portefeuille aufgenommen werden.

Bei der Objektauswahl befinden sich die Wohnungsunternehmen im Dilemma, einerseits die Privatisierungsverpflichtung erfüllen zu müssen, andererseits aber auch den Fortbestand des Unternehmens *nach der Privatisierung* zu sichern: Wählt es seinen erstklassigen Bestand aus, erfüllt es möglicherweise seine Auflage gemäß Altschuldenhilfe-Gesetz leichter bzw. schneller, behält allerdings am Ende den meist uninteressanten Restbestand. Vor allem in Regionen mit einem hohen Wohnungsangebot können sich so schnell Leerstandsprobleme aufbauen, die die künftige wirtschaftliche Existenz des Wohnungsunternehmens gefährden.

Den Jährlichen Berichten der 12 Wohnungsunternehmen ist zu entnehmen, daß diese zu Beginn der Veräußerungsphase die besonders gut geeigneten Bestände, sogenannte "Selbstläufer", auswählen. Hierzu gehören vor allem Ein- und Zweifamilien-, Siedlungs- sowie Reihenhäuser und auch kleinere Mehrfa-

milienhäuser. Begründet ist dies u. a. aus dem engen Zusammenhalt der Mietergemeinschaft und dem Wunsch, diesen auch zukünftig aufrecht zu erhalten. Dabei erscheint es durchaus praktikabel, solche Objekte unsaniert zu veräußern, damit durch Eigenleistungen der Mieter deren finanziellen Möglichkeiten nicht überbeansprucht werden. Solche Veräußerungen sind auch für die Wohnungsunternehmen interessant, da kleinere Objekte, zumal im Streubesitz, meist überdurchschnittlich hohe Bewirtschaftungskosten verursachen.
Erst in zweiter Linie folgen bei der Mieterprivatisierung größere Mehrfamilienhäuser, sofern von einem gesicherten Abverkauf des Objektes auszugehen ist.

Davon abweichend ist das Vorgehen bei Veräußerungen im Rahmen von mieternahen Privatisierungsmodellen[318], bei denen aus wirtschaftlichen Gesichtspunkten meist große Objekte, teilweise mit mehreren hundert, nicht selten sogar ganze Wohngebiete mit mehreren tausend, Wohneinheiten, den Eigentümer wechseln.

3.1.2.2. Fremdvergabe oder Eigenregie

Für die Beantwortung der Frage, die Privatisierung in Eigenregie zu betreiben oder einen externen Dienstleister zu beauftragen, gilt es, die jeweiligen Vor- und Nachteile abzuwägen.
Während der externe Dienstleister über das für eine Privatisierung notwendige Fachwissen verfügt, müssen sich die Mitarbeiter des Wohnungsunternehmens ein solches noch aneignen. Dabei steht dem professionellen Vorgehen bei der Wohnungsvermarktung häufig der Nachteil des fehlenden Vertrauens der Mieterschaft gegenüber - ein Umstand, der durch die schlechten Erfahrungen der ostdeutschen Bürger seit der Wende mit sog. "Drückerkolonnen" im Bereich von Versicherungen, Bausparverträgen und Käufen im Konsumartikelbereich geprägt ist.
Nicht zuletzt sind die durch den externen Dienstleister zusätzlich anfallenden Kosten denen bei Durchführung in Eigenregie gegenüberzustellen.

Tatsächlich entscheidet sich ein großer Teil der Unternehmen für die komplett eigenverantwortliche Veräußerung. Die Durchführung obliegt meist dem Ge

318 Vgl.: Punkt IV 3.3.2.

schäftsführer bzw. dem Vorstand des Wohnungsunternehmens; nur größere Wohnungsunternehmen mit entsprechend hoher Privatisierungsauflage leisten sich eine eigene Privatisierungsabteilung.

Stehen größere Veräußerungsbestände zur Disposition, fragen die Wohnungsunternehmen teilweise für einzelne Aufgaben professionelle Unterstützung nach. So werden bspw. externe Forschungsinstitute mit der Durchführung von Mieterbefragungen oder mit einer detaillierten Bestandsanalyse aufgrund sozioökonomischer Mieterdaten betraut.
Der externe Dienstleister soll hier einerseits die nicht ausreichende Personaldecke des Wohnungsunternehmens kompensieren und andererseits ein objektiveres Befragungsergebnis liefern, was dem im Veräußerungsprozeß involvierten Eigentümer nicht unbedingt möglich ist. Letzteres ist vor allem für eine glaubhafte Rechtfertigung des ausgewählten Bestandes vor der betroffenen Mieterschaft wichtig.

Die Kooperation beider Parteien hat sich darüber hinaus auch bei der eigentlichen Privatisierung in Fremdregie bewährt. Über den langjährigen persönlichen Kontakt zwischen den Vertretern des Wohnungsunternehmens und der Mieterschaft sowie einer entsprechenden Ankündigung des beauftragten Dienstleisters wird diesem der Zugang zum Mieter als potentiellen Käufer erleichtert.
Durch ein laufendes Feed-back aus der Mieterschaft haben die Verantwortlichen im Wohnungsunternehmen Kontrolle über die Arbeit des Dienstleisters und können bei einer fehlenden Sensibilität im Umgang mit den Mietern zudem schneller eingreifen.

3.1.2.3. Mieterinformationen

Vollkommen unterschiedlich sind die qualitativen und quantitativen Maßnahmen der Wohnungsunternehmen bei der Mieterinformation über den Wohnungskauf:

Das qualitative Spektrum reicht von einer kurzen schriftlichen Notiz, bei der der Mieter im Fall des Kaufinteresses selbst die Initiative ergreifen muß, bis hin zu einer umfassenden Information. Letztere Variante enthält zusätzlich zum Mieteranschreiben eine allgemeine und objektbezogene Information über den geplanten Sanierungs- und Privatisierungsablauf. Darüber hinaus bieten Mieterversammlungen und das Angebot eines individuellen Gesprächs die Möglichkeit, die eigene Chance für den Kauf der Wohnung abzuschätzen.

Aus den Berichten der Wohnungsunternehmen ist zu entnehmen, daß bei der Mieterberatung der Kaufpreis und seine Finanzierung von zentralem Interesse sind. Ohne die Klärung dieser Faktoren ist die Wirkung von Information und Beratung der Mieter als gering einzustufen. Aufgrund der im politischen System der DDR geringen Bedeutung von Privateigentum respektive seiner Finanzierung durch Kreditaufnahmen ist kaum davon auszugehen, daß die Mehrzahl der Mieter die Vor- und Nachteile des Wohnungserwerbes erkennen. Dennoch wird verschiedentlich von einer entsprechend offenen und detaillierten Informationspolitik über Kreditfinanzierung, monatliche Belastung des Käufers, Fördermittel von Bund und Ländern etc. abgesehen bzw. auf Pauschalaussagen reduziert.

Das quantitative Spektrum reicht von der Information und Beratung einzelner, ausgewählter Mieter bis hin zur Kommunikation mit der gesamten Mieterschaft. Größere Wohnungsunternehmen wählen in der Regel, den Merkblättern des Bundesbauministeriums und der KfW[319] entsprechend, zur Ermittlung des vorhandenen Kaufinteresses diejenigen Objekte aus ihrem Bestand aus, die sich nach eigener Einschätzung für eine Privatisierung anbieten. Dort führen sie Mieterinformationen durch, um Kaufinteresse zu wecken bzw. zu stärken.
Die dabei punktuell gesammelten Ergebnisse zum Kaufinteresse der Mieter werden unter der Voraussetzung gleichartiger Bauweise und ähnlicher Mieterstruktur auf Mieter anderer Objekte projiziert. Dadurch können die Unternehmen einen hohen zeitlichen und kostenintensiven Aufwand einsparen.
Kleinere Wohnungsunternehmen und Kommunen führen dagegen eher eine Vollerhebung zum Kaufinteresse durch.

3.1.2.4. Kaufpreis

Der Kaufpreis einer Immobilie setzt sich in der Regel aus drei Komponenten zusammen: Dem Preis für die unsanierte Wohnsubstanz, den Sanierungskosten und den Kosten der Eigentumsbildung. Nach der Intention des Gesetzes

319 Merkblätter vom 18.05.1995 und 22.12.1995.

soll es sich insgesamt um einen attraktiven, "mieterfreundlichen" Kaufpreis handeln.[320]

Im Rahmen der direkten Mieterprivatisierung wird bei der Ermittlung des Werts für die unsanierte Bausubstanz üblicherweise der Verkehrswert zugrunde gelegt, der regelmäßig über dem Buchwert (bei Vor-Wendebauten) und dem Ertragswert der Immobilie liegt.[321] Die Wohnungsunternehmen begründen den höheren Wertansatz damit, daß sich die Auslegung eines Gesetzes sowohl am eigentlichen Gesetzeswortlaut, der im Altschuldenhilfe-Gesetz nichts über die Preisgestaltung aussagt, als auch an der dem Gesetz zugrundeliegenden Zielsetzung orientiert. Da das Altschuldenhilfe-Gesetz explizit die Verbesserung der Kredit- und Investitionsfähigkeit der Wohnungsunternehmen fördern soll, kann ihrer Meinung nach nur der (höhere) Verkehrswert als Basis für die Preiskalkulation dienen.

Aus der Diskussion mit den Unternehmen ist zu entnehmen, daß einige bei ihrer Preisermittlung zusätzlich zu den genannten Faktoren auch die voraussichtliche Erlösabführung, die beim Wohnungsunternehmen verbleibenden Restverbindlichkeiten (meist DM 150/m² Wfl.) und/oder einen "Risikozuschlag" -in verdeckten Positionen- berücksichtigen, was vor dem Hintergrund der vom Altschuldenhilfe-Gesetz verlangten "mieterfreundlichen Preise" abzulehnen ist.

Sofern der verlangte Kaufpreis nicht einen umfänglichen Abverkauf der Wohnungen erwarten läßt, reagieren die Wohnungsunternehmen sehr unterschiedlich: Für einen Teil ist damit bereits der Nachweis erbracht, daß trotz "intensiver Bemühungen" die Veräußerungsverpflichtung nicht zu erfüllen ist. Einige wenige verkaufen ihren Bestand erheblich unter dem zugrundegelegten Buch- bzw. Verkehrswert, um sich so ihrer Veräußerungsverpflichtung möglichst schnell und abschließend zu entledigen.

---

320 Eine exakte Abgrenzung des Begriffs "mieterfreundlicher Preis" oder eine vorgegebene Berechnungsformel existieren im Altschuldenhilfe-Gesetz nicht. Lediglich im Merkblatt vom 18.05.1995 ist hierzu ausgeführt, daß die Preisforderung des Wohnungsunternehmens die wirtschaftliche Leistungsfähigkeit der Mieter berücksichtigen soll. Sofern Förderrichtlinien Kosten- bzw. Preisobergrenzen vorsehen, sind diese im Regelfall bei der Preisgestaltung zu berücksichtigen. Mit dieser Formulierung steckt der Gesetzgeber einen Rahmen ab, den es im Einzelfall, unter Berücksichtigung der jeweiligen Bedingungen, auszufüllen gilt.

321 Hiervon zu unterscheiden ist das Preisfindungsverfahren bei mieternahen Privatisierungsmodellen, das in den Punkten IV 3.3.2.1 und 3.3.2.2 erläutert wird.

Bei der Mehrzahl der Unternehmen setzt jedoch ein allmählicher Preisbildungsprozeß ein, der auf der Grundlage von Angebot und Nachfrage im Zeitablauf einen realistischen und am Markt durchsetzbaren Verkaufspreis formt.

3.2. Umsetzung der Privatisierungsverpflichtung bis Ende 1994

Als Grundlage für die in Punkt V 2.2. vorzunehmende Beurteilung, inwieweit die mit dem Altschuldenhilfe-Gesetz verbundene politische Zielsetzung -Förderung des individuellen Wohneigentums- umgesetzt wird, dienen die in den Jährlichen Berichten 1994 und 1995 angegebenen Veräußerungen zwischen dem 3. Oktober 1990 und 31. Dezember 1996, die es im folgenden darzustellen gilt. Aufgrund unterschiedlicher Rahmenbedingungen bzw. Anrechnungsvoraussetzungen im Zeitablauf, erfolgt eine differenzierte Betrachtung der Veräußerungen von 1990 bis Ende 1993, denen im Jahr 1994 (Punkt IV 3.2) sowie solchen im Zeitraum 1995 bis Ende 1996 (Punkt IV 3.3.).

Charakteristisch für den Zeitraum 1990 bis Ende 1993 ist, daß trotz des formulierten Mietervorrangs alle Veräußerungen auf die Privatisierungsquote angerechnet werden, unabhängig davon, ob der Antragsteller eine vorrangige Berücksichtigung der Mieter gemäß § 5 Abs. 1 AHG nachweisen kann oder nicht. Eine Rechtfertigung hierfür ergibt sich einerseits dadurch, daß die Verabschiedung des Altschuldenhilfe-Gesetzes erst Mitte 1993 erfolgt ist und die Unternehmen nicht rückwirkend schlechter gestellt werden dürfen. Andererseits sollen die anfänglich erleichterten Privatisierungsbedingungen eine Initialzündung bewirken, um finanzielles Potential für Sanierungsvorhaben an Bestands- und Privatisierungsobjekte zu erschließen.[322]
In den Anträgen auf Altschuldenhilfe bzw. im Jährlichen Bericht 1994 geben die Unternehmen für den Zeitraum 1990-1993 44.600 Wohnungsveräußerungen an. Nachprüfbare Aussagen über den Anteil der tatsächlichen Veräußerungen an Mieter existieren nicht; Schätzungen[323] gehen von maximal einem Drittel

322 Gemäß § 5 Abs. 1 Satz 2 AHG können alle Wohnungsverkäufe ab dem 03.10.1990 auf die Privatisierungsquote angerechnet werden. Der Vorrang der Veräußerung an Mieter ist für die Wohnungsunternehmen erst dann bindend, wenn sie einen Antrag auf Teilentlastung gestellt haben. Damit es nicht zu Verzögerungen bei der Antragstellung kommt, hat der Lenkungsausschuß aus Praktikabilitätsgründen den 01.01.1994 als den maßgeblichen Zeitpunkt, ab dem der Mietervorrang zu beachten ist, festgelegt.
Vgl.: Deutscher Bundestag, Drucksache 12/4401, S. 116.

323 GdW, Mieternahe Privatisierungsformen, S.3.

aus. Erfahrungsgemäß handelt es sich hauptsächlich um Ein- und Zweifamilienhäuser, für die ein hohes Kaufinteresse und die (grundbuch)rechtlichen Rahmenbedingungen vorhanden sind. Der Hauptteil der Veräußerungen bilden Gesellschaftsveräußerungen, die diese noch im Dezember 1993 (sog. "Silvesterverkäufe") in großem Umfang mit Investoren abwickeln.

Mit dem Stichtag 1. Januar 1994 gilt das definitive Vorrangigkeitsgebot der Wohnungsprivatisierung an die Mieter. Ab diesem Zeitpunkt ist das Wohnungsunternehmen verpflichtet, aus seinem Wohnungsbestand die für eine Mieterprivatisierung geeigneten Bestände auszuwählen und sie *vorrangig* dem Mieter der jeweiligen Wohnung bzw. seiner Mieterschaft anzubieten.
Diese, mit dem Wortlaut des Altschuldenhilfe-Gesetz konforme Art der Privatisierung, wird zunächst sehr restriktiv verfolgt. Nur unter bestimmten Bedingungen sind Abweichungen zulässig und auf die Privatisierungsquote anrechenbar, z. B. wenn ein Mieter auch die benachbarte Wohnung für einen Durchbruch dazu kauft.

Obwohl Bund und Länder den Mietern Kaufzuschüsse für Bestandswohnungen gewähren[324] und das Marktzinsniveau für Hypothekardarlehen gegenüber den Vorjahren abgesunken ist, bleiben die von den Wohnungsunternehmen in 1994 realisierbaren Veräußerungen deutlich hinter den gesteckten Erwartungen zurück. Den auf Basis aller Altschuldenhilfe-Anträge Ende 1993 geplanten Wohnungsveräußerungen für 1994 von rd. 55.200 stehen tatsächlich anrechenbare Veräußerungen im Umfang von 13.300 Wohneinheiten gegenüber, was einer negativen Abweichung von 76 vH entspricht.
Ein wesentlicher Grund für diese Entwicklung liegt in den jeweils zur Auswahl stehenden Objekten: Während die Unternehmen in den Vorjahren 1990-1993 den besonders attraktiven Ein- und Zweifamilienhausbestand ausschöpft, stehen ab 1994 zunehmend größere Mehrfamilienhäuser mit der ihnen eigenen Veräußerungsproblematik zur Disposition. Bei diesen verzögern bzw. verhindern insbesondere rechtlich-administrative Hemmnisse, wie z. B. fehlende grundbuchliche Voraussetzungen, das Einholen der Abgeschlossenheitsbe-

324 Zwischen 1991 und 1995 fördert allein der Bund rd. 60.000 Wohnungskäufe an Mieter mit Erwerbszuschüssen in Höhe von DM 320 Mio.
vgl.: Renger/Redder, 3 Jahre AHG, S. 808.

scheinigung oder die schleppende Zuordnung von Grund und Boden, die Umwandlung der Mietobjekte in Individualeigentum.

Tabelle 19 Rahmenbedingungen für auf die Privatisierungsquote anrechenbare Veräußerungen

Zeitraum	Anrechenbare Veräußerungen	maßgeblicher Zeitpunkt für Anrechnung
03.10.90-31.12.92	alle Wohnungsveräußerungen	Datum notarieller Kaufvertrag
01.01.93-31.12.93	alle Wohnungsveräußerungen*	Datum Antrag auf Eigentumsumschreibung
ab 01.01.94	- Veräußerungen an Mieter - Veräußerungen an Dritte**	Datum Antrag auf Eigentumsumschreibung
ab 05/95	- Veräußerungen an Mieter - Veräußerungen an Dritte*** - Veräußerungen im Rahmen mietern. Privatisierungen	Datum Antrag auf Eigentumsumschreibung
ab 01.01.97	- Veräußerungen an Mieter - Veräußerungen an Dritte*** - Veräußerungen im Rahmen mietern. Privatisierungen - Erbbaurechtsbestellungen	Datum Antrag auf Eigentumsumschreibung bzw. Erbbaurechtsbestellung oder ggf. Datum notarieller Kaufvertrag****

* Eingeschlossen sind Veräußerungen an Dritte, bei denen der Antrag auf Eigentumsumschreibung in 1993 nicht mehr gestellt werden kann und damit eigentlich der im Altschuldenhilfe-Gesetz definierte Mietervorrang maßgeblich ist

** Zwischen Januar 1994 und Mai 1995 sind Veräußerungen an Dritte nur dann anrechenbar, wenn ein Verkauf an Mieter nachweislich nicht möglich ist (i. d. R. nur bei kleinen Gemeinden mit geringem Wohnungsbestand).

*** Veräußerungen an Dritte sind ab Mai 1995 grundsätzlich anrechenbar, sofern nachweislich keiner der Mieter Interesse am Wohnungsbestand hat oder bereits mindestens 50 vH der Wohnungen eines Objektes an Mieter veräußert sind oder in kleineren Objekten (bis 6 WE) ein Mieter (= Investor) neben seiner eigenen auch die restlichen Wohnungen erwerben möchte. In den beiden letzten Fällen wird zur Bedingung gemacht, daß die Kaufkonditionen für den Dritten bzw. Investor nicht günstiger sind, als für den derzeitigen Mieter und daß dieser schriftlich seinen Verzicht erklärt.

**** Sofern das Wohnungsunternehmen das Fehlen der Voraussetzungen für die Antragstellung auf Eigentumsumschreibung nicht zu vertreten hat, gilt -unter bestimmten Voraussetzungen- als maßgeblicher Zeitpunkt für die Einhaltung der Frist für Kauf- oder Erbbaurechtsbestellungsverträge, die nach dem 31. Dezember 1996 abgeschlossen sind, der Zeitpunkt des Vertragsabschlusses und nicht das Datum des Antrages auf Eigentumsumschreibung bzw. auf Erbbaurechtsbestellung beim Grundbuchamt.

Sofern es für die Mieter nicht absehbar ist, zu welchem Zeitpunkt die Sicherung des Eigentums im Grundbuch -als Grundlage für die Besicherung der aufgenommenen Kredite- erfolgt, überdenken sie oftmals ihre Kaufentscheidung. In Konkurrenz zum Kauf der eigenen Wohnung tritt für viele dann der Neubau. Für diese Entscheidung sprechen vergleichsweise unproblematische grundbuchrechtliche Rahmenbedingungen sowie eine höhere Förderung von Bund und Länder in Form steuerlicher Sonderabschreibungen und finanzieller Kaufunterstützungen.

Eine Differenzierung der in 1994 realisierten 13.300 Wohnungsveräußerungen nach Käufergruppen zeigt im Durchschnitt eine 66:34 Aufteilung zugunsten der Mieter[325] . Die Verteilung Mieter-Dritte[326] schwankt jedoch bei den Unternehmensformen erheblich:
Kommunen veräußern in 1994 1.900 Wohnungen direkt an die Mieter und 500 an Dritte, was einer Quote von 80:20 entspricht.
Von 9.000 Wohnungsverkäufen bei Gesellschaften betreffen 60 vH direkte Mieterverkäufe und zu 40 vH anrechenbare Veräußerungen an Dritte. Damit hat der Drittverkauf im Vergleich der Unternehmensformen hier die größte Bedeutung.
Genossenschaften (1.900 Wohnungsveräußerungen) hingegen erzielen mit 85 vH erwartungsgemäß den weit überwiegenden Anteil ihrer Erfolge durch Veräußerungen an Mieter.

Diese Zahlen bestätigen in ihrer Tendenz die vorherigen Ausführungen in Punkt IV 3.1.1. Kommunen verfügen über einen hohen Anteil verkehrsfähiger Ein- und Zweifamilienhäuser sowie kleinerer Mehrfamilienhäuser, für das ein ver-

325 Bereits der Jährlichen Bericht 1994 unterscheidet zwischen Mieter-, Mieternahen und Drittverkäufen, obwohl Verkäufe im Rahmen der mieternahen Modelle "offiziell" erst ab Mai 1995 möglich sind. Das in der Praxis teilweise bereits früher umgesetzte "alte Zwischenerwerbermodell" ist nicht mit dem im Schreiben vom 19. Mai 1995 veröffentlichten mieternahen Privatisierungsmodell gleichzusetzen. Das "alte Zwischenerwerbermodell" zeichnet sich dadurch aus, daß ein Dritter einen Wohnungsbestand übernimmt, saniert und anschließend den Mieter anbietet. Anrechenbar auf die Privatisierungsverpflichtung des teilentlasteten Wohnungsunternehmens sind nur die Wohnungen, die tatsächlich an Mieter veräußert werden. Im Gegenzug für diese restriktive Anerkennungspolitik unterliegt der Dritte nicht den umfangreichen Anforderungen, die das Merkblatt vom 18. Mai 1995 formuliert.
Entsprechende Angaben in den Jährlichen Berichten sind daher teilweise den Mieterverkäufen zuzurechnen

326 Bei den Drittverkäufen in 1994 handelt es sich überwiegend um Verkäufe in 1993, für die erst 1994 der Antrag auf Eigentumsumschreibung gestellt werden konnte und die somit zur Kategorie der 94er-Verkäufe zählen. Vgl. hierzu auch: Tabelle 19.

gleichsweise hohes Kaufinteresse der Mieter besteht; entsprechend ist ihre Erfolgsquote in der Mieterprivatisierung. Bei den Genossenschaften spiegelt sich der genossenschaftliche Leitgedanken und die hohe Wohnzufriedenheit in meist attraktiver Lage in der hohen Kaufakzeptanz der Mieter wider. Demgegenüber sind Gesellschaften häufig Eigentümer überwiegend großer Objekte in unattraktiver Bauweise und -lage, die die Mieterprivatisierung erschweren.

In Relation zur insgesamt auferlegten Privatisierungsverpflichtung haben die Kommunen bis Ende 1994 bereits 49 vH ihrer Auflage erfüllt. Bei den Gesellschaften liegt diese Quote bei 22 vH, während die Genossenschaften mit lediglich drei Prozent das "Schlußlicht" bilden. Ursächlich für den geringen Erfolg der Genossenschaft ist die langwierige Umsetzung des Wohnungsgenossenschaft-Vermögensgesetzes. Trotz der eindeutigen Vorgaben des Gesetzgeber bei der Übertragung von Grund und Boden gestaltet sich der eigentliche Übertragungsakt schleppender als bspw. bei Gesellschaften.

Tabelle 20 Umsetzung der Veräußerungsverpflichtung nach Rechtsformen bis Ende 1994

	insgesamt	davon: Kommunen	Gesellschaften	Genossenschaften
Privatisierungs-verpflichtung	352.300	16.600	209.400	126.300
Privatisierungen bis 31.12.1993	44.600	5.800	37.500	1.400
Privatisierungen in 1994	13.300	2.400	9.000	1.900
Summe	57.900	8.200	46.500	3.300
Erfolgsquote (vH)	16,4	49,4	22,2	2,6

3.2.1. Regionale Verteilung der Privatisierungserfolge

Die Aufschlüsselung der Verkaufserfolge bis Ende 1994 nach Sitz des Antragstellers[327] zeigt, daß absolut betrachtet die Wohnungsunternehmen in Sachsen 17.900 Wohneinheiten und damit knapp ein Drittel aller Veräußerungen reali-

327 Wohnungsbestände von Unternehmen, deren Sitz aufgrund von Gebietsreformen heute in den alten Bundesländern liegt, sind im Rahmen von statistischen Auswertungen grundsätzlich Mecklenburg-Vorpommern zugeordnet.

sieren. Mit deutlichem Abstand folgen Berlin mit 10.200 und Mecklenburg-Vorpommern mit 9.900, gefolgt von Sachsen-Anhalt und Thüringen mit jeweils 8.700 Wohnungsveräußerungen. Brandenburg bildet mit 3.000 Veräußerungen das Schlußlicht.
Augenfällig bei der Analyse ist, daß wiederum Sachsen dieses Ergebnis bereits zu 68 vH in 1993 realisiert. Ähnliche Ergebnisse weisen auch die anderen Bundesländer auf. Übertroffen wird diese Quote lediglich von Berlin, wo aufgrund großer Bestandsverkäufe in Dezember 1993 99 vH aller anrechenbaren Veräußerungen stattfinden.

Größere Bedeutung als der absoluten Kennziffer ist dem Verhältnis zwischen den angerechneten und den gemäß Altschuldenhilfe-Gesetz insgesamt zu veräußernden Wohneinheiten einzuräumen.
Danach sind in Brandenburg und Mecklenburg-Vorpommern 23 bzw. 22 vH, in Sachsen 21 vH und in Thüringen bzw. Sachsen-Anhalt 19 bzw. 17 vH der insgesamten Privatisierungsverpflichtung (bezogen auf alle Rechtsformen) erfüllt. Das Ende bildet hier Berlin mit unter sieben Prozent.

Für die relativ geringe Quote in Berlin nach 1993 gibt es verschiedene Gründe: Ein Schwachpunkt von Berlin gegenüber den anderen Bundesländern ist die Tatsache, daß 80-90 vH der veräußerbaren Wohneinheiten in industriell gefertigten Großwohnanlagen liegen, deren soziale Infrastruktur (z. B. Kindergärten und Versorgungseinrichtungen) nach der Wende weitgehend zusammengebrochen ist. Nachteilig wirkt sich ferner der hohe genossenschaftliche Wohnungsbestand aus (rd. ein Drittel), der dem bereits geschilderten Übertragungsproblem von Grund und Boden unterliegt. Aber auch der Berliner Senatsbeschluß, wonach von den kommunalen Wohnungsunternehmen West-Berlins zusätzlich 40.000 Wohnungen innerhalb der nächsten Jahre zum Verkauf angeboten werden sollen, zeigt negative Auswirkungen. So entsteht auf dem gesamten Berliner Wohnungsmarkt -trotz der gestiegenen Nachfrage aufgrund des Regierungsumzugs- ein örtliches Überangebot an Wohnungen.

Die im Vergleich hierzu besseren Ergebnisse in Brandenburg, Mecklenburg-Vorpommern und Sachsen sind auf eine größere Anzahl verkaufter Ein- und Zweifamilienhäuser, die sich überwiegend im Eigentum der Kommunen und kommunalen Wohnungsgesellschaften befanden, zurückzuführen, bei denen von einer größeren Rechtssicherheit im Bereich des Grundstücksverkehrs ausgegangen werden kann. Zudem ist in der Bevölkerung von Mecklenburg-Vorpommern die Einstellung gegenüber Privateigentum aufgrund seiner historischen Bedeutung[328] wesentlich positiver und selbstverständlicher als beispielsweise in Berlin.

3.2.2. Privatisierungserlöse

Im Rahmen der jährlichen Berichterstattung sind die Wohnungsunternehmen zu Angaben über die realisierten Verkaufserlöse anrechnungsfähiger Privatisierungen aufgefordert.[329]

Die im Jährlichen Bericht 1994 angegebenen Privatisierungserlöse pro Quadratmeter Wohnfläche für Veräußerungen im Zeitraum 1990/92, 1993 und 1994 weisen für alle Zeiträume erhebliche regionale Schwankungsbreiten und uneinheitliche Tendenzen -unabhängig davon, ob es sich um Veräußerungen von Kommunen, Gesellschaften oder Genossenschaften handelt- auf.
Ähnliche Ergebnisse sind auch bei der Analyse der 12 ausgewählten Unternehmen festzustellen.

Zurückzuführen ist dies auf die große Anzahl der Bestimmungsfaktoren der Kaufpreisbildung und deren Kombinationsmöglichkeiten. Hierzu zählen in erster Linie das Alter und die Größe des Gebäudes, seine Bauweise, der aktueller Zustand, die Grundstücksgröße und die Lage, in der sich das Objekt befindet. Neben diesen objektspezifischen Größen beeinflussen auch die sozio-ökonomischen Daten der Mieterschaft, die aktuellen regionalen Entwicklungsprognosen und das örtliche Neubauvolumen entscheidend den Quadratmeterpreis.

---

328 Bereits zu DDR-Zeiten weist Mecklenburg-Vorpommern eine hohe Quote selbstgenutztes Wohneigentum auf , was zum einen auf den hohen Altbaubestand und zum anderen auf die agrarbestimmte Flächennutzung zurückzuführen ist. Industrieansiedlungen existieren kaum, so daß auf den Bau von Trabantenstädten, wie z. B. in Hoyerswerda und Halle-Neustadt, weitgehend verzichtet werden konnte.

329 In Gesprächen mit Vertretern der Wohnungswirtschaft bestätigten diese die Vermutung, daß besonders gute Verkaufsabschlüsse nicht der KfW als anzurechnende Privatisierung gemeldet werden, um eine hohe Erlösabführung zu vermeiden.
Da Verkäufe der Vorjahre nicht zu einem späteren Zeitpunkt "nachgemeldet" werden können, setzen sie sich dem Risiko aus, ggf. ihre Privatisierungsverpflichtung nicht in vollem Umfang zu erfüllen und einen Teil der Teilentlastung rückerstatten zu müssen.

Aussagen über die veräußerten Objekte sind im Jährlichen Bericht nicht anzugeben. Auch diesbezügliche Abschätzungen über die bekannten Wohnungsdaten der Unternehmen aus dem Antrag auf Altschuldenhilfe oder sonstigen Unterlagen sind in der Regel nicht möglich. Der erzielte Erlös kann sich damit sowohl auf ein relativ junges, gut ausgestatteten Gebäude in schlechter Wohnlage als auch auf ein älteres, sanierungsbedürftiges Objekt mit hohem Bodenwert beziehen. Da ein Bezug zwischen Verkaufspreis und zu veräußerndem Objekt aus den vorliegenden Unterlagen nicht gegeben ist, wird hier auf eine bloße Nennung der erzielten (regionalen) durchschnittlichen Privatisierungserlöse verzichtet.[330]

3.3. Umsetzung der Privatisierungsverpflichtung in 1995 und 1996

3.3.1. Direkte Mieterprivatisierung

Bereits erste Befragungen von kommunalen Wohnungsunternehmen in 1994 und die Einschätzungen der wohnungswirtschaftlichen Verbände deuten darauf hin, daß die vom Gesetzgeber verfolgte Intention der nachhaltigen Schaffung von Wohneigentum für breite Bevölkerungsschichten nicht im vorgesehenen Zeitraum erreicht sein wird. Gleichwohl prognostizieren die Antragsteller in den Jährlichen Berichten 1994 hohe Verkaufszahlen bei der direkten Mieterprivatisierung für die Jahre 1995 und 1996 (Tabelle 21), die in keinem Verhältnis zur tatsächlichen Umsetzung der Vorhaben bis zu diesem Zeitpunkt stehen. Auffällig ist dabei die enge Anlehnung an die (optimistische) Planung im Rahmen der Antragstellung. Alte Planwerte scheinen oftmals unkritisch übernommen, um vorübergehend der kritischen Überprüfung der KfW als Mandatar zu entgehen.

---

330 In der Tendenz ist von einem Nachgeben der Preise am Wohnungsmarkt für Gebraucht-Immobilien auszugehen. Verlangen Wohnungsunternehmen 1992 und 1993 für sanierten Wohnraum im Durchschnitt noch über DM 2.000/m² Wfl., sind es 1995 nur noch DM 1.500-1.800/m² Wfl.
Vgl.: o. V., Zäher Wohnungsverkauf in Ostdeutschland, S. 18.

Tabelle 21 Geplante und tatsächlich realisierte Privatisierungen an Mieter für das Jahr 1995 nach Rechtsformen (in WE)

	geplante Veräußerungen gemäß JB 1994	realisierte Veräußerungen gemäß JB 1995	Abweichung (in vH)
Kommunen	3.900	2.600	- 44
Gesellschaften	15.500	6.900	- 53
Genossenschaften	12.000	5.100	- 58
Gesamt	31.400	14.600	- 54

In Anbetracht der geschilderten Schwierigkeiten bei der Erfüllung der Privatisierungsauflage durch direkte Mieterprivatisierungen üben vor allem die wohnungswirtschaftlichen Verbände und einzelne große Wohnungsunternehmen Druck auf das Bundesbauministerium aus, weitere Privatisierungsalternativen aufzuzeigen. Im Mai 1995[331] weist Bundesbauminister Prof. Dr. Töpfer die KfW an, auch sogenannte "mieternahe Privatisierungsformen" unter bestimmten Bedingungen[332] anzuerkennen.

3.3.2. Mieternahe Privatisierungsmodelle als Alternative zur direkten Mieterprivatisierung

Zu den alternativen Varianten der mieternahen Privatisierungsmodelle zählen der Verkauf an einen Zwischenerwerber, die Ausgründung bzw. Abspaltung einer Wohnungsgenossenschaft und das Mietergemeinschaftsmodell. Mit Hilfe

331 Basis ist das Schreiben des Bundesbauministers Prof. Dr. Klaus Töpfer zur Anerkennung mieternaher Privatisierungsformen vom 19.05.1995 an die KfW.
Es ist anzumerken, daß es sich bei diesem Schreiben -sowie den nachfolgenden Merkblättern/Leitlinien vom 22.12.1995 und 25.04.1996- nicht um eine gesetzliche Vorschrift oder eine Verordnung, sondern vielmehr um interne Richtlinien für die Entscheidungspraxis der KfW handelt. Somit haben diese Merkblätter/Leitlinien nur eine Innenwirkung zwischen dem Bundesbauministerium als Auftraggeber und der KfW als Mandatar, die der Vereinheitlichung der Rechtsanwendung dienen und den Ermessenspielraum der KfW beeinflussen. Sie binden nach herrschender Meinung jedoch weder die Wohnungsunternehmen noch die Gerichte, insbesondere wenn letztere im Falle eines Aufhebungsbescheides nach § 5 Abs. 3 AHG (Aufhebung der Teilentlastung aufgrund der Nichterfüllung der Privatisierungsverpflichtung) entscheiden müssen.
Vgl.: Bundschuh, Rechtsqualität der Veröffentlichungen, S. 420.

332 Eine detaillierte Darstellung der verschiedenen Bedingungen und Ausgestaltungsmöglichkeiten mieternaher Privatisierungsformen findet sich in den Leitlinien und Merkblättern des Bundesbauministeriums und der KfW vom 18.05.1995, 22.12.1995 und 25.04.1996.

dieser Instrumente sollen Wohnungsunternehmen in größerem Umfang Wohnungen veräußern können, die direkt auf die Privatisierungsquote anrechenbar sind und über eine niedrige Erlösabführung mehr Kapital für Bestandsinvestitionen sichern.
Über die genannten Alternativen hinaus ist seit Mai 1995, ebenfalls unter Beachtung bestimmter Voraussetzungen, ein Verkauf von Wohnungen an Dritte (sog. subsidiärer Drittverkauf) möglich.

3.3.2.1. Zwischenerwerbermodell

Im Rahmen des Zwischenerwerbermodells veräußert das Wohnungsunternehmen meist einen größeren, unsanierten Wohnungsbestand an einen Käufer, den sog. "Zwischenerwerber". Der Zwischenerwerber verpflichtet sich, den übernommenen Bestand, zumindest im Gemeinschaftseigentum, zügig instandzusetzen und zu modernisieren. Im Anschluß an die Sanierungsarbeiten muß der Zwischenerwerber innerhalb von zwölf Monaten den hierin wohnenden Mietern ein konkretes Kaufangebot für ihre bzw. eine Wohnung unterbreiten, um so möglichst viel, mindestens aber ein Drittel des insgesamt übernommenen Wohnungsbestandes, zu "mieterfreundlichen Preisen", bis zum Jahresende 2003 zu veräußern.
Unter dieser Maßgabe wird der Verkauf dem Wohnungsunternehmen vollständig auf dessen Privatisierungsverpflichtung angerechnet.

Als Zwischenerwerber fungieren überwiegend Privatpersonen mit ausgeprägt spekulativen Absichten, die ihr Risiko über vorteilhafte Firmenkonstruktionen absichern. Banken und andere institutionelle Kapitalanleger treten weniger häufig als Käufer auf; es ist jedoch zu vermuten, daß sie über Beteiligungen an Zwischenerwerbergesellschaften und/oder an deren Finanzierung profitieren. Zu den selbst am Markt agierenden Banken zählt die Deutsche Kreditbank AG, die ehemalige Hauptgläubigerin der Altverbindlichkeiten. Ihr Motiv für ein Engagement liegt nach eigenem Bekenntnis weniger im gewinnträchtigen Kauf der Immobilien als in der Möglichkeit, dem Mieter neben seiner Wohnung auch den hauseigenen Kredit vermitteln zu können.

Anders als bei der Direktprivatisierung[333], bei der der einzelne Käufer eine relativ schwache Verhandlungsposition besitzt, richtet sich die Preisfindung bei großvolumigen Zwischenerwerbermodellen wesentlich stärker nach den Vorstellungen des Erwerbers. Nach dessen Investitionskalkül ist zu berücksichtigen, daß er "nur" ein Drittel des übernommenen Bestandes veräußern muß und die restlichen zwei Drittel im eigenen Portefeuille oder dem von (institutionellen) Kapitalanlegern als Renditeobjekte verbleiben können. Entsprechend solle die Finanzierung des Kaufs und der Sanierungsmaßnahmen dieser Bestandsobjekte -sowie ein kalkulierter Gewinnaufschlag- über die Mieteinnahmen und Steuersparmöglichkeiten der nächsten 10-15[334] Jahre darstellbar sein. Folglich bildet für den Zwischenerwerber ein Ansatz unterhalb des prognostizierten Ertragswertes die Ausgangsbasis für seine Preisverhandlungen.

Im Vertragswerk sind regelmäßige Informationsrechte[335] gegenüber dem Zwischenerwerber zu vereinbaren, die seine Überwachung bei der Erfüllung der Sanierungs- und Veräußerungsauflage gewährleisten und Sanktionen bei einer Nichterfüllung ermöglichen. In Anbetracht des notwendigen hohen finanziellen Engagements des Käufers schließt dies auch Erkundigungen des veräußernden Unternehmens über die Bonität und die Leistungsfähigkeit des Anbieters von Zwischenerwerber-Leistungen mit ein.[336] Erstere erhält das Recht, über eine Minderheitsbeteiligung an der Zwischenerwerbergesellschaft zu partizipieren, um Einfluß auf eine sozialverträgliche Abwicklung zu nehmen. Diese Kapitalbeteiligung ist mit Auslaufen des Altschuldenhilfe-Gesetzes im Jahr 2003 zu beenden und darf nicht mit einer Rückkaufoption oder einem Andienungsrecht für nicht veräußerte Wohneinheiten zu Gunsten des abgebende Wohnungsunternehmen gekoppelt sein.

---

333 Vgl.: Punkt IV 3.1.2.4.

334 Der Zeitraum von 10-15 Jahren wird von Immobilien-Maklern als durchschnittliche Bestandsdauer angegeben, innerhalb derer sich der Kauf der Immobilie amortisieren sollte.

335 Die Informationsrechte sind auch bezüglich der Jährlichen Berichterstattung von Bedeutung, da das Wohnungsunternehmen weiterhin als die im Rahmen des Altschuldenhilfe-Gesetzes Verpflichtete gilt.

336 Vgl.: Renger/Redder, Drei Jahre Altschuldenhilfe-Gesetz, S. 808,
KfW, Rundschreiben 02/97, S. 1f.

3.3.2.2. Eigentumsorientierte Wohnungsgenossenschaft

Die eigentumsorientierte Genossenschaft ist eine weitere Variante der mieternahen Privatisierungsformen. Hierbei ist sowohl die Veräußerung an eine neu gegründete oder bereits bestehende Genossenschaft als auch die Abspaltung[337] auf eine bestehende oder neu gegründete Genossenschaft anrechnungsfähig im Sinne des Altschuldenhilfe-Gesetzes.
Allen Varianten gemein ist die Voraussetzung, daß die Rechtsposition der Genossenschaftsmitglieder in der Satzung der aufnehmenden Genossenschaft eigentumsorientiert sein muß. Sie stellt damit sicher, daß die Mitglieder mit einer einfachen Mehrheit die Umwandlung der Wohnungen in Wohneigentum und die Übertragung des Wohneigentums fordern können. Sofern mehr als die Hälfte der in einem Objekt wohnenden Mitglieder zustimmt, ist die Genossenschaft verpflichtet, die Wohnungen des Objektes an diese zu veräußern. Daneben wird ihnen das Recht eingeräumt, ihre Genossenschaftsanteile auf Dritte zu übertragen, sofern dem kein wichtiger Grund entgegensteht. Einer Dreiviertelmehrheit ist es möglich, die Genossenschaft aufzulösen und den Wohnungsbestand vorrangig in Einzeleigentum zu überführen.

Neben der eigentumsorientierten Satzung ist unabdingbare Voraussetzung, daß die ausgegründete Wohnungsgenossenschaft mit ausreichenden finanziellen Mitteln ausgestattet ist, um die notwendigen Instandsetzungs- und Modernisierungsinvestitionen zu gewährleisten. Mit der Neuregelung der Wohneigentumsförderung hat der Gesetzgeber die Voraussetzungen geschaffen und Anreize gesetzt, die Beteiligungen an eigentumsorientierten Wohnungsgenossenschaften im Rahmen der Eigenheimzulage zu fördern. Gemäß § 16 a EigZulG n. F. kann die Eigenheimzulage von Anspruchsberechtigten auch einmalig für die Anschaffung von Genossenschaftsanteilen in Höhe von mindestens DM 10.000 in Anspruch genommen werden. Voraussetzung ist, daß die Genossenschaft nach dem 1. Januar 1995 in das Genossenschaftsregister eingetra-

337 "Abspaltung" (zur Neugründung) bezeichnet einen Vorgang, bei dem ein Teil des bisherigen Unternehmens abgetrennt wird. Die neue, eigentumsorientierte Genossenschaft muß rechtlich und organisatorisch unabhängig sein und darf insbesondere nicht durch das Altunternehmen beherrscht werden. Denkbar ist auch die Abspaltung (zur Aufnahme), bei der Vermögenswerte auf eine bereits bestehende Wohnungsgenossenschaft übertragen werden. Diese Variante setzt allerdings eine eigentumsorientierte Satzung der aufnehmenden Genossenschaft und deren Nicht-Inanspruchnahme von Altschuldenhilfe voraus. Letztere Bedingungen soll verhindern, daß die Privatisierungsverpflichtung durch einen Ringkauf von Wohnungsbeständen erfüllt wird.

gen wird und die Satzung den Genossenschaftsmitgliedern ein unwiderrufliches und vererbliches Recht auf Erwerb des Eigentums an der von Ihnen zu Wohnzwecken genutzten Wohnung für den Fall einräumt, daß die Mehrheit der in einem Objekt wohnenden Genossenschaftsmitgliedern der Begründung von Wohneigentum und der Veräußerung schriftlich zustimmt.

Die Preisfindung bei der Veräußerung an eine neu gegründete oder bereits bestehende Genossenschaft richtet sich meist nach dem am Markt gängigen Kaufpreis unter Berücksichtigung des Transaktionsvolumens; sie liegt in der Regel höher als beim Zwischenerwerbermodell.
Im Falle der Abspaltung ist als Bruttoerlös -und damit Grundlage für die erforderliche Erlösabführung- der Wert anzusetzen, der "... im Spaltungsplan unter Berücksichtigung der fortbestehenden genossenschaftlichen Bindungen für die übergehenden Wohnungsbestände vereinbart worden ist." [338] Für diesen Preis, der durch den Prüfungsverband verifiziert werden muß, existiert keine Untergrenze. Unter Berücksichtigung der wirtschaftlichen Situation des Neuunternehmens und der noch ausstehenden Sanierungsleistungen etc. ist damit ein Bruttoerlös weit unterhalb des Ertragswertes möglich.

Während das Zwischenerwerbermodell überwiegend von Gesellschaften und Kommunen angewendet wird, ist die Bildung einer eigentumsorientierten Genossenschaft häufiger bei großen genossenschaftlichen Wohnungsunternehmen anzutreffen. Zurückzuführen ist dies im wesentlichen darauf, daß für die Durchführung von Genossenschaftsmodellen aus Rentabilitätsaspekten größere Projektvolumen notwendig sind, um eine wirtschaftliche Existenz der neuen Genossenschaft zu ermöglichen. Zwischenerwerbermodelle hingegen sind unter Umständen schon ab 20-30 Wohneinheiten tragbar. Darüber hinaus ist für das Genossenschaftsmodell ein differenziertes Verständnis für den genossenschaftlichen Leitgedanken vorteilhaft, der in der Regel bei Gesellschaften oder Kommunen nicht so stark ausgeprägt ist. Dennoch sind vereinzelt auch bei größeren kommunalen Wohnungsgesellschaften Genossenschaftsausgründungen anzutreffen.

Eigentumsorientierten Wohnungsgenossenschaften liegt der Leitgedanke zugrunde, wonach Genossenschaften Solidargemeinschaften sind, die gemein-

338 Merkblatt vom 25.04.1996, S. 8.

schafliches Eigentum bilden und den Einzelnen damit von seinem individuellen wirtschaftlichen Risiko entlasten.[339]

3.3.2.3. Mietergemeinschaftsmodell

Als dritte Form der mieternahen Privatisierungsalternativen stellt das Merkblatt vom 18. Mai 1995 das Mietergemeinschaftsmodell vor, bei dem ein komplettes Haus oder ein einzelner Treppenaufgang an eine Mietergemeinschaft und nicht an (einen) einzelne(n) Mieter veräußert wird. Diese Konzeption setzt voraus, daß mehr als die Hälfte der betroffenen Mieter dieser Mietergemeinschaft angehören und mindestens die Hälfte der übrigen Mieter dieser Veräußerung zustimmen. Grundlage der Mietergemeinschaft ist eine BGB-Gesellschaft, bei der sich die Mieter zum Zwecke des Erwerbes einer Immobilie zusammenschließen. Die BGB-Gesellschaft entsteht durch den Abschluß des Gesellschaftsvertrages, in dem die Rechte und Pflichten der Gesellschafter begründet sind. Für die Gesellschaftsschulden, d. h. der Kaufpreis für die Immobilie, Sanierungskosten etc., haften die Gesellschafter als Gesamtschuldner mit dem Gesellschafts- und ihrem Privatvermögen.

Aufgrund der modellspezifischen Risiken, die sich vor allem aus haftungsrechtlichen Problemen ergeben können, sind entsprechende gesellschaftsvertragliche Regelungen notwendig.[340] Diesen geht ein hoher Beratungs- und Betreuungsaufwand voraus.
Ein besonderer Schwerpunkt setzt dabei der Sanierungsbedarf. Es muß sichergestellt sein, daß die Käufer keinen unvorhergesehenen Kostenrisiken ausgesetzt sind. Daher ist bereits im Vorfeld des Kaufes der notwendige und finanzierbare Sanierungsumfang zu ermitteln und vertraglich zu regeln. Zu berücksichtigen ist, daß eine Sanierung des Gemeinschaftseigentums nach Begründung der Eigentümergemeinschaft wegen der erforderlichen mehrheitlichen Beschlüsse bei voraussichtlich unterschiedlichen (finanziellen) Interessenlagen mit entschieden größeren Problemen behaftet ist, als bei einer Sanierung vor Veräußerung.
Somit kommt das Mietergemeinschaftsmodell theoretisch nur in Ausnahmefällen in Betracht, was durch die Praxis bestätigt wird. Da das Mietergemein-

339 Vgl.:Klingohr/Eichener/Berendt, Erfolgreiche Ausgründung, S. 18.
340 Vgl.:Bähr, Bürgerliches Recht, S. 235ff.

schaftsmodell darüber hinaus in der Durchführung nur für kleinere Objekte geeignet erscheint, bietet es nicht die Möglichkeit, einen größeren Teil der Veräußerungsverpflichtung abzudecken - und ist damit für das Wohnungsunternehmen als Privatisierungsalternative anderen untergeordnet. Aufgrund der insgesamt als negativ zu beurteilenden Kosten-/Nutzenrelation des Modells und der fehlenden Durchsetzung der Konzeption in der Praxis ist diese Modellalternative als mieternahe Privatisierungsform auch für eine weitere Betrachtung innerhalb dieser Arbeit irrelevant.

3.3.2.4. Kritische Würdigung mieternaher Privatisierungsmodelle

Mit den vom Gesetzgeber in 1995 geschaffenen Privatisierungsalternativen in Form der mieternahen Privatisierungsmodelle haben sich für die Wohnungsunternehmen neue Möglichkeiten zur Erfüllung der festgelegten Privatisierungsquote eröffnet.
Aus Sicht des Bundesbauministeriums gilt es mit diesem Instrumentarium nicht nur den Kreis der Käufer und die Zahl der auf die Quote anrechenbaren Wohnungsveräußerungen deutlich zu erweitern. Vielmehr soll in Anbetracht der aufgezeigten aktuellen Umstände die gesetzlich favorisierte direkte Veräußerung an den Mieter zeitlich herausgezögert werden, um die notwendigen rechtlichen Rahmenbedingungen abzudecken und Überzeugungsarbeit am Mieter zu leisten.

Eine offensive Informationspolitik seitens des Bundesbauministeriums und der KfW soll die Wohnungsunternehmen dazu veranlassen, die ihnen eröffneten neuen Möglichkeiten zügig zu nutzen und ggf. ihr Privatisierungskonzept anzupassen.[341] Mit den mieternahen Privatisierungsmodellen werden zweifellos neue Wege eingeschlagen, die Auflage des Altschuldenhilfe-Gesetz zu erfüllen. Ob sie allerdings als "Königswege" zu bezeichnen sind, ist fraglich. Denn die neu geschaffenen Chancen für eine schnellere Privatisierung bergen auch erhebliche Risiken.

341 Hierzu gehört u. a. die unaufgeforderte Zusendung der bereits genannten Merkblätter an alle Wohnungsunternehmen und eine Reihe von Fachbeiträgen in wohnungswirtschaftlichen Publikationen. Darüber hinaus steht die praktische Ausgestaltung der Modelle im Mittelpunkt entsprechender wohnungswirtschaftlicher Tagungen und Workshops.

Bereits das bis Ende 1995 bekundete Interesse an mieternahen Privatisierungsformen deutet darauf hin, daß sich der Schwerpunkt der Privatisierungsbemühungen auf das **Zwischenerwerbermodell** richtet.

Aus Sicht der Wohnungsunternehmen hat das Zwischenerwerbermodell gegenüber dem direkten Verkauf an die Mieter den Vorteil, daß der Verkauf direkt in größerem Umfang die bestehende Privatisierungsverpflichtung reduziert, obwohl erst zu einem späteren Zeitpunkt (zu mindestens einem Drittel) der gesetzlich favorisierte Verkauf an die Mieter erfolgt.
Über die Möglichkeit zur regionalen Bündelung kommunaler und/oder genossenschaftlicher Mietwohnungsbestände bietet das Modell auch kleineren Wohnungsunternehmen die Chance, ihre Privatisierungsverpflichtung frühzeitig zu erfüllen.

Der frühe Zufluß des Verkaufserlöses und die geringere Erlösabführungsquote gegenüber der Direktprivatisierung verbessert die Liquiditäts- und Kapitallage der Unternehmen, was sich wiederum positiv auf die Sanierung des bei ihnen verbleibenden Restwohnungsbestandes auswirkt. Obwohl die Wohnungsunternehmen gegenüber der Direktprivatisierung wesentlich geringere Verkaufspreise[342] erzielen, wächst damit letztlich auch ihre subjektive Sicherheit, die gewährte Teilentlastung nicht aufgrund der Nichterfüllung der Privatisierungsauflage rückerstatten zu müssen.
In den Verkaufsobjekten sind darüber hinaus die notwendigen Sanierungsmaßnahmen nicht vorzufinanzieren sowie zeit- und personalaufwendige Arbeiten im Zusammenhang mit der intensiven Mieterberatung und -befragung auf den Zwischenerwerber übertragbar.

Der Vorzug des Modells für den Mieter ist darin zu sehen, daß innerhalb kurzer Zeit das Objekt saniert wird, was wiederum mit einer erheblichen Steigerung seiner Wohnqualität einhergeht. Die Dauer der Sanierungsarbeiten und eine nach Abschluß eingeräumte Überlegungsfrist bieten ihm Gelegenheit, den möglichen Kauf (s)einer Wohnung erneut zu überdenken. Der Kaufpreis für den Mieter dürfte sich beim Zwischenerwerbermodell nicht wesentlich von einem vergleichbaren Angebot bei der Direktprivatisierung unterscheiden, da sowohl dem Wohnungsunternehmen als auch dem Zwischenerwerber der Verkauf zu

342 Die Aussage bezieht sich auf die unsanierte Bausubstanz als Kalkulationsbasis.

"mieterfreundlichen Preisen" vorgegeben ist und die Einhaltung dieser Auflage von der KfW überprüft wird.
Entscheidet sich der Mieter gegen einen Kauf, ist für ihn von großer Bedeutung, daß seine Wohnsicherheit erhalten bleibt, da Kündigungen unter Berufung auf Eigenbedarf durch den Zwischenerwerber ausgeschlossen bleiben.

Die Praxis hat gezeigt, daß die Motivation für den Zwischenerwerber vor allem der Preis ist, zu dem er die Wohnungen erwirbt sowie die steuerlichen Anreize der Sonderabschreibung. Aufgrund seiner Machtstellung, die Wohnungsunternehmen von ihrer Problematik "Rücknahme der Teilentlastung aufgrund nichterfüllter Privatisierungsverpflichtung" zu befreien, erzielen die Zwischenerwerber erhebliche Preisvorteile. Durch den umfänglichen Kauf von Objekten realisiert er darüber hinaus auch bei der Sanierung günstigere Preise und er kann Bundes- bzw. Landesfördermittel beantragen.

Wirtschaftspolitische Kritikpunkte an der Konzeption des Zwischenerwerbermodell ergeben sich u. a. aus den allgemeinen Gesetzen des Wohnungs- bzw. Grundstücksmarktes und den Regeln eines sozialverträglichen wohnungswirtschaftlichen Handlungsrahmens. Das große Wohnungsangebot löst zwar am Markt -wenn auch in bescheidenem Maße- eine Nachfrage aus, jedoch treten hier als Interessenten in erster Linie nicht die Mieter sondern externe Investoren auf, die Sonderabschreibungsmöglichkeiten nutzen wollen. Das aus politischer Sicht vorrangig anvisierten Klientel will nicht im gewünschten Maße Käufer sein, da es sich teilweise zum gegenwärtigen Zeitpunkt (noch) mit einem Kauf, sei es finanziell oder emotional, überfordert fühlt. Das großvolumige Wohnungsangebot der Unternehmen ist somit nicht in dem gewünschten Maße nachfrageinduziert und in logischer Konsequenz (aufgrund der tatsächlich angesprochenen Käuferschicht) auch nicht als sozial positiv zu werten. Das unbestrittene Recht der Politik, Wirtschafts- und Sozialprozesse nach ihren Vorstellungen umzugestalten, findet damit seine Grenzen in der fehlenden Akzeptanz beim Mieter.

Darüber hinaus ist die Frage zu stellen, wie ein Zwischenerwerber mindestens ein Drittel des übernommenen Bestandes an Mieter veräußern kann, wenn das Unternehmen bei den gleichen Mietern mit seinem Kaufangebot keinen Erfolg hat. Die Tatsache, daß der zur Disposition stehende Angebotsbestand überwiegend noch nicht saniert ist, kann allein nicht ausschlaggebendes Moment für die negative Kaufentscheidung der Mieter in der ersten Befragung sein. Hier hat entweder sich das veräußernde Wohnungsunternehmen nicht ernsthaft und nachhaltig genug bemüht oder der Zwischenerwerber von Beginn an mit einer Nichterfüllung seiner Verpflichtung gerechnet und auf ausbleibende Sanktionen spekuliert.

Die Entscheidung für die Bildung einer **eigentumsorientierten Genossenschaft** ist bei Wohnungsgesellschaften und Wohnungsgenossenschaften unterschiedlich begründet.
Für Wohnungsgesellschaften kommt aus Erfahrungen der Praxis diese Form der Privatisierung überwiegend nur dann in Betracht, wenn ein Verkauf an Zwischenerwerber ausscheidet oder von der Mieterschaft selbst der Wunsch nach einer Genossenschaftsgründung ausgeht. Diese zurückhaltende Einstellung ist einerseits aus der meist vorhandenen "Rivalität" zwischen den am Ort vorhandenen Wohnungsgesellschaften und -genossenschaften und andererseits auf hohe Anforderungen für eine wirtschaftlich erfolgreiche Etablierung des neuen Unternehmens am Markt begründet. Als Richtwert gilt, daß die Finanzierung des Kaufpreises und der notwendigen Sanierungsmaßnahmen nur dann gesichert ist, wenn 70-80 vH der betroffenen Mieter der Genossenschaft beitreten und einen Genossenschaftsanteil von mindestens DM 10.000 zahlen. Zudem sind, zumindest in der Anlaufphase, finanzielle, personelle und fachliche Unterstützung durch das abgebende Wohnungsunternehmen notwendig.

Aus Sicht einer der Veräußerungsverpflichtung unterliegenden Genossenschaft hingegen bildet die Abspaltung bzw. Neugründung oftmals den einzig gangbaren Weg, die 15 vH-Quote zu erfüllen, sofern die direkte Veräußerung an Mieter scheitert. Einen Verkauf an Zwischenerwerber oder Dritte lehnen sie meist mit dem Hinweis auf den genossenschaftlichen Leitgedanken ab.

Im Gegensatz zur Neugründung einer eigentumsorientierten Wohnungsgenossenschaft aus kommunalen Beständen ist eine Abspaltung/Neugründung aus einer bestehenden Genossenschaft heraus erfahrungsgemäß problematischer. Obgleich die bestehende Genossenschaft nicht mehr für den genossenschaftlichen Grundgedanken werben muß und durch ihre eigene langjährigen Erfah-

rungen in der Wohnraumbetreuung ein entsprechendes Kooperations-Potential anbieten kann, sprechen andere Aspekte aus Sicht der Mitglieder gegen einen Übertritt: So sind die Mitglieder einer bestehenden Genossenschaft trotz Förderung nur schwer zu motivieren, als Mitglied der neugegründeten Genossenschaft weitere Geschäftsanteile von durchschnittlich DM 6.000[343] zu zeichnen - vor allem, da sie bereits ein Dauernutzungsrecht genießen und eine Sanierung der Bestände in der neuen Genossenschaft oftmals noch nicht erfolgt ist.
Damit stellt unter wirtschaftlichen Gesichtspunkten die Abspaltung oder Neugründung einer eigentumsorientierten Genossenschaft für die bestehende Wohnungsgenossenschaft nur dann eine Alternative zur bisherigen Erfüllung der Privatisierungsauflage dar, wenn die wirtschaftliche Existenz sowohl der verbleibenden, als auch der neugegründeten Genossenschaft langfristig sichergestellt ist und vor allem auch den betroffenen Mietern eine positive Perspektive für die Mitgliedschaft in der neuen Genossenschaft geboten werden kann.

Obwohl die Konzeption der eigentumsorientierten Genossenschaft durch die jüngste Änderung des § 16 a Eigenheimzulagegesetzes zusätzliche Unterstützung erfährt ist sie kritisch zu beurteilen.
So sinnvoll die Förderung des Genossenschaftsgedanken auch sein mag, einer tatsächlichen Mieterprivatisierung im Sinne des ursprünglich verfolgten Altschuldenhilfe-Gesetzes kommt sie nicht gleich. Wäre dies der Fall, so stellt sich die Frage, warum Alt-Genossenschaften überhaupt einer Veräußerungsverpflichtung unterliegen.[344] In diesem Zusammenhang wird auch von den Genossenschaften selbst darauf hingewiesen, daß es sich bei einer auf Umwandlung

343 Hier wird ein bereits eingezahlter Genossenschaftsanteil von DM 4.000 unterstellt, der auf die neu gegründete Genossenschaft zu übertragen ist. Der Betrag von insgesamt DM 10.000 ist mindestens notwendig, um die Förderung gemäß Eigenheimzulage-Gesetz zu erhalten.

344 Von seiten der genossenschaftlichen Wohnungswirtschaft sind bereits im Vorfeld der Verabschiedung des Altschuldenhilfe-Gesetzes Vorwürfe gegen die Veräußerungsverpflichtung für Genossenschaften erhoben worden. Gemäß ihrer Argumentation befinden sich die Wohnungen bereits im Eigentum der Gemeinschaft der Mitglieder und sind somit quasi privat. Der Verkauf von Genossenschaftswohnungen an Dritte, der im Falle einer fehlgeschlagenen Mieterprivatisierung möglich ist, bedeutet danach ein Enteignung der Gemeinschaft der Genossenschaftsmitglieder.
Diese Argumentation basiert nach Meinung des Verfassers auf einem falschen Denkansatz. Der Genosse ist Mitglied in einer Gemeinschaft (der Wohnungsgenossenschaft), die ihm gegen Zeichnung von Anteilen Wohnraum zu bestimmten, günstigen Konditionen überläßt. Das Genossenschaftsmitglied ist durch die Zeichnung der Anteile nicht (anteilsmäßiger) Eigentümer "seiner" Wohnung geworden, selbst wenn er beim Bau des Objektes oder in der von ihm dann bezogenen Wohnung Hand angelegt hat.

von Genossenschaftswohnungen angelegten Genossenschaftsausgründung bzw. -abspaltung letztendlich nur um eine umständliche und vor allem kostenintensive Form der Umfirmierung handelt[345].

Aus betriebswirtschaftlicher Sicht negativ zu bewerten ist zudem die Tatsache, daß je nach Genossenschaftskonzeption[346] die Alt-Genossenschaft keine (nennenswerten) finanziellen Einnahmen zur Sanierung ihres verbleibenden Bestandes erhält und künftige Perioden durch geringere laufende Einnahmen gekennzeichnet sind. Die neue Genossenschaft ist auch bei einem zu zeichnenden Genossenschaftsanteil von DM 10.000 in der Regel finanziell nicht so gut gestellt, um alle notwendigen Sanierungsvorhaben unmittelbar durchzuführen. In diesem Punkt ist -auch aus Sicht der Bewohner- ein deutlicher Nachteil gegenüber der Zwischenerwerberkonzeption zu sehen. Darüber hinaus ist sie aufgrund ihrer Unternehmensgröße zumeist auf die Unterstützung bei der Verwaltung des Bestandes durch andere, meist die abgebende Genossenschaft, angewiesen. Eine solche Konstellation läßt mittelfristig wieder einen Zusammenschluß von Alt- und Neu-Genossenschaft als naheliegend erscheinen

Tabelle 22 Übersicht der bis Ende 1996 der KfW bekannten geplanten und/oder realisierten Verkäufe an Zwischenerwerber und eigentumsorientierte Genossenschaften (in WE)

	Zwischenerwerber-modell	eigentumsor. Genossenschaften	Summe
Berlin	11.500	3.800	15.300
Brandenburg	8.000	400	8.400
Mecklenburg-V.	12.500	1.600	14.100
Sachsen	35.200	7.400	42.600
Sachsen-Anhalt	13.700	2.200	15.900
Thüringen	12.600	3.900	16.500
Gesamt	93.500	19.300	112.800

345 Die Abspaltung ist eine Umwandlung von höchster Komplexität. Hinzu kommt, daß bislang praktische Erfahrungen mit diesem Modell -vor allem in Verfolgung der Privatisierungsverpflichtung des Altschuldenhilfe-Gesetz- fehlen. Neuland bilden hier die Beschlußfassung in der Generalversammlung über die Aufstellung des Spaltungsplans, die Erarbeitung des Spaltungsberichtes bis hin zur Erstellung des Gutachtens des Prüfungsverbandes. Hinzu kommt das nicht zu unterschätzende Problem des gesamtschuldnerischen Haftungsverbundes. Nach § 125 i. V. m. § 22 und 133 UmwG besteht in den ersten fünf Jahren seitens der Altgenossenschaft für die neugegründete Genossenschaft eine gesamtschuldnerische Haftung, die beinhaltet, daß sich Gläubiger im Falle einer nicht ausreichenden Liquidität an die Altgenossenschaft halten können.

346 Angesprochen ist hier die Abspaltung zur Neugründung; vgl. hierzu Punkt IV 3.3.2.2.

Zusammenfassend bleibt anzumerken, daß der aufgezeigte "mieternahe Trend" bei der Anrechnung von Wohnungsveräußerungen auf die Privatisierungsquote die ursprüngliche Absicht des Gesetzgebers, die selbstgenutzte Wohneigentumsquote zu steigern, zunehmend verwässert. Die Ausführungen zu der Motiven der Mieter für oder gegen den Eigentumserwerb zeigen zwar deren grundsätzliches Kaufinteresse auf, verdeutlichen aber zugleich, daß deren Sicherheitsbedürfnis und begrenzte Finanzierungsmöglichkeiten eine direkte Mieterprivatisierung seitens des Wohnungsunternehmens erheblich beeinträchtigen. Demzufolge sind die auf Druck der wohnungswirtschaftlichen Verbände entstandenen mieternahen Privatisierungsformen als eine Möglichkeit zu interpretieren, dem stockenden Privatisierungsprozeß neue Impulse zu verleihen. Diese Verkäufe tragen darüber hinaus entscheidend zu einer weiteren Stabilisierung der Kredit- und Investitionsfähigkeit der Wohnungsunternehmen und damit zur Finanzierung der Investitionen im verbleibenden Bestand bei.

3.3.3. Subsidiärer Drittverkauf

Sofern ein Wohnungsunternehmen seine Privatisierungsverpflichtung bislang weder durch direkte Veräußerungen an Mieter noch im Rahmen der o. g. mieternahen Privatisierungsmodelle erfüllen kann und auch zukünftig aller Voraussicht nach nicht erfüllen wird, sind Verkäufe an Dritte anrechenbar.

Eine solche Möglichkeit besteht grundsätzlich in den Fällen, in denen bereits 50 vH der Privatisierungsverpflichtung durch Verkäufe an Mieter erfüllt sind[347] oder ausnahmsweise unter Würdigung besonderer individueller unternehmens- bzw. regionalspezifischer Besonderheiten bereits zu einem früheren Zeitpunkt. Hierzu zählen u. a. ein durchschnittlich hohes Alter und ungünstige Sozialstrukturen in der Mieterschaft sowie eine hohe Arbeitslosigkeit bzw. Abwanderungen in der Region. Dabei ist jedoch stets zu beachten, daß die Konditionen für einen Drittkäufer nicht günstiger sein dürfen, als die für den Mieter.

347 Ergänzung zu den Empfehlungen des Lenkungsausschusses vom 11.11.1993, herausgegeben am 11.05.1995.

3.4. Einschätzung der zukünftigen Umsetzung der Privatisierungsverpflichtung

3.4.1. Direkte Mieterprivatisierung

Die zukünftige Umsetzung der Privatisierungsverpflichtung durch direkte Mieterprivatisierungen wird neben der wirtschaftlichen Entwicklung in den neuen Bundesländern entscheidend durch die Rahmenbedingungen im Altschuldenhilfe-Gesetz und die praktische Umsetzung der Auflage durch die Wohnungsunternehmen bestimmt.

Mit der Reduzierung der Erlösabführungsquote auf maximal 55 vH (voher 90 vH) hat die Bundesregierung durch ihre Gesetzesnovelle im Januar 1997 einen neuen, positiven Impuls für die Direktveräußerung an Mieter gegeben.[348] Hierdurch bleibt auch aus Sicht der Wohnungsunternehmen der zeitaufwendigere Direktverkauf an die Mieter attraktiv und wird nicht durch höhere Erlösabführungen "bestraft".
Auch von der Gleichstellung des Erbbaurechtes nach § 30 des Wohnungseigentumsgesetzes mit Verkäufen können entsprechende Anreize ausgehen, sofern sie von den Wohnungsunternehmen aktiv aufgegriffen wird.

Die Wirkung dieser verbesserten Rahmenbedingungen kann sich jedoch nur dann entfalten, wenn auch die Bemühungen der Wohnungsunternehmen sich wieder intensiver auf die Mieterprivatisierung richten. Neben einer eingehenden Beratung der Mieter und Mitglieder setzt dies vor allem ein Überdenken der bisherigen Preispolitik bei Direktprivatisierung voraus. Nach wie vor verfügen die Unternehmen mit dem Preis über den entscheidenden Hebel, eine Veräußerung an ihre Mieter bzw. Mitglieder erfolgreich durchzuführen. Bei Kalkulation *wirklich* "mieterfreundlicher Preise" wird sich die Frage eines Verkaufs an Dritte in der Regel nicht stellen.[349]

---

348 Vgl.:BMBau, Presseinformation, S. 2.

349 In diesem Sinne argumentiert auch Redder und verweist in diesem Zusammenhang auf die großen Vergünstigungen, die die Wohnungswirtschaft beim Erwerb von Grund und Boden gehabt hat und die nun möglichst Berücksichtigung bei der Kaufpreisgestaltung finden soll. Vgl. Redder, Wohnungsprivatisierung in den neuen Ländern, S. 279.

Welche Auswirkungen die veränderten Rahmenbedingungen tatsächlich haben, ist frühestens aus den Ergebnissen der Jährlichen Berichte 1997, deren Auswertung wahrscheinlich Anfang 1999 abgeschlossen ist, ersichtlich.

3.4.2. Mieternahe Privatisierungsformen

Die mieternahen Privatisierungsmodelle haben in den fast eineinhalb Jahren ihrer Existenz einen regen Zuspruch erfahren. Mit einem angegebenen Volumen von rd. 113.000 veräußerten Wohnungen stammen gut die Hälfte aller insgesamt bis Ende 1996 veräußerten Wohnungen zu ca. 80 vH aus Zwischenerwerber- und 20 vH aus Genossenschaftsmodellen.

Im Bereich der Zwischenerwerbermodelle läßt sich aus der laufenden Entwicklung in der Wohnungswirtschaft für die Zukunft ein Abflachen der Erfolgskurve voraussehen.
Begründet ist dieser Rückgang aus Sicht der Wohnungsunternehmen aus den immer stärker gesunkenen Kaufpreisen, die Zwischenerwerber zu zahlen bereit sind. Für die Wohnungsunternehmen entwickelte sich aus dem Verkauf an Zwischenerwerber schrittweise ein "Zuschußgeschäft", anstelle des erhofften finanziellen Zuflusses für die Bestandssanierung. Durch die nunmehr verringerte Erlösabführungsquote und die tendenziell höher erzielbaren Verkaufspreise für die unsanierte Substanz tritt die direkte Mieterprivatisierung für die Unternehmen wieder stärker in den Vordergrund.
Auch aus Sicht der Zwischenerwerber verliert das Modell an Attraktivität, da einerseits in den bevorzugten Standorten, die einen leichteren Wiederverkauf der Wohnungen vermuten lassen, die verfügbaren Bestände schon aufgekauft worden sind und andererseits mit der zwischenzeitlich Reduzierung der steuerlichen Sonderabschreibungsmöglichkeiten ein zusätzlicher Finanzierungsbedarf entstanden ist.

Entgegen der oben aufgezeigten Tendenz hat das Genossenschaftsmodell in der jüngeren Vergangenheit verstärkt das Interesse geweckt.
Neben dem finanziellen Anreiz der Förderung durch das Eigenheimzulagesetz spricht aus Sicht der Wohnungsunternehmen vor allem der Wegfall einer weiteren Privatisierungsverpflichtung für das Modell.

Dennoch ist zukünftig nicht von einer gleichen Bedeutung wie beim Zwischenerwerbermodell auszugehen, da eine notwendige 70-80 vH Beitrittsquote für die finanzielle "Erstausstattung" in der Praxis einer erheblichen Überzeugungsarbeit bedarf.

3.4.3. Ertragsaussichten aus der Privatisierung von Wohnungsbeständen

Bereits eingangs ist darauf hingewiesen worden, daß die Finanzierung der Modernisierung, Instandsetzung und der laufenden Instandhaltung nicht allein aus den Erträgen der originären Geschäftstätigkeit der Unternehmen, der Vermietung, Betreuung und Verwaltung von Wohnungsbeständen, gedeckt werden kann. Vielmehr sind in zunehmenden Maße auch die Erlöse aus der Privatisierung von Wohnungsbeständen mit einzuplanen.
In der Praxis wird von den Wohnungsunternehmen zunehmend beklagt, daß die erhofften Erlöse nicht den gewünschten und bereits eingeplanten Umfang erreichen. In einer Ursachenanalyse gilt es vor diesem Hintergrund die einzelnen Komponenten, die den Erlös bzw. Gewinn aus der Privatisierung beeinflussen, eingehender zu untersuchen.

Grundsätzlich wird das Erlösvolumen durch eine Mengen- und eine Preiskomponente bestimmt, wobei verschiedene Ursachen für das mengenmäßige Defizit, wie vor allem ungeklärte Eigentumsverhältnisse, fehlende Voraussetzungen für die grundbuchliche Besicherung der Käufe sowie das durch das politische System der DDR geprägte Kaufdesinteresse der Bürger und ihre Verschuldungsangst, bereits verschiedentlich erläutert wurden.
Als einschränkende Komponente wirkt sich zudem die Verpflichtung aus, die Wohnungen vorrangig an die eigenen Mieter oder im Rahmen mieternaher Privatisierungskonzeptionen indirekt an sie zu veräußern, gleichwohl ein solcher Verkauf an Mieter unter politischen Aspekten als sinnvoll einzustufen ist. Hierdurch werden jedoch Käufe von Mietern anderer als der veräußernden Kommune, kommunalen Wohnungsgesellschaft oder Wohnungsgenossenschaft als nicht altschuldenhilfe-konform abgelehnt bzw. nur als Drittverkäufe angerech-

net, obwohl dies dem übergeordneten Ziel "Steigerung der privaten Eigentumsquote" nicht entgegensteht.[350]
Als weiterer gewichtiger Einflußfaktor ist die progressive Steigerung der Erlösabführung zu nennen. Obwohl der Gesetzgeber mit der Herabsetzung der Erlösabführungsquote im Rahmen der Novellierung des Altschuldenhilfe-Gesetzes Ende 1996 einen wesentlichen Zeitdruck aus der Auflage genommen hat, bringen noch Ende 1996 viele Wohnungsunternehmen -vor allem über das Zwischenerwerbermodell- einen größeren Umfang von Wohnungen auf den Markt. Zurückzuführen ist dieser Umstand einerseits auf einen psychologischen Moment, wonach die sehr zeitintensiven Vorbereitungen für einen Wohnungsverkauf nach Meinung der Unternehmen "nicht umsonst" gewesen sein sollen. Viele Geschäftsführer und Vorstände rechtfertigen diese Verkäufe damit, daß bei einer Verschiebung des Vertragsabschlusses in das nächste Jahr die insgesamte Realisation des Vorhabens von der Unternehmensleitung angezweifelt wird: "Wenn wir es jetzt nicht machen, machen wir es nie", ist eine immer wieder vorgebrachte Rechtfertigung. Damit würde für sie die Erfüllung der individuellen Privatisierungsauflage erneut in größerem Maße in Frage gestellt.
Die Chance, durch die gemilderte Erlösabführungsquote mehr Zeit für die direkte Mieterprivatisierung zu erhalten, sieht die überwiegende Anzahl der befragten Geschäftsführer/Vorstände nicht. Vielmehr wird die Aussicht, sich wieder dem eigentlichen Unternehmensziel, der Vermietung von Wohnraum und ggf. der notwendigen Neubautätigkeit zuwenden zu können, höher bewertet. Nicht zu unterschätzen ist ebenfalls der rein monetäre Aspekt, da durch einen Verkauf Ende 1996 auch gegenüber der neuen, reduzierten Erlösabführungsquote von 45 vH[351] 5 vH Erlösabführung eingespart werden könnte.

Mit der Plazierung ihres Wohnungsangebotes am Markt entsteht teilweise ein regionales Überangebot an Wohnungen, wodurch die Zwischenerwerber in die Lage versetzt werden, sich "ihre" Wohnungsbestände auszusuchen. In der Regel erwerben Zwischenerwerber in diesem Zeitraum einen geringeren Wohnungsbestand bei den einzelnen Wohnungsunternehmen als ursprünglich geplant. Neben dieser Mengenkomponente ist darüber hinaus auch ein deutlicher

350 Damit ein solcher Verkauf an einen "fremden" Mieter dennoch (legal) auf die Privatisierungsquote angerechnet werden kann, müßte das Wohnungsunternehmen zunächst einen Mietvertrag mit dem Interessenten schließen, um ihm dann anschließend, als "eigenen" Mieter, die Wohnung verkaufen zu können.

351 Maßgeblich für Verkäufe zwischen dem 01.01.1997 und 31.12.1998.

Preisverfall bei den Kaufangeboten der Zwischenerwerber feststellbar, da diese ihre Marktmacht ausnutzen.

Schließlich hat auch die Grundmietenverordnung sowie die Verzögerung der Einführung des Vergleichsmietensystems durch das Mietenüberleitungsgesetz dazu geführt, daß sich das Kaltmietniveau in den neuen Bundesländern wesentlich günstiger als in den alten Bundesländern gestaltet. Dies dämpft in Folge die Nachfrage nach Wohnimmobilien. Damit verhält sich der Mieter betriebswirtschaftlich durchaus rational, da ihm im Falle eines Erwerbs[352] höhere Kosten entstehen als bei einem Mietverhältnis. Neben den überparteilichen Aussagen über die "Bezahlbarkeit von Wohnraum" ist in diesem Zusammenhang auf das in § 2 Abs. 1 Satz 1 Nr. 2 MHG festgeschriebene Prinzip der Vergleichsmiete hinzuweisen. Danach sind spürbare Mieterhöhungen nach dem Übergang in das Vergleichsmietensystem ab 1998 nahezu auszuschließen, da sich vergleichbarer Wohnraum, der über dem bis dahin erzielten allgemeinen Mietniveau liegt, sicherlich kaum vermieten läßt.[353]

Als Preiskomponente beim Kauf der Immobilie gilt der vom Käufer zu entrichtende Preis pro Quadratmeter Wohnfläche. Die geschilderte Entwicklung der Mieten führt sowohl bei dem einzelnen Mieter als auch bei Zwischenerwerbern zu einem nur verhaltenen Interesse. In der Praxis zeigt sich, daß vor allem letztere zudem lediglich bereit sind, einen dem Ertragswert der Immobilie entsprechenden Kaufpreis zu tragen. Dieser Preis leitet sich wiederum direkt aus den sich durch die Mieten ergebenden Einnahmen ab. Der mittels Ertragswertverfahren berechnete Einstandspreis vermindert sich in der Praxis regelmäßig durch Abschläge, deren Rechtfertigung vom Käufer einerseits im "Mengenrabatt", andererseits in der "Risikoprämie" für die noch zu erfüllende Privatisierungsverpflichtung von mindestens einem Drittel des übernommenen Bestandes, gesehen wird.

352 Hier wird ein Kaufpreis von über DM 1.500/m² Wfl. unterstellt.

353 Dies ist damit begründet, daß die Bestimmungen der I. und II. Grundmietenverordnung sowie die des Mietenüberleitungsgesetzes zu einem überwiegend identischen Mietniveau - zumindest in Beständen des industriellen Wohnungsbaus- geführt haben. Gleiches gilt auch für bereits sanierte Bestände, da deren Mietentwicklung durch das Miethöhegesetz fest vorgegeben ist.
Da sich die Verkäufe im Rahmen des Altschuldenhilfe-Gesetzes gerade im Bereich der mieternahen Privatisierung auf den industriell errichteten Wohnungsbaus erstrecken, ist mit einer vielfach prognostizierten "Mietenexplosion" in diesen Bereichen des Bestands auf Sicht nicht zu rechnen.

Ein großer Einfluß auf die Preiskomponente ergibt sich ferner aus dem gesetzlichen Kündigungsschutz. Danach kann ein kaufdesinteressierter Mieter nicht gezwungen werden, aus seiner für die Privatisierung vorgesehenen Wohnung auszuziehen, so daß die Wohnung für einen Kaufinteressierten und Zuzugswilligen uninteressant ist und den hierfür zu entrichtenden Kaufpreis zumeist sinken läßt.

Als Konsequenz des beschriebenen Zustandes wird für die zukünftige Einplanung von Veräußerungserlösen vor allem ein reellerer Ansatz der Preiskomponente notwendig sein, da die aufgezeigten Mengenkomponenten als relativ unbeeinflußbar gelten. Dies hat zur Folge, daß der in der Praxis bislang überwiegend zugrundegelegte Sachwert eines Gebäudes bzw. einer Wohnung nun vielmehr dem Ertragswert unterzuordnen ist. Dieser wird aufgrund des aufgezeigten, staatlich vorgegebenen Mietzinsniveaus auch bei (teil-)sanierten Wohnungen regelmäßig unter den bisherigen Preisvorstellungen liegen.[354]
Die Ausnutzung der durch das D-Markbilanzgesetz eingeräumten Gestaltungsmöglichkeiten beim Wertansatz der Immobilie in der Bilanz sollten dabei genutzt werden.[355]

3.4.4. Steigerung des Mieterkaufinteresses durch ihre Beteiligung bei der Wohnraummodernisierung

Die im Rahmen des Altschuldenhilfe-Gesetzes durchgeführte Instandsetzung und Modernisierung des Wohnungsbestandes umfaßt erfahrungsgemäß überwiegend nur das Gemeinschaftseigentum der Objekte. Sanierungen im Sondereigentum sind hingegen selten, da bereits mit dem Austausch der Fenster, der Fassadendämmung oder der Heizungserneuerung etc. die auf den Mieter

354 Vgl. hierzu ausführlich: Matthies/Mertens/Wingendorf, Preisbildung, S. 338ff.

355 Gegen einen Verkauf auf Basis von Ertragswerten wird in der Praxis -und hier vor allem von Genossenschaften- immer wieder der Einwand erhoben, daß damit eine Veräußerung unter dem Bilanzwert vollzogen wird und sich die Geschäftsleitung bzw. der Vorstand einer verdeckten Gewinnausschüttung strafbar macht. Dies gilt um so mehr, als die den Wohnungsunternehmen verbleibenden Nettoerlöse aufgrund der steigenden Erlösabführungsquote von Jahr zu Jahr sinken. Vielfach wird daher ein Verkauf unterhalb der Bilanzansätze grundsätzlich abgelehnt. Dem steht jedoch gegenüber, daß gemäß § 36 Abs. 4 Satz 2 2. Halbsatz DMBilG bei Maßnahmen, die im Zusammenhang mit dem Vollzug des Altschuldenhilfe-Gesetzes stehen, auch spätere Korrekturen von Bilanzansätzen möglich sind. Hiermit wurde bewußt ein Ausnahmetatbestand für die ansonsten nur bis einschließlich zum Jahresabschluß 1994 mögliche (allgemeine) Korrektur von Bilanzansätzen geschaffen.

umlagefähigen Kosten von maximal DM 3,00/m² Wfl. ausgeschöpft sind. Nach Aussagen von Wohnungsunternehmen ist in den Objekten, in denen Sanierungsarbeiten am Gemeinschaftseigentum angelaufen oder bereits abgeschlossen sind, ein zunehmendes Interesse an der Sanierung in der eigenen Wohnung feststellbar.

Bei grundsätzlich kaufinteressierten Mietern wird oft der Kauf der Wohnung mit der Sanierung der Wohnung verbunden. Die dabei anfallenden (Mehr-)Kosten belasten den Mieter beim Kauf der Wohnung und entscheiden mithin, ob überhaupt ein Kauf für ihn möglich ist. Da das verfügbare Eigenkapital in der Regel knapp ist, gilt es alle Möglichkeiten der Kostenersparnis zu erschließen. Eine Möglichkeit bietet die Beteiligung des Mieters an den Sanierungsmaßnahmen, wobei der Umfang in Abhängigkeit zur Gebäudart bzw. zum Gebäudezustand sich sowohl auf das Sondereigentum als auch das Gemeinschaftseigentum beziehen kann.
Aber auch für Mieter der Bevölkerungsschichten, deren finanzielle Situation keine Eigentumsbildung zuläßt, ermöglicht das eigenen Mitwirken bei der Modernisierung eine deutliche Steigerung des Wohnwertes, die über eine festgelegte Mietreduktion bzw. eine Restwertentschädigung bei Auszug abzugelten ist.

"Selbsthilfe im Wohnungsbau und dabei vornehmlich die Gruppenselbsthilfe können dazu beitragen, Familien mit Kindern bereits in einem früheren Lebensabschnitt die Schaffung von Wohneigentum zu ermöglichen oder zu erleichtern. Durch die eigene Arbeitskraft werden der Eigenkapitalbedarf und die Kreditaufnahme spürbar verringert. Die Belastungen aus dem Hausbau werden tragbar. Auch für Mieterhaushalte können diese Gesichtspunkte der Selbsthilfe eine höhere Bedeutung erlangen. Ergänzend können die Instandsetzungs- und Bewirtschaftungskosten durch Selbstverwaltung gesenkt werden. Bund und Länder können durch Informationsveranstaltungen und -broschüren, durch Handlungsempfehlungen, Modellprojekte und gezielte Wohnungsbauförderungsmaßnahmen dazu beitragen, den Gedanken der Gruppenselbsthilfe im Wohnungsbau zu propagieren bzw. zu intensivieren.
Selbsthilfe, Selbstverwaltung und Selbstverantwortung als Element des Genossenschaftsgedankens müssen revitalisiert und weiterentwickelt werden. Mit staatlichen Rahmenbedingungen kann hier Eigeninitiative und privates Kapital

mobilisiert werden. So wurden mit der Neuregelung der steuerlichen Wohneigentumsförderung erstmals Genossenschaften in diese Form der Förderung einbezogen."[356]

Für ein handwerkliches Engagement bieten sich vor allem die Modernisierung der Sanitär- und Kücheneinrichtung, Fliesenarbeiten, Verlegung von Teppichboden, Grundrißänderungen bei nicht tragenden Wänden, gewisse Elektroarbeiten und Tischlerarbeiten an. Die Grenze bei der Übernahme dieser Arbeiten wird im wesentlichen nur durch sicherheitstechnische Bestimmungen festgelegt. Hoheitliche Gewerke, z. B. Gas- oder Elektroanschlüsse, dürfen nur vom autorisierten Fachmann ausgeführt werden.

Für eine solche Kooperation mit den Mietern bildet die spezifische Ausgangssituation in den neuen Bundesländern einen geeigneten Rahmen: Schon zu DDR-Zeiten engagieren sich die Mieter beim Bau und der Sanierung ihrer Wohnungen, da die VEB Gebäudewirtschaft bzw. die kommunalen Wohnungsverwaltungen und die Wohnungsgenossenschaften meist aus finanziellen Gründen Tätigkeiten in nur sehr eingeschränktem Maße ausführten. Aufgrund der hohen Wohnsicherheit haben sich die Mieter ein entsprechendes Know-how angeeignet und gestalten ihre Wohnungen nach eigenen Vorstellungen. In Folge ist die Identifikation mit der Wohnung sehr hoch, was z. B. in der Tendenz eine Verringerung der Fluktuation und eine Erhöhung des Verantwortungsgefühls für das Gebäude oder sogar die Wohnanlage mit sich bringt.

Aus volkswirtschaftlicher Sicht betrachtet, setzt eine Mieterbeteiligung zusätzliche finanzielle Ressourcen frei. Sinnvoll ist sie vor allem auch dann, wenn das Sanierungsprogramm ohne die Unterstützung durch den Mieter nicht zum Tragen käme. Außerdem kommt es in der Regel zu einer Nachfrage nach Handwerkerleistungen bei Gewerken, die nicht in Eigenregie durchführbar sind sowie nach Baumaterialien, was durch die Expansion der Heimwerker- und Baumärkte in den letzten Jahren belegt ist.

Unterstützung finden die Mietermaßnahmen in den meisten der neuen Bundesländern, obwohl diese sehr unterschiedlich vorgehen. Teilweise stehen spezifische Förderprogramme zur Verfügung, in anderen Fällen werden sie durch Zu-

356 BmBau, Nationaler Aktionsplan, RN 85 f.

schüsse, die Gewährung von Darlehen oder zumindest durch die rechtliche Absicherung der Mieterleistungen gefördert. Nur vereinzelt (z. B. im Freistaat Sachsen) gelten solche Programme als überflüssig.

Tabelle 23 Förderung der Modernisierung durch Mieter in den Ländern (Programmjahr 1995/96)

Bundesland	Art der Förderung	Anmerkungen
Berlin	Zuschuß	Förderung von Einzelmaßnahmen nach genau festgelegter Zuschußhöhe je Maßnahme; begleitende Förderung von Vermietermaßnahmen
Brandenburg	unterschiedlich	Fördervergabe obliegt den Kommunen, die vom Land eine Pauschale für kommunale Investitionsvorhaben erhalten; nicht alle Kommunen fördern Modernisierungen durch die Mieter
Mecklenburg-V.	Zuschuß	Projekttitel im Rahmen des Landeswohnungsbauprogramms; Höhe: 20 vH der förderungsfähigen Kosten, Spannbreite DM 7.500 bis DM 25.000 je Wohneinheit
Sachsen	keine Förderung	---
Sachsen-Anhalt	Zinszuschuß	Förderung im Rahmen der allgemeinen Modernisierungsprogramms; Höhe: 3 vH Zinszuschuß für ein aufgenommenes Kapitalmarktdarlehen, Spannbreite für förderfähiges Darlehen: DM 20.000 bis DM 100.000
Thüringen	Zuschuß	seit 1995; Zuschuß in Höhe von 25 vH der Baukosten zwischen DM 500 und DM 4.000

Zusammenfassend ist festzustellen, daß das Förderangebot nach Einschätzung der Länder eine rege Nachfrage findet.[357] Dies unterstreicht die obigen Einschätzungen über den Bedarf und die Bereitschaft der Mieter, sich zu beteiligen. Erfahrungsgemäß steigt durch die Gewährung von Zuschüssen die Bereitschaft, Eigenkapital zu investieren (auch über Mitnahmeeffekte hinaus) erheblich.

Die Akzeptanz und Resonanz der Mieter auf das Förderangebot hängt indes entscheidend von den Förderbedingungen ab. In Sachsen-Anhalt bspw. bleiben durch die hohe Mindestförderung kleinere Maßnahmen, die typischerweise von den Mietern durchführbar sind, ausgespart. Besonders hervorzuheben ist auch die in Berlin praktizierte kombinierte Vermieter- und Mieterförderung.

357 Konkrete Daten über die Nutzung der Programme in den einzelnen Ländern liegen nicht vor.

Kapitel V Die Auswirkungen des Altschuldenhilfe-Gesetzes auf die wirtschaftliche Entwicklung in den neuen Bundesländern

1. Wachstumspolitische Auswirkungen

1.1. Zusätzliche Kapitalbildung in Form von Investitionen

1.1.1. Wohnungsunternehmen mit Antrag auf Zinshilfe und Teilentlastung

Die Ergebnisse der betriebswirtschaftlich orientierten Bilanzanalyse der Jahre 1993 und 1994 in Punkt IV 2.1.4. vergegenwärtigen die schwierige finanzielle Situation zahlreicher Wohnungsunternehmen. Einiges deutet darauf hin, daß viele nur aufgrund des Zins- und Tilgungsmoratoriums und den sich anschliessenden Leistungen des Altschuldenhilfe-Gesetzes einen Konkurs abwenden konnten. Ohne diese Förderung im Umfang von insgesamt DM 33,2 Mrd wäre folglich auch die Entwicklung des in Punkt IV 2.2.1.1. skizzierten Investitionsvolumens teilentlasteter Wohnungsunternehmen weder in diesem Umfang noch innerhalb des fünfjährigen Zeitraums möglich gewesen. Die von ihnen für 1992 bis 1996 angegebene Investitionssumme in Höhe von DM 53,7 Mrd wird daher (zusammen mit dem noch zu präzisierenden Investitionsvolumen ausschließlich zinshilfe-begünstigter Wohnungsunternehmen und dem von Zwischenerwerbern) für eine volkswirtschaftliche Betrachtungsweise in vollem Umfang als ein durch die Gewährung von Altschuldenhilfe *zusätzlich* geschaffenes Investitionsvolumen interpretiert. Dieser Ansatz erkennt damit der Altschuldenhilfe die Wirkung einer Initialzündung an, die über den Umweg der Zinsbedienung und Kappung alter Kreditverbindlichkeiten Freiräume für neue Kreditaufnahmen schafft und Investitionen anstößt. Hiervon ausgehende regionale Beschäftigungswirkungen sind Gegenstand der Diskussion in Punkt V 1.2.

Mehr noch als die insgesamt initiierte Kapitalbildung im Beitrittsgebiet ist die Ermittlung und Beurteilung ihrer Auswirkungen für die einzelnen Bundesländer von Bedeutung. Dem entsprechend stellt Tabelle 24 länderspezifisch die Summe der gewährten Zinshilfe und Teilentlastung dem im Antrag auf Altschuldenhilfe bzw. in den Jährlichen Berichten für die Jahre 1994-1996 angegebenen Investitionsvolumen gegenüber und ermittelt so einen länderspezifischen Multiplikator.

Tabelle 27 Zinshilfe und Teilentlastung zu Investitionsvolumen nach Ländern im Zeitraum 1992-1996 (in Mio)

Bundesland	gewährte Zinshilfe und Teilentlastung	Instandsetzung, Modernisierung und sonstige Investitionen	länderspezifischer Multiplikator
Berlin (Ost)	7.915	8.913	1,13
Brandenburg	4.076	7.312	1,79
Mecklenburg-V.*	3.537	7.977	2,26
Sachsen	7.702	14.507	1,88
Sachsen-A.	5.035	7.693	1,53
Thüringen	4.944	7.273	1,47
Gesamt	33.209	53.675	1,62

* Incl. Altschuldenhilfe bzw. Investitionsvolumen für Bestände, die nach der Gebietsreform zu Niedersachsen bzw. Schleswig-Holstein gehören. Bezogen auf die Kennziffer bedeutet die Einbeziehung lediglich eine Steigerung von 0,04 vH, so daß sich kein signifikanter Unterschied gegenüber einer ausschließlichen Betrachtung von Mecklenburg-Vorpommern ergibt.

Im Durchschnitt initiiert eine gewährte D-Mark Altschuldenhilfe das 1,62-fache an Investitionen durch die Wohnungsunternehmen. Weit über diesem mittleren Wert liegt Mecklenburg-Vorpommern mit einem Multiplikator von 2,26 gefolgt von Sachsen mit 1,88 und Brandenburg mit 1,79. Sachsen-Anhalt und Thüringen weisen mit nur 1,53 bzw. 1,47 vH einen unterdurchschnittlichen Investitionsanreiz auf. Schließlich ist Berlin (Ost) anzuführen, wo das Investitionsvolumen der Gesellschaften und Genossenschaften bis Ende 1996 die gewährten Altschuldenhilfen lediglich um 13 vH überschreitet und damit deutlich unterhalb des Durchschnittsniveaus liegt.

Die im Ländervergleich stark voneinander abweichenden Werte belegen, daß eine fast durchgängige Entschuldung der Wohnungsunternehmen auf DM 150/m² Wfl., eine bis 1994/95 weitgehend homogene Förderkulisse in den einzelnen Ländern und ein uneingeschränkter Zugang aller Wohnungsunternehmen zu Bundesfördermitteln als Rahmenbedingungen nicht ausreichend genug für die Bildung eines vergleichbaren wachstumspolitischen Multiplikators sind. Mögliche Hintergründe für diese Divergenzen sollen exemplarisch am Beispiel von Berlin (Ost) dargestellt werden.[358]

Eine Erklärung für das relativ geringe Investitionsvolumen der Berliner Wohnungsunternehmen ist die überdurchschnittlich hohe Belastung ihrer Wohnungsbestände mit Restitutionsansprüchen.[359] Während im gesamten Beitrittsgebiet nur 21 vH der Wohnflächen restitutionsbelastet sind, weisen sie im Antrag auf Altschuldenhilfe durchschnittlich 35 vH ihrer Wohnflächen mit Ansprüchen Dritter aus, was eine um 66 vH höhere Belastung impliziert.[360] Verschärfend wirkt sich zudem die relativ geringe Bearbeitungsquote der gestellten Ansprüche durch das Berliner Amt für offene Vermögensfragen aus. Bis Ende 1995 liegt sie bei lediglich 29 vH, gegenüber 40 vH im Landesdurchschnitt. Dadurch steht in 71 vH der Fälle die abschließende Vermögenszuordnung noch aus; dringend notwendige Sanierungsmaßnahmen sind nicht durchführbar.[361]

Einer naheliegenden Forderung, die Berliner Unternehmen können ihre finanziellen Ressourcen auf die ihnen bereits bestandskräftig zugeordneten Objekte konzentrieren, sind verschiedene Argumente entgegenzuhalten:
Gerade in Berlin (Ost) melden noch in 1993 und 1994 jüdische Organisationen zahlreiche neue Ansprüche an. Sie betreffen durchweg Gebäude mit *Baujahr vor 1949*.[362] Durch diesen Umstand sind viele von den Wohnungsunternehmen

---

358 Für die Auswahl von Berlin spricht vor allem die ausschließliche Betrachtung von Gesellschaften und Genossenschaften und deren überschaubare Gesamtheit, die eine umfassende Auswertung des vorhandenen Datenmaterials ermöglicht.

359 Vgl. hierzu ausführlich: Punkt IV 2.3.

360 In Berlin sind insgesamt 29 Wohnungsunternehmen (10 Gesellschaften mit rd. 350.000 Wohnungen und 19 Genossenschaften mit knapp 82.000 Wohnungen) mit Antrag auf Teilentlastung ansässig. Bei den 19 Genossenschaften sind nur vereinzelt Restitutionsansprüche bekannt; lediglich 1 vH der gesamten Flächen sind belastet. Bei Gesellschaften hingegen sind rd. 44 vH der Wohnflächen (rd. 150.000 Wohnungen) mit Ansprüchen Dritter belegt, wobei das Schwankungsintervall Werte zwischen 27 und 63 vH umfaßt. Dem steht über alle Länder ein Wert von 1 vH bei Genossenschaften und 28 vH bei Gesellschaften entgegen.

361 Für die Realisation eines Sanierungsvorhabens unterstellen die Wohnungsunternehmen nach eigenen Angaben eine Vorlaufzeit für die Erstellung von Gutachten und Kostenvoranschlägen, die Benachrichtigung der Mieter, Abklärung der Finanzierung etc. von einem halben bis zu einem ganzen Jahr. Sofern bis zum Ende eines Jahres die notwendigen Rahmenbedingungen für eine Sanierung nicht vorliegen, ist es ihnen i. d. R. nicht möglich, im Laufe des darauffolgenden Jahres ein zusätzliches Sanierungsvorhaben mit in das bestehende Konzept zu integrieren. Je nach Dringlichkeit, finanziellen Möglichkeiten und/oder strategischem Entscheid des Unternehmens erfolgt eine Sanierung dieser Objekte meist erst im zweiten oder dritten Jahr nach dem Zuspruch durch das Vermögensamt.

362 Bei Berliner Gesellschaften sind rd. 40 vH aller Gebäude vor 1949 erbaut, wovon rd. 87 vH mit Ansprüchen Dritter belastet sind.

sicher im Eigentum geglaubte Objekte aus der Sanierungskonzeption herausgefallen. Oftmals verwerfen die Wohnungsunternehmen ihre Pläne auch für benachbarte Gebäude, sofern die Wahrscheinlichkeit für weitere Ansprüche nicht völlig ausgeschlossen ist. Angesichts der an der Gesamtaufgabe ohnehin eng bemessenen Finanzlage der Unternehmen wird der Vermeidung finanzieller Schäden durch "verlorene Investitionen" oberste Priorität eingeräumt. Diese Problematik zeichnet sich dafür verantwortlich, daß der zunächst geplante Sanierungsprozeß im Zeitablauf häufigen Änderungen unterliegt und sich schließlich auf Einzelobjekte reduziert, deren Eigentumsverhältnisse eindeutig zugunsten des Unternehmens geklärt sind.

Diesem Trend der mehr und mehr eingeschränkten Verfügungsberechtigung steht gegenüber, daß nach den Erfahrungen aus 1995 und 1996 das Berliner Amt für offene Vermögensfragen einen hohen Anteil der Restitutionsansprüche negativ[363] bescheidet, wodurch etliche Objekte letztlich doch in das Eigentum der Wohnungsunternehmen übergehen. Vor dem Hintergrund der zu erfüllenden Privatisierungsverpflichtung bewerten die Unternehmen diesen Umstand sehr positiv. Objekte mit Baujahr vor 1949 erzielen aufgrund ihrer überwiegend guten Bausubstanz und ihrer meist attraktiven (Innenstadt-)Lage einen wesentlich höheren Kaufzuspruch als Plattenbauten. Da im Rahmen der direkten Mieterprivatisierung überwiegend sanierte Objekte nachgefragt werden, halten viele Berliner Unternehmen daher finanzielle Mittel, z. B. in Form von Festgeld, für eine spätere Sanierung dieser Objekte vor und warten zunächst die abschließende Entscheidung des Amtes für offene Vermögensfragen ab.

Bei Gebäuden mit *Baujahr nach 1949* ist die Eigentumsfrage weitgehend geklärt. Gerade für die im Rahmen des komplexen Wohnungsbaus errichteten Plattenbauten ist eine Übereignung, z. B. aufgrund von Ansprüchen auf Grund und Boden, regelmäßig ausgeschlossen. In diesen Beständen ist eine Sanierung bereits in Angriff genommen. Aus wirtschaftlichen Aspekten beschränkt sie sich überwiegend auf die über Modernisierungszuschläge und sonstige Mietsteigerungspotentiale finanzierbaren Maßnahmen. Ein Rücklauf der aufgewendeten Mittel über den Verkauf der Wohnungen an Mieter oder Dritte ist wegen des durchweg geringen Kaufinteresses weithin unwahrscheinlich. Im Hinblick auf die sich insgesamt darlegende Investitionssituation der Unternehmen um-

363 Z. B. aufgrund von früheren Entschädigungszahlungen der Bundesrepublik Deutschland, wodurch die Alteigentümer heute keinen Anspruch auf Rückübereignung mehr besitzen.

schreibt der Ausspruch eines Geschäftsführers: "Da wo wir wollen, können wir nicht und wo wir können, wollen wir nicht", die Situation zutreffend.

Verbunden mit der Restitutionsproblematik übt darüber hinaus die bei negativem Restitutionsentscheid vom Erblastentilgungsfonds zu leistende Rückforderung von Teilentlastung (einschließlich der für seine Refinanzierung aufgewendeten Zinsen) einen negativen Einfluß auf die durchführbaren Investitionen aus. Je nach zeitlicher und mengenmäßiger Abarbeitung der Restitutionsansprüche können im Rahmen eines Jährlichen Berichtes erhebliche Rückforderungen seitens des Erblastentilgungsfonds anfallen, denen binnen Monatsfrist nach Bescheiderteilung durch die KfW nachzukommen ist.

Daß auch eine weitaus positivere Entwicklung möglich ist, zeigt sich bei Mecklenburg-Vorpommern: Hier sind lediglich 6 vH der Wohnflächen mit Ansprüchen Dritter belastet und Ende 1995 bereits 58 vH der gestellten Ansprüche abschließend beschieden. Damit besteht für diese Wohnungsunternehmen eine wesentlich höhere Rechts- und Planungssicherheit über den Umfang ihres (verbleibenden) Wohnungsbestandes und die Umsetzung der Investitionsvorhaben. Der Anstoßeffekt zeigt einen Spitzenwert von 2,26, der doppelt so hoch wie in Berlin (Ost) liegt.
Der an den beiden Extremwerten aufgezeigte Zusammenhang ist in der Tendenz ebenfalls in den anderen Ländern zu beobachten.

In einem nächsten Schritt gilt es zu überprüfen, inwieweit das Investitionsvolumen ggf. zusätzlich durch die Dominanz einer Rechtsform geprägt ist. Tabelle 25 stellt das nach Rechtsformen der Antragsteller aufgeschlüsselte Zinshilfe- und Teilentlastungsvolumen dem spezifischen Investitionsvolumen gegenüber. Danach liegt der Multiplikatoreffekt bei Kommunen mit einem Wert von 1,89 deutlich über dem Durchschnittswert von 1,62 und vor dem spezifischen Wert für Gesellschaften mit 1,63. Genossenschaften hingegen plazieren sich mit einem Multiplikator von 1,54 unterhalb des Durchschnittswertes.

Tabelle 25 Zinshilfe und Teilentlastung zu Investitionsvolumen nach Rechtsformen im Zeitraum 1992-1996 (in Mio)

Rechtsform	gewährte Zinshilfe und Teilentlastung	Instandsetzung, Modernisierung und sonstige Investitionen	rechtsform-spezifischer Multiplikator
Kommunen	1.549	2.934	1,89
Gesellschaften	19.389	31.749	1,63
Genossenschaften	12.271	18.992	1,54
Gesamt	33.209	53.675	1,62

Dieses Ergebnis legt die Vermutung nahe, daß bei den in Tabelle 24 aufgeführten Ländern mit einem unterdurchschnittlichen Multiplikator ein höherer Genossenschaftsanteil respektive bei denen mit einem überdurchschnittlichen Multiplikator ein höherer Gesellschaftsanteil vorliegt. Eine entsprechende Überprüfung bestätigt: In Mecklenburg-Vorpommern und Sachsen sind rund 10 vH, in Brandenburg sogar fast 20 vH mehr Gesellschaften positiv beschieden. Demgegenüber dominieren in Berlin (Ost)[364] (+ 90 vH), Sachsen-Anhalt (+ 14 vH) und Thüringen (+ 18 vH) jeweils die Genossenschaften.
Eine einheitliche Korrelation des Kommunalanteils mit der über- oder unterdurchschnittlichen Ausprägung des jeweiligen Multiplikators ist hingegen nicht feststellbar. Zurückzuführen ist dies im wesentlichen auf den geringen Anteil des Investitionsvolumens aller Kommunen (DM 2,9 Mrd), der gegenüber dem aller Gesellschaften (DM 31,7 Mrd) und dem aller Genossenschaften (DM 19,0 Mrd) kaum ins Gewicht fällt.

Angesichts dieser rechtsformspezifischen Unterschiede ergibt sich die Frage, durch welche Motivation die jeweiligen Werte geprägt sind.
Kommunen sehen sich nach eigenen Angaben gegenüber ihren Bürgern in der Pflicht, den (verbleibenden) Wohnungsbestand umfassend instandzusetzen und zu modernisieren. Da dieser Bestand relativ gering ist, stehen vor allem in den Jahren 1992-94 ausreichende Haushaltsmittel und in den Folgejahren zusätzlich die erzielten Verkaufserlöse zur Verfügung. Begünstigt wird diese Entwicklung darüber hinaus durch das Haushaltsrecht der Kommunen, das z. B.

364 Der zuvor ermittelte spezifische Landeswert für Berlin dürfte damit auch durch die Dominanz der in die Wertung eingegangenen Genossenschaften stark beeinflußt sein.

die Bildung von Rückstellungen für spätere Investitionen nicht vorsieht. Für die Kommunen ist daher -im Gegensatz zu der geschilderten Ambition der Berliner Gesellschaften- kein Interesse vorhanden, Investitionen zurückzuhalten.

Bei Wohnungsgesellschaften übt nach Einschätzung des Verfassers häufig die Gesellschafterkommune -über ihren Bürgermeister im Aufsichtsrat- einen großen Druck auf die Geschäftsleitung aus, umfangreich zu investieren. Über die damit offenstehenden Mieterhöhungspotentiale (bzw. den sich hieraus ergebenden Jahresüberschuß bei der Gesellschaft in den Folgeperioden) wollen sich die Kommunen teilweise eine erträgliche Einnahmequelle erschließen. Daneben spielen auch politische Profilierungsaspekte eine wichtige Rolle, da auch die gute Wohnungsversorgung in der Kommune zu einem Wahlerfolg beitragen kann. Dieses taktische Verhalten spiegelt sich u. a. in der zusätzlich eröffneten Finanzierungsalternativen wider; so sind zumindest in den ersten Jahren nach der Wende Investitionen durch die großzügige Vergabe von kommunalen Ausfallbürgschaften erleichtert worden, wodurch die Gesellschaften gegenüber den Genossenschaften einen erheblichen Vorteil realisieren.
In Gesprächen rechtfertigen die Gesellschaften ihre teilweise ausgeprägten Aktivitäten ferner mit dem seit der Wiedervereinigung herrschenden Konkurrenzkampf mit den ortsansässigen Genossenschaften um die Gunst der Mieter. Möglichen Abwanderungstendenzen in den eigenen Beständen soll durch deutlich gesteigerten Wohnkomfort aktiv begegnet werden.

Die Vorstände der Genossenschaften führen in der Regel zwei Argumente an, die ihres Erachtens eine höhere Kreditaufnahme verbieten: An erster Stelle steht die Miethöhe. Die Genossenschaften wollen, gemäß dem in der Satzung festgeschriebenen Versorgungsauftrag, ihren Mitgliedern eine möglichst kostengünstige Wohnung anbieten, was nach umfänglichen (kreditierten) Sanierungsleistungen nicht mehr möglich ist. Da zudem vom Sozialbild ältere und einkommensschwache Menschen die Mieterstruktur prägen, können vor allem diese sich ihre Wohnung nach der wünschenswerten Sanierung nicht mehr leisten. Eine umfängliche Modernisierung des Wohnungsbestandes wäre aus Sicht der Vorstände einer Vertreibung der langjährigen Bewohner gleichzusetzen. Daher entscheiden sich viele Vorstände für den Weg der "kleinen Schritte". Das bedeutet, daß Gebäude mit überwiegend jungen, besserverdienenden

Mieter umfassender und Gebäude mit überwiegend alten oder geringverdienenden Menschen "sozial-angepaßt" instandgesetzt und modernisiert werden. Neben dieser sozialen Komponente ist aus den Gesprächen auch eine deutliche Verschuldungsangst herauszuhören, die sich mit zunehmendem Alter des Vorstandes steigert. Diese für DDR-Bürger typische Eigenschaft, die in früheren Kapiteln bereits im Zusammenhang mit dem Wohnungskauf angesprochen wird, hat im Fall der Genossenschaften noch zusätzlich durch die nachträglich bekanntgewordene "Enteignungs-These"[365] an Bedeutung gewonnen.

Zusammenfassend ist festzuhalten, daß vor allem die Restitutionsproblematik und die Dominanz der vorherrschenden Rechtsform in einem Bundesland die Höhe des von teilentlasteten Wohnungsunternehmen zusätzlich initiierten Investitionsvolumens und damit den diesbezüglichen Multiplikatoreffekt entscheidend beeinflussen: Wohnungsgesellschaften weisen schon für den hier zugrundegelegten Zeitraum ein großes Engagement auf, das sich im Zeitablauf u. a. durch die Abarbeitung der noch offenen Ansprüche Dritter steigern läßt. Genossenschaften hingegen sind weniger von der Restitutionsproblematik betroffen, ziehen aber hauptsächlich aus sozialen Aspekten einen weniger komfortablen Wohnstandard einer höheren Verschuldung vor.
Der Nachteil der bislang bei Gesellschaften und Genossenschaften nicht voll ausgeschöpften Sanierungsleistungen hat dabei zugleich den Vorteil der zeitlichen Entzerrung von Baunachfrage. Vorhandene inländische bzw. regionale Baukapazitäten werden so über einen längeren Zeitraum nachgefragt, was entscheidend zur Stabilisierung der betroffenen Arbeitsmärkte beiträgt. Auch nach Abflauen der konjunkturellen Überhitzung im Baugewerbe kann die Sanierungsverpflichtung des Altschuldenhilfe-Gesetzes somit auch künftig noch Arbeitsplätze sichern bzw. schaffen.

Die Höhe des Multiplikators ist schließlich entscheidend durch die individuelle wirtschaftliche Ausgangssituation der Unternehmen geprägt. Sofern es durch die Föderhilfen zunächst die Existenz des Unternehmens zu sichern gilt, stehen diese Mittel nicht für die Finanzierung von Investitionen zur Verfügung. Der Effekt der Existenzsicherung ist dabei weder separat, noch in Form der dadurch "entgangenen Bestandsinvestitionen" quantifizierbar und geht somit bei der Bestimmung des Multiplikators verloren. Es ist jedoch davon auszugehen, daß

365 Vgl.:Punkt II 2.3.

die Unternehmen in den folgenden Perioden, nach ihrer wirtschaftlichen Stärkung, Bestandsinvestitionen nachholten.
Angesichts dieser besonderen Problematik ist ein Vergleich des für teilentlastete Unternehmen ermittelten Multiplikators mit dem von ausschließlich zinshilfebegünstigten Antragstellern nur eingeschränkt möglich, da letztere überwiegend vor einem gefestigteren finanziellen Hintergrund agieren. Das gleich gilt für den Vergleich mit anderen Förderhilfen, wie z. B. der Städtebauförderung.[366]

Das zwischen 1992 und 1996 aufgebrachte Investitionsvolumen und die sich hieraus ableitenden Multiplikatoren vermitteln nur einen Zwischenstand. Das letztlich Verhältnis "Zinshilfe und Teilentlastung zu Investitionsvolumen" läßt sich erst im weiteren Zeitablauf -nach Abschluß des als insgesamt notwendig erachteten Investitionsvorhabens- feststellen. Allerdings ist mit fortschreitender Zeit die Kausalität zwischen Altschuldenhilfe und Investitionsvolumen immer schwieriger nachzuweisen. Aus heutiger Sicht sind unter wachstumspolitischen Aspekten vor allem die teilentlasteten Wohnungsunternehmen in Mecklenburg-Vorpommern, Sachsen und Brandenburg im Hinblick auf die zusätzlich initiierte Kapitalbildung positiv hervorzuheben.

1.1.2. Wohnungsunternehmen mit ausschließlichem Antrag auf Zinshilfe

Auf die grundsätzliche Datenproblematik bei ausschließlich zinshilfe-begünstigten Wohnungsunternehmen weist bereits Punkt IV 2.2.2. hin. Einen möglichen Ansatzpunkt für eine Auswertung bieten daher allein die Wohnungsunternehmen, die neben der Altschuldenhilfe das KfW-Wohnraum-Modernisierungsprogramm in Anspruch genommen haben. In diesem Fall ist neben dem KfW-finanzierte Anteil auch der Gesamtinvestitionsbetrag nachvollziehbar, der sich in der Tabelle 26 wiederfindet.

---

366 Interessant erscheint ein Vergleich zum Anstoßfaktor des KfW-Wohnraum-Modernisierungsprogramm, gleichwohl die beiden Instrumente vom Ansatz her (zinsverbilligtes Kreditprogramm/Förderhilfe mit Verpflichtungscharakter) gewisse Unterschiede aufweisen. Beide Instrumente richten sich aber an dieselbe Zielgruppe und werden ausschließlich für die neuen Bundesländern angeboten.
Mit einem Kreditvolumen von DM 55 Mrd im Rahmen des KfW Wohnraum-Modernisierungsprogramms wurden Investitionen von insgesamt DM 82 Mrd (Zeitraum 1990 bis Mitte 1997) ausgelöst, was einem Multiplikatoreffekt von 1,49 entspricht. Er liegt damit um 0,13 unter dem von Zinshilfe und Teilentlastung.

Tabelle 26 Zinshilfe zu Investitionsvolumen im Rahmen des KfW-Wohnraum-Modernisierungsprogramms für die Jahre 1992-1996 (in Mio)

Bundesland	gewährte Zinshilfe	Gesamtinvestitionen (im Rahmen des KfW-Programm* mitfinanziert)	Multiplikator (vH)
Berlin (Ost)	17	370	21,8
Brandenburg	61	863	14,4
Mecklenburg-V.*	19	345	18,1
Sachsen	99	1.337	13,5
Sachsen-A.	24	370	15,4
Thüringen	17	203	11,9
Gesamt	237	3.488	14,7

* KfW-Wohnraum-Modernisierungsprogramm

Gegenüber Wohnungsunternehmen mit Antrag auf Zinshilfe und Teilentlastung erhöht sich der Multiplikator bei den ausschließlich Zinshilfe-begünstigten Wohnungsunternehmen um das Neunfache auf 14,7. Weit vorne in der Einzelwertung liegt Berlin (Ost) mit einem Multiplikator von 21,8, der damit knapp 48 vH über dem Durchschnittswert liegt.[367] Mecklenburg-Vorpommern und Sachsen-Anhalt bewegen sich bei dieser Betrachtung über dem Durchschnittswert, während Sachsen und Thüringen diesen unterschreiten.

Eine Aufschlüsselung des Investitionsverhaltens im Rechtsformvergleich zeigt ein deutlich ausgeprägteres Engagement der Gesellschaften gegenüber dem von Genossenschaften. Während bei teilentlasteten Gesellschaften der Multiplikator 6 vH über dem von Genossenschaften liegt, differieren die Werte nun um durchschnittlich 23 vH. Dies ist im wesentlichen auf die weitgehend fehlende Restitutionsproblematik -nur ca. 3 vH des zugrundeliegenden Bestandes ist mit Ansprüchen Dritter belegt- zurückzuführen. Angesichts ihrer erheblich höheren Rechtssicherheit investieren die Gesellschaften deutlich mehr, während bei Genossenschaften wiederum die beschriebene Mietzinspolitik und die Verschuldungsangst ihr Engagement hemmen.

367 Hierbei ist zu berücksichtigen, daß lediglich acht Unternehmen (5 Gesellschaften, 3 Genossenschaften) in die Wertung eingegangen sind.

Ursächlich für die gegenüber teilentlasteten Wohnungsunternehmen insgesamt höheren Multiplikatoren dürfte auch die bessere finanzielle Ausgangslage der Antragsteller sein. Sie ergibt sich insbesondere dann, wenn der unternehmensbezogene Gebäudebestand überwiegend älter als 20-25 Jahre ist und -hieraus erklärt sich die geringe Restitutionsbelastung- nur zu geringen Teilen aus Gebäuden mit Baujahr bis Ende 1949 besteht. Die Belastung eines solchen Bestandes mit Wohnungsbaukrediten ist auch ohne Schuldenkappung durch die aktuellen Mietzinseinnahmen gut darstellbar.
Auffallend ist ferner, daß nur wenige der hier betrachteten Unternehmen die regelmäßig höher verschuldeten Wendewohnungsbestände besitzen. Bei den Antragstellern, die trotz solcher Objekte keinen Teilentlastungsantrag gestellt haben, ist davon auszugehen, daß sie bewußt die Privatisierungsauflage bzw. die Erlösabführungsverpflichtung vermeiden möchten.

Für eine kritische Bewertung des ausschließlich durch Zinshilfe induzierten Investitionsvolumens sind schließlich noch zwei Gesichtspunkten zu berücksichtigen:
Die vorliegende Analyse stützt sich aufgrund der eingeschränkten Datenlage ausschließlich auf das KfW-Wohnraum-Modernisierungsprogramm. Zwar erfreut sich diese Programm einer großen Nachfrage, dennoch werden auch andere Finanzierungsfazilitäten nachgefragt. Dieses wäre, sofern quantifizierbar, in die Betrachtung mit hineinzuziehen, wodurch sich tendenziell ein höherer Multiplikator ergäbe.
Während die betriebswirtschaftlich orientierte Analyse der 12 ausgewählten Unternehmen deren ungünstige wirtschaftliche Ausgangslage und die Notwendigkeit der Gewährung von Altschuldenhilfe offenlegt, ist von einer solchen "Notlage" bei ausschließlich zinshilfe-nachfragenden Unternehmen nicht zwangsläufig auszugehen. Vielmehr sind gewisse Mitnahmeeffekte wahrscheinlich, d. h., die Investitionen sind nicht zwangsläufig in vollem Maße durch die entlastende Wirkung der Zinshilfe induziert. Folglich wäre das Investitionsvolumen um einen gewissen Betrag zu kürzen, was wiederum eine Reduktion des Multiplikators bewirken würde.
Da die Quantifizierung beider Aspekte letztendlich einer Schätzung unterliegt, wird aus einem pragmatischen Ansatz heraus von zwei identischen Volumen mit gegensätzlichem Vorzeichen und damit von der Beständigkeit der oben ermittelten Anstoßfaktoren ausgegangen.

Demnach induzierte die Zinshilfe vor allem bei Unternehmen in Berlin (Ost), Mecklenburg-Vorpommern und Sachsen-Anhalt die größten Sanierungsvolumen und setzte damit dort den größten wachstumspolitischen Effekt um.

1.1.3. Zwischenerwerber im Rahmen mieternaher Privatisierungen

Neben den wohnungswirtschaftlichen Unternehmen bilden Zwischenerwerber[368] im Rahmen der mieternahen Privatisierungsformen eine weitere wichtige Investorengruppe. Mit Übernahme der Immobilien verpflichten sie sich, alle Wohnungen zumindest im Gemeinschaftseigentum zügig instandzusetzen und zu modernisieren. Genaue Informationen über den von Zwischenerwerbern bis Ende 1996 übernommenen Wohnungsbestand und über die Höhe des mit diesen Verkäufen verbundenen Investitionsvolumens liegen zum Auswertungszeitpunkt nicht vor. Entsprechende Angaben sind jedoch Bestandteil des Jährlichen Berichts für 1996.[369]

Ende 1996 waren der KfW rd. 150 geplante oder bereits realisierte Vorhaben mit einem Transaktionsvolumen von 93.500 Wohneinheiten bekannt, für die sie überwiegend die Kaufverträge im Hinblick auf die altschuldenhilferelevanten Bestandteile geprüft hat.[370] Das Investitionsvolumen schwankt nach Angaben[371]

---

368 Vgl. hierzu ausführlich: Punkt IV 3.3.2.1.

369 Der Jährliche Bericht 1996 wird voraussichtlich erst im zweiten Quartal 1998 für die Mehrheit der Wohnungsunternehmen vorliegen.

370 Vgl.:Tabelle 22.
Die KfW bietet eine Vorabprüfung (außerhalb des jährlichen Berichtsintervalls) der Kaufvertrags-Entwürfe zwischen Wohnungsunternehmen und Zwischenerwerber an, die häufig in Anspruch genommen wird. Dadurch ist es möglich, die Wohnungsunternehmen gezielt auf Punkte hinzuweisen, die nicht den Anforderungen der Merkblätter entsprechen und die damit einer Anrechnung auf die Privatisierungsquote entgegenstehen. Inwiefern der mit der KfW abgestimmte Entwurf tatsächlich realisiert wird, ist erst im Rahmen der jährlichen Berichterstattung nachprüfbar.

371 In einem Interview berichten die Geschäftsführer der Aubis-Gruppe, die mit über 18.000 Wohnungskäufen zu den "Großeinkäufern" im Zwischenerwerber-Geschäft zählen, daß von einem durchschnittlichen Investitionsvolumen von DM 1.000/m² Wfl. auszugehen ist. Dieser Betrag deckt sich weitgehend mit dem allgemein bei Zwischenerwerber-Projekten veranschlagten Sanierungsumfang. Im gleichen Interview berichten beide jedoch auch von Projekten, in die rein rechnerisch nur ca. zwei Drittel dieses Betrages (rd. DM 640/m² Wfl.) geflossen sein können.
Von ähnlichen Sanierungsvolumina berichtet auch J. Pankow, Geschäftsführer der STABItherm Wohnbau-Sanierung GmbH. Seinen Angaben zufolge hat STABItherm in 1995 rd. DM 722/m² Wfl. investiert.
Vgl.:o. V., Privatisierung kommt voran, S. 31,
Pankow, Plattenbausanierung, S. 122.

einiger Zwischenerwerber zwischen DM 640 und DM 1.000/m² Wfl. Teilweise finden sich Planwerte von DM 800-900/m² Wfl. in den zur Vorabprüfung eingereichten Unterlagen der veräußernden Wohnungsunternehmen.

Unter der Annahme eines durchschnittlichen Investitionsvolumens von DM 850/m² Wfl. ergibt sich bei 93.500 Wohneinheiten mit jeweils 60 m² Wfl. ein potentielles Investitionsvolumen von rd. DM 5 Mrd, das von den Zwischenerwerbern in den nächsten Jahren zu erbringen ist. Der diesbezügliche Wert des Multiplikators strebt, isoliert betrachtet, gegen unendlich, da dem Zwischenerwerber selbst keine Förderung zuteil wurde, das Investitionsvolumen aber dennoch hundertprozentig durch das Altschuldenhilfe-Gesetz begründet ist.
Wird der Zwischenerwerber indes als "Erfüllungsgehilfe" der Wohnungswirtschaft verstanden, wäre das von ihm realisierte Sanierungsvolumen dem veräußernden Unternehmens zuzuordnen, was folglich die unter Punkt V 1.1.1. genannten Multiplikatoren erhöht. Da eine solche Zuordnung gegenwärtig nicht möglich ist, beschränkt sich die Analyse auf eine Globalbetrachtung, bei der im weiteren als Schätzgröße für die bis Ende 1996 von ihnen umgesetzten Maßnahmen vom Verfasser ein Wert von DM 0,5 Mrd unterstellt wird.[372]

1.2. Auswirkungen auf das regionale Beschäftigungsniveau

1.2.1. Beschäftigungswirkungen aufgrund der initiierten Investitionsmaßnahmen

Unter Berücksichtigung aller in Punkt V 1.1. genannten Investitionen werden im Betrachtungszeitraum 1992-1996 damit DM 57,7 Mrd als durch das Altschuldenhilfe-Gesetz induzierte zusätzliche Nachfrage erkannt. Ein solches Volumen muß sich positiv auf die Beschäftigungssituation im Baugewerbe und über die dort geschaffenen Einkommen auch auf andere Bereiche der Volkswirtschaft auswirken. Inwieweit von diesem Betrag die neuen Bundesländer profitieren, ist

372 Für die Auswertung wird dieser Wert allein dem Jahr 1996 zugerechnet, da annahmegemäß selbst bei einem kurz nach Bekanntwerden im Mai 1995 abgeschlossenen Zwischenerwerbervertrag entsprechende Investitionen aufgrund der notwendigen Mieterbefragungen und Vorlaufzeiten nicht vor Anfang 1996 getätigt werden konnten.

im folgenden in Anlehnung an eine vom Institut für Arbeitsmarkt und Berufsforschung erstellten Analyse zu ermitteln.[373]

Die Autoren Stäglin und Filip-Köhn untersuchen hierin die wirtschaftlichen Verflechtungen zwischen den alten und neuen Bundesländern und deren Arbeitsmarktwirkungen. Sie stellen fest, daß die Nachfrage nach Investitionen in den neuen Bundesländern nicht allein durch die dort vorhandenen oder produzierbaren Materialien und den dort ansässigen Personen gedeckt wird. Aus finanziellen, kapazitäts- oder Know-how-bedingten Aspekten sind zusätzliche Leistungen von "externen" Anbietern notwendig. Dies führt zu wirtschaftlichen Verflechtungen mit den alten Bundesländern oder Drittländern, wodurch ein Teil der Nachfrage nicht mehr für den Wirtschaftskreislauf der neuen Bundesländer wirksam ist. Zur Darstellung derart bedingter Waren- und Dienstleistungsströme zwischen den alten und neuen Bundesländern wird auf der Grundlage der Wirtschaftsdaten des Jahres 1991 eine biregionale Input-Output-Tabelle für Deutschland konzipiert. Die Tabelle unterscheidet zwischen den verschiedenen Komponenten der Gesamtnachfrage "privater Verbrauch", "öffentlicher Verbrauch", "Ausrüstungsinvestitionen", "Ausfuhr" und insbesondere "Bauinvestitionen".

Für den Bereich der Bauinvestitionen gehen Stäglin/Filip-Köhn davon aus, daß eine Nachfrage in Höhe von einer Million D-Mark nur zu 78,4 vH durch ostdeutsche Lieferungen und Leistungen befriedigt werden kann.[374] Mit anderen Worten fließen durch die Auftragsvergabe an überregionale Unternehmen 21,6 vH der durch die Nachfrage gebundenen Mittel in die alten Bundesländer und in Drittländer oder werden durch nichtabzugsfähige Umsatzsteuern dem Kreislauf

373 Stäglin/Filip-Köhn, Quantitative Analyse der wirtschaftlichen Verflechtungen von alten und neuen Bundesländern und ihrer Arbeitsmarktwirkung, Beiträge zur Arbeitsmarkt- und Berufsforschung Nr. 183, 1994.

374 Vgl.:Stäglin/Filip-Köhn, Wirtschaftliche Verflechtungen ABL-NBL, S. 3ff.
Ähnlich Ergebnisse zeigen sich auch bei einer mündlichen Befragung der zwölf ausgewählten Wohnungsunternehmen. Sie geben an, regionale Handwerker und Bauunternehmen (sofern diese nicht als ausgegliederte Regiebetriebe sowieso die exklusiven Durchführungsrechte besitzen) zu bevorzugen. Sofern das gesuchte Handwerk in der näheren Region nicht zur Verfügung steht, achten die Wohnungsunternehmen zumindest auf eine Vergabe an ostdeutsche Firmen. Allerdings gelingt dies bislang nur in 70-75 vH der Fälle. Auf Anbieter aus Drittländern wird angabegemäß gänzlich verzichtet, doch sind unter Umständen saisonale Arbeitskräfte aus Fremdstaaten bei örtlichen Betrieben beschäftigt, so daß Teile der Bruttowertschöpfung ins Ausland fließen können.

der neuen Bundesländer entzogen.[375] Zusätzlich berücksichtigt die Studie, daß für die Bereitstellung des ostdeutschen Anteils an Lieferungen und Leistungen Vorleistungen erforderlich sind, die wiederum teilweise aus den alten Bundesländern und Drittländern stammen. Die Autoren beziffern diesen nicht zu berücksichtigenden externen Vorleistungsanteil im Bausektor mit 34,7 vH. Beide Faktoren zusammen reduzieren die in den neuen Bundesländer wirksame Bruttowertschöpfung auf Basis von Bauinvestitionen in Höhe von einer Million D-Mark auf rd. DM 512.000.[376]

Um die hieraus resultierenden Arbeitsmarktwirkungen zu quantifizieren, ist das oben aufgezeigte Ergebnis in Beschäftigungsgrößen zu transformieren. Die Analyse greift dafür auf die Erwerbstätigenzahlen für das Jahr 1992 zurück, die vom Institut für Arbeits- und Berufsforschung bereitgestellt werden. Danach sind je einer Million D-Mark Bruttowertschöpfung 27,2 Erwerbstätige direkt und indirekt im Bausektor gebunden.[377] Da nach Stäglin/Filip-Köhn jedoch nur 51,2 vH der Nachfrage durch Lieferungen und Leistungen aus den neuen Bundesländern gedeckt wird, kann nur dieser Anteil dort beschäftigungswirksam sein. Folglich bindet die Nachfrage von Bauinvestitionen in Höhe von einer Million D-Mark in den neuen Bundesländern knapp 14 regionale Arbeitsplätze[378].

---

375 Die Relation 70:22 für das Baugewerbe fällt deutlich günstiger aus, als die Relation über alle Sektoren für die neuen Bundesländer, die bei 62:38 liegt. Dies spricht für die positive Auswirkung der Baunachfrage auf die regionale Entwicklung.

376 Dieser Wert liegt über dem Durchschnittswert von DM 437.000 für alle Sektoren, dennoch unterhalb der im Bereich des öffentlichen Verbrauchs (DM 663.000) sowie der Ausfuhr (DM 644.000) ermittelten Ergebnisse.

377 Nach Stäglin/Filip-Köhn entfallen im Baubereich auf einen direkt Beschäftigten ca. 0,3 indirekt Beschäftigte.

378 Von einem etwas geringeren Wert (13,4) geht auch Lessat bei der Ermittlung der Anstoßwirkungen öffentlicher Mittel in der Städtebauförderung aus. Die Datenbasis bilden 47 abgerechnete städtebauliche Sanierungsgebiete. Im Ergebnis weist die Analyse 6,7 direkt Beschäftigte je einer Million Bauvolumen aus. Hinzu kommen indirekte Beschäftigungseffekte, die von den Vorleistungsbezügen des Baugewerbes in erster Linie auf die baunahen Bereiche, wie die Bau-, Steine- und Erdenindustrie sowie ferner die Stahl- und Leichtmetallindustrie ausgehen. Deren Volumen setzt die Studie auf Basis eines vom DIW für 1990 berechneten Wertes mit 0,58 pro direkt Beschäftigtem an. Die Summe der gebundenen Beschäftigten erhöht sich hierdurch auf 10,6. Weiter geht Lessat von einem Multiplikatoreffekt aus, der mit einem Volumen von 0,4 pro direktem Beschäftigtem schließlich die Zahl der gebundenen Arbeitsplätze auf 13,4 Personen (pro direktem Beschäftigtem ein indirekt Beschäftigter) steigen läßt. Der Analyseansatz setzt einen 100-prozentige Zuordnung des Auswirkungen auf die neuen Bundesländer voraus und vernachlässigt damit vollständig die bei Stäglin/Filip-Köhn berücksichtigten Verflechtungen der Sektoren. Aus diesen Grund wird von einer Evaluierung der durch die Investitionen im Rahmen des Altschuldenhilfe-Gesetzes gebundenen Arbeitskräfte nach der Methode von Lessat Abstand genommen. Vgl.:Lessat, Anstoßwirkungen öffentlicher Mittel, S. 12f.

Diese Erkenntnisse über die wirtschaftlichen Verflechtungen der neuen Bundesländer und den hieraus resultierenden Arbeitsmarktwirkungen im Bausektor sind auf den Bereich der Altschuldenhilfe übertragbar. Ein solches Vorgehen ist aus Sicht des Verfassers gerechtfertigt, da die von Stäglin/Filip-Köhn für den Bausektor ermittelten Werte sich sowohl auf das Bauhaupt- als auch das Ausbaugewerbe beziehen, denen die altschuldenhilfe-induzierten Sanierungs- und sonstigen Investitionen zuzurechnen sind.

Tabelle 27 Durch zusätzliche Investitionen im Rahmen des Altschuldenhilfe-Gesetzes realisierte Bruttowertschöpfung und gebundene Erwerbstätige im Zeitraum 1992-1996

Jahr	Investitions-volumen (in Mio)	davon tatsächl. Nachfragerelev. in NBL (in Mio) -Faktor: 0,784-	./. externer Vorleistungsanteil (in Mio) -Faktor: 0,347-	= Inländische Bruttowertschöpfung NBL (in Mio)	gebundene Erwerbstätige -Faktor: 14-
1992	4.314	3.382	1.173	2.209	30.926
1993	9.298	7.290	2.530	4.760	66.640
1994	13.999	10.975	3.808	7.167	100.338
1995	15.308	12.001	4.164	7.837	109.718
1996	14.744	11.559	4.011	7.548	105.672
Σ	57.663	45.207	15.686	29.521	413.294

Hinweis: Das bei Zwischenerwebern unterstellte Investitionsvolumen in Höhe von DM 0,5 Mrd geht vollständig in Jahreswert 1996 ein.

Tabelle 28 Durch zusätzliche Investitionen im Rahmen des Altschuldenhilfe-Gesetzes realisierte Bruttowertschöpfung und gebundene Erwerbstätige im Zeitraum 1992-1996 nach Ländern

Bundesland	Investitions-volumen (in Mio)	Bruttowertschöpfung (in Mio) -Faktor: 0,512-	hierdurch gebundene Erwerbstätige -Faktor: 14-
Berlin (Ost)	9.359	4.792	67.088
Brandenburg	8.222	4.209	58.926
Mecklenburg-V.	8.380	4.290	60.060
Sachsen	16.010	8.197	114.758
Sachsen-A.	8.157	4.175	58.450
Thüringen	7.535	3.858	54.012
Gesamt	57.663	29.521	413.294

Hinweis: Die länderspezifische Verteilung der von Zwischenerwerbern realisierten Investitionssumme in Höhe von DM 0,5 Mrd erfolgte anteilsmäßig gemäß dem zum 31.12.1996 bekannten Volumen von Wohnungsveräußerungen an Zwischenerwerber.

Im Ergebnis ist festzuhalten, daß in einem fünfjährigen Zeitraum (1992-1996) von einem altschuldenhilfe-induzierten Investitionsvolumen in Höhe von DM 57,7 Mrd eine Bruttowertschöpfung in den neuen Bundesländern in Höhe von DM 29,5 Mrd ausgeht.[379] Mit diesem Investitionsvolumen können rd. 413.300 (einjährige) Arbeitsplätze gesichert bzw. neu geschaffen werden.[380] Das Ergebnis spiegelt die hohe Bedeutung der Altschuldenhilfe für die Beschäftigungssituation im ostdeutschen Bausektor wider. Trotz der zum Teil notwendigen Lieferungen und Leistungen durch externe Anbieter wird mit 51,2 vH

379 Die restlichen DM 27,1 Mrd verteilen sich durchschnittlich im Verhältnis 16:8:1 auf die Bruttowertschöpfung in den alten Bundesländern, den Drittländern bzw. den auf Bund/Länder entfallenden nichtabzugsfähigen Umsatzsteueranteil.

380 Die von Stäglin/Filip-Köhn aufgestellten Wirkungszusammenhänge bestätigen sich auch im Rahmen einer alternativen Berechnung: In der Baubranche wird allgemein unterstellt, daß in den alten Bundesländern ein durchschnittliches Nachfragevolumen von DM 115.-120.000 einen (direkten) Arbeitsplatz sichert. Da in den neuen Bundesländern das relevante Lohnniveau durchschnittlich 15 vH unterhalb des Westniveaus liegt, kann im Umkehrschluß bereits ein Nachfragevolumen von rd. DM 100.000 einen Arbeitsplatz sichern. Unter Berücksichtigung der genannten Faktoren für die Verteilung der produktionswirksamen Nachfrage, den Vorleistungen sowie einem Verhältnis von 10 direkten zu drei indirekt Beschäftigten ermittelt sich bei einem Ausgangsvolumen von DM 57,6 Mrd eine Beschäftigungsnachfrage von 412.098.

der größte Teil der Bruttowertschöpfung durch die zusätzliche Nachfrage im Beitrittsgebiet realisiert. Die Verpflichtung des Altschuldenhilfe-Gesetzes zur zügigen Instandsetzung und Modernisierung leistet auf diese Weise einen erheblichen Beitrag für die Verwirklichung des "Aufschwung Ost". Über die aufgezeigten wirtschaftlichen Verflechtungen profitieren darüber hinaus auch die Anbieter aus den alten Bundesländern und damit letztlich die gesamte deutsche Volkswirtschaft.

1.2.2. Stellenabbau aufgrund von Wirtschaftlichkeitserfordernissen

Den Beschäftigungswirkungen im Bausektor stehen Wirtschaftlichkeitsüberlegungen bei der Wohnungsverwaltung und -betreuung gegenüber, die den aufgezeigten positiven Beschäftigungseffekt teilweise kompensieren.

Gemäß Art. 22 Abs. 4 Einigungsvertrag sind Kommunen gehalten, das ihnen übertragene Wohnungsvermögen unter Beachtung der wirtschaftlichen Erfordernisse schrittweise in die soziale Wohnungsmarktwirtschaft zu überführen. Von einer solchen Grundüberlegung geht auch das Altschuldenhilfe-Gesetz aus, wonach die Übertragung des Wohnungsvermögens auf ein kommunales Wohnungsunternehmen vorgesehen ist, wenn der nach Restitution und Privatisierung verbleibende Wohnungsbestand mehr als 500 Wohnungen umfaßt. Wirtschaftlichkeitsüberlegungen veranlassen in der Praxis jedoch die Kommunen -vor allem im Hinblick auf die anfallenden Verwaltungskosten- schon bei einem deutlich geringeren Wohnungsbestand[381], ihre Objekte zu übertragen oder sich mit anderen Kommunen zu einer Verwaltungsgemeinschaft zusammenzuschließen. Letztere Variante hat in den vergangenen Jahren deutlichen Zuspruch erfahren. Auch der Prozeß der Eingemeindung, der sich in den alten Bundesländern bereits in den 70er Jahren vollzog, hat die Konzentrationstendenzen weiter gefördert. Eine Quantifizierung der durch diese Entwicklung bei Kommunen verlorengegangenen Arbeitsplätze ist jedoch weder über Unterla-

381 Im Durchschnitt kommen auf jede Kommune mit Antrag auf Zinshilfe und Teilentlastung 96 Wohnungen (zum Stichtag 01.01.1993), wovon nach Restitution und notwendiger Privatisierung noch rd. 70 Wohnungen verbleiben. Dieser Wert verringert sich in der Praxis weiter durch die bei Kommunen häufig anzutreffende Übererfüllung der Privatisierungsverpflichtung. Es ist daher von einem verbleibenden Bestand im Umfang von ca. 50 bis 60 Wohneinheiten auszugehen.

gen im Rahmen des Altschuldenhilfe-Gesetzes noch aus offiziellen Statistiken über Mitarbeiter im öffentlichen Dienst möglich.

Aussagen über die Entwicklung des Beschäftigungsniveaus lassen sich indes für Wohnungsgesellschaften und -genossenschaften treffen. Beide sind mit dem Antrag auf Teilentlastung aufgefordert, Angaben über ihren verwaltungstechnischen, gewerblichen und sonstigen Mitarbeiterbestand[382] für die Jahre 1992/93 sowie die voraussichtliche Entwicklung des Mitarbeiterstamms bis 1996 zu machen. Auf eine Fortschreibung bzw. Überprüfung dieser Angaben im Jährlichen Bericht wird jedoch verzichtet. Daher beruhen die folgenden Auswertungen ausschließlich auf den Angaben bei Antragstellung zum Stand Ende 1993.

Kommunale Wohnungsgesellschaften beschäftigen in 1992 angabegemäß 22.460 Mitarbeiter[383], denen zum 1. Januar 1993 gut 1,6 Mio Wohnungen gegenüber stehen. In der Verwaltung sind rund 60 vH aller Beschäftigten eingesetzt, im gewerblichen Bereich 33 vH, während die sonstigen Mitarbeiter ein Volumen von 7 vH aufweisen.
Das Verhältnis von Mitarbeiter in der Verwaltung zu bewirtschaftenden Wohnungen beträgt zu diesem Zeitpunkt 1:120 und liegt damit unter dem vom GdW für die neuen Länder ermittelten Durchschnittsniveau von 1:132.[384]

Im Zeitablauf nimmt die Anzahl der Beschäftigungsverhältnisse kontinuierlich um ca. 5-6 vH jährlich ab und weist in 1996 nur noch ca. 80 vH des ursprünglichen Volumens auf. Entgegen dieser Entwicklung steigert sich der Anteil der Beschäftigten in der Verwaltung von 61 auf 68 vH, was zum einen auf den zum

382 Zu den "gewerblichen Mitarbeitern" zählen vor allem Hausmeister und die Mitarbeiter in den Regiebetrieben, die als Handwerker für die Wartung und Betreuung der Objekte zuständig sind. Unter die Gruppe der "sonstigen Mitarbeiter" sind hauptsächlich saisonal beschäftigte Mitarbeiter (Gartenpflege, Schneeräumdienst etc.) und andere Aushilfskräfte zusammengefaßt.

383 Von insgesamt 349 antragstellenden Wohnungsgesellschaften haben 48 für das Jahr 1992 keine Angaben über die Anzahl ihrer Mitarbeiter gemacht, da sie vermutlich erst in 1993 gegründet sind. Dies entspricht einem Anteil von 13,7 vH. Da eine Herausrechnung der ihnen zugehörigen Wohneinheiten nicht möglich ist, unterstellt der Verfasser einen gängigen Durchschnittswert von 20 Mitarbeiter je Gesellschaft, die in der o. g. Summe von 22.460 enthalten sind.

384 Zum Zeitpunkt der Wiedervereinigung beträgt das Verhältnis der Verwaltungsmitarbeiter pro Wohnung bei den im GdW organisierten Wohnungsunternehmen 1:78, das sich bis Ende 1990 auf 1:126 und bis Ende 1992 auf 1:132 verbessert- einem Stand, der mit den Niveau in den alten Bundesländern vergleichbar ist.
Vgl.:GdW, Daten und Fakten 1992, S. 15.

damaligen Zeitpunkt von den Unternehmen höher eingeschätzten organisatorischen Aufwand bei der Erfüllung der Privatisierungsverpflichtung und zum anderen auf die zusätzliche Arbeitsbelastung durch die zahlreichen Restitutionsansprüche, die z. B. eine eigenständige (Neben-)Buchführung erfordert, zurückzuführen ist.[385] Der Umfang der gewerblichen Mitarbeiter sinkt im Zeitraum 1992-1996 von 32 auf 25 vH; verantwortlich hierfür ist in erster Linie der bereits in 1993 begonnene Prozeß der Ausgliederung ehemaliger Regiebetriebe als wirtschaftlich selbständige Firmen. Hingegen bleibt der Anteil der sonstigen Mitarbeiter in dieser Periode relativ konstant (6-7 vH).
Auf Basis dieser Angaben sind in 1996 nur noch 75-80 vH, d. h. zwischen 17.000-18.000 Mitarbeiter, bei kommunalen Wohnungsunternehmen beschäftigt. Das Verhältnis von Mitarbeitern in der Verwaltung zu bewirtschaftenden Wohnungen hat sich auch nach Einschätzung des GdW verbessert und liegt 1996 bei ca. 1:136.

Bei **Wohnungsgenossenschaften** stehen einem Bestand von rd. 854.000 Wohnungen zum 1. Januar 1993 7.000 Mitarbeiter gegenüber. Hinsichtlich der Mitarbeiterstruktur sind mit 54 vH Verwaltungsangestellten deutlich weniger und mit 39 vH im gewerblichen Bereich deutlich mehr Menschen beschäftigt, als zum vergleichbaren Zeitpunkt bei Gesellschaften. Das Volumen der sonstigen Mitarbeiter beträgt ebenfalls 7 vH[386].
Die Betreuungsquote von 1:225 liegt erheblich über dem Niveau der Wohnungsgesellschaften. Unberücksichtigt bleibt hierbei allerdings die Zahl der ehrenamtlich tätigen Mitglieder. Da grundsätzlich nicht von einem signifikanten Unterschied bei der Verwaltung und Pflege des kommunalen oder genossenschaftlichen Wohnungsbestandes auszugehen ist, läßt dieser ausgeprägte Unterschied in der Betreuungsquote den überhöhten, da politisch motivierten, Verwaltungsapparat bei den Gesellschaften erkennen.

Bis 1994 steigt der Mitarbeiterbestand bei den Genossenschaften und bleibt dann in den Jahren 1995 und 1996 relativ konstant. Die Struktur der Beschäftig-

385 Auch vier der 12 näher untersuchten Wohnungsunternehmen verringerten die Zahl ihrer insgesamten Beschäftigten während der Mitarbeiterstamm in der Verwaltung weiter aufgestockt wurde. Bei den zusätzlichen Mitarbeitern handelt es sich überwiegend um solche, die bislang einer anderen Tätigkeit im Unternehmen nachgegangen sind. Neueinstellungen sind dagegen selten und kommen meist nur bei einer Neubesetzung in Spezialbereichen der Verwaltung in Betracht.

386 Bezogen auf die zu betreuenden Wohneinheiten impliziert dieser Wert eine gut 22 vH höhere Betreuungsrate.

ten unterliegt im Zeitablauf nur minimalen Schwankungen (1-2 vH). Dadurch reduziert sich die Betreuungsquote auf ca. 1:215, was rein rechnerisch unverändert eine günstigere Relation im Vergleich zu den Gesellschaften impliziert. De facto ist dieser Vergleich jedoch nur eingeschränkt gerechtfertigt: Genossenschaften sind nicht im gleichen Ausmaß von der Restitutionsproblematik betroffen, noch weisen sie im Zeitraum 1992-1996 die gleichen Veräußerungserfolge auf.

Sowohl für die Gesellschaften als auch bei den Genossenschaften ist die Entwicklung und die Struktur der Beschäftigungsverhältnisse in den einzelnen Bundesländern einheitlich. Aus der gezeigten Entwicklung ergibt sich bei Wohnungsgesellschaften und -genossenschaften im Zeitraum 1992-1996 (allein auf der Grundlage ihrer Angaben im Antrag auf Altschuldenhilfe) ein Arbeitsplatzabbau von schätzungsweise 5.500 Arbeitsplätzen ergeben.

Die Ergebnisse der laufenden Mitgliederbefragungen des GdW sind Beleg dafür, daß der bis 1996 in der Praxis tatsächlich realisierte Arbeitsplatzabbau höher ausfällt als von den Unternehmen zum Zeitpunkt der Antragstellung geplant. Dies ist im wesentlichen auf die fehlende Erfahrung der Wohnungsunternehmen mit Wirtschaftlichkeitsüberlegungen und dem Umfang der daraus abzuleitenden Maßnahmen zurückzuführen. So kann beispielsweise aufgrund der durchgeführten Instandsetzungs- und Modernisierungsmaßnahmen mehr Personal für die laufenden Instandhaltungsarbeiten eingespart werden. Auch im Bereich der Verwaltung setzen die Unternehmen durch den forcierten Einsatz moderner Bürotechniken und Outsourcing-Maßnahmen, beispielsweise im Bereich der Lohnbuchhaltung und bei der Erstellung von Abschlüssen, weitere Mitarbeiter frei.

Ein zusätzliches Personaleinsparungspotential ergibt sich ab Ende 1994/Anfang 1995 bei der Umsetzung der Privatisierungsverpflichtung durch die Inanspruchnahme externer Dienstleister für die Durchführung der Mieterbefragungen oder später im Rahmen der mieternahen Privatisierungsmodelle. Vor diesem Hintergrund ist von einem zusätzlichen Stellenabbau von 10-20 vH auszugehen.

Abschließend ist festzuhalten, daß die wachstumspolitischen Auswirkungen des Altschuldenhilfe-Gesetzes im Hinblick auf das Beschäftigungsniveau differenziert zu betrachten sind. Während in der Bauindustrie 413.300 Arbeitsplätze gesichert bzw. neu geschaffen wurden, ist die Arbeitsplatzsituation in der Wohnungswirtschaft durch Rationalisierungstendenzen geprägt. Per Saldo läßt sich jedoch ein deutlich positiver Impuls auf die Beschäftigungssituation in den neuen Bundesländern durch das Altschuldenhilfe-Gesetz feststellen.

2. Ausgleichspolitische Auswirkungen

2.1. Verbesserung der Wohnverhältnisse

Unter der Überschrift "Wohnungsbauförderung als öffentliche Aufgabe" sind die Ziele der staatlichen Wohnungspolitik im Teil I, § 1 des II. Wohnungsbaugesetzes festgeschrieben. Sie fordern die Beseitigung des Wohnungsmangels, die Schaffung von Wohneigentum für weite Kreise der Bevölkerung sowie die Sicherstellung einer ausreichenden Wohnungsversorgung aller Bevölkerungsschichten, "... namentlich für diejenigen Wohnungssuchenden ..., die hierzu selbst nicht in der Lage sind". Damit sind diese Ziele eindeutig durch eine ausgleichspolitische Leitvorstellung motiviert.[387]
Für eine Evaluierung des Altschuldenhilfe-Gesetzes als ausgleichspolitisches Instrument der regionalen Wirtschaftspolitik sind seine Auswirkungen sowohl aus der Verpflichtung zur Instandsetzung und Modernisierung als auch aus der Auflage zur Privatisierung[388] zu untersuchen.

Die Beseitigung eines Wohnungsmangels erfolgt einerseits durch die Erhöhung der zur Verfügung stehenden Wohnfläche, andererseits durch Steigerung der angetroffenen Wohnqualität.
Quantitativ hat sich die Versorgungslage auf dem ostdeutschen Wohnungsmarkt in den letzten Jahren entspannt und dem Niveau der alten Bundesländern angenähert. Dies ist primär die Folge der massiven Abwanderungen in der Zeit nach Öffnung der Mauer sowie das Resultat der intensiven Neubauaktivitäten, vor allem im Eigenheimsektor. Der quantitative Aspekt ist daher zu ver-

387 Es bestehen auch Ansätze, die Beseitigung des Wohnungsmangels als Grundlage für einen wachstumspolitischen Erfolg zu werten oder die Schaffung von Wohneigentum für weite Kreise der Bevölkerung als ein Instrument für die Stabilisierung einer Region einzusetzen. Dieser Interpretation folgt die vorliegende Arbeit nicht. Beide Aspekte werden ausschließlich im Zusammenhang mit der ausgleichspolitischen Zielstellung erörtert.

388 Vgl.: Punkt V 2.2.

nachlässigen. Wichtiger erscheint, inwieweit sich der Wohnungsbestand in den letzten fünf Jahren qualitativ entwickelt hat.

Zusätzlich zur Angabe der geplanten Investitionssumme verlangt der Antrag auf Altschuldenhilfe Informationen über die voraussichtliche Verwendung der Mittel bis 1996. Danach soll von einem angegebenen Investitionsvolumen in Höhe von DM 105,8 Mrd[389] der größte Teil (47,6 vH) für Maßnahmen zur Energieeinsparung sowie SO_2- und CO_2-Minderung, wie z. B. durch Fensteraustausch, Heizungsmodernisierung einschließlich Umstellung auf einen CO_2-ärmeren Brennstoff, Neuinstallationen der Warmwasserversorgung sowie der Wärmedämmung, verwendet werden. Es folgen mit 26,5 vH die Instandsetzung und Behebung baulicher Mängel durch Reparatur und Erneuerung bspw. an Dach, Fassade, Fußboden oder Treppe sowie an dritter Stelle die bauliche Modernisierung (18,1 vH), die den Gebrauchswert der einzelnen Wohnung verbessert, wie z. B. Sanitärinstallationen, Schallschutz, Wohnungszuschnitt. Mit 7,8 vH runden die baulichen Maßnahmen zur Verbesserung der allgemeinen Wohnverhältnisse, wie etwa die Erneuerung von Balkonen/Loggien, der Einbau von Fahrstühlen oder Maßnahmen im Wohnumfeld[390] (z. B. das Anlegen von Parkplätzen oder die Errichtung von Spielplätzen) das Maßnahmenpaket ab.

Entgegen den ursprünglichen Planungen verwirklichen die Wohnungsunternehmen bis Ende 1996 lediglich rd. 40 vH ihrer Investitionsvorhaben. Zudem läßt sich den Jährlichen Berichten nicht entnehmen, ob zumindest die vorgesehenen Verwendungsschwerpunkte unverändert bleiben. Vor diesem Hintergrund erscheint es opportun, zunächst auf die vom GdW ermittelten Wohnungsdatenbestände, ergänzt um Auswertungsergebnisse aus dem KfW-Wohnraum-Modernisierungsprogramm[391], zurückzugreifen. Diese spiegeln die Entwicklung im gesamten kommunalen und genossenschaftlichen Wohnungsbestand, unabhängig von der Inanspruchnahme des Altschuldenhilfe-Gesetzes,

389 Gemäß den Angaben der Wohnungsunternehmen planen diese im Zeitpunkt der Antragstellung (Ende 1993) für den Zeitraum 1993-1996 Investitionen in einem Umfang von DM 115,2 Mrd, wovon DM 105,8 Mrd den Bereichen Energieeinsparung, Instandsetzung und Behebung baulicher Mängel, bauliche Modernisierung sowie Maßnahmen zur Verbesserung der allgemeinen Wohnverhältnisse zugeordnet werden. Die Verwendung der restlichen DM 9,4 Mrd bleibt offen.

390 Für eine ausführliche Definition des Begriffs "Wohnumfeld" vgl.: BMBau, Bund-Länder-Förderprogramm, S. 113ff.

391 Als Grundlage dienen die kumulierten Angaben bis 31.12.1996. Zu diesem Zeitpunkt ist das KfW-Wohnraum-Modernisierungsprogramm durch Zusagen und in Bearbeitung befindliche Anträge in Höhe von DM 50,3 Mrd belegt.

wider und vermittelt einen Eindruck, in welcher Art und Weise die Wohnqualität in den neuen Bundesländern gesteigert wird. Da schätzungsweise 90 vH der im Rahmen des Altschuldenhilfe-Gesetzes geförderten Wohnungsunternehmen im GdW organisiert sind, ist davon auszugehen, daß die in der nachfolgenden Übersicht dargestellte Entwicklung auch für diese im Speziellen zutrifft.

Tabelle 29 zeigt auf dieser Basis die qualitative Entwicklung des Wohnungsbestandes anhand von vier verschiedenen Ausstattungsmerkmalen vom Zeitpunkt der Wiedervereinigung bis Ende 1996 auf. Die in Klammern gesetzten Werte der Jahre 1990 und 1996 beziehen sich auf den jeweiligen Ausstattungsstand in den alten Bundesländern und dienen als Vergleichsmaßstab.

Tabelle 29 Qualitative Entwicklung des Wohnungsbestandes im Zeitraum 1992-1996 (in vH)

	Bad/Dusche	Innen-WC	Sammelheizung	Warmwasser
1990	82 (97)	86 (98)	47 (75)	35 (97)
1991	82	86	50	37
1992	85	88	51	40
1993	85	90	56	43
1994	85	91	60	45
1995	85	93	64	51
1996	88 (98)	94 (99)	70 (77)	56 (98)

Quelle: GdW, Daten und Fakten 96,
Angaben KfW über die Mittelverwendung im Wohnraum-Modernisierungsprogramm.

Besonders positiv entwickelt sich demnach die Versorgung der Haushalte mit Warmwasser und deren Anschluß an das zentrale Heizungssystem bzw. ihre Umstellung auf moderne Heiztechnologie. Von diesen Maßnahmen profitieren sowohl konventionell errichtete Gebäude als auch Plattenbauten. Hinsichtlich der Ausstattung mit Bad/Dusche und Innen-WC weisen 88 vH bzw. 94 vH aller Wohnungen einen heutzutage als üblich zu bezeichnenden Wohnstandard auf. Dies läßt insbesondere Rückschlüsse auf eine Verbesserung der Wohnqualität im Altbaubestand zu, da Plattenbauwohnungen weitgehend über innenliegende Sanitäreinrichtungen verfügen. Insgesamt sind 1996 62 vH aller Wohnungen mit Bad/Dusche und Innen-WC sowie einen Anschluß an eine (modernisierte) Sammelheizung ausgestattet.[392]

Wohnqualität definiert sich nicht nur über die vier in Tabelle 29 genannten Ausstattungsmerkmale. Detailliertere Aussagen sind jedoch aufgrund des nur eingeschränkt vorliegenden Datenmaterials nicht möglich. Daher gilt es die Steigerung der Wohnqualität bei teilentlasteten und ausschließlich zinshilfebegünstigten Wohnungsunternehmen alternativ aufzuzeigen. Hierzu wird der in Punkt V 1.1.1. erarbeitete Ansatz "Zinshilfe und Teilentlastung zu Investitionsvolumen" weiterentwickelt, indem zunächst der Umfang der bereits durchgeführten Sanierung pro Quadratmeter "relevanter Wohnfläche" ermittelt und dann einer Kostengröße für die durchschnittlich notwendige Sanierung pro Quadratmeter Wohnfläche gegenübergestellt wird.

Der Ansatz der "relevanten Wohnfläche" ist notwendig, da eine globale Gegenüberstellung des Investitionsvolumens zur gesamten, dem Altschuldenhilfe-Gesetz unterliegenden, Wohnfläche kein zutreffendes Bild der im Wohnungsbestand verwirklichten qualitativen Sanierungsleistungen zeichnet. Zurückzuführen ist dies vor allem auf die verzerrende Wirkung der Restitutionsansprüche, da die hiervon betroffenen Gebäude von den Sanierungsmaßnahmen der Unternehmen weitgehend ausgeschlossen sind. Hinzu kommen zahlreiche Verkäufe im unsanierten Zustand, auf die sich eine Globalbetrachtung der Investitionen ebenfalls beziehen würde. Vor diesem Hintergrund umfaßt die relevante Wohnfläche die mietpreisgebundene Wohnfläche zum Stichtag 01.01.1993, reduziert um die im Antrag auf Altschuldenhilfe mit Restitutionsansprüchen ausgewiesenen oder bereits in 1993 tatsächlich rückübertragenen Wohnflächen mit Baujahr vor 1949. Hinzugerechnet werden Flächen mit Baujahr vor 1949, für die ein Restitutionsanspruch angemeldet, über deren Rückgabe aber zwischenzeitlich negativ entschieden wurde und die somit beim Wohnungsunternehmen verbleiben.[393]

---

392 Vgl.: Winter, Ausstattung und Größe, S. 643.

393 Aus Vereinfachungsgründen wird dabei von der Bestandskraft der Entscheidung des Amtes für offene Vermögensfragen ausgegangen, obwohl der Anspruchsteller bzw. das Wohnungsunternehmen die Möglichkeit besitzt, kostenlos gegen die Erstentscheidung Einspruch einzulegen. Aus der Erfahrung ist nur bei einem geringen Anteil der Einspruchsverfahren (ca. 5 vH) davon auszugehen, daß die Entscheidung in zweiter Instanz anders ausfällt. Ist eine der beteiligten Parteien ebenso mit dem zweiten Entscheid nicht einverstanden, besteht die Möglichkeit, einen (kostenpflichtigen) endgültigen Drittbescheid herbeizuführen, was von den Beteiligten allerdings nur vereinzelt verfolgt wird.

Ferner sind sämtliche für 1993 gemeldete Verkäufe in Abzug gebracht. Der letzte Schritt rechtfertigt sich einerseits durch den hohen Anteil der unsaniert veräußerten Wohneinheiten, der anhand der Angaben im Jährlichen Bericht 1994 auf rd. 60 vH beziffert wird. Andererseits bilden die verbleibenden 40 vH einen pauschalen Ausgleichsposten für die auch in späteren Jahren unsaniert veräußerten Objekte.
Eine Berücksichtigung der bereits in 1992 veräußerten Wohnflächen als Bestandteil der relevanten Wohnfläche ist nicht erforderlich, da es sich gemäß den Angaben der Wohnungsunternehmen im Jährlichen Bericht 1994 zum weit überwiegenden Teil um unsanierte Bestände handelt und sich die für 1992 angegebenen Sanierungsmaßnahmen demzufolge fast ausschließlich auf den am 1. Januar 1993 noch vorhandenen Bestand beziehen.

Teilentlastete Wohnungsunternehmen

Im folgenden sind die im Antrag auf Altschuldenhilfe bzw. in den Jährlichen Berichten 1994 und 1995 angegebenen Instandsetzungs- und Modernisierungsmaßnahmen[394] länderbezogen und rechtsformunabhängig über die Jahre 1992-1996 summiert und der "relevanten Wohnfläche" des jeweiligen Bundeslandes gegenübergestellt.

Tabelle 30 Investitionsvolumen pro Quadratmeter relevanter Wohnfläche nach Bundesländern

Bundesland	Instandsetzungs- und Modernisierungsmaßnahmen an Bestandsobjekten (in Mio)	relevante Wohnfläche (Tqm)	Investitionsvol. DM/m² Wfl.
Berlin (Ost)	7.426	18.468	402
Brandenburg	6.388	18.701	342
Mecklenburg-V.	7.179	17.190	418
Sachsen	13.144	35.155	374
Sachsen-A.	7.124	23.720	300
Thüringen	6.663	19.097	349
Gesamt	47.924	132.331	362

394 Der Ansatz verzichtet bewußt auf die Einbeziehung der "sonstigen Investitionen", da hierin ein nicht abschätzbarer Anteil für Neubauten steckt. Deren Wohnfläche ist nicht bekannt und kann somit nicht in die zugrundegelegte "relevante Wohnfläche" mit einbezogen werden.

Den Bestandsinvestitionen von DM 47,9 Mrd steht eine relevante Wohnfläche von 132,3 Mio Quadratmetern gegenüber, was durchschnittliche Sanierungsleistungen von DM 362/m² Wfl. impliziert. Die Spannbreite der Einzelwerte in den Bundesländern reicht von DM 300/m² Wfl. in Sachsen-Anhalt bis DM 418/m² Wfl. in Mecklenburg-Vorpommern. Und auch Berlin (Ost), das in der bisherigen Beurteilung vergleichsweise schlecht abschneidet, zeigt mit DM 402/m² Wfl. pro Quadratmeter relevanter Wohnfläche ein weit überdurchschnittliches Engagement.

Die ermittelten Werte für die tatsächlich erbrachten Sanierungsleistungen sind in einem nächsten Schritt mit dem notwendigen Sanierungsumfang für die Objekte zu vergleichen. Dieser richtet sich primär nach Gebäudetyp, Baujahr, der ehemals ausführenden Baubrigade[395] und dem (noch) zu erwartenden Kaufinteresse der Mieter. Im Plattenbaubestand liegt er im Durchschnitt pro Wohnung zwischen DM 40-50.000. Dies impliziert bei einer gängigen Wohnungsgröße von 60 m² einen durchschnittlichen Bedarf von rd. DM 750/m² Wfl. Im Altbaubestand wird der Kostenfaktor mit DM 80-100.000 pro Wohnung, das entspricht rd. DM 1.500/m² Wfl., deutlich höher angesetzt, da vor allem die Sanierung der Ver- und Entsorgungsleitungen und der Heizungsanlage entsprechend kostenintensiver ist.[396] Hinzu kommt der aufwendige nachträgliche Einbau der innenliegenden Sanitäreinrichtungen. Ein gewichteter Mittelwert für alle Bautypen berücksichtigt notwendige Sanierungsleistungen in Höhe von ca. DM 950/m² Wfl., die sich zudem in der Praxis als eine vom Käufer tragbare Obergrenze für Sanierungsleistungen etabliert haben.[397]

---

395 Vor allem der Name der Brigade wird oft als Garant für eine gute oder schlechte Bauqualität genannt. Entsprechend niedrig oder hoch fallen die heute notwendigen Instandsetzungs- und Modernisierungskosten aus. Wie bereits in Punkt II 2.2.1 angeführt, gehörte auch die Berliner Brigade aufgrund des hohen Auftragsvolumens und der Masse an verschiedenen, aus den Bezirken abgestellten, "Hilfstruppen" für die meisten Fachleute zu den schlechteren Brigaden. Entsprechend ist heute das Sanierungsniveau hier gut DM 300/m² Wfl. höher und schwankt meist zwischen DM 950-1.150/m² Wfl. Vereinzelt sind auch Werte um DM 1.400/m² Wfl. möglich.
Vgl.:Keller/Wilczek, Altschuldenhilfe in der Praxis, S. 672.

396 Vgl.:Sterzenbach/Pickahn, Ergebnisse der Modellvorhaben, S. 94.

397 Für die Berechnung des gewichteten Mittelwertes geht der Verfasser von der Prämisse aus, daß aufgrund der Zusammensetzung des Wohnungsbestandes 26 vH der rd. 2,6 Mio Wohneinheiten ein durchschnittliches Investitionsvolumen von DM 1.500/m² Wfl. benötigen, während für die restlichen 74 vH DM 750/m² Wfl. ausreichend sind. Es wird unterstellt, daß der in Tabelle 12 aufgeführte Bestand bis 1948 und 25 vH der nach 1981 erbauten Wohnungen dem erhöhten Bedarf unterliegen.

Als Ergebnis ist festzuhalten: Bei einem durchschnittlichen Sanierungsbedarf von DM 950/m² Wfl. sind mit DM 362/m² Wfl. in fünf Jahren 38 vH des teilentlasteten Wohnungsbestandes im Gemeinschaftseigentum und partiell im Sondereigentum saniert worden. Unternehmen aus Mecklenburg-Vorpommern und Berlin weisen die pro Quadratmeter relevanter Wohnfläche höchsten Investitionsvolumina auf, während Brandenburg und Sachsen-Anhalt am unteren Ende der Skala rangieren.

Eine zusätzliche rechtsformspezifische Analyse des Investitionsvolumens im vorhandenen Wohnungsbestand bestätigt das bereits an früherer Stelle hervorgehobene hohe Engagement der Kommunen. Mit DM 446/m² Wfl. liegen sie 23 vH über dem Durchschnittsniveau von DM 362/m² Wfl. Gesellschaften schneiden im Vergleich zu Ergebnissen in Tabelle 31 hier schlechter ab als Genossenschaften. Zurückzuführen ist dies primär auf die bei diesem Ansatz nicht berücksichtigten "sonstigen Investitionen", die bei Gesellschaften mit DM 4,6 Mrd fünf mal höher als bei Genossenschaften (DM 0,9 Mrd) liegen. Damit zeigt sich, daß das Engagement bei Gesellschaften höher, bezogen auf den Wohnungs*alt*bestand jedoch bei Genossenschaften ausgeprägter ist.

Tabelle 31 Investitionsvolumen pro Quadratmeter relevanter Wohnfläche nach Rechtsformen

Rechtsform	Instandsetzungs- und Modernisierungsmaßnahmen an Bestandsobjekten (in Mio)	relevante Wohnfläche (Tqm)	Investitionsvolumen DM/m² Wfl.
Kommune	2.777	6.227	446
Gesellschaft	27.141	77.146	352
Genossenschaft	18.006	48.958	368
Gesamt	47.924	132.331	362

Ausschließlich zinshilfebegünstigte Wohnungsunternehmen

Ausschließlich zinshilfe-begünstigte Wohnungsunternehmen realisieren im Betrachtungszeitraum 1992-1996 Investitionen im Umfang von rd. DM 3,5 Mrd, die zu ca. 67 vH über das KfW-Programm finanziert sind.[398] Pro Quadratmeter rele-

398 Im KfW-Wohnraum-Modernisierungsprogramm sind seit Programmbeginn 52 vH der Mittel für Instandsetzungsarbeiten, 30 vH für Energieeinsparmaßnahmen und knapp 10 vH für Gebrauchswertverbesserungen verwandt worden. Aktuell ist eine Verstetigung des Anteils für Instandsetzungsmaßnahmen sowie für Energieeinsparungsmaßnahmen feststellbar, gebrauchswertverbessernde Maßnahmen gehen in ihrer Bedeutung zurückgehen.

vanter Wohnfläche ergibt sich hieraus ein durchschnittliches Investitionsvolumen von DM 442/m² Wfl.

Im Vergleich zu Wohnungsunternehmen mit positiv beschiedenem Zinshilfe- und Teilentlastungsantrag (DM 362/m² Wfl.) fällt das Sanierungsengagement pro Quadratmeter Wohnfläche deutlich höher (+22 vH) aus, was im wesentlichen auf die geringere Verschuldung der Unternehmen und dem dadurch erhöhten individuellen Finanzierungsspielraum zurückzuführen ist. Die Tabelle 32 gibt hierüber einen landesspezifischen Überblick.

Tabelle 32 Inanspruchnahme von KfW-Wohnraum-Modernisierungskrediten von Wohnungsunternehmen mit ausschließlich positiv beschiedenem Zinshilfe-Antrag

Bundesland	Investitionen gesamt (Mio)	davon KfW-finanziert	relevante Wohnfläche (Tqm)	Gesamt DM/qm	davon KfW DM/qm
Berlin	370	239	1.164	318	205
Brandenburg	863	546	1.665	518	328
Mecklenburg-V.	345	212	758	455	280
Sachsen	1.338	963	2.974	450	323
Sachsen-A.	370	262	754	491	347
Thüringen	203	139	573	354	243
Gesamt	3.489	2.361	7.888	442	299

Beide Ergebnisse belegen, daß sowohl die teilentlasteten als auch die ausschließlich zinshilfe-begünstigter Unternehmen mit ihren Investitionen maßgeblich dazu beigetragen, innerhalb eines überschaubaren Zeitrahmens die Wohnverhältnisse in den neuen Bundesländern anzuheben und denen der alten Bundesländer anzugleichen.

Trotz der schon realisierten Qualitätszuwächse müssen die Anstrengungen auch in den folgenden Jahren kontinuierlich fortgesetzt werden, um in einem weiterhin überschaubaren Zeitraum die Wohnverhältnisse denen in den alten Bundesländern vollends anzugleichen.

2.1.1. Steigerung der Gesundheit

Anfang der siebziger Jahre errichten die Baubrigaden in der DDR verstärkt (Platten-) Bauten, in denen in unterschiedlichem Maße asbesthaltige Produkte zum Einsatz kommen. Hierbei handelt es sich sowohl um Asbestprodukte mit fester Fasereinbindung (Asbestzement, Fugenkitte und Dichtungen), die hauptsächlich im Fassaden- und Dachbereich Verwendung finden, als auch um schwachgebundene Asbestprodukte in Form von Platten, Asbestpappen und Asbestschnüren im Innenbereich. Nach einer im Auftrag des Bundesbauministeriums hinsichtlich Wohngiften durchgeführten Erhebung enthält nahezu ein Viertel des erfaßten Neubauwohnungsbestandes Asbestprodukte.

Das größere Gefährdungspotential für die menschliche Gesundheit resultiert aus den schwachgebundenen Asbestprodukten im Wohnbereich, wie z. B. den Asbestleichtbauplatten, die vor allem zur Errichtung von Wänden und der Verkleidung von Rohrleitungen dienen. Selbst unter normalen wohntechnischen Bedingungen verschlechtern sich häufig ihre Materialbeschaffenheit im Zeitablauf, und es kommt zu einer steigenden Faseremission. Konkrete Gesundheitsgefährdungen gehen für den Bewohner insbesondere dann aus, wenn eine Durchfeuchtung der Platten vorliegt, da der die Asbestfasern verbindende Stoff nicht wasserresistent ist.[399]
Angesichts dieser Gefahrenquellen müssen die Sanierungsmaßnahmen auch auf die Beseitigung des Gesundheitsrisikos für die Bewohner ausgerichtet sein.

Spezifische Angaben über Maßnahmen zur Verminderung der Asbestbelastung liegen nicht über die Jährlichen Berichte, sondern nur aus Gesprächen mit zehn der 12 näher untersuchten Wohnungsunternehmen vor.[400] Sieben verneinen eine Belastung, wobei sich ihre Einschätzung in drei Fällen auf angefertigte Gutachten unabhängiger Sachverständiger und in vier Fällen auf die Einschätzung hausinterner Bauingenieure stützt. Drei Wohnungsunternehmen identifizieren asbesthaltige Materialien in einzelnen Objekten im Innen- und Außenbereich.
Die Befragungsergebnisse innerhalb der Stichprobe zeigen, daß sich die Wohnungsunternehmen mit der Asbest-Problematik auseinandersetzen - auch wenn

399 Vgl.: Bergner, Gefährdungspotentiale, S. 1.
400 Zwei Wohnungsunternehmen wollen zu dieser Thematik keine Angaben machen.

(Mitte 1997) lediglich ein Unternehmen mit dem Austausch der schwachgebundenen Asbestprodukte, besonders gesundheitsgefährdenden Stoffen im Wohnbereich begonnen hat. Begünstigt wird die Innensanierung generell durch die Möglichkeit des Leerzugs aller Wohnungen. Als Mehrkosten für die hierbei notwendigen Arbeits- und Gesundheitsmaßnahmen einschließlich der fachgerechten Entsorgung des Asbestmaterials fallen angabegemäß rd. DM 300-400/m^2 Wfl. an.
Ein solcher Aufwand bedeutet eine hohe Belastung für das Sanierungsbudget der Unternehmen und rechnet sich nur, wenn von einer gesicherten Weitervermietung auszugehen ist.
Dieser erste Schritt zur Beseitigung des Gesundheitsrisikos ist letztlich wiederum hauptsächlich durch die Förderung des Altschuldenhilfe-Gesetzes möglich, da spezielle Förderprogramme für asbestbelastete Objekte in den neuen Bundesländern nicht existieren.

Ein generelles Sanierungskonzept mit der Zielstellung eines umfassenden gefahrstofffreien Wohnumfeldes, wie es stellenweise in den alten Bundesländern bereits verwirklicht ist, läßt sich im Hinblick auf die notwendigen technologischen Abläufe und finanziellen Möglichkeiten nur in Etappen -entsprechend den ermittelten Gefährdungspotentialen und Sanierungsdringlichkeiten- und eingepaßt in die allgemeine Modernisierungsstrategien für den (Plattenbau-) Bestand verwirklichen.
Die abgestuften Bestandteile eines langfristigen Sanierungskonzeptes müssen bis zum tatsächlichen Austausch eine gefahrlose Weiternutzung der Wohnung, einerseits durch entsprechendes Mieterverhalten und andererseits durch vorläufige Konservierungsmaßnahmen, garantieren. Bei einer Vielzahl von Wohnungen mit geringer Gefahrstoffmenge ist ein Sanierungsverfahren im bewohnten Zustand denkbar. Größere Projekte bedingen in der Regel einen Leerzug, der nur langfristig planbar ist.

2.1.2. Verbesserung der Umweltsituation

Um den drohenden Gefahren für die Stabilität des globalen Klimas zu begegnen, hat die Bundesregierung in verschiedenen Beschlüssen, u. a. in ihrer Erklärung vor der Vertragsstaatenkonferenz in Berlin (Ost), das Ziel formuliert, die

CO_2-Emissionen in Deutschland bis zum Jahr 2005 gegenüber 1990 um 25 vH zu reduzieren.

Dem Schutz der Umwelt in den neuen Bundesländern wird bereits kurz nach der Wiedervereinigung durch verschiedene Förderprogramme, wie z. B. dem Umweltschutzsofortprogramm (Gemeinschaftswerk Aufschwung Ost) und dem Investitionsprogramm zur Verminderung von Umweltbelastung, Rechnung getragen. Für den Wohnsektor im speziellen bietet das KfW-Wohnraum-Modernisierungsprogramm Fördermöglichkeiten für die Wärmedämmung und zur Reduzierung des SO_2- und CO_2-Ausstoßes an. Regionale Förderschwerpunkte liegen im industralisierten Süden mit Thüringen und Sachsen sowie Teilen von Sachsen-Anhalt, der die höchste Emissionswerte aufweist.

Erst die finanzielle Entlastung der Wohnungsunternehmen durch das Altschuldenhilfe-Gesetz ermöglichte es, derartige Programme verstärkt in Anspruch zu nehmen und umweltpolitisch notwendige Maßnahmen einzuleiten. Hierzu gehört die Fassadendämmung, der Einbau von isolierverglasten Fenstern im Wohnbereich und der Anschluß der Wohnungen an ein modernes Zentralheizungssystem. Die hier zwischenzeitlich realisierten Fortschritte lassen sich vor allem am Beispiel der Heizungsversorgung anschaulich demonstrieren. Während im Jahr 1993 noch knapp die Hälfte aller Wohnungen mit technisch überholten Einzel- und Mehrraumöfen ausgestattet sind, steigt der Anteil der Wohnungen mit Anschluß an eine Sammelheizung bis Ende 1996 auf 70 vH (Tabelle 29). Nach Schätzungen des Bundesbauministeriums kann der CO_2-Austoß in Ostdeutschland durch die im KfW-Wohnraum-Modernisierungsprogramm geförderten Maßnahmen bereits um 2,7 Mio Tonnen pro Jahr gesenkt und damit ein wesentlicher Beitrag zur Angleichung an Umweltstandards in den alten Bundesländern geleistet werden.[401]

2.2. Erhöhung der Wohneigentumsquote

Neben der Verbesserung der Wohnverhältnisse ist die Schaffung von Wohneigentum für weite Kreise der Bevölkerung die zweite zentrale Ausprägung der ausgleichspolitischen Zielsetzung. Für das Gebiet der neuen Bundesländer

401 Leinberger, Wohnungssanierung, S. 171.

impliziert dies, den zum Zeitpunkt der Wiedervereinigung vorhandenen Anteil individuell genutzten Wohneigentums von rd. 23 vH dem Niveau in den alten Ländern (rd. 40 vH) anzugleichen.
Dieser Forderung kommt das Altschuldenhilfe-Gesetz mit seiner Intention nach, die Voraussetzungen für die Privatisierung und Bildung individuellen Wohneigentums zu fördern. Als Effizienzkriterium für seine Beurteilung und damit einer Umsetzung der ausgleichspolitischen Zielsetzung bietet sich die Veränderung der Eigentümerquote an. Die Grundlagen für eine entsprechende Beurteilung sind in Punkt IV 3.2 und 3.3. gelegt.

Nicht zuletzt durch den Druck der steigenden Erlösabführung im Zeitablauf veräußerten die der Privatisierungsverpflichtung unterliegenden Wohnungsunternehmen bis zum Ende des Jahres 1996 gut 215.000 Wohnungen. Damit können in drei der insgesamt zehn vom Gesetzgeber vorgesehenen Jahre 61 vH der gesamten Privatisierungsauflage realisiert werden.[402]
Auf Länderebene liegt Brandenburg mit nur 37 vH deutlich unterhalb des mittleren Wertes, während Berlin (59 vH), Mecklenburg-Vorpommern (62 vH) und Sachsen-Anhalt (64 vH) diesen im wesentlichen prägen. Deutlich höhere Werte erzielen allein die Wohnungsunternehmen in Thüringen mit 70 vH.
Die Streuung der nach Rechtsform gegliederten Einzelwerte ist dabei erheblich. Während ein Großteil der Kommunen ihre Quote bereits erfüllt hat[403], fehlen den Gesellschaften noch gut ein Viertel und den Genossenschaften Zwei-Drittel zur Pflichterfüllung. Dennoch zeigt die Entwicklung der Beiden einen deutlichen Aufwärtstrend. Die überwiegende Anzahl der Gesellschaften dürfte bis Ende 1997 und die der Genossenschaften bis Ende 1998/99 -unterstellt sind in etwa gleiche Verkaufsergebnisse wie in 1996- ihre Verkaufsbemühungen abschließen. Ursachen für die unterschiedlichen Privatisierungserfolge sind in Punkt IV 3. dargestellt.

402 Streng genommen stehen den Unternehmen gut 13 Jahre zur Verfügung, da Verkäufe ab dem 03.10.1990 auf die Quote anrechenbar sind. Die zwischen dem 03.10.1990 und dem 31.12.1992 erfolgten Verkäufe sind in Tabelle 36 in der Summe von 45.051 enthalten. Vor diesem Hintergrund haben die Unternehmen in gut sechs von 13 Jahren die o. g. Quote realisiert.

403 Nach Herausrechnung des die Privatisierungsverpflichtung übersteigenden Teils (2,4 vH) reduziert sich die gesamte (Netto-)Erfolgsquote von 62,4 auf 61,7 vH.

Tabelle 33 Umsetzung der Privatisierungsverpflichtung bis Ende 1996 nach Rechtsform

	insgesamt	davon: Kommunen	Gesellschaften	Genossenschaften
Privatisierungsverpflichtung gem. AHG	352.310	16.632	209.403	126.275
realisierte Verkäufe 1990-1993	44.629	5.764	37.508	1.357
in 1994	13.259	2.402	8.953	1.904
in 1995	55.114	4.334	41.922	8.858
in 1996*	102.224	4.528	64.321	33.375
Gesamt	215.226	17.028	152.704	45.494
in vH	61,1	102,4	72,9	36,0

(Stand: 9/97)

* Plangröße aus Jährlichem Bericht 1995

Gemäß Tabelle 34 entfallen von 215.000 veräußerten Wohnungen bis Ende 1996 34 vH auf die gesetzlich angestrebte direkte Mieterprivatisierung. Seit der erstmaligen Vorstellung mieternaher Privatisierungsformen im Mai 1995 nehmen die Verkäufe an Zwischenerwerber absolut zu, gleichzeitig steigt im Zeitablauf ihr Anteil an den Gesamtverkäufen auf 38 vH. Veräußerungen an eigentumsorientierte Genossenschaften, als zweite wesentliche Ausprägung der mieternahen Privatisierungsformen, sind mit 2 vH an den Gesamtverkäufen in der Praxis von untergeordneter Bedeutung. Aufgrund der in den Merkblättern und Leitlinien des Bundesbauministeriums und der KfW aufgezeigten Möglichkeiten zur alternativen Umsetzung der Privatisierungsverpflichtung steigert sich der Anteil an anrechenbaren Verkäufen an Dritte bis 1996 auf 26 vH und stellt damit neben den Mietern und Zwischenerwerbern die dritte bedeutende Käufergruppe dar.

Unter Würdigung der widrigen Verkaufsbedingungen ist das sieben Jahre vor Fristende erzielte Ergebnis grundsätzlich positiv zu werten. Dennoch muß sowohl die diesbezüglichen Verwirklichung der Zielsetzung des Altschuldenhilfe-Gesetzes als auch die Erfüllung der ausgleichspolitischen Aufgabenstellung in Frage gestellt werden. Die in Tabelle 37 nach Privatisierungsformen entschlüsselten Verkaufszahlen belegen, daß sich mit Hilfe des Altschuldenhilfe-

Gesetzes zwar der Bestand der kommunalen bzw. genossenschaftlichen Wohnungen reduziert, jedoch nur ein Drittel von ehemaligen Mietern erworben wird. Daß trotz des über weite Strecken attraktiven Bauzinsniveaus nicht mehr Wohnungen direkt an Mieter verkauft werden können, ist einerseits auf die fehlenden finanziellen Voraussetzungen zurückzuführen. Für die Mieter, die über ausreichende Mittel verfügen, tritt andererseits das zunehmende Angebot an neu errichteten Eigenheimen und Eigentumswohnungen in Konkurrenz zum Erwerb der eigenen Wohnung.

Mit dem Verkauf von Wohnungsbeständen an Zwischenerwerber ist der positive Effekt einer indirekten Erhöhung der privaten Eigentumsquote verbunden, da sie verpflichtet sind, mindestens ein Drittel des übernommenen Wohnungsbestandes an Mieter zu veräußern. Dem steht gegenüber, daß durch die so begrenzte Privatisierungsauflage in der Praxis der weit aus größte Teil der Wohnungen (zwei Drittel) nicht an die Mieter sondern an verwertungsorientierte Kapitalanleger und Immobilienfonds veräußert wird, wodurch aus wohnungspolitischen Gesichtspunkten die mietpreisdämpfenden Effekte und die soziale Bindung einer öffentlichen Einflußnahme entfallen. Im Hinblick auf die primär verfolgte Zielstellung "Steigerung der Wohneigentumsquote" bleibt letztendlich auch unter Hinzurechnung der vom Zwischenerwerber zu realisierenden Privatisierungsauflage die Mieter-Quote unter 50 vH.[404]

Veräußerungen an eigentumsorientierte Genossenschaften sind nicht mit der Schaffung von Individualeigentum gleichzusetzen, da das Genossenschaftsmitglied über seine Einlage nur an der Genossenschaft beteiligt, nicht aber Eigentümer seiner Wohnung wird. Eine Zurechnung dieser Verkäufe auf die Mieter-Quote ist vor diesem Hintergrund nicht statthaft.

Da § 5 Abs. 2 AHG die vorrangige Veräußerung der Wohnungen an *eigene Mieter* verlangt, sind Verkäufe an Dritte per Definition hier nicht zu berücksichtigen. Gleichwohl ist davon auszugehen, daß in der Gruppe der Drittkäufer auch ehemalige Mieter anderer kommunaler bzw. genossenschaftlicher Wohnungsunternehmen enthalten sind, die z. B. aufgrund eines Arbeitsplatzwechsels oder

404 Gemäß Tabelle 37 sind Ende 1996 72.627 Wohnungen direkt an Mieter veräußert, was einer Quote von 33,7 vH entspricht. Hinzu kommen 27.420 Wohnungen aus der Mindestprivatisierungsverpflichtung der Zwischenerwerber. Damit sind insgesamt 100.047 bzw. 46,5 vH als Verkäufe an Mieter zu qualifizieren.

persönlicher Präferenzen nicht ihre bisherige Wohnung, sondern eine am neuen Lebensmittelpunkt, erworben haben. Unter ausgleichspolitischen Gesichtspunkten werden auch diese Käufe der Zielstellung gerecht, Wohneigentum für weite Kreise der Bevölkerung zu schaffen. Ihre Quantifizierung ist mangels geeignetem Datenmaterial nicht möglich.

Unter der Prämisse, daß die Zwischenerwerber tatsächlich ihre Mindestauflage umsetzen, sind bis Ende 1996 100.000 Wohnungen an ehemalige Mieter veräußert worden. Dadurch steigt die Wohneigentumsquote auf Basis des Altschuldenhilfe-Gesetzes bis Ende 1996 lediglich um ca. 1,5 vH auf 24,5 vH.[405] Ein wesentlicher Beitrag zur Steigerung der individuellen Wohneigentumsquote und damit eine Angleichung an den Umfang des individuell genutzten Wohneigentums in den alten Bundesländern ist zu verneinen. Auch zukünftig ist nach den bisherigen Erfahrungen im Privatisierungsprozeß nicht mit einem überproportionalen Anstieg der Verkäufe an Mieter zu rechnen.

Tabelle 34 Umsetzung der Privatisierungsverpflichtung bis Ende 1996 nach Privatisierungsformen

Privatisierungen	Verkäufe insgesamt	davon an: Mieter	Zwischen-erwerber	eigentums. Genossens.	Dritte
bis Ende 1993	44.629	14.876*	-	-	29.753
in 1994	13.259	8.361	-	-	4.898
in 1995	55.114	14.564	30.608	-	9.942
in 1996	102.224	34.826	51.653	4.759	10.986
Gesamt	215.226	72.627	82.261	4.759	55.579
in vH	100	33,7	38,3	2,2	25,8

* Schätzgröße (1/3)

405 Basis für die Berechnung ist ein Ausgangsbestand von 6,5 Mio Wohnungen zum Zeitpunkt der Wiedervereinigung (s. Punkt II 2.2.1), der zu 41 vH privaten Eigentümern gehört, jedoch nur in 23 vH der Fälle (ca. 1,5 Mio Wohnungen) selbstgenutztes Wohneigentum darstellt. Durch die im Rahmen des Altschuldenhilfe-Gesetzes direkt und indirekt an Mieter veräußerten 100.000 Wohnungen erhöht sich die Quote des selbstgenutzen Wohneigentums um rd. 1,5 vH.

Tabelle 35 Umsetzung der Privatisierungsverpflichtung bis Ende 1996 nach Privatisierungsformen und Bundesland

	Verkäufe bis Ende 1996	davon an: Mieter	Mieternah	Dritte
Berlin (Ost)	27.140	6.781	8.729	11.630
Brandenburg	18.618	5.936	9.761	2.921
Mecklenburg-V.	30.066	10.105	12.221	7.740
Sachsen	59.572	19.497	25.884	14.191
Sachsen-A.	41.645	13.336	16.781	11.528
Thüringen	37.575	15.214	13.973	8.388
Gesamt	214.616	70.869	87.349	56.398

2.3. Exkurs: Wohnungsprivatisierung durch die Treuhand Liegenschaftsgesellschaft

Die Treuhand Liegenschaftsgesellschaft[406] privatisiert seit 1991 in den neuen Bundesländern die ihr im Wege der Vermögenszuordnung übertragenen Treuhandimmobilien. Hierzu zählen neben Immobilien der gewerblichen Wirtschaft und der öffentlichen Hand auch rd. 200.000 Wohnungen ehemaliger Landwirtschaftlicher Produktionsgenossenschaften, Volkseigener Güter und Werkswohnungen sonstiger Einrichtungen.

Ähnlich wie beim Altschuldenhilfe-Gesetz ist auch die Treuhand Liegenschaftsgesellschaft bemüht, die Wohnungen vorrangig an die Mieter oder ihre Angehörigen zu verkaufen, bzw. im Falles eines Dritterwerbs den Mietern einen lebenslangen Kündigungsschutz zu sichern. Die Treuhand Liegenschaftsgesellschaft informiert die Mieter als potentielle Käufer über staatliche Förderprogramme, arbeitet Modernisierungsvorschläge aus und führt auf Wunsch diese vor Verkauf auch durch. Hinsichtlich der notwendigen Instandsetzungs- und Modernisierungsmaßnahmen setzt sie im Bereich der Ein- und Zweifamilienhäuser auf die Eigeninitiative der künftigen Eigentümer, da diese als Mieter bereits häufig ein großes Engagement bei der Instandhaltung gezeigt haben. Eigentumswohnungen in Mehrfamilienhäusern läßt sie vor dem Verkauf sanie-

406 Die Treuhand Liegenschaftsgesellschaft mbH, seit 1.1.95 unmittelbare Bundesbeteiligung unter Federführung des Bundesfinanzministeriums.

ren.[407] Mit der Durchführung der Sanierungsmaßnahmen werden vor allem die ortsansässigen Handwerksbetriebe bzw. mittelständischen Betriebe aus der Region beauftragt.[408]
Lehnt ein Mieter den Kauf seiner Wohnung ab, bietet die Treuhand Liegenschaftsgesellschaft im Falle von Werkswohnungen diese den Belegschaftsmitgliedern des zugehörigen Unternehmens zu gleiche Konditionen an. Sind auch diese nicht interessiert, wird die Wohnung zum Kauf ausgeschrieben.
Während in der ersten Phase des Verkaufs eine rege Nachfrage herrschte, bilanziert die sie seit 1993 einen Rückgang des Kaufinteresses. Dadurch sank auch der durchschnittliche Verkaufspreis einer Wohnung von DM 60.000 in 1991 auf DM 40.000 Ende 1996. Bis September 1996 hat die Treuhand Liegenschaftsgesellschaft rd. 60.000 Wohnungen verwertet, davon 45.000 veräußert und 15.000 an Berechtigte rückübertragen. Weitere 20.000 Wohnungen unterliegen derzeit einer Verwertungssperre.

Während die Grundkonzeption der Wohnungsveräußerung im Rahmen des Altschuldenhilfe-Gesetzes und des Privatisierungsauftrages der Treuhand Liegenschaftsgesellschaft sehr ähnlich ist und auch die zeitlichen Höhen und Tiefen der Verkaufserfolge gewisse Parallelen aufweisen, verzichtet die Liegenschaftsgesellschaft im Gegensatz zum Altschuldenhilfe-Gesetz völlig auf das Instrument der mieternahen Privatisierung. Hierdurch erklärt sich, warum die Treuhand Liegenschaftsgesellschaft im vergleichbaren Zeitraum nur rund die Hälfte des (absoluten) Privatisierungserfolges des Altschuldenhilfe-Gesetzes vorweisen kann. Dem steht gegenüber, daß ihre Vorgehensweise der ausgleichpolitischen Zielstellung wesentlich stringenter entspricht. Eine abschließende Beurteilung der Auswirkungen beider Privatisierungskonzepte wird indes erst nach der vollständigen Veräußerung des vorgesehenen Bestandes möglich sein.

2.4. Ausreichende Wohnungsversorgung aller Bevölkerungsschichten

Im Mai 1997 hat die Bundesregierung einen Entwurf für eine neues Wohnungsgesetzbuch vorgelegt, welches die noch immer geltende II. Fassung aus dem Jahre 1956 ersetzen soll. Die grundsätzliche Änderung in diesem Entwurf be-

407 Vgl.: TLG, Wohnungsprivatisierung, S. 24.
408 Vgl.: TLG, Wohnungsprivatisierung, S. 7.

trifft hauptsächlich die Einschränkung des Nutzerkreises im sozialen Wohnungsbau. Die künftige Förderung soll stärker auf die einkommensschwachen Gruppen der Bevölkerung ausgerichtet sein, die wegen zu geringer Einkommen oder anderer Merkmale, wie z. B. Kinderreichtum Schwierigkeiten haben, sich aus eigener Kraft am Wohnungsmarkt zu versorgen. Eine mögliche Lösung oder zumindest Einschränkung des Problems bietet sich über die Konstruktion der "Belegungsbindung" an. Sie resultiert aus der öffentlichen (Teil-) Förderung im Wohnungsbau und führt dazu, daß der Eigentümer die Wohnungen im Falle der Erst- oder Neubelegung nur solchen Wohnungssuchenden überlassen darf, deren Einkommen die Einkommensgrenze des sozialen Wohnungsbaus nicht übersteigt.

In den neuen Bundesländern unterliegt im Zuge der Wiedervereinigung fast der gesamte Mietwohnungsbestand aufgrund der staatlichen Förderung bei seinem Bau oder seiner Unterhaltung dem durch den Einigungsvertrag übernommenen Belegungsrechtsgesetz der DDR vom 22. Juni 1990. Dieses tritt am 31. Dezember 1995 außer Kraft. Gemäß den Vorschriften des § 12 Abs. 2 AHG sind die Länder ermächtigt, im Anschluß an das auslaufende Belegungsrechtsgesetz zum 1. Januar 1996 neue Vorschriften über die Belegungsbindung für Wohnungen der kommunalen Wohnungsunternehmen zu erlassen, die Zinshilfe und/oder Teilentlastung in Anspruch genommen haben. Die Belegungsbindung kann sich gemäß § 12 Abs. 2 Nr. 2 AHG auf bis zu 50 vH des maßgeblichen Wohnungsbestands für einen Zeitraum bis längstens 2013 erstrecken. Für die neuen Belegungsbindungen der Wohnungen sind im wesentlichen die Vorschriften des Wohnungsbindungsgesetzes relevant. Danach ist die Überlassung der Wohnungen einkommensabhängig, wobei die Einkommensgrenze in Ausnahmefällen überschritten werden darf. Von den Ermächtigungen im Altschuldenhilfe-Gesetz haben ausnahmslos alle neuen Länder Gebrauch gemacht.[409] Eine Übersicht über den jeweils gebundenen Wohnungsbestand vermittelt Tabelle 36.

409 Vgl.:Kegel, Überblick zu den Gesetzen über Belegungsbindung in NBL, S. 56 ff.

Tabelle 36 Übersicht der Belegungsbindung nach § 12 Abs. 2 AHG im Beitrittsgebiet

Land	Geltungs-dauer ab 1996 bis	Anteil der Belegungsbindung für Wohnungen bei Gesell-schaften u. Genossenschaften	Freistellungs-möglichkeiten	Einkommens-grenze	geschätztes Volumen
Berlin (Ost)	31.12.2013	bei Teilentlastung: 45 vH für Gesellschaften/ 30 vH für Genossenschaften bei ausschließlicher Zinshilfe: 35 vH für Gesellschaften/ 20 vH für Genossenschaften	gemäß WoBindG, Freistellung für Ge-nossenschaften, wenn die Wohnein-heiten im Rahmen von Mitgliedsverhält-nissen überlassen werden	§ 25 II. WoBauG + 40 vH darüber	113.200
Brandenburg	31.12.2013	50 vH, geringerer Anteil durch Freistellung nach WoBindG	gemäß WoBindG, Freistellung für Ge-nossenschaften	§ 25 II. WoBauG	116.500
Mecklenburg-V.	31.12.2013	max. 50 vH, geringerer Anteil durch Rechtsverordnung Anrechnung vertraglicher Bele-gungsrechte auf Anteile	gemäß WoBindG	§ 25 II. WoBauG + 30 vH darüber	(max) 109.500
Sachsen	31.12.2013	max. 50 vH, Festlegung durch Rechtsverordnung	gemäß WoBindG, Freistellung für Ge-nossenschaften	§ 25 II. WoBauG	(max) 228.500
Sachsen-A.	31.12.2013	max. 50 vH, geringerer Anteil aufgrund öffentlich-rechtlicher Verträge	gemäß WoBindG, Freistellung für Ge-nossenschaften	§ 25 II. WoBauG + Ausnahmen	158.500
Thüringen	31.12.2003	25 vH bei Genossenschaften 50 vH bei Gesellschaften in kreisfreien Städten, ansonsten Festlegung durch Rechtsverord-nung Anrechnung vertraglicher Beleg.-bindung auf Anteile	gemäß WoBindG	§ 25 II. WoBauG + 20 vH darüber bei Härtefall: § 25 II. WoBauG + 40 vH darüber	83.800

Genossenschaftlicher Wohnungsbestand ist grundsätzlich nicht von der Belegungsbindung befreit, aber, wie in Berlin (Ost) und Thüringen, mit einem geringeren belegungsgebundenen Anteil belastet.[410] In Berlin (Ost) sind darüber hinaus unterschiedliche Belegungsbindungsanteile per Gesetz daran geknüpft, welche Art der Altschuldenhilfe, Zinshilfe oder Teilentlastung, gewährt wird.
In anderen Ländern können geringere Anteile an den Belegungsbindungen im Rahmen von Rechtsverordnungen oder vertraglichen Vereinbarungen festgelegt werden.
Die Belegungsbindungsvorschriften finden keine Anwendung auf Wohnungen, die nach dem Altschuldenhilfe-Gesetz privatisiert bzw. veräußert oder nach dem Vermögensgesetz rückübertragen werden, um Interessen- und Eigentumskonflikte zu vermeiden (§ 12 Abs. 2 Satz 3).

Über das Belegungsbindungsrecht des Altschuldenhilfe-Gesetzes verfügen die Kommunen über ein wirksames ausgleichspolitisches Instrument, gerade die Wohnungsversorgung für einkommensschwache und kinderreiche Familien sicherzustellen. Inwieweit die Kommunen bislang ihre Belegungsbindungsrechte wahrnehmen, ist nicht bekannt.
Der Bedarf an belegungsgebundenen Wohnungen für die Zukunft wird wesentlich durch die wirtschaftliche Entwicklung und der damit einhergehenden Einkommenssituation der Bevölkerung bestimmt. Die Belegungsbindung ist dennoch behutsam einzusetzen. Durch eine administrativ gelenkte, einseitige Bewohnerstruktur kann unter Umständen sozialer Unmut in der bisherigen Bewohnerschaft ausgelöst werden, der in einem massiven Wegzug und in einer Verslumung des Viertels mündet. Diese Entwicklung ist gerade für den Fortbestand der randstädtischen Großsiedlungen gefährlich, da ihre Zukunft nicht nur von der Einbindung der Gebäude an die lokale Infrastruktur und ihre gestalterischen Entwicklungen des Wohnumfeldes, sondern insbesondere von der ausgewogenen Bewohnerstruktur abhängt.

410 Das Altschuldenhilfe-Gesetz setzt damit als Bundesgesetz die spezielle Belegungsbindung der Genossenschaften außer Kraft, wonach die Überlassung von preiswertem Wohnraum auf die Mitglieder beschränkt ist. Vor diesem Hintergrund ist die teilweise abgestufte Belegungsbindung für die Genossenschaften zu erklären.

3. Stabilitätspolitische Auswirkungen

Stabilitätspolitische Maßnahmen sind nach einer Begriffsauslegung von Fürst/ Klemmer/Zimmermann[411] notwendig, wenn ein als angemessen empfundenes Versorgungsniveau der Bevölkerung unerwünschten Schwankungen unterliegt. Übertragen auf die Wohnungswirtschaft sind demzufolge stabilitätspolitische Maßnahmen bei Schwankungen in einer als angemessen empfundenen Wohnungsversorgung oder bei Störungen der als ausreichend angesehenen privaten Wohneigentumsquote angezeigt. In den neuen Bundesländern ist auch sieben Jahre nach der Wiedervereinigung weder von einer angemessenen Wohnungsversorgung noch von einer ausreichenden privaten Wohneigentumsquote auszugehen. Dementsprechend treten stabilitätspolitische Betrachtungen in den Hintergrund. Vielmehr ist die weitere Entwicklung der Wohnungswirtschaft in den neuen Bundesländern unverändert durch wachstums- und ausgleichspolitische Zielstellungen geprägt. Damit erübrigt sich die Diskussion um eine zusätzliche stabilitätspolitische Zielsetzung des Altschuldenhilfe-Gesetzes.

Von größerem Interesse erscheint die Frage, welche wohnungspolitisch relevanten Rahmenbedingungen, die das Altschuldenhilfe-Gesetz direkt oder indirekt beeinflußt, stabilisiert werden müssen, damit die wachstums- und ausgleichspolitischen Wirkungen des Altschuldenhilfe-Gesetzes langfristig zu dem angestrebten Wohn- und Eigentumsniveau führen, welches es dann zu halten gilt.

3.1 Mietzinsentwicklung und Wohnkostenbelastung

Eine ausführliche Darstellung der Mietzinsentwicklung und ihrer maßgeblichen Determinanten im Zeitraum 1990 bis Ende 1996 einschließlich ihrer voraussichtlichen Entwicklung ab 1998 erfolgt bereits in Punkt II 4.
Die nachstehenden Ausführungen beschränken sich daher auf die Mietzinsentwicklung und Wohnkostenbelastung der Mieter in den 12 ausgewählten Wohnungsunternehmen, insbesondere unter Berücksichtigung der finanziellen Belastungen aus den realisierten Instandsetzungs- und Modernisierungsmaß-

411 Vgl.: Fürst/Klemmer/Zimmermann, Regionale Wirtschaftspolitik, S. 102.

nahmen. Aufgrund des beschränkten Stichprobenumfangs wird auf eine rechtsform- und landesspezifische Darstellung der Ergebnisse verzichtet.

Tabelle 37 Entwicklung von Miete und Mietbelastung bei 12 ausgesuchten Unternehmen im Zeitraum 1990-1996

Jahr	Grund-miete (DM/m²)	Modernis.-zuschlag 412 (DM/m²)	Anteil des (teil)san. Bestands (in vH)[413]	Brutto-warm-miete (DM/m²)	Belastung d. Einkommen 414 (in vH)	Mietrelation Ost/West (in vH)[415]
1991	0,73	-	1	1,09	7	k. A.
1992	1,79	0,03	3	4,98	15	k. A.
1993	3,57	0,14	8	7,07	18	61
1994	4,04	1,10	28	7,66	19	63
1995	4,33	1,98	45	8,13	20	65
1996	5,98	2,43	63	9,98	22	75

Die Erste und Zweite Grundmietenverordnung ermöglicht die Durchführung abgestufter Mieterhöhungen und soll aus Sicht des Gesetzgebers die Bereitschaft der Unternehmen verstärken, die vom Altschuldenhilfe-Gesetz geforderten Instandsetzungs- und Modernisierungsmaßnahmen tatsächlich zügig durchzuführen; sie sollen so in die Lage versetzt werden, die Finanzierungskosten teilweise auf ihre Mieter umzulegen und über die höheren Mieterträge neue Finanzierungsquellen für noch ausstehende Investitionen zu erschließen.
Die in der Stichprobe vertretenen Wohnungsgesellschaften und -genossenschaften nutzen diesen Spielraum, indem sie zum einen die Grundmiete im Zeitraum 1990 bis 1994 von DM 0,73 auf DM 4,04/m² Wfl. erhöhen. Nach Inkrafttreten des Mietenüberleitungsgesetzes im August 1995 realisieren die meisten Unternehmen vor allem bei Neuabschlüssen eine weitere Mietzinsstei-

412 Die Modernisierungszuschläge beziehen sich als Durchschnittsgröße auf alle Wohnungen der Unternehmen einschließlich der nicht Modernisierten. Eine separate Darstellung der lediglich auf (teil-)sanierte Wohnungen entfallenden Umlagen war nicht allen untersuchten Wohnungsgesellschaften und -genossenschaften möglich, weshalb auf eine derartige Differenzierung verzichtet wird.

413 Die Werte entsprechen dem Teil des gesamten Wohnungsbestandes aller 12 Unternehmen, an dem Instandsetzungs- und Modernisierungsmaßnahmen vorgenommen worden sind.

414 Daten über die spezifischen Einkommensverhältnisse der betroffenen Mieterschaft liegen nicht vor, weshalb auf Durchschnittswerte des DIW zurückgegriffen wird.

415 Die Mietrelation definiert den Anteil der in den neuen Bundesländern gezahlten Durchschnittsmieten am vergleichbaren Westniveau.

gerung, was bei fünf der untersuchten Unternehmen durch eine hohe Mieterfluktuation begünstigt wird. Zusätzliche Impulse ergeben sich durch die Erstvermietung von in 1995/96 fertiggestellten Neubauten bzw. Dachgeschoßausbauten. Insgesamt steigt die Grundmiete im Zeitraum 1991 bis 1996 um das Achtfache ihres ursprünglichen Wertes auf DM 5,98/m² Wfl.[416]
Ein zweites wichtiges Mietsteigerungspotential ergibt sich zum anderen aufgrund vom Modernisierungszuschlägen, die sich mit wachsendem Anteil des (teil)sanierten Wohnungsbestandes von DM 0,03 in 1992 auf DM 2,43/m² Wfl. in 1996 erhöhen.

Aus Sicht der Wohnungsunternehmen bietet sich in der Praxis ein differenziertes Bild: Die gesetzlich möglichen Mieterhöhungen sind bei laufenden Verträgen bzw. bei Objekten ohne nennenswerte Sanierung nur schwer oder gar nicht durchsetzbar. Von ihnen kann nur dann Gebrauch gemacht werden, wenn nicht mit Auszügen bzw. anschließenden Vermietungsproblemen zu rechnen ist. In zwei konkret benannten Einzelfällen verzichteten die Wohnungsunternehmen aus "taktischen Gründen" auf eine mögliche Mietanhebung bei bestehenden Mietverhältnissen, da sie mit einer massiven Gegenwehr aus der Mieterschaft rechneten. Ein durch negative Publicity möglicherweise ausgelöster sozialer Unfriede in weiteren Teilen der Mieterschaft, die dadurch gebundene Zeit der Mitarbeiter sowie Anwaltskosten etc. werden hier dem Nutzen einer Mieterhöhung gegenübergestellt und vorläufig höher bewertet. Erst wenn der Mieter eine spürbare Verbesserung seiner Wohnqualität erfährt, ist er bereit, für diesen Komfort einen höheren Mietzins zu entrichten.

Ferner ergeben sich Einnahmeausfälle durch zunehmende Vermietungsschwierigkeiten aufgrund von Abwanderung der Mieter und durch den geförderten Wohnungskauf. Gleichzeitig führt die hohe Arbeitslosigkeit in den neuen Bundesländern zu einer steigenden Insolvenz bei den Mietern. Nach Angaben des GdW betragen die Mieterschulden in 1996 allein bei seinen Mitgliedsunternehmen rd. DM 650 Mio. Die Wohnungsunternehmen haben somit nicht nur Schwierigkeiten, Mieterhöhungen durchzusetzen, sondern erleiden darüber hin-

416 Vergleiche mit den Auswertungen des GdW auf Basis seiner jährlichen Mitgliederbefragung und dem vom Bundesbauministerium veröffentlichten Wohngeld- und Mietenbericht bestätigen den aufgezeigten Trend, wenngleich die Mietzinsniveau-Entwicklung der 12 ausgewählten Wohnungsunternehmen leicht unter dem dort aufgezeigten Niveau liegt.
Vgl.: GdW, Daten und Fakten, 1991-1996,
BMBau, Wohngeld- und Mietenbericht, 1996.

aus Einnahmeverluste, die ihr ohnehin geringes Eigenkapital schmälern und ihre Investitionsfähigkeit beeinträchtigen.

Auf der Ausgabenseite belastet seit Mitte 1995 die Bedienung der verbleibenden Altschulden und seit 1997 die einsetzende Tilgung der in 1992 aufgenommenen Wohnraummodernisierungskredite[417] ihr Investitionsbudget. Vor diesem Hintergrund halten die Vertreter der 12 ausgewählten Wohnungsunternehmen die aufgezeigten Möglichkeiten zur Mieterhöhung nicht für ausreichend, um die noch offenen Sanierungsarbeiten zügig umzusetzen.

Einschränkend ist anzumerken, daß trotz der Forderung nach weiteren gesetzlich verankerten Erhöhungsspielräumen die näher betrachteten Unternehmen ihre bestehenden Möglichkeiten zur Mieterhöhung nicht zeitnah umsetzen (teilweise bis zu einem dreiviertel Jahr nach dem erstmöglichen Ansatz), was größtenteils auf ihr eigenes Versäumnis zurückzuführen ist. Bekannte oder vermutete Zahlungsschwierigkeiten der Mieter führen nur in seltenen Fällen zu einer Verschiebung der Mieterhöhung, da soziale Härten durch das Sonderwohngeld Ost abgefedert werden können.

Demgegenüber ist aus Mietersicht die Belastung des Haushaltseinkommens durch die zu tragende Bruttowarmmiete entscheidend. Während in 1991 im Durchschnitt 7 vH des Haushaltseinkommens für die Befriedigung des Wohnbedürfnisses ausgegeben wird, steigt sein Anteil in 1996 auf 22 vH. Ursächlich für die Verdreifachung der Wohnkostenbelastung sind nicht nur die Mieterhöhungen auf Basis der Grundmietenverordnungen und des Mietenüberleitungsgesetzes, sondern insbesondere die seit 1991 erstmals nach Verbrauch abgerechneten Nebenkosten. Trotz des wachsenden Umwelt- und Kostenbewußtseins der Mieter kann die Nebenkostenbelastung über das Verbrauchsverhalten nicht reduziert werden, da diese Kosteneinsparung durch eine Politik der steigende Gebühren bei den Kommunen überkompensiert wird. Die teilweise drastische Steigerung bei einigen Betriebskostenarten, wie z. B. bei Abwasser und Müll, beruhen sowohl auf einer z. T. überzogenen Gebührenpolitik der Kommunen als auch auf einer über dem Bedarf liegenden Investitionspolitik der kommunalen Versorgungsbetriebe in der Nach-Wendezeit. Damit erreichen die Betriebskosten als Bestandteil der Mieten, auf die die Wohnungsunternehmen

417 Bei der Inanspruchnahme von fünf Tilgungsfreijahren.

keinen Einfluß nehmen können, einen Anteil von 42 vH der gesamten Wohnkosten und engen als "zweite Miete" künftige Mieterhöhungsspielräume (und damit den Investitionsspielraum) ein.

Tabelle 38 Entwicklung der Miet- und Wohnnebenkosten in den neuen Bundesländern -Veränderungen gegenüber dem Vorjahreszeitraum in vH-

Kosten für:	1992	1993	1994	1995	1996
Müllabfuhr	17,1	15,6	12,6	12,7	5,8
Abwasserbeseitigung	22,0	23,4	9,9	12,1	6,6
Wasserversorgung	16,0	15,2	15,0	7,6	6,1
Straßenreinigung	8,3	12,4	9,5	2,7	1,8
Schornsteinfeger	194,6	17,3	8,0	7,8	2,9
Energie*	40,1	2,1	10,8	5,3	6,9
allg. Lebenshaltung	13,5	10,5	3,7	2,1	2,2

* Strom, Gas, Brennstoffe (ohne Kraftstoffe), Heizung, Warmwasser

Quelle: Statistisches Bundesamt

Trotz der (absolut betrachtet) erheblichen Mietsteigerungen ist festzuhalten, daß nach einem ersten deutlichen Anstieg der Wohnkostenbelastung in 1992 um 8 vH ihre weitere Erhöhung bis 1996 in moderaten Schritten von jährlich meist 1-2 vH verläuft. Diese Entwicklung ist darauf zurückzuführen, daß das Haushaltseinkommen im vergleichbaren Zeitraum ebenfalls gestiegen ist und Härtefälle durch öffentliche Zuwendungen in Form von Sonderwohngeld abgefedert werden.

Der Gesetzgeber erreicht mit dieser Mieterhöhungs- und Zuwendungspolitik einen stabilisierenden Kompromiß zwischen den für die Wohnungsunternehmen aus betriebswirtschaftlicher Sicht notwendigen Anhebungen und einer sozial tragbaren Belastung der Mieter bei weiterhin ansteigendem Wohnkomfort. Er trägt damit zu einer schrittweisen Überleitung der aus DDR-Zeiten übernommenen Wohnungszwangswirtschaft in ein soziales, marktwirtschaftlich ausgerichtetes Miet- und Wohnrecht bei, die ihren Abschluß 1998 im Übergang in das Vergleichsmietensystem findet. Hierin zeigen sich Parallelen zu den Leistungen des Lücke-Plans in den 60er Jahren in den alten Bundesländern,

3.2. Wohnungsleerstand

Im Rahmen der 1995 durchgeführten Gebäude- und Wohnungszählung[418] ermittelt die Statistischen Landesämter bei einem Wohnungsbestand von 6,9 Mio rund 460.000 leerstehende Wohnungen. Unter diesen Leerständen befinden sich rd. 200.000 Wohnungen in für den Abriß vorgesehenen Objekten. Sie stehen dem Wohnungsmarkt nicht mehr zur Verfügung. Leerstand im hier zu untersuchenden Sinne umfaßt dagegen die übrigen 260.000 Wohnungen, die dem Wohnungsmarkt grundsätzlich zur Verfügung stehen, jedoch zur Zeit nicht vermietet sind. Dies entspricht einer Quote von 3,8 vH, die damit nur unwesentlich höher liegt, als die für die alten Bundesländer zuletzt in 1993 ermittelte Leerstandsquote von 3 vH.
Von den 260.000 Leerständen beziehen sich 1,7 vH auf noch nicht bezogene Neubauten und 30,8 vH auf in Sanierung befindliche Wohnungen. Ferner werden durch die Eigentümer/Besitzer in 24,5 vH der Fälle "sonstige Gründe" angeführt, worunter im wesentlichen ungeklärte Eigentumsverhältnisse sowie eine bevorstehende Umwandlung in Wohneigentum zu subsumieren sind. Unter Berücksichtigung dieses "unechten" Leerstandes stehen damit effektiv nur 112.000 Wohnungen (1,6 vH) dem Markt zur Verfügung, ohne daß hierfür eine konkrete Nachfrage besteht.[419]

In der Praxis sind die Wohnungsunternehmen unterschiedlich stark von der Leerstandsproblematik betroffen. Eine Konzentration ist einerseits in den Regionen festzustellen, in denen durch den Wegfall industrieller Kernbereiche eine Abwanderung der Bevölkerung zu neuen Arbeitsplätzen zu verzeichnen ist. Typische Beispiele sind die ehemaligen "sozialistischen Arbeiterwohnstätten"

---

418 Vgl.: Winter, Gebäude- und Wohnungsbestand, S. 782.

419 Diese Werte decken sich im wesentlichen mit denen des GdW, der Ende 1996 bei seinen Mitgliedsunternehmen (Gesellschaften und Genossenschaften) rund 162.000 leerstehende Wohnungen -ohne Abrißobjekte, Neubau und für die Privatisierung leergezogene Objekte- in den neuen Bundesländern festgestellt hat. Die sich hieraus ermittelbare Leerstandsquote beträgt durchschnittlich 5,2 vH. Hierin enthalten sind annähernd 35.000 Wohnungen, die aufgrund laufender Instandsetzungs- und Modernisierungsmaßnahmen vorübergehend nicht vermietbar sind, mittelfristig aber wieder dem Wohnungsmarkt zur Verfügung stehen. Ferner meldeten Alteigentümer für schätzungsweise 54.500 Wohnungen Ansprüche an. Gerade diese Wohnungen weisen desolate Wohnverhältnisse auf und sind ohne eine vorherige Sanierung nicht vermietbar. Dies reduziert den zunächst angegebenen Leerstand auf 72.500 Wohneinheiten, woraus sich eine durchschnittliche effektive Leerstandsquote von 2,3 vH berechnet. Die Differenz zu den Ergebnissen aus der Gebäude- und Wohnungszählung in 1995 beruht auf Leerständen bei Kommunen und nicht beim GdW organisierten Wohnungsunternehmen.

Hoyerswerda, Stendal und Schwerin, wo vor allem Plattenbauten vom Leerzug betroffen sind. Rein statistisch betrachtet, stehen im Beitrittsgebiet 10 vH aller dieser ab 1969 erbauten Wohnungen leer.
Einen wesentlich größeren Einfluß auf die Leerstandsquote üben die jahrzehntelang vernachlässigten Altbauten aus, beispielsweise in den Regionen Quedlinburg, Plauen aber auch in Teilen von Berlin und Dresden. Gut die Hälfte der leerstehenden Wohnungen stammen aus dem vorigen Jahrhundert und weitere 40 vH aus der Zeit bis 1945.[420] Hinsichtlich der Gebäudegröße stehen überwiegend Ein- und Zweifamilienhäuser (72 vH) sowie kleinere Mehrfamilienhäuser mit bis zu 6 Wohnungen (15 vH) leer.

Wohnungsleerstand bedeutet für die Wohnungsunternehmen einen Ausfall der Mieteinnahmen bei einer unverändert zu tragenden Fixkostenbelastung, z. B. durch die Bedienung der nach Kappung verbleibenden Altschulden sowie der neu aufgenommenen Modernisierungskredite oder durch die objektbezogenen Betriebskosten. Die hieraus resultierenden Folgen des Wohnungsleerstandes belasten vor allem eigenkapitalschwache Unternehmen in einem Ausmaß, das mittel- bis langfristig zu einer existentiellen Gefährdung führen kann.
Vom GdW sind zur Lösung des Problems verschiedene Vorschläge formuliert worden, die auf die wirtschaftlichen Folgen für die betroffenen Unternehmen abstellen und auch einen Handlungsbedarf im Rahmen des Altschuldenhilfe-Gesetzes aufzeigen. So soll bspw. eine zusätzliche Teilentlastung in Höhe der Restbelastung von DM 150/m² Wfl. für den auf Dauer nicht mehr benötigten Wohnungsbestand geleistet werden, da dieser keinen Beitrag zum laufenden Kapitaldienst liefern kann.
Eine anderer Vorschlag zielt auf die Reduzierung der für die Berechnung der Privatisierungsverpflichtung maßgeblichen Wohnfläche bzw. Wohneinheiten ab. Bei einem dauerhaften strukturellen Wohnungsleerstand als Folge einer rückläufigen Wirtschaftsentwicklung, zunehmender Arbeitslosigkeit und demnach einer geringeren Kaufkraft, muß davon ausgegangen werden, daß weitere Privatisierungsinitiativen hohe Kosten verursachen, aber wahrscheinlich erfolglos bleiben.

420 Im Unterschied hierzu verteilt sich der Leerstand in den alten Bundesländern viel gleichmäßiger auf alle Baualtersklassen: Baujahr bis 1900: 25,7 vH, 1901-1918: 11,2 vH, 1919-1948: 20,3 vH, 1949-1968: 21,1 vH, 1969-1981: 8,1 vH, 1982 und später: 13,6 vH. Vgl.: Stürmer, Wirtschaft und Statistik, S. 382.

Beide Vorschläge sind *objektbezogen* und damit nicht mit den Regelungen für die Gewährung von Zinshilfe und Teilentlastung kompatibel, denen eine *unternehmens*bezogene Betrachtungsweise zugrunde liegt. Das aktuell geltende Altschuldenhilfe-Gesetzes mit seiner maßgeblichen Stichtagsbetrachtung 1. Januar 1993 bei Wohnflächen bzw. 1. Januar 1994 bei Altverbindlichkeiten sieht auch keine Möglichkeit vor, eine zusätzliche Teilentlastung zu gewähren bzw. Leerstände als Privatisierung anzuerkennen.
Mögliche finanzielle Ansatzpunkte für die Unterstützung der durch Leerstand betroffenen Wohnungsunternehmen, die einen Rückbau oder Abriß der Gebäude anstreben, bieten daher nur die Städtebauförderprogramme der Länder oder gegebenenfalls erweiterte oder neu aufgelegte Bundesprogramme. Ob es eine derartige finanzielle Unterstützung der betroffenen Wohnungsunternehmen durch Länder- oder Bundesprogramme geben wird, bleibt abzuwarten.

Im Rahmen des Altschuldenhilfe-Gesetzes hat das Bundesbauministerium entschieden, Wohnungsunternehmen in strukturschwachen Regionen auf Antrag von der Erfüllung der noch offenen Privatisierungsverpflichtung zu befreien. Zu den Voraussetzungen zählt eine Leerstandsquote von mindestens 10 vH, ein nachgewiesener Bevölkerungsrückgang im Zeitraum 3. Oktober 1990 bis zum Zeitpunkt der Antragsstellung von mindestens 10 vH und eine aktuelle Arbeitslosenquote von mindestens 20 vH.[421]

Wieviele Wohnungsunternehmen aufgrund von strukturellen Problemen hiervon Gebrauch machen müssen, ist bislang nicht abzuschätzen. Gleichwohl verdeutlicht die jüngste Maßnahme im Rahmen des Altschuldenhilfe Gesetzes dessen Auslegungsspielraum, der dazu genutzt werden kann, bei aktuell auftretenden Problemen flexibel zu reagieren. Es ist damit in der Lage, den bei der Konzeption des Gesetzes noch nicht vorhersehbaren Störungen entgegenzuwirken.

421 Vgl.:KfW, Rundschreiben 01/98, S. 1.

Schlußbetrachtung

Den Ausgangspunkt für die vorliegende Untersuchung bilden drei Fragen, deren Beantwortung zugleich eine Zusammenfassung der wichtigsten Untersuchungsergebnisse darstellt:

1. Inwieweit kann durch die Gewährung von Zinshilfe und Teilentlastung die Kredit- und Investitionsfähigkeit der Wohnungsunternehmen in den neuen Bundesländern für die Realisation notwendiger Bestandsinvestitionen verbessert werden?

2. Ist mit der Umsetzung der Privatisierungsauflage eine Steigerung der individuellen Wohneigentumsquote möglich und inwiefern kann sie einen Beitrag zur Angleichung der östlichen Wohneigentumsquote an die der alten Bundesländern leisten?

3. Welche regionalpolitischen Auswirkungen sind auf das Altschuldenhilfe-Gesetz zurückzuführen?

zu Frage 1)

Die Notwendigkeit einer angemessenen Wohnraumversorgung der Bevölkerung als Bestandteil der Infrastruktur und als wichtige Voraussetzung für eine prosperierende Wirtschaft ist in Kapitel I herausgearbeitet. Dem gegenüber stellt Kapitel II fest, daß der Wohnungsbestand in den neuen Bundesländern zum Zeitpunkt der Wiedervereinigung weder quantitativ noch qualitativ dem aktuellen Niveau in den alten Bundesländern entspricht. Der hieraus resultierende Finanzbedarf sprengt bei weitem die Möglichkeiten, die sich Kommunen, kommunalen Wohnungsgesellschaften und Wohnungsgenossenschaften im Zeitraum 1990 bis 1993 aufgrund der geltenden Mietpreisbindung und der Belastung aus den Altverbindlichkeiten erschließen. Dieses Problem greift das in Kapitel III vorgestellte Altschuldenhilfe-Gesetz mit der Gewährung von Zinshilfe und Teilentlastung auf. Bereits die hohe Nachfrage nach diesen Fördermitteln ist als Erfolg zu werten (Kapitel IV). Die Analyse der bilanziellen und erfolgswirksamen Auswirkungen am Beispiel von 12 ausgewählten Wohnungsunternehmen konkretisiert die positive Einflußnahme der Förderhilfe auf deren wirtschaftliche Lage.

Teilentlastung und Zinshilfe bewirken entweder über die erfolgsneutrale Erfassung als Erhöhung der Sonderrücklage nach § 27 Abs. 2 Satz 3 DMBilG oder über den erfolgswirksamen Ausweis als sonstiger betrieblicher bzw. außerordentlicher Ertrag eine Erhöhung des Eigenkapitals. Auch die Bildung der Rückstellung für die Erlösabführung durch erfolgsneutrale Verrechnung mit der Sonderrücklage führt lediglich zu einer Begrenzung der Eigenkapitalerhöhung, sie kompensiert den positiven Effekt von Zinshilfe und Teilentlastung nicht. Die Vereinnahmung der Altschuldenhilfe steigert über eine Eigenkapitalerhöhung die finanzielle Stabilität der Wohnungsunternehmen, was sich in der Stichprobe für zehn Wohnungsunternehmen belegen läßt.
Unter dem Gesichtspunkt der Liquidität führt die Gewährung von Zinshilfe und Teilentlastung nicht zu einer direkten Erhöhung des Bestandes an flüssigen Mitteln. Sie verhindert aber -im Vergleich zur Unterlassungsalternative- deren Abfluß während des 18-monatigen Zeitraums der Zinshilfe-Gewährung und reduziert ihn nach Teilentlastung auf die Zinszahlung für die beim Unternehmen verbleibenden Altverbindlichkeiten. Die eingesparten Mittel können alternativ für die Bedienung neu aufgenommener Sanierungskredite verwendet werden.
Die Analyse der Jahresabschlüsse verdeutlicht ebenfalls, daß der erfolgswirksame Ausweis von Zinshilfe und Teilentlastung zu einer erheblichen Verbesserung der Ertragslage führt. Zusammenfassend ist festzuhalten, daß Zinshilfe und Teilentlastung die Vermögens-, Finanz- und Ertragslage der Wohnungsunternehmen stärkt.

In dem realisierten Instandsetzungs- und Modernisierungsvolumen von nahezu DM 58 Mrd spiegelt sich die durch das Altschuldenhilfe-Gesetz gesteigerte Kredit- und Investitionsfähigkeit wider: Bei den in der Stichprobe betrachteten Unternehmen steigen mehrheitlich die investiven Verbindlichkeiten gegenüber Kreditinstituten um mehr als 10 vH, bei dreien sogar zwischen 50 und 113 vH. Auch der allgemeine Trend belegt, daß unabhängig von der Rechtsform und dem Bundesland schon allein aufgrund der Verabschiedung des Altschuldenhilfe-Gesetzes in 1993 sich das überwiegend kreditierte Investitionsvolumen mehr als verdoppelt, bis 1995 jährliche Zuwachsraten feststellbar sind und selbst in 1996, dem ersten Jahr mit einem leichten Investitionsrückgang, noch

mehr als das Dreifache gegenüber 1992 durch die Wohnungsunternehmen investiert wird. Ähnliche Ergebnisse lassen sich aus dem Investitionsverhalten ausschließlich zinshilfebegünstigter Wohnungsunternehmen ableiten.
Demzufolge trägt die Altschuldenhilfe als Hilfe zur Selbsthilfe maßgeblich dazu bei, die Kredit- und Investitionsfähigkeit der Wohnungsunternehmen in den neuen Bundesländern für die Realisation notwendiger Bestandsinvestitionen zu steigern.

zu Frage 2)
Die einleitenden Ausführungen zum Privatisierungsprozeß in Kapitel IV verdeutlichen die Vielfalt der Probleme, die sich bei der Veräußerung von Wohnungen zwischen den Mietern -als per Gesetz vorrangig zu berücksichtigende Erwerber- und den Wohnungsunternehmen ergeben.
Die Untersuchungen von Mester, EMNID und Eichener/Berendt weisen ein grundsätzliches Kaufinteresse der Mieter nach, dessen Ausprägung stark von individuellen Rahmendaten, wie vorhandenem Eigenkapital, monatlichem Einkommen, Arbeitsplatzsicherheit, Wohnzufriedenheit etc., abhängig ist.
Den Jährlichen Berichten ist zu entnehmen, daß die Wohnungsunternehmen ihre Verpflichtung ernst nehmen, sich intensiv um den Verkauf von Wohnungen an Mieter zu bemühen. Trotzdem ist ein nachhaltiger Erfolg bei der Erfüllung der Privatisierungsverpflichtung aus dem in Kapitel V vorgestellten Zahlenmaterial nicht ersichtlich.
Die mehr als 40 Jahre propagierten Ideologien bzgl. des privaten Wohneigentums sind tiefer verwurzelt, als noch zum Zeitpunkt der Wende angenommen. Die Vorteile, die sich für den Einzelnen aus dem Wohneigentum ableiten, z. B. als Teil der eigenen Altersvorsorge, lassen sich nicht innerhalb weniger Jahre der breiten Bevölkerung verständlich machen, zumal die finanziellen Möglichkeiten der Mieter zum Eigentumserwerb begrenzt sind. Zusätzlich verzögern rechtliche Probleme insbesondere den Verkauf von Einzeleigentum; Verkäufe von ganzen Gebäuden an Investoren haben demgegenüber den Vorteil, daß z. B. Abgeschlossenheitsbescheinigungen und grundbuchlich einzutragende Parzellierungen des Grundstückes zunächst nicht anfallen.

Bis Ende 1994 verzeichnet die KfW im Rahmen der jährlichen Berichterstattung -trotz vielfältiger Kaufförderung durch Bundes- und Landesprogramme- nur schätzungsweise 23.000 Wohnungsverkäufe an Mieter, bei einer gesamten Privatisierungsauflage von 352.300 Wohnungen. Nach Einführung der mieternahen Privatisierungsformen erfolgt nur noch jeder dritte Verkauf direkt vom Wohnungsunternehmen an die Mieter. Bei mehr als der Hälfte aller Verkäufe ist ein Zwischenerwerber Vertragspartner. Bis Ende 1996 sind von 215.000 privatisierten Wohnungen 72.600 direkt an Mieter verkauft und weitere 27.000 Wohnungen über die Privatisierungsauflage der Zwischenerwerber noch an Mieter zu veräußern. Unter der Annahme der Umsetzung der Mieterprivatisierung durch die Zwischenerwerber stehen 100.000 zielkonformen Wohnungsverkäufen 115.000 nicht zielkonforme Verkäufe gegenüber, was einer Quote von 46:54 entspricht. Absolut betrachtet ist das Potential zur Steigerung der individuellen Wohneigentumsquote Ende 1996 damit nur zur Hälfte ausgeschöpft. Die Untersuchung verdeutlicht aber, daß unter den genannten Voraussetzungen -ideologiebedingte Zurückhaltung, beschränkte finanzielle Möglichkeiten und z. T. fehlende grundbuchrechtliche Rahmenvoraussetzungen- im Betrachtungszeitraum ein Maximum der möglichen Mieterprivatisierung realisiert ist. Die übrigen Verkäufe entsprechen zwar nicht der (vorrangigen) Gesetzesintention, sie tragen aber entscheidend zu einer weiteren Stabilisierung der Kredit- und Investitionsfähigkeit der Wohnungsunternehmen und damit zur Finanzierung der Investitionen im verbleibenden Bestand bei.

Die altschuldenhilfe-induzierte Steigerung der Wohneigentumsquote bis Ende 1996 stellt mit ca. 1,5 vH eine vernachlässigbare Größe dar. In diesem Zusammenhang ist zu beachten, daß kein Mieter zum Kauf seiner Wohnung gezwungen werden kann und manche Anpassungsprozesse im Rahmen der Wiedervereinigung einen längeren Zeitraum benötigen, als von Politik und Gesetz vorgesehen.

Eine flächendeckende Anpassung der Wohneigentumsverhältnisse in den neuen Bundesländern an westdeutsches Niveau bedingt neben der maximal möglichen Umsetzung der Privatisierungsauflage durch Verkäufe an Mieter, eine expansive Wohnungsbauförderung im Eigentumsbereich und die umfängliche Rückgabe von Restitutionsobjekten an die Alteigentümer. In der Praxis zeigt sich jedoch ein zunehmendes Desinteresse der Alteigentümer an der tatsächlichen Übernahme und Sanierung der Gebäude. Vielmehr sind diese am Verkauf interessiert, wobei als Käufer -aufgrund des beträchtlichen Investitionsbedarfs- überwiegend gewerbliche Nutzer in Betracht kommen.

Der Beitrag des Altschuldenhilfe-Gesetzes zur Angleichung der Wohneigentumsquote an die der alten Bundesländer ist marginal; es bedarf daher noch weiterer Anstrengungen außerhalb der Teilentlastung zur Erreichung dieses Zieles.

zu Frage 3)

Die Ausführungen in Kapitel V über die Auswirkungen des Altschuldenhilfe-Gesetzes auf die wirtschaftliche Entwicklung in den neuen Bundesländern belegen deutliche regionalpolitische Erfolge im Betrachtungszeitraum. Zinshilfe- und teilentlastungsbegünstigte Wohnungsunternehmen realisieren im Durchschnitt aufgrund der erhaltenen DM 33,2 Mrd Förderhilfen ein um das 1,62-fache höheres Investitionsvolumen (DM 53,7 Mrd), wobei sich aufgrund regionaler Besonderheiten -insbesondere bei der Bearbeitung von Restitutionsansprüchen- im einzelnen Multiplikatoren zwischen 1,13 (Berlin) und 2,26 (Mecklenburg-Vorpommern) ergeben können. Auffällig sind rechtsformspezifische Tendenzen; so ist das Investitionsverhalten bei Genossenschaften mit einem Multiplikator von 1,54 weniger stark ausgeprägt als bei Kommunen mit 1,89 und Gesellschaften mit 1,63. Diese Unterschiede lassen sich durch differierende Investitionsmotive begründen. Bei Kommunen und Gesellschaften dominieren politische Ambitionen Zeitpunkt und Volumen der Sanierungsprojekte. Mit der Einführung marktwirtschaftlicher Verhältnisse stehen die Gesellschaften darüber hinaus um die Gunst der Mieter in Konkurrenz zu den Genossenschaften. Letztere prägt ein eher zurückhaltendes Investitionsverhalten, da die Genossenschaften grundsätzlich Mieterhöhungen aufgrund umfangreicher (kreditierter) Sanierungen vermeiden möchten. Auch die noch in der DDR-Zeit begründete Verschuldungsangst trägt hierzu bei.

Ein vergleichbar positives Bild wie bei den teilentlasteten Wohnungsunternehmen vermittelt das Investitionsverhalten der ausschließlich zinshilfe-begünstigten Wohnungsunternehmen. Bei ihnen stehen einem Initialvolumen von DM 237 Mio Gesamtinvestitionen in Höhe von DM 3,5 Mrd gegenüber. Mit dem für die regionalpolitische Auswertung ebenfalls hinzugerechneten Investitionsvolumen von Zwischenerwerbern sind im fünfjährigen Betrachtungszeitraum DM 57,7 Mrd fast ausschließlich in den vorhandenen Wohnungsbestand geflossen. Die Analyse der hierdurch gebundenen Erwerbstätigen errechnet ein

Volumen von 413.300 in den neuen Bundesländern gesicherten bzw. neu geschaffenen Arbeitsplätzen, was wesentlich zum Wachstum der Wirtschaft beiträgt und als ein beachtlicher Erfolg zu werten ist.

Entsprechend den Auswertungen über das realisierte Investitionsvolumen sind im Durchschnitt 50 vH der im Bauschadensbericht für 1992 zugrundegelegten notwendigen Sanierungsmaßnahmen geleistet. Investitionsschwerpunkte sind neben der Verbesserung der Wohnungsausstattung die Umstellung auf umweltschonende Heiztechniken sowie der Austausch von gesundheitsgefährdenden Baumaterialien. Auch in diesem Sinne trägt das Altschuldenhilfe-Gesetz zum Angleich der Wohnbedingungen in Ost und West bei.

Trotz der bereits umfangreich durchgeführten Sanierungsmaßnahmen und den sich hieraus begründenden Mietsteigerungen hält sich die Wohnkostenbelastung der Mieter -verifiziert an der Mietentwicklung bei den 12 ausgewählten Wohnungsunternehmen- in einem vergleichsweise tragbaren Rahmen. In 1996 geben hier die Mieter rd. DM 10/m² Wfl für eine (teil-)modernisierte Wohnung aus, die das zur Verfügung stehende Haushaltseinkommen mit 22 vH belastet - ein Wert der 3-5 vH unter der Belastung westlicher Haushalte liegt.

Zu erwähnen ist auch die im Altschuldenhilfe-Gesetz verankerte Belegungsbindung zur Sicherung einer ausreichenden Wohnungsversorgung für sozial schwache Schichten. Alle Länder haben von dem ihnen eingeräumten Recht Gebrauch gemacht; in der Regel unterliegen 50 vH des freiwerdenden Wohnraums bis zum Ende des Jahres 2013 der Belegungsbindung durch die Kommunen, die damit einen Teil ihrer sozialen Verpflichtung erfüllen können.

Unter Berücksichtigung der in dieser Arbeit diskutierten Auswirkungen des Altschuldenhilfe-Gesetzes als Instrument der regionalen Wirtschaftspolitik für die neuen Bundesländern ist abschließend ein überwiegend positives Gesamtergebnis bzgl. der Erfüllung seiner Zielsetzungen und der sich hieraus ableitenden wirtschaftlichen Konsequenzen zu konstatieren.
Es ist letztlich die Sicherung weiter Teile einer Branche gelungen, die ohne diese Hilfe mehrheitlich nicht aus eigenen Mitteln überlebensfähig gewesen, sondern zu einem dauerhaften Unterstützungsfall geworden wäre.

Anlagenverzeichnis

Land	Berlin	Brandenburg	Brandenburg	Mecklenburg-Vorpommern	Sachsen	Sachsen	Sachsen	Sachsen	Sachsen-Anhalt	Sachsen-Anhalt	Thüringen	Thüringen
lfd. Nr.	1	2	3	4	5	6	7	8	9	10	11	12
Rechtsform	Ges	Ges	Gen	Ges	Ges	Ges	Ges	Gen	Ges	Gen	Ges	Gen
Wohneinheiten (01.01.1993)	28.200	1.400	2.000	2.800	1.100	14.800	800	2.000	7.000	8.200	1.900	90
Restitutionsansprüche	13.800	150	--	400	360	100	20	--	250	--	--	--
- Privatisierungsauflage	2.200	190	300	360	110	2.200	120	300	1.010	1.230	290	10
Wohneinheiten in Gebäudeart												
- EFH/ZFH	400	60	--	150	20	--	20	--	60	--	--	10
- konventionelle Bauweise	20.200	390	60	780	700	1.700	260	650	3.400	720	230	50
- industrielle Bauweise	7.600	950	1.940	1.870	380	13.100	520	1.350	3.540	7.480	1.670	30
- bis zu 6 Geschosse	26.500	1.400	2.000	2.800	1.100	11.500	430	2.000	7.000	6.700	1.690	90
- mehr als 6 Geschosse	1.700	--	--	--	--	3.300	370	--	--	1.500	210	
- Wohnungen in Großwohnanlage (mehr als 2.500 WE)	2.700	--	--	--	--	12.100	--	--	--	6.000	--	--
Ausstattung												
- Bad/Dusche	24.300	1.300	2.000	2.470	540	14.700	800	1.870	5.900	8.200	1.850	90
- Innen-WC	22.800	1.300	2.000	2.480	520	14.720	810	1.840	6.300	8.200	1.800	90
- Zentralheizung	600	130	--	350	3	--	--	--	650	--	10	--
- Fernwärme	7.000	200	2.000	750	350	12.400	370	1.700	3.500	6.300	1.410	--
Alt-/Wendeverbindlichkeiten (in TDM)	184.100	24.000	30.900	45.750	7.600	181.800	25.100	27.500	108.000	175.100	24.700	2.400
Teilentlastung (in TDM)	73.400	13.900	13.200	23.700	2.000	55.400	15.700	10.700	47.600	106.000	8.500	1.600
Investitionen 1992-96 (in TDM)	229.000	39.100	64.000	36.500	10.500	205.000	14.200	41.200	134.600	145.700	89.300	1.300
- Instandsetz.+Modernisierung	198.000	32.800	64.000	32.100	9.000	185.800	14.200	40.600	96.300	134.300	88.900	1.300
- sonstige Investitionen	31.000	6.300	--	4.400	1.500	19.200	--	600	38.300	11.400	400	--
Bilanzsumme 1993 (in TDM)	1.816.000	42.800	83.800	118.000	43.100	465.000	40.400	59.200	376.000	350.500	63.700	4.900
Bilanzsumme 1994 (in TDM)	1.772.000	74.900	120.300	148.200	44.500	682.000	62.400	90.700	366.200	473.900	93.400	7.000
Jahreserfolg 1993 (in TDM)	-66.000	-1.900	-300	-3.700	-1.900	-30.700	-2.400	-2.600	-7.000	-9.200	5.700	-270
Jahreserfolg 1994 (in TDM)	32.000	7.400	10.000	2.800	-300	-5.000	11.700	9.100	24.700	-2.400	-2.800	840

KfW Kreditanstalt für Wiederaufbau

Namens und im Auftrag der Bundesrepublik Deutschland (Teilentlastung) sowie namens und im Auftrag der Länder Berlin, Brandenburg, Mecklenburg-Vorpommern, Sachsen, Sachsen-Anhalt und Thüringen (Zinshilfe).

1. Original für KfW
Eingang beim kreditgebenden Institut
(spätestens bis zum 31. 12. 1993)

Antrag auf Altschuldenhilfe nach dem Altschuldenhilfe-Gesetz vom 23. Juni 1993

für Kommunale Wohnungsunternehmen, Kommunen, Wohnungsgenossenschaften
(Antrag auf Zinshilfe und/oder Teilentlastung)

Antragberechtigt sind Kommunale Wohnungsunternehmen mit eigener Rechtspersönlichkeit, Kommunen und Wohnungsgenossenschaften (Einzelheiten siehe Merkblatt).

Dieser Antrag ist über das kreditgebende Institut, bei dem Altverbindlichkeiten gemäß § 3 Altschuldenhilfe-Gesetz bestehen, an die Kreditanstalt für Wiederaufbau in Frankfurt/Main zu richten. Sofern Kredite bei verschiedenen Instituten bestehen, ist bei jedem Institut ein Antrag zu stellen. Der vollständige Antrag umfaßt die Punkte I. - IX. Für die Beantragung einer Teilentlastung gemäß § 4 Altschuldenhilfe-Gesetz müssen alle Punkte ausgefüllt werden, sofern nicht im Antrag ausdrücklich etwas anderes vermerkt ist. Ferner sind dem Antrag der letzte Jahresabschluß mit Prüfungsbericht des Wirtschaftsprüfers sowie ein Privatisierungs- und Unternehmenskonzept (einschließlich Investitionsplan und Finanzvorschau) bzw. entsprechende Unterlagen bei Kommunen als Antragsteller beizufügen, aus denen die beabsichtigten Privatisierungs-, Modernisierungs- und Instandsetzungsmaßnahmen ersichtlich sind.

Sofern lediglich eine Zinshilfe gemäß § 7 Altschuldenhilfe-Gesetz beantragt wird, müssen die Punkte VIII. und IX. nicht ausgefüllt werden. Auch die oben erwähnten beizufügenden Unterlagen und Auskünfte sind in diesen Fällen nicht erforderlich.

Soweit erforderlich, kann die Kreditanstalt für Wiederaufbau ergänzende Unterlagen und Auskünfte anfordern.

I. Antragsteller

Name der Firma lt. Eintragung / Kommune	Gesellschafter bei GmbH oder AG	Beteiligung
Straße / Hausnummer		
PLZ / Ort		
Ansprechpartner für Rückfragen	hervorgegangen aus	
Telefon-Nummer	sofern Eintragung der Gesellschaft noch nicht erfolgt ist, hier das Datum der Anmeldung eintragen	
Rechtsform / gegründet am	sofern Umfirmierung seit dem 30. 06. 1990 stattgefunden hat, hier den früheren Namen eintragen	

KfW Seite 2 zum Antrag der ______________________________ auf Altschuldenhilfe
Name der Firma / Kommune

Es wird beantragt (Zutreffendes bitte ankreuzen)

☐ Teilentlastung zum 01. 07. 1995 gemäß § 4 Altschuldenhilfe-Gesetz
☐ Zinshilfe für die Zeit vom 01. 01. 1994 bis 30. 06. 1995 gemäß § 7 Altschuldenhilfe-Gesetz

II. Erklärungen des Antragstellers

A. Anerkennung der Altverbindlichkeiten durch den Antragsteller

1. **Für Fälle abgestimmter Kreditsalden:*)**
   Wir haben die Altverbindlichkeiten im Sinne des § 3 Altschuldenhilfe-Gesetz anerkannt und hierüber einen rechtswirksamen Kreditvertrag abgeschlossen, jeweils unter der Bedingung, daß ein bewilligender Bescheid über die Gewährung einer Teilentlastung oder einer Zinshilfe erlassen wird. Der Kreditvertrag enthält für den vom Erblastentilgungsfonds zu übernehmenden Teil für den Erblastentilgungsfonds ein Kündigungsrecht ab dem 1. Juli 1995.
   Dieser Antrag kann innerhalb von drei Wochen nach Bekanntgabe des Bescheides durch schriftliche Erklärung gegenüber der Kreditanstalt für Wiederaufbau zurückgenommen werden. Mit der Rücknahme werden das Schuldanerkenntnis sowie der Kreditvertrag unwirksam. Eine entsprechende Klausel ist in dem Schuldanerkenntnis und im Kreditvertrag vereinbart.
2. **Für Fälle streitiger Kreditsalden:*)**
   Wir haben die Altverbindlichkeiten im Sinne des § 3 Altschuldenhilfe-Gesetz dem Grunde nach anerkannt, unter der Bedingung, daß ein bewilligender Bescheid über die Gewährung einer Teilentlastung oder einer Zinshilfe erlassen wird. Sobald der Kreditsaldo feststeht und hierüber Einvernehmen zwischen Gläubiger und Schuldner besteht, werden wir unter der entsprechenden Bedingung einen rechtswirksamen Kreditvertrag über die Altverbindlichkeiten abschließen. Wir werden in dem Kreditvertrag für den vom Erblastentilgungsfonds zu übernehmenden Teil für den Erblastentilgungsfonds ein Kündigungsrecht ab dem 1. Juli 1995 vereinbaren. Zinshilfe und Teilentlastung werden erst bewilligt, wenn die Altverbindlichkeiten anerkannt sind und hierüber ein rechtswirksamer Kreditvertrag abgeschlossen ist.
   Dieser Antrag kann innerhalb von drei Wochen nach Bekanntgabe des Bescheides durch schriftliche Erklärung gegenüber der Kreditanstalt für Wiederaufbau zurückgenommen werden. Mit der Rücknahme werden das Schuldanerkenntnis sowie der Kreditvertrag unwirksam. Eine entsprechende Klausel wurde im Schuldanerkenntnis und wird im Kreditvertrag vereinbart.
3. **Für Wendewohnungen:*)**
   Wir verfügen bereits über einen rechtswirksamen Kreditvertrag bzw. werden diesen verlängern, wobei wir im Falle der Verlängerung oder Umschuldung für den vom Erblastentilgungsfonds zu übernehmenden Teil für den Erblastentilgungsfonds ein Kündigungsrecht ab dem 1. Juli 1995 vereinbaren werden.

B. Verpflichtungen des Antragstellers

Sofern auch eine Teilentlastung gemäß § 4 Altschuldenhilfe-Gesetz beantragt und gewährt wird, verpflichten wir uns, nach Maßgabe der §§ 4 und 5 Altschuldenhilfe-Gesetz zur zügigen Privatisierung bzw. Veräußerung, Modernisierung und Instandsetzung des Wohnungsbestandes sowie zur Abführung von Veräußerungserlösen. Entsprechend § 4 Abs. 7 Altschuldenhilfe-Gesetz werden wir der Kreditanstalt für Wiederaufbau jährlich über den Stand des Investitionsprogrammes sowie über die Ergebnisse der Privatisierung bzw. Veräußerung berichten. Gleichzeitig werden wir jährlich unmittelbar nach Fertigstellung den Jahresabschluß einschl. Prüfungsbericht des Wirtschaftsprüfers bzw. als Kommune entsprechende Unterlagen bei der Kreditanstalt für Wiederaufbau einreichen.

Das Altschuldenhilfe-Gesetz und die in ihm enthaltenen Verpflichtungen sind uns bekannt. Uns ist bekannt, daß die im Rahmen dieses Antrages verlangten Angaben subventionserheblich im Sinne von § 264 Strafgesetzbuch in Verbindung mit § 2 Subventionsgesetz sind.

______________________ (Ort, Datum)

______________________ (rechtsverbindliche Unterschriften des Antragstellers)

Sofern weitere Anträge auf Altschuldenhilfe gestellt wurden/werden*), bitte kreditgebende Institute benennen:
(Die auf der ersten Seite des Antrages aufgeführten Unterlagen sind nur einem Antrag beizufügen.)

Kreditgebende Institute

1. ______________________	2. ______________________
Name	
______________________	______________________
Anschrift	
______________________	______________________
PLZ / Ort	

Sachbearbeiter

______________________	______________________
Name	

KfW Seite 3 zum Antrag der ______________________________ auf Altschuldenhilfe
Name der Firma / Kommune

III. Angaben des Antragstellers

Ermittlung der maßgeblichen Wohnfläche und Altverbindlichkeiten bezogen auf den gesamten Wohnungsbestand des Antragstellers.

A1) Wurden Teile des Wohnungsunternehmens oder Teile des Wohnungsbestandes der Kommune ab dem 01. 01. 1993 ausgegliedert ?

☐ ja
☐ nein

Falls die Frage mit „ja" beantwortet wird, bitte Erläuterung (entsprechend zu den Angaben unter Punkt III. B) bzw. III. C)) hinzufügen, aus der der Umfang der Wohnflächen/Altverbindlichkeiten bei dem Altunternehmen am 01. 01. 1993 hervorgeht.

A2) Wurde das Wohnungsunternehmen (Antragsteller) ab dem 01.01. 1993 aufgrund von Ausgliederungen aus einem am 01. 01. 1993 bestehenden Unternehmen bzw. aus dem Wohnungsbestand der Kommune gegründet ?

☐ ja
☐ nein

Falls die Frage mit „ja" beantwortet wird, bitte Erläuterung (entsprechend zu den Angaben unter Punkt III. B) bzw. III. C)) hinzufügen, aus der der Umfang der Wohnflächen/Altverbindlichkeiten bei dem Altunternehmen/der Kommune am 01. 01. 1993 hervorgeht.

B) Wohnungsbestand des Antragstellers und Kredite, die nach den Rechtsvorschriften der DDR für Wohnzwecke im Rahmen des volkseigenen und genossenschaftlichen Wohnungsbaus gewährt worden sind (d. h. ohne Wohnfläche von Wendewohnungen)

	Fläche in m²	Altverbindlichkeiten bei dem kreditgebenden Institut in DM
(1) Stand der Altverbindlichkeiten gemäß § 3 Altschuldenhilfe-Gesetz am 01. 07. 1990		
(2) Mietpreisgebundene Wohnfläche am 01. 01. 1993 / Stand der Altverbindlichkeiten gemäß § 3 Abs. 1 Nr. 1 am 01. 01. 1994 einschl. aufgelaufener Zinsen gemäß § 3 Abs. 2. Als Wohnfläche ist die Fläche anzusetzen, für die sich der höchstzulässige Mietzins aus § 11 Abs. 2 und 3 des Miethöhegesetzes ergibt. Soweit bei Mieterhöhungen nach der Ersten und Zweiten Grundmietenverordnung bei der Wohnflächenberechnung die §§ 42 und 44 II. BV zugrunde gelegt worden sind, bestimmt sich die Wohnfläche nach diesen Vorschriften.		
(3) ./. Wohnfläche, die nach dem 01. 01. 1993 veräußert worden ist, **sofern** deren zugehörige Altverbindlichkeiten vor dem 01. 01. 1994 getilgt wurden. Vor dem 01. 01. 1994 getilgte Altverbindlichkeiten DM ________	./.	
(4) ./. Wohnfläche, über deren Rückgabe ab 01. 01. 1993 bis zur Antragstellung bereits bestandskräftig positiv entschieden worden ist.	./.	
(5) ./. Wohnfläche, die bis zum 01. 01. 1949 errichtet worden ist, und für die Restitutionsansprüche angemeldet worden sind, über die aber noch nicht bestandskräftig entschieden worden ist.	./.	
Zwischensumme		
(6) Fläche, für deren Errichtung Kredite gemäß § 3 Altschuldenhilfe-Gesetz gewährt worden sind und die am 01. 01. 1993 nicht als mietpreisgebundene Wohnfläche, sondern z. B. als Büroräume, Arztpraxen, etc. vermietet werden, sofern die hierauf entfallenden Altverbindlichkeiten nicht unter Ziffer (2) herausgerechnet werden können (Fläche ist unter (2) nicht enthalten). Die anteiligen Altverbindlichkeiten sind aufgrund des Verhältnisses der Flächen zu ermitteln und abzusetzen. Fläche ________ m²		./.
(7) **Für die Gewährung der Altschuldenhilfe maßgebliche Wohnfläche / Altverbindlichkeiten**		
(8) Angabe über Bundesland, in dem sich die unter (7) aufgeführten m² befinden (ggf. auf mehrere Bundesländer aufteilen) ________ ________		
nachrichtlich:		
(9) Wohnfläche von Wohngebäuden, die nach dem 01. 01. 1949 errichtet		

KfW Seite 4 zum Antrag der ______________________________ auf Altschuldenhilfe
Name der Firma / Kommune

C) **Wendewohnungen (Mietwohnungen, mit deren Bau vor dem 03. 10. 1990 begonnen worden ist, und Kredite, die zu ihrer Finanzierung nach dem 30. 06. 1990 aufgenommen worden sind.)**

	Fläche in m²	Altverbindlichkeiten bei dem kreditgebenden Institut in DM
(1) Wohnfläche am 01. 01. 1993 / Stand der Altverbindlichkeiten gemäß § 3 Abs. 1 Nr. 2 am 1. 1. 1994 einschl. aufgelaufener Zinsen und Bürgschaftsgebühren gemäß § 3 Abs. 2		
(2a) davon Wohnfläche, für die sich der höchstzulässige Mietzins aus § 11 Abs. 2 und 3 des Miethöhegesetzes ergibt. Soweit bei Mieterhöhungen nach der Ersten und Zweiten Grundmietenverordnung bei der Wohnflächenberechnung die §§ 42 und 44 II. BV zugrunde gelegt worden sind, bestimmt sich die Wohnfläche nach diesen Vorschriften / Altverbindlichkeiten am 01. 01. 1994 einschl. aufgelaufener Zinsen und Bürgschaftsgebühren		
(2b) Wohnfläche, für die von den Förderinstituten der Länder nach den Vorschriften des Zweiten Wohnungsbaugesetzes Baudarlehen bewilligt wurden, soweit diese zur Ablösung der unter C) bezeichneten Mietwohnungsbauvorhaben eingesetzt worden sind.		
(3) vom Bund verbürgt DM		
(4) ./. Wohnfläche, die nach dem 01. 01. 1993 veräußert worden ist, **sofern** deren zugehörige Altverbindlichkeiten vor dem 01. 01. 1994 getilgt wurden. Vor dem 01. 01. 1994 getilgte Altverbindlichkeiten DM	./.	
Zwischensumme		
(5) Fläche, für deren Errichtung Kredite gemäß § 3 Altschuldenhilfe-Gesetz gewährt worden sind und die am 01. 01. 1993 nicht als mietpreisgebundene Wohnfläche, sondern z. B. als Büroräume, Arztpraxen, etc. vermietet werden, sofern die hierauf entfallenden Altverbindlichkeiten nicht unter Ziffer (2a) bzw. (2b) herausgerechnet werden können (Fläche ist unter (2a) bzw. (2b) nicht enthalten). Die anteiligen Altverbindlichkeiten sind aufgrund des Verhältnisses der Flächen zu ermitteln und abzusetzen. Fläche m²		./.
(6) **Für die Gewährung der Altschuldenhilfe maßgebliche Wohnfläche / Altverbindlichkeiten**		
(7) Angabe über Bundesland, in dem sich die unter (6) aufgeführten m² befinden (ggf. auf mehrere Bundesländer aufteilen) ______		

Soweit für Mietwohnungsbauvorhaben sowohl vor als auch nach dem 30. Juni 1990 Kredite aufgenommen worden sind, ist darauf zu achten, daß die Kredite, die vor dem 30. Juni 1990 aufgenommen worden sind, unter III. B) und diejenigen, die nach dem 30. Juni 1990 aufgenommen worden sind, unter III. C) aufgeführt werden. Die Wohnfläche ist dementsprechend gemäß dem Abrechnungsstand zum Zeitpunkt der Kreditaufnahme den Krediten zuzuordnen.

☐ Es wird die Anwendung der Härtefallklausel gemäß § 4 Abs. 2 Altschuldenhilfe-Gesetz beantragt, da die verbleibenden Restverbindlichkeiten die wirtschaftliche Existenz des Unternehmens in gefährdender Weise belasten. (Eine ausführliche Begründung ist beizufügen.)

IV. Bestätigung durch Wirtschaftsprüfer / Prüfungsgesellschaft / Prüfungsverband / Steuerberater/ Prüfungsberechtigten

Wir bestätigen nach unserer auftragsgemäßen Prüfung die zutreffende Übernahme der im Antrag unter III. gemachten Flächen-Angaben aus den Geschäftsunterlagen des Antragstellers und die Plausibilität dieser Angaben.
Die Unterzeichner unter II. sind im Zeitpunkt der Antragstellung vertretungsberechtigt.

____
(Ort, Datum)

____
(Stempel und Unterschriften des/der Wirtschaftsprüfers / Prüfungsgesellschaft / Prüfungsverbandes / Steuerberaters / Prüfungsberechtigten)

KfW Seite 5 zum Antrag der ______________________________ auf Altschuldenhilfe
Name der Firma / Kommune

V. Angaben der kreditgebenden Bank

Kreditgebendes Institut ______________________________
(Name) (Anschrift) PLZ / Ort

Konto-Nummer ______________ *) BLZ ______________

Sachbearbeiter ______________________________
(Name) (Telefon-Nummer)

Bestätigung durch die kreditgebende Bank
Hiermit bestätigen wir, daß die unter Punkt III. hinsichtlich der Altverbindlichkeiten gemachten Angaben richtig sind bzw. sich aus den hinsichtlich der Flächen gemachten Angaben schlüssig ergeben.

1. **Für Fälle abgestimmter Kreditsalden:**)**
   Wir bestätigen, daß der Antragsteller die Altverbindlichkeiten im Sinne des § 3 Altschuldenhilfe-Gesetz anerkannt und hierüber einen rechtswirksamen Kreditvertrag abgeschlossen hat, jeweils unter der Bedingung, daß ein bewilligender Bescheid über die Gewährung einer Teilentlastung oder einer Zinshilfe erlassen wird. Der Kreditvertrag enthält für den vom Erblastentilgungsfonds zu übernehmenden Teil für den Erblastentilgungsfonds ein Kündigungsrecht ab dem 1. Juli 1995.
   Im Schuldanerkenntnis und im Kreditvertrag wurde eine Klausel vereinbart, daß, sofern der Antragsteller den Antrag auf Altschuldenhilfe innerhalb von drei Wochen nach Bekanntgabe des Bescheides durch schriftliche Erklärung gegenüber der Kreditanstalt für Wiederaufbau zurücknimmt, auch das Schuldanerkenntnis sowie der Kreditvertrag unwirksam werden.
2. **Für Fälle streitiger Kreditsalden:**)**
   Wir bestätigen, daß der Antragsteller die Altverbindlichkeiten im Sinne des § 3 Altschuldenhilfe-Gesetz dem Grunde nach unter der Bedingung, daß ein bewilligender Bescheid über die Gewährung einer Teilentlastung oder einer Zinshilfe erlassen wird, anerkannt hat. Sobald der Kreditsaldo feststeht, wird der Antragsteller mit uns einen rechtswirksamen Kreditvertrag unter der entsprechenden Bedingung abschließen. Wir werden in dem Kreditvertrag für den vom Erblastentilgungsfonds zu übernehmenden Teil für den Erblastentilgungsfonds ein Kündigungsrecht ab dem 1. Juli 1995 vereinbaren. Zinshilfe und Teilentlastung werden erst bewilligt, wenn die Altverbindlichkeiten anerkannt und hierüber ein rechtswirksamer Kreditvertrag abgeschlossen ist.
   Im Schuldanerkenntnis wurde und im Kreditvertrag wird eine Klausel vereinbart, daß, sofern der Antragsteller den Antrag auf Altschuldenhilfe innerhalb von drei Wochen nach Bekanntgabe des Bescheides durch schriftliche Erklärung gegenüber der Kreditanstalt für Wiederaufbau zurücknimmt, auch das Schuldanerkenntnis sowie der Kreditvertrag unwirksam werden.
3. **Für Wendewohnungen:**)**
   Wir bestätigen, daß der Antragsteller einen rechtswirksamen Kreditvertrag abgeschlossen hat bzw. diesen verlängern wird, wobei im Falle der Verlängerung oder Umschuldung für den vom Erblastentilgungsfonds zu übernehmenden Teil für den Erblastentilgungsfonds ein Kündigungsrecht ab dem 1. 7. 1995 vereinbart wird.

Sofern auch eine Zinshilfe bewilligt wird, werden wir die fälligen Zinsen vierteljährlich / halbjährlich / jährlich**) unter Angabe des in Rechnung gestellten Zinssatzes schriftlich bei der KfW anfordern.

______________________ ______________________________
(Ort, Datum) (Unterschrift des kreditgebenden Instituts)

VI. Stand der Übertragungen der Grundstücke und der dazugehörigen Wohngebäude bei Gesellschaften als Antragsteller

1. Sind die Grundstücke und die dazugehörigen Wohngebäude bereits vollständig übertragen worden ?

   ☐ ja Anzahl Grundstücke ________ Anzahl Wohneinheiten ________

   ☐ nein

2. Wieviele Grundstücke und dazugehörige Wohngebäude sind bereits auf die Gesellschaft übertragen worden ?

   Anzahl Grundstücke ________ Anzahl Wohneinheiten ________

3. Kann die Übertragung der restlichen Grundstücke und der dazugehörigen Wohngebäude mit Sicherheit erwartet werden ?

   ☐ ja Anzahl Grundstücke ________ Anzahl Wohneinheiten ________

   voraussichtlicher Zeitpunkt der Übertragung ________

   Bitte Nachweis (z. B. Beschluß der Gemeindevertretung) beifügen, daß die Übertragung mit Sicherheit erwartet werden kann.

VII. Nur von Kommunen als Antragsteller auszufüllen

Begründung, warum die Kommune ihre Wohnzwecken dienenden Grundstücke bzw. sonstiges Wohnungsvermögen nicht gemäß Einigungsvertrag auf ein kommunales Wohnungsunternehmen übertragen hat (Begründung ggf. auf Anlage beifügen).

1. Begründung, sofern eine Übertragung insbesondere wegen geringen Umfangs dieses Vermögens betriebswirtschaftlich nicht vertretbar ist.

2. Begründung, sofern eine Übertragung insbesondere wegen ausstehender Vermögenszuordnung und Sachenrechtsbereinigung rechtlich noch nicht möglich ist.

KfW Seite 6 zum Antrag der .... auf Altschuldenhilfe
Name der Firma / Kommune

VIII. Angaben zum Wohnungsbestand am 01. 01. 1993 als Grundlage für das Unternehmenskonzept

1. Baujahr

	Zahl der Gebäude	Zahl der Wohnungen
vor 1918		
1919 - 1948		
1949 - 1960		
1961 - 1970		
1971 - 1980		
1981 - 1992		

2. Gebäudegröße

	Zahl der Gebäude	Zahl der Wohnungen
Ein- und Zweifamilienhaus		
Mehrfamilienhaus		
a) konventionelle Bauweise		
Fachwerk		
Mauerwerksbau		
bis zu 3 Geschossen		
mehr als 3 Geschosse		
b) industrielle Bauweise		
Blockbau		
Plattenbau		
bis zu 6 Geschossen		
mehr als 6 Geschosse		

3. Ausstattung der Wohnungen

	Zahl der Wohnungen
mit Bad / Dusche	
mit Innen-WC	
mit Zentralheizung	
mit Anschluß an Fernwärme	

4. Wieviele Wohnungen befinden sich in Großwohnanlagen (ab 2.500 Neubauwohnungen in Plattenbauweise) ? .... Wohnungen

KfW Seite 7 zum Antrag der ______________________________ auf Altschuldenhilfe
Name der Firma / Kommune

IX. Eckdaten aus dem Unternehmens- und Privatisierungskonzept (bzw. aus den entsprechenden Konzepten für den gemeindlichen Wohnungsbestand)

Aus dem Unternehmens- und Privatisierungskonzept muß deutlich erkennbar werden, daß die Privatisierung bzw. Veräußerung, Modernisierung und Instandsetzung zügig in Angriff genommen werden. Über den Stand des Investitionsprogrammes und die Ergebnisse der Privatisierung hat das Unternehmen jährlich zu berichten.

Die Eckdaten müssen bis 1995 angegeben werden. Es wäre wünschenswert, wenn das Konzept auch darüber hinausgehende Angaben enthalten würde.

A. Eckdaten aus dem Unternehmenskonzept

1. **Investitionsplan** — in TDM —

		Ist 1992	Plan 1993	1994	1995	1996
Instandsetzung und Modernisierung	DM					
davon Modernisierung	DM	( )	( )	( )	( )	( )
sonstige Investitionen (z. B. Neubau)	DM					
gesamt	DM					

2. **Finanzvorschau** — in TDM —

		Ist 1992	Plan 1993	1994	1995	1996
1) Mieteinnahmen (ohne Betriebskostenumlagen)	DM					
(zugrunde liegende m²)	(m²)					
2) gewerbliche Mieteinnahmen	DM					
(zugrunde liegende m²)	(m²)					
3) sonstige Einnahmen (einschl. Verkaufserlöse)	DM					
Zwischensumme 1) - 3): Einnahmen	DM					
4) Personalausgaben	DM					
5) laufende Instandhaltungskosten	DM					
6) Zinsaufwand für						
— Altkredite (nach Teilentlastung und Zinshilfe)	DM					
— zwischenzeitlich aufgenommene Neukredite	DM					
7) Tilgung						
— Altkredite (nach Teilentlastung und Zinshilfe)	DM					
— zwischenzeitlich aufgenommene Neukredite	DM					
8) Sonstige Ausgaben	DM					
Zwischensumme 4) - 8): Ausgaben	DM					
Einnahmen-/Ausgabenüberschuß (= Zwischensumme Einnahmen ./. Zwischensumme Ausgaben)	DM					
./. Investitionen (gem. Investitionsplan)	DM					
= Finanzbedarf/-Überschuß	DM					
+ geplante Kreditaufnahme	DM					

KfW Seite 8 zum Antrag der ______________________________ auf Altschuldenhilfe
Name der Firma / Kommune

3. **Mitarbeiter des Kommunalen Wohnungsunternehmens oder der Wohnungsgenossenschaft**

Anzahl	1992	1993	1994	1995	1996

4. **Maßnahmen**

1) Wieviele Wohneinheiten sollen in den folgenden Jahren instandgesetzt und modernisiert werden ?

	Anzahl Wohneinheiten	**m² Wohnfläche**	**geschätzte Instandsetzungs- u. Modernisierungskosten in DM/m²**
1993			
1994			
1995			
1996			

2) Auf welche Bereiche entfallen die geplanten Maßnahmen überwiegend ?

☐ Instandsetzung, Behebung baulicher Mängel durch Reparatur und Erneuerung (z. B. Dach, Fassade, Fenster, Fußboden, Treppe)

Anzahl der betroffenen Wohnungen:

geschätzte Kosten in TDM

☐ Maßnahmen zur Energieeinsparung sowie SO_2- und CO_2-Minderung (z. B. Fensteraustausch, Heizungsmodernisierung, einschließlich Umstellung auf einen CO_2- ärmeren Brennstoff, Neuinstallationen von Zentralheizungen, Warmwasserversorgung, Wärmedämmung)

Anzahl der betroffenen Wohnungen:

geschätzte Kosten: in TDM

bauliche Modernisierung, die den Gebrauchswert der Wohnung verbessern (Sanitärinstallationen, Schallschutz, Wohnungszuschnitt)

Anzahl der betroffenen Wohnungen:

geschätzte Kosten: in TDM

bauliche Maßnahmen zur Verbesserung der allgemeinen Wohnverhältnisse (z. B. Gemeinschaftsanlagen, Ausbau von Balkonen/Loggien, Einbau von Fahrstühlen)

Anzahl der betroffenen Wohnungen:

geschätzte Kosten: in TDM

3) Welche Maßnahmen, einschließlich organisatorischer Maßnahmen, sind erforderlich, um eine Verbesserung der Wirtschaftlichkeit zu erreichen ?

KfW Seite 9 zum Antrag der ______________________________ auf Altschuldenhilfe
Name der Firma / Kommune

B. Eckdaten aus dem Privatisierungskonzept oder Veräußerungskonzept

Das Altschuldenhilfe-Gesetz macht die Gewährung einer Teilentlastung neben anderen Voraussetzungen von einer zügigen Privatisierung bzw. Veräußerung von mindestens 15% des Wohnungsbestandes mit mindestens 15% der Wohnfläche abhängig. Hierbei sind die Mieter/Mitglieder zur Bildung individuellen Wohneigentums vorrangig zu berücksichtigen. Privatisierungen und Veräußerungen ab dem 3. 10. 1990 sind anzurechnen.

1. Wieviele Wohnungen mit welcher Wohnfläche sind gemäß § 5 Abs. 1 Altschuldenhilfe-Gesetz insgesamt zu privatisieren ?

   Anzahl Wohnungen ______________

   m² Wohnfläche ______________

2. Wieviele Wohnungen sind seit dem 3. 10. 1990 bis zum Tag der Antragstellung bereits veräußert worden ?
   Wieviele Wohnungen werden voraussichtlich bis zum 31. 12. 1993 noch veräußert ?

	Anzahl der Wohnungen	m²	darunter mit Altschulden (Anzahl der Wohnungen)
03. 10. 90 - Tag d. Antragstellung			
Tag d. Antragstellung - 31. 12. 1993			

3a. Wieviele Wohnungen sind in den Folgejahren für die Privatisierung / Veräußerung vorgesehen ?

	Verkäufe	
	Wohnungen	m²
1994		
1995		
1996		

3b. Nähere Angaben zu den für die Veräußerung vorgesehenen Objekten (für die einzelnen Jahre jeweils Gebäude, Wohnung, Wohnfläche und Baualter, Bauzustand, Bauweise, Gebäudegröße, Lage)

1994

1995

1996

4. Welche konkreten Maßnahmen werden zur Realisierung der beabsichtigten Veräußerungen ergriffen ? Sind bereits Maßnahmen eingeleitet worden ? (Erläuterung ggf. auf Anlage beifügen.)

5. Wieviele Wohnungen sollen in den Folgejahren (1997 - 2003) veräußert werden ? Nach Möglichkeit Aufschlüsselung von Wohnungen / m² nach Jahren vornehmen. (Erläuterung ggf. auf Anlage beifügen.)

6. Wie wird sichergestellt, daß Wohnungen vorrangig den Mietern/Mitgliedern angeboten bzw. an die Mieter/Mitglieder veräußert werden ? (Erläuterung ggf. auf Anlage beifügen.)

KfW Kreditanstalt für Wiederaufbau

Namens und im Auftrag der Bundesrepublik Deutschland

Bericht über den Stand der Privatisierung und die Umsetzung des Investitionsprogramms für das Jahr 1996 (Berichtsjahr)

Dieser Bericht ist möglichst bis zum 30. 06., spätestens bis zum 30. 09. 1997 einzureichen.

Allgemeine Bearbeitungshinweise

- Der Antrag ist vollständig auszufüllen.
- Grau unterlegte Felder sind nicht auszufüllen.

I. Angaben zum Unternehmen / zur Kommune

Nachfolgend sind Ihre KfW-Geschäftspartner-Nummer sowie die bei uns hinterlegte Adresse aufgeführt. Sofern sich Ihre Adresse zwischenzeitlich geändert hat, bitten wir Sie um eine entsprechende Korrektur.

____

KfW-Geschäftspartner-Nummer

____

Name des Wohnungsunternehmens bzw. der Kommune

____

Straße/Hausnummer

____

PLZ/Ort

____

Ansprechpartner für Rückfragen | Telefon (mit Vorwahl)

Palmengartenstraße 5-9
60325 Frankfurt am Main

Telex 4 15 25 60 kwd
Telefax (0 69) 74 31 29 44

Landeszentralbank Frankfurt/Main
Kontonummer 500 204 00

KfW Seite 2

II. Investitionen

Investitionen	Berichtsjahr in TDM	Plan für das laufende Jahr in TDM	Plan für das Folgejahr in TDM
Instandsetzung und Modernisierung von Wohnraum			
darunter: Modernisierung			
sonstige Investitionen (z. B. Neubau)			

Finanzierung der Investitionen

	Berichtsjahr in TDM	Plan für das laufende Jahr in TDM	Plan für das Folgejahr in TDM
Eigenmittel			
Fremdmittel			
darunter:			
KfW-Wohnraum-Modernisierungs-programm			
öffentliche Darlehen			
öffentliche Zulagen/Zuschüsse			
Hypothekardarlehen			

Sofern im Berichtsjahr im Rahmen der Instandsetzung und Modernisierung weniger investiert wurde als im letzten jährlichen Bericht geplant und die Abweichung mehr als 20% beträgt, bitten wir um eine Erläuterung. Gleichzeitig bitten wir Sie, kurz die Planung für das laufende Jahr und das Folgejahr zu kommentieren, falls sich die Angaben gegenüber früheren Mitteilungen geändert haben.

III. Stand der Rückübertragungen an Alteigentümer

	Wohnfläche in m²	Anzahl Wohneinheiten
Wohnfläche, über deren Rückgabe **im Berichtsjahr bestandskräftig positiv** entschieden worden ist		
– davon Fläche, die vor dem 01.01.1949 errichtet worden ist		
– davon Fläche, die ab dem 01.01.1949 errichtet worden ist		
Wohnfläche, die vor dem 01.01.1949 errichtet worden ist und für die Restitutionsansprüche angemeldet wurden, über deren Rückgabe aber im Berichtsjahr **bestandskräftig negativ** entschieden wurde; die Fläche verbleibt also beim Unternehmen bzw. der Kommune		

KfW Seite 3

IV. Stand der Privatisierung

Es sind alle Privatisierungen/Veräußerungen des Berichtsjahres aufzuführen, die auf die Privatisierungsquote nach § 5 (1) AHG angerechnet werden sollen. Eine nachträgliche Anrechnung von Privatisierungen/ Veräußerungen des Berichtsjahres durch Angabe in Folgeberichten ist nicht möglich. Als Privatisierungen/ Veräußerungen des Berichtsjahres gelten ausschließlich diejenigen Verkäufe, für die der Antrag auf Eigentumsumschreibung beim Grundbuchamt im Berichtsjahr gestellt wurde. Auf der Grundlage dieser Daten errechnet sich auch der Erlösabführungsbetrag an den Erblastentilgungsfonds.

Veräußerungen an Mieter/Mitglieder	Privatisierungen -Antrag auf Eigentumsumschreibung wurde im Berichtsjahr beim Grundbuchamt gestellt-
Anzahl Wohneinheiten	
Wohnfläche in m²	
Verkaufserlöse in DM	
mit dem Verkauf entstandene Sanierungskosten in DM	
Kaufpreis für Grund und Boden gemäß § 73 (1) Sachenrechtsbereinigungsgesetz (SRBerG) in DM	
Nachzahlungen gemäß § 73 (3) SRBerG in DM	

Veräußerungen im Rahmen der mieternahen Privatisierung	Privatisierungen -Antrag auf Eigentumsumschreibung wurde im Berichtsjahr beim Grundbuchamt gestellt-
Anzahl Wohneinheiten	
Wohnfläche in m²	
Verkaufserlöse in DM	
mit dem Verkauf entstandene Sanierungskosten in DM	
Kaufpreis für Grund und Boden gemäß § 73 (1) SRBerG in DM	
Nachzahlungen gemäß § 73 (3) SRBerG in DM	

Bitte erläutern Sie kurz, welche Form der mieternahen Privatisierung durchgeführt wurde und schildern Sie die Vorgehensweise. Eine Kopie des notariell beurkundeten Veräußerungsvertrages zwischen Wohnungsunternehmen und Zwischenerwerber bzw. eine Kopie der zur Eintragung der neugegründeten oder abgespaltenen Genossenschaft in das Genossenschaftsregister eingereichten Satzung ist beizufügen, sofern er / sie der KfW nicht bereits vorliegt.

KfW Seite 4

Veräußerungen an Dritte	Privatisierungen -Antrag auf Eigentumsumschreibung wurde im Berichtsjahr beim Grundbuchamt gestellt-
Anzahl Wohneinheiten	
Wohnfläche in m²	
Verkaufserlöse in DM	
mit dem Verkauf entstandene Sanierungskosten in DM	
Kaufpreis für Grund und Boden gemäß § 73 (1) SRBerG in DM	
Nachzahlungen gemäß § 73 (3) SRBerG in DM	

Bitte erläutern Sie für diese Fälle kurz, an wen die Wohneinheiten veräußert wurden. Ferner schildern Sie bitte, warum eine direkte Veräußerung an Mieter/Mitglieder oder eine mieternahe Privatisierung nicht zum Zuge gekommen ist.

Korrektur von Angaben in vorangegangenen Berichten:

Bitte teilen Sie uns mit, ob bei einzelnen Privatisierungen, die Sie in einem vorhergehenden Bericht bereits auf der Grundlage des Antrags auf Eigentumsumschreibung beim Grundbuchamt berücksichtigt haben, die tatsächliche Eigentumsumschreibung nicht erfolgen konnte oder nicht erfolgen wird. Notwendig sind Angaben über das Jahr der Antragstellung auf Eigentumsumschreibung beim Grundbuchamt, Anzahl der Wohneinheiten, Wohnfläche, anteilige Verkaufserlöse, mit dem Verkauf entstandene Sanierungskosten sowie Kaufpreis und Nachzahlungen gemäß § 73 (1) und (3) SRBerG.

Sofern der o. g. Sachverhalt auf Wohnungen zutrifft, die bis zum 31. 12. 1992 veräußert wurden, ist **zusätzlich anzugeben**, ob die Wohnungen **altschuldenfrei** waren oder die darauf entfallenden Altverbindlichkeiten vor dem 01. 01. 1994 **vollständig** getilgt wurden. Bei Fehlen dieser Angaben ist davon auszugehen, daß die auf diese Wohnungen entfallenden Altverbindlichkeiten nicht oder nicht vollständig getilgt wurden.

KfW Seite 5

● **Sofern das Privatisierungs-/Veräußerungssoll noch nicht erfüllt ist:**

Privatisierungskonzept	Plan laufendes Jahr WE	Plan laufendes Jahr m²	Plan Folgejahr WE	Plan Folgejahr m²
Veräußerungen unter Anrechnung auf die Privatisierungsquote nach § 5 (1) AHG				
davon:				
— an Mieter/Mitglieder				
— im Rahmen der mieternahen Privatisierung (bitte Begründung und Erläuterung zur Erfüllung der Kriterien beifügen)				
— an Dritte (nur, soweit der Verkauf auf die Privatisierungsquote angerechnet werden soll; in diesem Fall bitte Begründung für den Verkauf an Dritte beifügen)				

Die folgenden Punkte bitte nur insoweit ausfüllen, als sich zu den Erläuterungen im vorangegangenen jährlichen Bericht Veränderungen ergeben haben:

Welche konkreten Maßnahmen wurden bzw. werden zur Realisierung der beabsichtigten Veräußerungen ergriffen (Erläuterung als Anlage beifügen)?

Wieviele Wohnungen sollen bis zum Jahr 2003 noch veräußert werden (nach Möglichkeit Aufschlüsselung von Wohneinheiten und m² nach Jahren; Erläuterung als Anlage beifügen)?

Wie wird sichergestellt, daß Wohnungen **vorrangig** den Mietern/Mitgliedern angeboten bzw. an die Mieter/Mitglieder veräußert werden (Erläuterung als Anlage beifügen)?

KfW Seite 6

V. Bestätigung des Antragstellers

Uns ist bekannt, daß die im Rahmen dieses Berichtes verlangten Angaben subventionserheblich im Sinne des § 264 Strafgesetzbuch in Verbindung mit § 2 Subventionsgesetz sind.

Das Altschuldenhilfe-Gesetz und die darin enthaltenen Verpflichtungen sind uns bekannt. Danach kann der Teilentlastungsbescheid ganz oder teilweise aufgehoben und die entsprechende Erstattung des Teilentlastungsbetrages einschließlich vom Erblastentilgungsfonds gezahlter Zinsen an diesen angeordnet werden, wenn die in § 4 (7) AHG oder § 5 (3) AHG genannten Voraussetzungen vorliegen.
Eine Prüfung des Jahresabschlusses für das Berichtsjahr hat stattgefunden / wird noch stattfinden (Nichtzutreffendes bitte streichen).
Die KfW behält sich das Recht vor, im Bedarfsfall weitere prüfungsrelevante Angaben und Unterlagen anzufordern.

____________________ ____________________

(Ort/Datum) (rechtsverbindliche Unterschrift des Antragstellers, bei Kommune mit Dienstsiegel)

VI.A Bestätigung durch Wirtschaftsprüfer/Prüfungsgesellschaft/Prüfungsverband Steuerberater/Prüfungsberechtigten

Wir bestätigen nach unserer auftragsgemäßen Prüfung die zutreffende Übernahme der im Bericht und ggf. in der (den) Anlage(n) angegebenen Daten aus den Geschäftsunterlagen des Wohnungsunternehmens. Die Prüfung der Plandaten war nicht Gegenstand des Auftrages. Die Unterzeichner unter V. und ggf. VI. der Anlage waren zum Zeitpunkt der Unterzeichnung vertretungsberechtigt.
Eine Prüfung des Jahresabschlusses hat zuletzt für das Geschäftsjahr 199__ stattgefunden. Ein zusammengefaßtes Prüfungsergebnis ist beigefügt.
Es ist (sind) ___ Exemplar(e) der „Anlage zum jährlichen Bericht 1996" beigefügt.

____________________ ____________________

(Ort/Datum) (Stempel und Unterschrift des/der Wirtschaftsprüfer/Prüfungsgesellschaft/ Prüfungsverbandes/Steuerberaters/Prüfungsberechtigten)

VI.B Bestätigung für Kommunen als Antragsteller, sofern eine Prüfung durch einen unter VI.A genannten Prüfer nicht erfolgt bzw. nicht möglich ist.

Ich bestätige hiermit, daß die gemachten Angaben im Bericht und ggf. in der (den) Anlage(n) pflichtgemäß geprüft sind.
Es ist (sind) ___ Exemplar(e) der „Anlage zum jährlichen Bericht 1996" beigefügt. Die Unterzeichner unter VI. der Anlage waren zum Zeitpunkt der Unterzeichnung vertretungsberechtigt.

____________________ ____________________

(Ort/Datum) (Dienstsiegel und Unterschrift des gesetzlichen Vertreters)

KfW

Anlage zum jährlichen Bericht 1996

Nachrichtliche Angaben zu Veräußerungen von Wohnungsbeständen an einen Zwischenerwerber. Die Anlage ist für jeden ***Zwischenerwerbervertrag*** aus den Jahren **1995 und 1996** separat auszufüllen. Als Veräußerungszeitpunkt im Sinne des AHG ist grundsätzlich das Datum des Antrages auf Eigentumsumschreibung beim Grundbuchamt maßgeblich.
Die KfW behält sich das Recht vor, im Bedarfsfall weitere prüfungsrelevante Angaben und Unterlagen anzufordern.

Hinweis:
Eine abschließende Prüfung, ob die im Rahmen des Zwischenerwerbermodells eingegangenen Sanierungs- und Privatisierungsverpflichtungen erfüllt wurden, erfolgt erst mit vollständiger Erfüllung der Pflichten des Zwischenerwerbers gemäß Merkblatt/Leitlinien vom 18.05.95 und 22.12.95, spätestens jedoch mit Prüfung des jährlichen Berichtes 2003.

I. Wohnungsunternehmen

Geschäftspartner-Nr.: ______________

Name Antragsteller/
Wohnungsunternehmen: ______________________________

______ ______________________
PLZ Ort

II. Zwischenerwerber

Name: ______________________________

Anschrift: ______________________________

____

____

______ ______________________
PLZ Ort

Beteiligung des Antragstellers am Zwischenerwerber (direkte und indirekte Beteiligung): ________ %

Beteiligung weiterer Wohnungsunternehmen, die Altschuldenhilfe in Anspruch genommen haben: ________ %
(direkte und indirekte Beteiligungen)

III. Veräußerungsvertrag

Datum des Kaufvertrages: __________

Datum des Antrages auf Eigentumsumschreibung: __________

Anzahl der insgesamt veräußerten Wohneinheiten: __________ qm: __________

KfW Seite 2

IV. Veräußerungen

Der Zwischenerwerber ist verpflichtet, möglichst viel, mindestens aber ein Drittel des übernommenen Wohnungsbestandes an Mieter zu veräußern. Es sind alle Veräußerungen des Berichtsjahres (hier: 1995 und 1996) aufzuführen, die auf die Veräußerungsverpflichtung des Zwischenerwerbers angerechnet werden sollen. Als Veräußerungen des Berichtsjahres gelten ausschließlich diejenigen Veräußerungen, für die der Antrag auf Eigentumsumschreibung beim Grundbuchamt in 1995 bzw. 1996 gestellt wurde.

Anrechenbare Verkäufe an „Mieter" sind alle Verkäufe an Mieter des übernommenen Wohnungsbestandes, Mieter des veräußernden Wohnungsunternehmen und Verkäufe an Verwandte der vorgenannten Mieter, sofern der Mieter zustimmt. Leerstandswohnungen aus dem für die Privatisierung vorgesehenen Bestand können auch Dritten angeboten werden, sofern diese Wohnungen den Mietern des übernommenen Wohnungsbestandes angeboten wurden und diese den Kauf der Wohnung abgelehnt haben; diese anrechenbaren Verkäufe sind in der Tabelle „Verkäufe an Dritte" einzutragen.

Veräußerungen	**1995**	**1996**
an Mieter in Wohneinheiten		
in qm Wfl.		
an Dritte in Wohneinheiten		
in qm Wfl.		

Veräußerungen des Zwischenerwerbers aus dem oben genannten Vertrag

V. Investitionen

Die Angaben zum tatsächlich realisierten Instandsetzungs- und Modernisierungsvolumen beziehen sich auf den **gesamten** vom Zwischenerwerber übernommenen Wohnungsbestand. Sofern hiervon zwischenzeitlich Teile, die nicht für die Privatisierung an Mieter vorgesehen sind, unsaniert an Dritte weiterveräußert wurden, sind die vom Dritten hierfür aufgewendeten Instandsetzungs- und Modernisierungskosten auch zu berücksichtigen.

Investitionen	**1995**	**1996**
Instandsetzung und Modernisierung in TDM		
darunter Modernisierung in TDM		
sonstige Investitionen in TDM		

Investitionen im übernommenen Wohnungsbestand aus dem oben genannten Vertrag

VI. Bestätigung des Antragstellers / Zwischenerwerbers

Die Voraussetzungen und Bestimmungen des Zwischenerwerbermodells gemäß Leitlinie/Merkblatt vom 18. 05. 1995 und 22. 12. 1995 sind uns bekannt und werden bei der Umsetzung des Vertrages beachtet.

(Ort/Datum) rechtsverbindliche Unterschrift Antragsteller (bei Kommunen mit Dienstsiegel)

(Ort/Datum) rechtsverbindliche Unterschrift Zwischenerwerber

Literaturverzeichnis

Asmacher, Christoph: Regionale Strukturpolitik
Regionale Strukturpolitik in der Bundesrepublik Deutschland: Wirkungsweise und zielkonforme Gestaltung, in: Ernst, Werner/Hoppe, Werner/Thoss, Rainer [Hrsg.], Beiträge zum Siedlungs- und Wohnungswesen und zur Raumplanung, Bd. 129, Münster 1989.

Autorenkollektiv: Ökonomische Geographie der DDR
Ökonomische Geographie der Deutschen Demokratischen Republik, hrsg. von: Kohl, Horst u. a., 2. Auflage, Berlin 1974.

Bähr, Peter: Bürgerliches Recht
Grundzüge des Bürgerlichen Rechts, 5., überarbeitete Auflage, München 1984.

Balz, Matthias/Leibfritz, Willi: Regionalpolitik auf dem Prüfstand
Regionalpolitik auf dem Prüfstand, in: Ifo Schnelldienst, H. 12 (1985), S. 9-25.

Bartholmai, Bernd/Melzer, Manfred/Schulz, Erika: Aktuelle Tendenzen
Aktuelle Tendenzen der Wohnungsmarktentwicklung in Deutschland, in: Informationen zur Raumentwicklung, H. 5/6 (1991), S. 301-314.

Bartholmai, Bernd/Melzer, Manfred: Perspektiven des Wohnungsbaus
Künftige Perspektiven des Wohnungsbaus und der Wohnungsbaufinanzierung für das Gebiet der neuen Bundesländer, in: DIW, Beiträge zur Strukturforschung, H. 120 (1991).

Bartholmai, Bernd/Melzer, Manfred: Wohnungsbaufinanzierung
Wohnungsbaufinanzierung und Perspektiven der Wohnungsnachfrage in den neuen Bundesländern, unter Mitarbeit von Gladisch, Doris u. a., Stuttgart 1993.

Bauakademie der DDR: Städtebauprognose
Städtebauprognose - Städtebauliche Grundlage für die langfristige intensive Entwicklung und Reproduktion der Städte, hrsg. v. Institut für Städtebau und Architektur, Berlin 1989.

Bergner, Klaus: Gefährdungspotentiale
Gefährdungspotentiale asbesthaltiger Massenbaustoffe in den neuen Bundesländern (NBL) - Ingenieurgrundlagen über die Behandlung eingebauter Asbestprodukte in der Wohnungsbausubstanz - Kurzbericht, hrsg. v.: Materialforschungs- und -prüfungsanstalt an der Hochschule für Architektur und Bauwesen, Asbestbaustoff-Beratungsstelle, Weimar unter Förderung durch das BMBau, Bonn, Födernummer B I 5-80 01 92 - 9, Weimar 1995.

BfLR: Perspektiven der künftigen Bevölkerungsentwicklung
Perspektiven der künftigen Bevölkerungsentwicklung in Deutschland, Teil 1: Fakten und Hypothesen, H. 9/10 (1992),
Teil 2: Regionale Bevölkerungsprognose 2000 der BfLR, H. 11/12 (1992).

Blumenroth, Ulrich: Wohnungspolitik
100 Jahre deutsche Wohnungspolitik - Aufgaben und Maßnahmen, in: Deutsche Bau- und Bodenbank Aktiengesellschaft 1923-1973 - 50 Jahre im Dienste der Bau- und Wohnungswirtschaft, S. 211-411, Münster 1973.

BMBau: Aufbau in den neuen Ländern
Raumordnerische Konzepte für den Aufbau in den neuen Ländern, Schreiben v. 04.06.1991.

BMBau: Bund-Länder-Förderprogramm
Bund-Länder-Förderprogramm - Städtebauliche Weiterentwicklung großer Neubaugebiete in den neuen Ländern und im Ostteil Berlins - Ziele und erste Ergebnisse, Erarbeitet im Auftrage des BMBau durch das Institut für Regionalentwicklung und Strukturplanung e. V., Bonn/Berlin 1996.

BMBau: Haus und Wohnung
Haus und Wohnung - Im Spiegel der Statistik 1993, Bonn 1993.

BMBau: Nationaler Aktionsplan
Nationaler Aktionsplan zur nachhaltigen Siedlungsentwicklung - beschlossen vom Deutschen Nationalkomitee Habitat II am 5. März 1996, Bonn 1996.

BMBau: Presseinformation
Presseinformation zum geänderten Altschuldenhilfe-Gesetz, Bonn 1997.

BMBau: Teilentlastung privater Vermieter
Empfehlungen des Lenkungsausschusses - Teilentlastung bei privaten Vermietern, Schreiben vom 11.05.1995.

BMBau: Wohnungspolitischer Umbruch in Ostdeutschland
Wohnungspolitischer Umbruch in Ostdeutschland - eine Bestandsaufnahme, Bonn 1994.

BMI: Arbeitshilfe
Arbeitshilfe zum Vollzug des Gesetzes über Altschuldenhilfen für Kommunale Wohnungsunternehmen, Wohnungsgenossenschaften und private Vermieter in dem in Artikel 3 des Einigungsvertrages genannten Gebiet (Altschuldenhilfe-Gesetz), in: Infodienst Kommunal, Nr. 81 v. 24.09.1993.

BMWI: Aufschwung Ost
Bilanz Aufschwung Ost - Wirtschaftspolitik für die neuen Bundesländer, in: Bundesministerium für Wirtschaft - Dokumentation, Nr. 354, Bonn 1994.

BMWi: Fördergelder
Verwendung von Fördergeldern in den neuen Bundesländern, in: Bundesministerium für Wirtschaft - Dokumentation, Nr. 367, Bonn 1995.

Böhnisch, Rolf/Mohs, Gerhard/Ostwald, Werner: Territorialplanung
Territorialplanung, 2., neu ausgearbeitete Auflage, Berlin 1980.

Braune, Herbert: Wohnungsbau und Wohnungswesen in der Sowjetzone
Wohnungsbau und Wohnungswesen in der Sowjetzone um die Jahreswende 1965/66, in: BBauBl, H. 1 (1966), S. 15.

Brösse, Ulrich: Raumordnungspolitik
Raumordnungspolitik, Berlin 1975.

Brösse, Ulrich: Ziele der Regionalpolitik
Ziele in der Regionalpolitik und in der Raumordnungspolitik - Zielforschung und Probleme der Realisierung von Zielen, Berlin 1972.

Buck, Hannsjörg/Reuter, Ute: Scheitern des SED-Wohnungsbauprogramms
Das Scheitern des SED-Wohnungsbauprogramms und die infrastrukturellen und ökologischen Erblasten für die Wohnumwelt in den neuen Bundesländern - Vom Mißbrauch der Statistik unter dem SED-Regime, hrsg. von: BfgA, Analysen und Berichte Nr. 6, 1991.

Budde, Rüdiger u. a.: Regionalpolitische Konzepte
Übertragung regionalpolitischer Konzepte auf Ostdeutschland, Untersuchungen des Rheinisch-Westfälischen Instituts für Wirtschaftsforschung Essen, H. 2, Essen 1991.

Büschgen, Hans Egon: Bankbetriebslehre
Bankbetriebslehre - Bankgeschäfte und Bankmanagement, 3., überarbeitete Auflage, Wiesbaden 1991.

Bundesregierung: Dritter Bauschadensbericht
Dritter Bericht über Schäden an Gebäuden, Drucksache 13/3593 vom 25.01.1996.

Bundesregierung: Sondergutachten
Unterrichtung durch die Bundesregierung - Sondergutachten des Sachverständigenrates zur Begutachtung der gesamtwirtschaftlichen Entwicklung: "Zur Unterstützung der Wirtschaftsreform in der DDR: Voraussetzungen und Möglichkeiten", Drucksache 11/6301 vom 24.01.1990.

Bundschuh, Andreas: Rechtsqualität der Veröffentlichungen
Rechtsqualität der Veröffentlichungen des BMBau sowie der KfW vor dem Hintergrund des § 11 und § 12 Abs. 1 Altschuldenhilfe-Gesetz, in: Wohneigentum, H. 11 (1996), S. 417-420.

Coenenberg, Axel: Jahresabschluß u. Jahresabschlußanalyse
Jahresabschluß und Jahresabschlußanalyse - Betriebswirtschaftliche, handels- und steuerrechtliche Grundlagen, 10., durchgesehene Auflage, Landsberg am Lech 1988.

Cornelsen, Doris: Wirtschaftspolitik in der Honecker-Ära
Wirtschaftspolitik und Wirtschaftsentwicklung der DDR in der Honecker-Ära, in: Forschungsstelle für gesamtdeutsche wirtschaftliche und soziale Fragen [Hrsg.], Schüller, Alfred/Cornelsen, Doris/Haendcke-Hoppe, Maria; FS Analysen, Die Wirtschaftspolitik der Ära Honecker - ökonomische und soziale Auswirkungen, Teil 1-14, Symposion der Forschungsstelle am 17. und 18.11.1988, S. 35-50.

Czasny, Karl: Wohnungspolitik in sechs europäischen Staaten
Vergleich der Wohnungspolitik in sechs europäischen Staaten - Unter Berücksichtigung der Wohnbedürfnisse sozial Schwacher, hrsg. von: Institut für Stadtforschung, Nr. 78, Wien 1988.

Dahlmann, Gert: Neubesinnung in der Wohnungspolitik
Neubesinnung - auch in der Wohnungspolitik, Ein Vorwort, in: Walter Hamm, Zeit zum Umsteuern - Wohnungspolitik im Spannungsfeld von Wirtschaft und Gesellschaft, hrsg. v.: Frankfurter Institut - Stiftung Marktwirtschaft und Politik, Kleine Handbibliothek, Bd. 11, Bad Homburg 1994.

Deutscher Bundestag: Drucksache V/2469
Beantwortung der Großen Anfrage der Fraktion der CDU/CSU betr. sektorale und regionale Strukturpolitik - Drucksache V/1988, vom 16.01.1968.

Deutscher Bundestag: Drucksache VI/2451
Betr.: Gemeinschaftsaufgabe "Verbesserung der regionalen Wirtschaftsstruktur" - (Erster Rahmenplan), Drucksache VI/2451 vom 14.06.1971.

Deutscher Bundestag: Drucksache 12/4401
Gesetzentwurf der Fraktionen der CDU/CSU und F.D.P. - Entwurf eines Gesetzes über Maßnahmen zur Bewältigung der finanziellen Erblasten im Zusammenhang mit der Herstellung der Einheit Deutschlands, zur langfristigen Sicherung des Aufbaus in den neuen Ländern, zur Neuordnung des bundesstaatlichen Finanzausgleichs und zur Entlastung der öffentlichen Haushalte (Gesetz zur Umsetzung des Föderalen Konsolidierungsprogramms -FKPG-), Drucksache 12/4401 v. 04.03.1993.

Deutscher Bundestag: Drucksache 12/4748
Gesetzentwurf der Bundesregierung - Entwurf eines Gesetzes über Maßnahmen zur Bewältigung der finanziellen Erblasten im Zusammenhang mit der Herstellung der Einheit Deutschlands, zur langfristigen Sicherung des Aufbaus in den neuen Ländern, zur Neuordnung des bundesstaatlichen Finanzausgleichs und zur Entlastung der öffentlichen Haushalte (Gesetz zur Umsetzung des Föderalen Konsolidierungsprogramms -FKPG-), Drucksache 12/4748 v. 20.04.1993.

Deutscher Bundestag: Drucksache 13/1376
Vierundzwanzigster Rahmenplan der Gemeinschaftsaufgabe "Verbesserung der regionalen Wirtschaftsstruktur" für den Zeitraum 1995 bis 1998 (1999), BT-Drucksache 13/1376 v. 16.05.1995.

Deutscher Bundestag: Drucksache 13/7205
Sechsundzwanzigster Rahmenplan der Gemeinschaftsaufgabe "Verbesserung der regionalen Wirtschaftsstruktur" für den Zeitraum 1997 bis 2000 (2001), BT-Drucksache 13/7205 v. 13.03.1997.

Deutscher Bundestag: Wohngeld- und Mietenbericht
Wohngeld- und Mietenbericht, Unterrichtung durch die Bundesregierung, BT-Drucksache 13/4254 v. 29.03.1996.

Duvigneau, Hans Jörg/Schönefeldt, Ludwig: Wohnungspolitik
Wohnungspolitik und Wohnungswirtschaft in der Bundesrepublik Deutschland, Untersuchung im Auftrag der Kommission Wohnen und Städtebau des Bundes der Familienorganisation in der Europäischen Gemeinschaft (C.O.F.A.C.E), in: Gesamtverband Gemeinnütziger Wohnungsunternehmen GGW [Hrsg.], Materialien, H. 23 (1989).

Eckey, Hans-Friedrich: Grundlagen der Strukturpolitik
Grundlagen der regionalen Strukturpolitik - Eine problemorientierte Einführung, Köln 1978

Eckey, Hans-Friedrich/Horn, Klaus/Klemmer, Paul: Regionale Diagnoseeinheiten
Abgrenzung von regionalen Diagnoseeinheiten für die Zwecke der regionalen Wirtschaftspolitik, Bochum 1990.

Eekhoff, Johann: Einfluß der Wohnungspolitik
Der Einfluß der Wohnungspolitik auf Mobilität und Flächennutzung, in: Der Langfristige Kredit, H. 15 (1995), S. 494-498.

Eichener, Volker/Berendt, Ulrike: Einstellungen der Mieter zur Privatisierung
Einstellungen der Mieter zur Privatisierung - Ergebnisse einer Intensivbefragung in den neuen Bundesländern - Abschlußbericht zum Forschungsvorhaben "Einstellungen der Mieter in den neuen Bundesländern zur Privatisierung" im Auftrag des Ministeriums für Raumordnung, Städtebau und Wohnungswesens des Landes Sachsen-Anhalt und des Verbands der Wohnungswirtschaft Sachsen-Anhalt, in: Institut für Wohnungswesen, Immobilienwirtschaft, Stadt- und Regionalentwicklung [Hrsg.], InWIS-Bericht Nr. 2 (1994).

Eichener, Volker/Heinze, Rolf G./Bucksteeg, Mathias:
Anforderungen an die Wohnungswirtschaft
Neue Anforderungen an die Wohnungswirtschaft vor dem Hintergrund gesellschaftlicher Entwicklungen. Die Wohnungspolitik in der Verflechtung mit anderen Politikfeldern, in: InWIS-Bericht Nr. 3 (1994).

EMNID-Institut: Wohnungsprivatisierung in den neuen Bundesländern
Wohnungsprivatisierung in den neuen Bundesländern - Ergebnisse einer repräsentativen Bevölkerungsbefragung sowie einer Studie unter Experten in der Wohnungswirtschaft, Bielefeld 1994.

Ewringmann, Dieter u. a.: Gemeinschaftsaufgabe
Die Gemeinschaftsaufgabe "Verbesserung der regionalen Wirtschaftsstruktur" unter veränderten Rahmenbedingungen, in: Schmölders, Günter/ Hansmeyer, Karl-Heinrich/Mackscheidt, Klaus [Hrsg.], Finanzwirtschaftliche Forschungsarbeiten des Finanzwirtschaftlichen Forschungsinstituts an der Universität zu Köln, Neue Folge Band 55, Berlin 1986.

Füllenkemper, Horst: Wirkungsanalyse der Wohnungspolitik
Wirkungsanalyse der Wohnungspolitik in der Bundesrepublik Deutschland, in: Ernst, Werner/Hoppe, Werner/Thoss, Rainer [Hrsg.], Beiträge zum Siedlungs- und Wohnungswesen und zur Raumplanung, München 1982.

Fürst, Dietrich/Klemmer, Paul/Zimmermann, Klaus: Regionale Wirtschaftspolitik
Regionale Wirtschaftspolitik, Düsseldorf 1976.

Gatzweiler, Hans-Peter/Irmen, Eleonore/Janich, Helmut: Infrastrukturpolitik
Regionalpolitik als Infrastrukturpolitik, in: BfLR [Hrsg.], Informationen zur Raumentwicklung, H. 9/10 (1991), S. 599-610.

GdW: "Altschulden" der Wohnungsunternehmen
"Altschulden" der Wohnungsunternehmen in den fünf neuen Bundesländern - Positionspapier des GdW, in: Beilage zur WI v. 16.04.1992, S. 3-7.

GdW: Daten und Fakten
Daten und Fakten der unternehmerischen Wohnungswirtschaft in den neuen Bundesländern, Dokumentation der ersten Befragung des GdW, Hauptband - Ergebnisse nach Bundesländern und Rechtsformen, 1991.

GdW: Daten und Fakten 1991
Daten und Fakten 1991 der unternehmerischen Wohnungswirtschaft in den neuen Bundesländern, Dokumentation der zweiten Befragung des GdW, Informationen 1, 1992.

GdW: Daten und Fakten 1992
Daten und Fakten 1992 der unternehmerischen Wohnungswirtschaft in den neuen Bundesländern, Dokumentation der dritten Befragung des GdW, Informationen 8, 1993.

GdW: Daten und Fakten 1993
Daten und Fakten 1993 der unternehmerischen Wohnungswirtschaft in den neuen Ländern, Dokumentation der vierten Befragung des GdW, Informationen 18, 1994.

GdW: Daten und Fakten 1994
Daten und Fakten 1994 der unternehmerischen Wohnungswirtschaft in den neuen Ländern, Ergebnisse der Befragung des GdW per 31.12.1994, Informationen 28, 1995.

GdW: Daten und Fakten 1995
Daten und Fakten 1995 der unternehmerischen Wohnungswirtschaft in den neuen Ländern, Ergebnisse der Befragung des GdW per 31.12.1995, Informationen 44, 1996.

GdW: Daten und Fakten 1996
Daten und Fakten 1996 der unternehmerischen Wohnungswirtschaft in den neuen Ländern, Ergebnisse der Befragung des GdW per 31.12.1996, Informationen 58, 1997.

GdW: Mieternahe Privatisierungsformen
Mieternahe Privatisierungsformen - Grenzen und Möglichkeiten, GdW Arbeitshilfe 13, 1995.

Gemmecke, Peter: Zusammenhänge zwischen AHG und Vermögensgesetz
Zusammenhänge zwischen Altschuldenhilfe-Gesetz und Vermögensgesetz, in: ZOV, H. 5 (1993), S. 316-322.

Gerstner, Franz: Europäische Integration
Auswirkungen der europäischen Integration und des Reformprozesses in der DDR auf die Regionalpolitik, in: Städte- und Gemeindebund, H. 5 (1990), S. 187-193.

Gluch, Ernst: Baubedarf bis 2005
Baubedarf in den neuen Bundesländern bis zum Jahr 2005, in: Ifo Schnelldienst, H. 15 (1992), S. 10-15.

große Siemer, Stephan: Europäische Regionalpolitik
Die kommunale Wirtschaftsförderung und die Regionalpolitik der Europäischen Gemeinschaften - Eine Untersuchung der Stellung der Kommunen in der Regionalpolitik der Europäischen Gemeinschaften und der Grenzen der kommunalen Wirtschaftsförderung, in: Professoren des Fachbereichs Rechtswissenschaften der Universität Osnabrück [Hrsg.], Osnabrücker Rechtswissenschaftliche Abhandlungen, Bd. 38, Berlin 1993.

Großfeld, Bernhard: Gutachten zu AHG/GenG
Gutachten zur Vereinbarkeit des Entwurfs eines "Altschulden-Gesetzes" mit dem Genossenschaftsgesetz (GenG), Gutachten im Auftrag des Verbandes Sächsischer Wohnungsgenossenschaften e. V., Dresden, Münster 1993.

Haase, Herwig: Wirtschaftssystem der DDR
Das Wirtschaftssystem der DDR - Eine Einführung, Berlin 1983.

Hamm, Rüdiger/Klemmer, Paul: Neue regionalwirtschaftliche Problemlagen
Neue regionalwirtschaftliche Problemlagen im vereinten Deutschland und der Beitrag ausgewählter Fachpolitiken zu ihrer Lösung - eine klassifizierte Übersicht, in: RWI-Mitteilungen, H. 2 (1993), S. 117-142.

Hamm, Walter: Wohnungspolitik im Spannungsfeld
Zeit zum Umsteuern - Wohnungspolitik im Spannungsfeld von Wirtschaft und Gesellschaft, hrsg. v.: Frankfurter Institut - Stiftung Marktwirtschaft und Politik, Kleine Handbibliothek, Bd. 11, Bad Homburg 1994.

Haneklaus, Winfried: Regionalpolitik in der EG
Regionalpolitik in der Europäischen Gemeinschaft - Ziele, Kompetenzen und Instrumente von Gemeinschaft, Bund und Ländern nach Inkrafttreten der Einheitlichen Europäischen Akte, in: Institut für Siedlungs- und Wohnungswesen und Zentralinstitut für Raumplanung der Universität Münster [Hrsg.], Beiträge zum Siedlungs- und Wohnungswesen und zur Raumplanung, Bd. 140, Münster 1991.

Hansmeyer, Karl - Heinrich: Regionalpolitik
Regionalforschung, Regionalpolitik und Wirtschaftsstruktur - "Gemeinschaftsaufgabe" hat ihr Ziel nicht erreicht - Möglichkeiten der Verbesserung, in: Wirt-schaft und Wissenschaft, H. 2 (1980), S. 2-10.

Harms, Wolfgang: Altverpflichtungen (1)
Alt-Verpflichtungen der Wohnungswirtschaft in den neuen Bundesländern und Ost-Berlin, Zusammenfassung der vorläufigen Ergebnisse, Berlin 1991.

Harms, Wolfgang: Altverpflichtungen (2)
Alt-Verpflichtungen aus dem volkseigenen Wohnungsbau, in: Berliner Beiträge zum Wirtschaftsrecht, hrsg. v.: Harms, Wolfgang, Bd. 10, Berlin 1992.

Hecht, Michael: Subventionsformen
Subventionsformen in der Wohnungswirtschaft, München 1978.

Hein, Piet G.: Territorialplanung in der DDR
Die Territorialplanung in der DDR - Anspruch, Entwicklung und Grundprobleme, Freiburg 1976.

Hess, Fritz: Wohnungsbaufinanzierung
Wohnungsbaufinanzierung in der Volkskammersitzung, in: Deutsche Finanzwirtschaft, H. 3 (1958).

Heuer, Jürgen: Wohnungswirtschaft
Wohnungswirtschaft, in: HdSW, 1972, S. 810-823.

Hinrichs, Wilhelm: Wohnungsversorgung in der DDR
Wohnungsversorgung in der ehemaligen DDR - Verteilungskriterien und Zugangswege, hrsg. von: Arbeitsgemeinschaft Sozialberichterstattung, Wissenschaftszentrum Berlin für Sozialforschung (WZB), P 92-105, Berlin 1992.

Hommelhoff, Peter/Habighorst, Oliver: Staatsbank-Kredite
Gewerbliche Staatsbank - Kredite und ihre Behandlung nach dem DDR-Beitritt, in: ZIP 1992, S. 665-679.

Honecker, Erich: Reden und Aufsätze (1975)
Reden und Aufsätze, Bd. 1, Berlin 1975.

Honecker, Erich: Reden und Aufsätze (1977)
Reden und Aufsätze, Bd. 4, Berlin 1977.

Honecker, Erich: Wohl der Arbeiterklasse und aller Werktätigen
Unsere ganze Politik dient dem Wohl der Arbeiterklasse und aller Werktätigen, in: Neues Deutschland v. 25.04.1975, S. 3.

Horn, Helmut: System der örtlichen Volksvertretung
Das System der örtlichen Volksvertretung und ihrer Räte in der DDR, Göttingen 1973.

Hoyer, Werner/Rettig, Rolf: Mikroökonomische Theorie
Grundlagen der mikroökonomischen Theorie, 2., neubearbeitete und erweiterte Auflage, Düsseldorf 1984.

Hübl, Lothar/Möller, Klaus Peter: Entwicklung des Wohnungsmarktes
Die Entwicklung des deutschen Wohnungsmarktes bis zum Jahr 2005 - Crash oder Normalisierung? Der deutsche Wohnungsmarkt vor einer Wende?, hrsg. v.: Deutsche Siedlungs- und Landesbank, Bonn 1995.

Hüpen, Rolf: Bedeutung des Wohnungsbaus
Die Bedeutung des Wohnungsbaus für die gesamtwirtschaftliche Entwicklung, in: Der Langfristige Kredit, H. 20 (1994), S. 683.

Hunger, Bernd: Soziale Aufgabe
Städtebau- und Wohnungspolitik als soziale Aufgabe, in: Veen, Hans-Joachim/Walcha, Henning [Hrsg.], Erneuerung als Herausforderung - Aufbau der Städte und Gemeinden in den neuen Ländern, Dokumentation der Städtebau-Konferenz der Konrad-Adenauer-Stiftung e. V. am 07./08.05.1992 in Berlin, Köln 1993.

Hußmann, Eibe: Problematik von Erfolgskontrollen
Zur Problematik von Erfolgskontrollen in der regionalen Wirtschaftspolitik, in: Neues Archiv für Niedersachsen, Bd. 30, H. 1 (1981), S. 17-32.

Jenkis, Helmut W.: Wohnungswirtschaft und Wohnungspolitik
Wohnungswirtschaft und Wohnungspolitik in der DDR, in: Jenkis, Helmut W. unter Mitarbeit von Baldeaux, Dieter u. a [Hrsg.], Kompendium der Wohnungswirtschaft, 2. Auflage, S. 487-543, München 1994.

Jochimsen, Reimut: Theorie der Infrastruktur
Theorie der Infrastruktur. Grundlagen der marktwirtschaftlichen Entwicklung, Tübingen 1966.

Junker, Wolfgang: Wohnungsbauprogramm für 1976 bis 1990
Das Wohnungsbauprogramm der DDR für die Jahre 1976 bis 1990, in: Neues Deutschland v. 04.10.1973, S. 5.

Kabermann, Heinz: Territoriale Neugliederung
Territoriale Neugliederung der Zone, SBZ - Archiv, H. 18 (1962), S. 279-282.

Kegel, Monika: Überblick zu den Gesetzen über Belegungsbindung in NBL
Ein Überblick zu den Gesetzen über Belegungsbindungen in den neuen Bundesländern, in: Informationsdienst und Mitteilungsblatt des Deutschen Volksheimstättenwerks, H. 6 (1996), S. 56-60.

Kelle, Markus/Müller, Rolf: Wohnungspolitik seit der Wiedervereinigung
Wohnungspolitik seit der Wiedervereinigung, in: BBauBl, H. 9 (1994), S. 650-653.

Keller, Raimund/Wilczek, Ulrich: Altschuldenhilfe in der Praxis
Altschuldenhilfe in der Praxis - Erfahrungen der Wohnungsgenossenschaft Lichtenberg, in: Der Langfristige Kredit, H. 20 (1995), S. 670-678.

KfW: Merkblatt Altschuldenhilfe-Gesetz
Altschuldenhilfe-Gesetz - Merkblatt für Kommunale Wohnungsunternehmen, Kommunen und Wohnungsgenossenschaften, Frankfurt 1993.

KfW: Merkblatt Wohnraum-Modernisierungsprogramm
Merkblatt zum KfW-Wohnraum-Modernisierungsprogramm, Frankfurt 1997.

KfW: Rundschreiben 10/96
Rundschreiben zur Umsetzung der Investitions- und Privatisierungsverpflichtung sowie Klärung steuerlicher Fragen beim Zwischenerwerbermodell, Frankfurt Oktober 1996.

KfW: Rundschreiben 02/97
Durchführung des Altschuldenhilfe-Gesetzes (AHG) - hier: Jährliche Berichterstattung, Frankfurt Februar 1997.

KfW: Rundschreiben 01/98
Durchführung des Altschuldenhilfe-Gesetzes (AHG) - hier: Antrag auf vorzeitige Bestätigung des "Nichtvertretenmüssens" bei Nichterfüllung der Privatisierungsverpflichtung nach § 5 Abs. 3 AHG, Januar 1998.

Klaus, Joachim/Schleicher, Hans: Räumliche Wirtschaftspolitik
Räumliche Wirtschaftspolitik - Grundlagen und strukturelle Konzepte, München 1983.

Klemmer, Paul: Abgrenzung regionaler Arbeitsmärkte
Abgrenzung regionaler Arbeitsmärkte in der BRD für die Zwecke der Gemeinschaftsaufgabe "Verbesserung der regionalen Wirtschaftsstruktur", Bochum 1972.

Klemmer, Paul: Modernisierung der ostdeutschen Wirtschaft
Modernisierung der ostdeutschen Wirtschaft als regionalpolitisches Problem, in: Wirtschaftsdienst, H. 11 (1990), S. 557-561.

Klemmer, Paul: Reform der regionalen Wirtschaftspolitik
Reform der regionalen Wirtschaftspolitik, in: Wirtschaftsdienst, H. 6 (1985), S. 290-297.

Klemmer, Paul: Regionalpolitik und Umweltpolitik
Regionalpolitik und Umweltpolitik - Untersuchung der Interdependenzen zwischen Regionalpolitik und Umweltschutz, in: Akademie für Raumforschung und Landesplanung [Hrsg.], Beiträge, Bd. 106 (1988).

Klemmer, Paul: Übertragbarkeit regionalpolitischer Konzepte
Übertragbarkeit regionalpolitischer Konzepte auf die neuen Bundesländer, in: BfLR [Hrsg.], Informationen zur Raumentwicklung, Regionale Wirtschaftspolitik unter veränderten Rahmenbedingungen, H. 9/10 (1991), S. 611-622.

Klingohr, Herbert/Eichener, Volker/Berendt, Ulrike: Erfolgreiche Ausgründung
Erfolgreiche Ausgründung - Neue Wege für die Genossenschaften im Rahmen der Privatisierung, in: Die Wohnungswirtschaft, H. 1 (1996), S. 18-23

Krätzschmar, Sabine: Theorie und Empirie der Regionalpolitik
Theorie und Empirie der Regionalpolitik: Zur Erfolgswirksamkeit der Regionalpolitik in der Europäischen Union, Fuchsstadt 1995.

Krau, Ingo: Demokratischer Zentralismus
Der demokratische Zentralismus als gesellschaftliches Organisations- und Strukturprinzip und Probleme seiner Anwendung in der Standortverteilung der Produktivkräfte in der DDR, in: ARPUD 72, Theorie und Praxis der planerischen Entscheidung, Bd. 1 (1972), S. 127-158.

Kreuter, Hansheinz: Industrielle Standortaffinität
Industrielle Standortaffinität und regionalpolitische Standortlenkung, in: Schriftreihe zur Industrie- und Entwicklungspolitik, Bd. 13, Berlin 1974.

Krieger-Boden, Christiane: Argumente für Regionalpolitik
Neue Argumente für Regionalpolitik? Zur Fundierung der Regionalpolitik in älteren und neueren regionalökonomischen Theorien, in: Die Weltwirtschaft, H. 2 (1995), S. 193-215.

Krieger-Boden, Christiane: Regionalpolitik der EG
Zur Regionalpolitik der Europäischen Gemeinschaft, in: Die Weltwirtschaft, H. 1 (1987), S. 82-96.

Krohnfeld, Dietmar: Altschuldenhilfegesetz
Altschuldenhilfegesetz, Mietenüberleitungsgesetz, Privatisierungsvarianten, in: Teichmann, Ulrich/Wolff, Jörg [Hrsg.], Wohnungswirtschaftliche Schriften, Altschuldenhilfegesetz, Privatisierungsvarianten und Mietenüberleitungsgesetz - Kommentare aus Politik und Praxis, Bd. 2 (1995), S. 25-40.

Lammers, Konrad: Bund-Länder-Regionalförderung
Ansatzpunkte für eine Neuorientierung der Regionalpolitik - Die Bund-Länder-Regionalförderung - Ziele, Ansatzpunkte, ökonomische Probleme, in: Die Weltwirtschaft, H. 1 (1987), S. 61-81.

Lauschmann, Elisabeth: Bedeutung der Wohnungspolitik für die Regionalpolitik
Zur Bedeutung der Wohnungspolitik für die Regionalpolitik und Raumordnung, in: Raumforschung und Raumordnung, H. 6 (1990), S. 289-295.

Lauschmann, Elisabeth: Regionalpolitik
Grundlagen einer Theorie der Regionalpolitik, 2. Auflage, Hannover 1973.

Leinberger, Detlef: Wohnungssanierung und Privatisierung Ost
Wohnungssanierung und Privatisierung Ost - eine Bilanz, in: Der Langfristige Kredit, H. 5/6 (1996), S. 170-172.

Leisner, Walter: Rechtsgutachten
Rechtsgutachten zur Verfassungsmäßigkeit des Entwurfes eines Altschuldenhilfegesetzes im Hinblick auf die dort den Wohnungsgenossenschaften auferlegten Verpflichtungen, Rechtsgutachten im Auftrag der Wohnungsgenossenschaft Johannstadt e. G., München 1993.

Lessat, Vera: Anstoßwirkungen öffentlicher Mittel
Anstoßwirkungen öffentlicher Mittel in der Städtebauförderung, in: DIW [Hrsg.], Dokumentation des Fachkolloquiums zu den wirtschaftlichen Wirkungen der Städtebauförderung, Studie im Auftrag des BMBau, S. 7-18, Berlin 1996.

Leutheusser-Schnarrenberger, Sabine:
Rechtsangleichung im vereinten Deutschland
Zur Struktur der Rechtsangleichung im vereinten Deutschland, in: Neue Juristische Wochenzeitung, H. 36 (1993), S. 2465-2469.

Maaß, Rainer/Hitpaß, Peter: Problemfall oder Patentlösung
Problemfall oder Patentlösung - Die Auswirkungen des Altschuldenhilfe-Gesetzes und des Wohnungsgenossenschafts-Vermögensgesetzes auf die Wohnungsunternehmen in den neuen Ländern, in: Die Wohnungswirtschaft, H. 10 (1993), S. 530-539.

Manzel, Karl-Heinz: Planabrechnung und Wirklichkeit
Der Wohnungsbau in der DDR - Planabrechnung und Wirklichkeit, in: BBauBl, H. 5 (1991), S. 278-284.

Matern, Heinz: Kampf für Frieden, Demokratie und Sozialismus
Im Kampf für Frieden, Demokratie und Sozialismus, Bd. II (1968).

Matthies, G./Mertens, H./Wingendorf, W.: Preisbildung
Preisbildung altschuldenhilfegesetzbehafteter Grundstücke, in: GuG, H. 6 (1996), S. 338-343.

Melzer, Manfred: Bau- und Wohnungswirtschaft
Bau- und Wohnungswirtschaft, in: Bethkenhagen, Jochen u. a., DDR und Osteuropa: Wirtschaftssystem - Wirtschaftspolitik - Lebensstandard, Ein Handbuch, 1981.

Mester, Folko: Motive für und gegen Wohneigentumserwerb
Motive für und gegen Wohneigentumserwerb aus Mietersicht im Rahmen von Privatisierungsvorhaben in den neuen Bundesländern - untersucht am Fallbeispiel einer Plattenbauwohnanlage in Schwerin, Diplomarbeit am Geographischen Institut der Technischen Universität München, München 1994.

Mieth, Wolfgang: Regionale Arbeitsmärkte
Die Unausgeglichenheit zwischen den regionalen Arbeitsmärkten und der Regionalpolitik, in: Akademie für Raumforschung und Landesplanung [Hrsg.], Forschungs- und Sitzungsberichte, Bd. 178, Hannover 1988.

Ministerium der Finanzen: Finanzierung des Wohnungswesens
Weiterentwicklung der Finanzierung des Wohnungswesens unter den Bedingungen des Ökonomischen Systems des Sozialismus, Schreiben des Ministerium der Finanzen der DDR - Sektor Sparkassen und Wohnungswesen Nr. 161 (1969).

Müller, J. Heinz: Regionale Strukturpolitik
Regionale Strukturpolitik in der Bundesrepublik - Kritische Bestandsaufnahme, in: Kommission für wirtschaftlichen und sozialen Wandel, Göttingen 1973.

Neumann, Lothar/Romahn, Hajo: Wohneigentumsförderung
Wohneigentumsförderung: Effizienz und Zielkonflikte, in: Neumann, Lothar [Hrsg.]: Wohnungsmarkt in der Krise? Beiträge aus der Praxis in Ost und West, S. 148-178, Köln 1994.

o. V.: Altschulden der Wohnungsunternehmen
"Altschulden" der Wohnungsunternehmen in den fünf neuen Bundesländern - Positionspapier des GdW, in: Beilage zur WI, Nr. 16 vom 16.04.1992, S. 3-7.

o. V.: Kreditwürdigkeit von Kommunen in Brandenburg
Die Zahlen einfach ihre Schulden nicht - Kommunen Brandenburgs bei Banken außerhalb des Landes nicht mehr kreditwürdig, in: Märkische Allgemeine v. 18.05.96, S. 3.

o. V.: Nachfrage nach Wohnungen
Nachfrage nach Neubauwohnungen und nach Wohnungen aus dem Bestand, in: DIW, Wochenbericht, Nr. 35 v. 30.08.1984, S. 439-446.

o. V.: Privatisierung kommt voran
Privatisierung des Wohnungsbestandes kommt voran, in Handelsblatt v. 14.03.1997.

o. V.: Tage der Thüringer Wohnungswirtschaft
Tage der Thüringer Wohnungswirtschaft - Wo ist die politische Auseinandersetzung mit der Altschuldenhilfe?, in: Wohnungswirtschaftliche Informationen, H. 16 (1994), S. 1-3.

o. V.: Zäher Wohnungsverkauf in Ostdeutschland
Zäher Wohnungsverkauf in Ostdeutschland - Privatisierungsgesetz schafft Zeitdruck - Strittiges Zwischenerwerber-Modell, in: Süddeutsche Zeitung, v. 29.12.1995, S. 18.

Oesterreich, Michael: Regionalpolitik
Regionalpolitik in Norddeutschland - Erfolgskontrolle und wirtschaftspolitische Konsequenzen, Göttingen 1981.

Osenberg, Hanno/Waltersbacher, Matthias: Wohnungsbestandspanel
Wohnungsbestandspanel für die neuen Bundesländer - Ein Informationsinstrument zu den Entwicklungstendenzen im älteren Geschoßwohnungsbestand, in: BfLR, Informationen zur Raumentwicklung, H. 10/11 (1994), S. 657-689.

Palandt, Otto: BGB-Kommentar zu § 276
Beck´scher Kurz-Kommentar Band 7, Palandt - Bürgerliches Gesetzbuch, 56., neubearbeitete Auflage, München 1997.

Pankow, Joachim: Plattenbausanierung
Plattenbausanierung aus einer Hand, in: BBauBl, H. 2 (1996), S. 122.

Penig, Ludwig: Komplexer Wohnungsbau
Der komplexe Wohnungsbau als staatliche Aufgabe, hrsg. v.: Akademie für Staats- und Rechtwissenschaft der DDR, Potsdam 1973.

Peters, Hans-Rudolf: Sektorale Strukturpolitik
Sektorale Strukturpolitik, München 1988.

Pfeiffer, Ulrich/Amman, Michael: Wohnungspolitik in Ostdeutschland
Wohnungspolitik in Ostdeutschland, hrsg. v.: Friedrich Ebert Stiftung, Bonn 1995.

Pfeiffer, Ulrich/Janeba, Eckhard: Wirtschaftliche Entwicklungsstrategie
Eine wirtschaftliche Entwicklungsstrategie für die neuen Bundesländer - Fakten, Analysen und Vorschläge für ein langfristiges Programm, Bonn 1992.

Pickahn, Bernd: Altschuldenhilfe-Gesetz
Altschuldenhilfe-Gesetz - Antragsfrist endet am 31. Dezember 1993, in: BBauBl, H. 12 (1993), S. 955-956.

Pinther, Andreas: Dem Kinderwunsch auf der Spur
Dem Kinderwunsch auf der Spur, in: Leipziger Volkszeitung v. 11./12.10.1980.

Pohl, Martin: Wirtschaftsförderung in Großstädten
Wirtschaftsförderung in Großstädten - ein Struktur- und Standortvergleich der 16 größten Städte im Bundesgebiet, in: Bremer Ausschuß für Wirtschaftsforschung [Hrsg.], Regionalwirtschaftliche Studien Nr. 8, Bremen 1988.

Püttner, Günter/Spannowsky, Willy: Regionalpolitik
Das Verhältnis der europäischen Regionalpolitik zur deutschen Regionalpolitik, Schriftreihe der Gesellschaft für Regionale Strukturentwicklung Bonn, Bd. 17, Bonn 1986.

Redder, Ute: Wohnungsprivatisierung in den neuen Ländern
Wohnungsprivatisierung in den neuen Ländern - Zwischenbilanz und Perspektiven, in: Finanzwirtschaft - Zeitschrift zum Haushalts-, Finanz- und Steuerrecht der öffentlichen Verwaltung, Nr. 12 (1995), S. 277-281.

Redder, Ute/Schröter, Albrecht/Seeger, Joachim: Altschuldenlösung
Altschuldenlösung für die Wohnungswirtschaft in den neuen Bundesländern - Altschuldenhilfen und Antragstellung, Bonn 1993.

Reimann, Bettina: Restitution
Restitution. Verfahren, Umfang und Folgen des vermögensrechtlichen Grundsatzes für die Stadtentwicklung und Wohnungsversorgung in Ostdeutschland, in: Schäfer, Uta [Hrsg.], Beiträge zu den Berichten zum sozialen und politischen Wandel in Ostdeutschland - Städte und Regionen. Räumliche Folgen des Transformationsprozesses, Opladen 1997.

Reinsch, Volker: Erben-Bauentwickler-Spekulanten
Erben, Bauentwickler, Spekulanten, in: FAZ v. 27.5.1995, S. 11.

Renger, Rolf/Redder, Ute: Drei Jahre Altschuldenhilfe-Gesetz
Drei Jahre Altschuldenhilfe-Gesetz - Ein Beitrag zur Transformation einer Wohnungswirtschaft, in: Die Wohnungswirtschaft, H. 12 (1996), S. 805-810.

Rettig, Rolf/Voggenreiter, Dieter: Makroökonomische Theorie
Makroökonomische Theorie, 5., neubearbeitete Auflage, Düsseldorf 1985.

Richter, Maike u. a.: Effizienz finanzpolitischer Fördermaßnahmen
Die Effizienz der finanzpolitischen Fördermaßnahmen in den neuen Bundesländern - Gutachten im Auftrag des Bundesministeriums der Finanzen von ifo Institut für Wirtschaftsforschung, München [Hrsg.] (Richter, Maike/Leibfritz, Willi/Funke, Michael) und Institut für Wirtschaftsforschung Halle (Heimpold, Gerhard/Kroll, Harald/Wilhelm, Manfred) unter Mitarbeit von Neumann, Frauke (ifo Institut), München 1994.

Scherzinger, Angela/Wilkens, Herbert: Regionalplanung in der DDR
Regionalplanung und regionale Wirtschaftsstruktur in der Deutschen Demokratischen Republik, in: DIW, Sonderheft 128 (1979).

Schlomann, Heinrich/Faik, Jürgen: Grundvermögen in den neuen Bundesländern
Verteilung des Haus- und Grundvermögens in den neuen Bundesländern seit 1990 - Expertise für die Berichtsgruppe Soziale Ungleichheit und Sozialpolitik der Kommission für die Erforschung des sozialen und politischen Wandels in den neuen Bundesländern e. V. (KSPW), Halle, Frankfurt 1995.

Scholz, Christian: Stadtentwicklung im Umbruch
Stadtentwicklung im Umbruch. Eine Bestandsaufnahme der spezifischen Entwicklungsbedingungen ostdeutscher Städte und Regionen, Berlin 1993.

Scholz, Rupert/Leciejewski, Klaus: Rechtsgutachten
Rechtsgutachten zur Problematik früherer Kreditverträge in der ehemaligen DDR im Bereich der Wohnungsbaus, Berlin 1991.

Schöller, Peter: Städtepolitik in der DDR
Städtepolitik, Stadtumbau und Stadterhaltung in der DDR, in: Erdkundliches Wissen, Schriftreihe für Forschung und Praxis, hrsg. v.: Meynen, Emil i. V. m. Kohlhepp, Gerd/Leidlmair, Adolf, H. 81, Stuttgart 1986.

Schrumpf, Heinz: Ausstattung mit Infrastruktur
Die Ausstattung einer Region mit Infrastruktur - Ein geeignetes Selektionskriterium für die Bestimmung der Förderwürdigkeit von Regionen?, in: RuFiS, Nr. 1, Bochum 1982.

Siebke, Jürgen/Thieme, H. Jörg: Einkommen, Beschäftigung, Preisniveau
Einkommen, Beschäftigung, Preisniveau, in: Vahlens Kompendium der Wirtschaftstheorie und Wirtschaftspolitik, Bd. 1, München 1990.

Söfker, Wilhelm: Aktueller Stand der Umsetzung
Das Altschuldenhilfegesetz: Aktuelles zum Stand der Umsetzung, in: Teichmann, Ulrich/Wolff, Jörg [Hrsg.], Wohnungswirtschaftliche Schriften, Altschuldenhilfegesetz, Privatisierungsvarianten und Mietenüberleitungsgesetz - Kommentare aus Politik und Praxis, Bd. 2 (1995), S. 7-10.

Spannowsky, Willy: Grenzen der regionalen Wirtschaftsförderung
Der Handlungsspielraum und die Grenzen der regionalen Wirtschaftsförderung des Bundes, in: Schriften zum Öffentlichen Recht, Bd. 520, Berlin 1987.

Stäglin, Reiner/Filip-Köhn, Renate: Wirtschaftliche Verflechtungen ABL-NBL
Quantitative Analyse der wirtschaftlichen Verflechtungen von alten und neuen Bundesländern und ihrer Arbeitsmarktwirkungen, in: Beiträge zur Arbeitsmarkt- und Berufsforschung Nr. 183, 1994.

Statistisches Amt der DDR: Statistisches Jahrbuch 1989
Statistisches Jahrbuch der DDR ´89, hrsg. v. Statistisches Amt der DDR, 34. Jg., Berlin 1989.

Statistisches Amt der DDR: Statistisches Jahrbuch 1990
Statistisches Jahrbuch der DDR ´90, hrsg. v. Statistisches Amt der DDR, 35. Jg., Berlin 1990.

Statistisches Bundesamt: Bautätigkeit und Wohnungen
Bautätigkeit und Wohnen - 1%-Gebäude- und Wohnungsstichprobe 1993, Fachserie 5, H. 2 (Wohneinheiten/Wohnungen), Stuttgart 1995.

Stegmann, Helmut: Regionalpolitik nach der Vereinigung
Die nationale Regionalpolitik mit neuer Aufgabe nach der Vereinigung, in: Sparkasse, H. 1 (1991), S. 40-45.

Stern, Volker/Werner, Georg: Subventionsabbau
Subventionsabbau - Notwendigkeit und Möglichkeiten, hrsg. v.: Karl-Bräuer-Institut des Bundes der Steuerzahler e. V., H. 61, Wiesbaden 1987.

Sterzenbach, Gabriele/Pickahn, Bernd: Ergebnisse der Modellvorhaben
Wohnungsprivatisierung - Ergebnisse der Modellvorhaben des Bundes, in: BBauBl, H. 2 (1994), S. 91-95.

Stiglitz, Joseph/Schönfelder, Bruno: Finanzwissenschaft
Finanzwissenschaft, 2. Auflage, Oldenbourg 1989.

Stürmer, Bernd: Wirtschaft und Statistik
Bauzustand, Bauweise und Leerstand von Gebäuden und Wohnungen in den neuen Ländern und Berlin-Ost - Ergebnisse der Gebäude- und Wohnungszählung 1995, in: Wirtschaft und Statistik, H. 6 (1997), S. 380-385.

Stuhrmann, Gerd: Abgrenzung von Herstellungs- und Erhaltungsaufwendungen
Abgrenzungen von Herstellungs- und Erhaltungsaufwendungen bei Instandsetzung und Modernisierung von Gebäuden, in: Betriebs-Berater, H. 13 (1997), S. 658-660.

Suntum, Ulrich van: Regionalpolitik in der Marktwirtschaft
Regionalpolitik in der Marktwirtschaft - Kritische Bestandsaufnahme und Entwurf eines alternativen Ansatzes am Beispiel der Bundesrepublik Deutschland, Baden-Baden 1981.

Teichmann, Ulrich: Wirtschaftspolitik
Wirtschaftspolitik - Eine Einführung in die demokratische und die instrumentelle Wirtschaftspolitik, 4. aktualisierte und erweitert Auflage, München 1993.

Tengler, Hermann: Standortprobleme
Standortprobleme kleiner und mittlerer Unternehmen in strukturschwachen Regionen. Eine empirische Darstellung des Wirtschaftsraumes Kassel, Göttingen 1982.

Tenschert, Erwin: Programmierte Nöte
Programmierte Nöte - Kardinalproblem Altschulden, in: Die Wohnungswirtschaft, H. 3 (1996), S. 179-182.

TLG: Wohnungsprivatisierung
Wohnungsprivatisierung - ein Weg zu den eigenen vier Wänden - Aus Mietern werden Eigentümer, Eine Information für Mieter von Wohnungen und Häusern, die in den neuen Bundesländern durch die TLG privatisiert werden, 1993.

Tuchtfeldt, Egon: Grundlagen der Wirtschaftspolitik
Grundlagen der Wirtschaftspolitik, in: Issing, Otmar (Hrsg.), Allgemeine Wirtschaftspolitik, 3., überarbeitete Auflage, München 1993.

Ulbricht, Walter: Kampf um Deutschland
Die gegenwärtige Lage und der Kampf um das neue Deutschland, Berlin 1954.

Ulbricht, Walter: Neue Aufgaben im nationalen Aufbau
Neue Aufgaben im nationalen Aufbau, Rede auf der Baukonferenz am 03.04.1955, in: Neues Deutschland v. 06.04.1955, S. 3.

VBBW: Wohnen bei Ostberliner Genossenschaften (3)
Wohnen bei Ostberliner Genossenschaften - Einschätzungen von Mieterinnen und Mietern in Berlin, Eine Informationsreihe des Verbandes Berlin-Brandenburgischer Wohnungsunternehmen e. V., durchgeführt von: Socialdata, Institut für Verkehrs- und Infrastrukturforschung GmbH, München, Bd. 3 (1994).

VBBW: Wohnen bei Ostberliner Genossenschaften (4)
Wohnen bei Ostberliner Genossenschaften - Einschätzungen von kaufinteressierten Mieterinnen und Mietern in Berlin, Eine Informationsreihe des Verbandes Berlin-Brandenburgischer Wohnungsunternehmen e. V., durchgeführt von: Socialdata, Institut für Verkehrs- und Infrastrukturforschung GmbH, München, Bd. 4 (1994).

VHW: Magdeburger Gespräche ´92 - Wohnungsprivatisierung
Magdeburger Gespräche ´92 - Wohnungsprivatisierung, Materialsammlung für Wohnungsunternehmen und Kommunen in den fünf neuen Bundesländern, hrsg. v.: Deutsches Volksheimstättenwerk e. V. - Bundesverband für Wohneigentum, Wohnungsbau und Stadtentwicklung unter der Schirmherrschaft des Ministeriums für Raumordnung, Städtebau und Wohnungswesen von Sachsen-Anhalt, 14./15.05.1992.

Vogler, Winfried: Zahlungsverpflichtungen aus Altkrediten
Zahlungsverpflichtungen aus Altkrediten?, in: DWiR, H. 7 (1991), S. 303-307.

Vornholz, Günter: Lage und Perspektiven der Wohnungswirtschaft
Lage und Perspektive der Wohnungswirtschaft in Ostdeutschland, in: Der Langfristige Kredite, H. 8 (1996), S. 218-222.

Voss, Gerhard: Sektorale Strukturpolitik
Sektorale Strukturpolitik - Anspruch und Praxis, in: Institut der deutschen Wirtschaft [Hrsg.], Beiträge zur Wirtschafts- und Sozialpolitik, Köln 1977.

Voss, Gerhard: Wirtschaftsstruktur
Wirtschaftsstruktur und Strukturpolitik, Köln 1979.

Westermann, Harm Peter: Altschulden
Die Altschulden aus dem volkseigenen Wohnungsbau, Berlin 1994.

WFA: Bilanzierung von Altschuldenhilfe
Zur Bilanzierung und Prüfung bei Inanspruchnahme von Altschuldenhilfen, Stellungnahme des WFA 1/1994, in: Die Wirtschaftsprüfung, H. 19 (1994), S. 666-670.

WFA: Stellungnahme 1/1996
Zur Abgrenzung von Erhaltungsaufwand und Herstellungsaufwand bei Gebäuden, in: Die Wirtschaftsprüfung, H. 3 (1997), S. 103-104.

Wille, Eberhard: Bedeutung der Infrastruktur
Die Bedeutung der öffentlichen Infrastruktur für die wirtschaftliche Entwicklung - Notwendigkeiten in den neuen Bundesländern, in: Eichhorn, Peter [Hrsg.], Finanzierung und Organisation der Infrastruktur in den neuen Bundesländern - Referate und Diskussionsberichte eines Kolloquiums des Wissenschaftlichen Beirats der Gesellschaft für öffentliche Wirtschaft am 26./27. März 1992 in der Universität Würzburg, Schriftreihe der Gesellschaft für öffentliche Wirtschaft, H. 34 (1993), S. 11-36.

Winkler, Gunnar: Sozialreport 1990
Sozialreport 1990, Bd. I, hrsg. v.: Institut für Soziologie und Sozialpolitik der Akademie der Wissenschaften der DDR, Berlin 1990.

Winter, Horst: Ausstattung und Größe
Ausstattung und Größe von Wohnungen in Wohngebäuden - Ergebnisse der Gebäude- und Wohnungszählung 1995 in den neuen Ländern und Berlin-Ost, in: Wirtschaft und Statistik, H. 9 (1997), S. 639-645.

Winter, Horst: Gebäude- und Wohnungsbestand
Gebäude- und Wohnungsbestand in den neuen Ländern und Berlin-Ost - Ergebnisse der Gebäude und Wohnungszählung 1995, in: Wirtschaft und Statistik, H. 12 (1996), S. 777-783.

Wöhe, Günter: Allgemeine Betriebswirtschaftslehre
Einführung in die Allgemeine Betriebswirtschaftslehre, 16., überarbeitete Auflage, München 1986.

Zarth, Michael: Neuordnung der Regionalförderung
Neuordnung der Regionalförderung im Rahmen der Gemeinschaftsaufgabe "Verbesserung der regionalen Wirtschaftsstruktur", in: BfLR [Hrsg.], Informationen zur Raumentwicklung, H. 9/10 (1991), Regionale Wirtschaftspolitik unter veränderten Rahmenbedingungen, S. 539-555.

Zimmermann, Joachim: Wohnungsmarkt und Städtebau
Wohnungsmarkt und Städtebau in der DDR: Ausgangslage - Probleme - Konzepte, in: Ifo Schnelldienst, H. 15 (1990), S. 9-21.

Helmut Brede / Wolf Gottschalk / Norbert Liekmeier (Hrsg.)

STAAT und PRIVAT

Grenzziehung – Grenzverschiebung?

mit Beiträgen von Präsident Prof. Dr. Dr. h.c. Helmut Hesse und Dr. Horst Keppler, Präsident Heiner Herbst und dem stellv. Generalkommissar Dr. Norman van Scherpenberg

Frankfurt/M., Berlin, Bern, New York, Paris, Wien, 1997.
122 S., 6 Abb., 3 Tab.
Schriften des Göttinger Forums für Wissenschaft, Wirtschaft und Verwaltung. Bd. 1
ISBN 3-631-32542-8 · br. DM 49.–*

Die Ansprüche der Bürger an den Staat sind gestiegen. Aber der Staat zeigt sich immer weniger imstande, die wachsende Last zu tragen. Deshalb hatte das Göttinger Forum für Wissenschaft, Wirtschaft und Verwaltung den Präsidenten einer Landeszentralbank, den Präsidenten eines Rechnungshofes und den stellvertretenden Generalkommissar der Weltausstellung EXPO 2000 eingeladen, auf einem Kolloquium ihre Ansichten über die künftige Rollenverteilung zwischen Staat und Privatwirtschaft vorzustellen. Das wichtigste Ergebnis steckt in der Fülle zum Teil verblüffender Vorschläge. Fazit: Mit besserer Lastenverteilung zwischen dem staatlichen und privaten Sektor könnten viele der heute bestehenden Schwierigkeiten gemeistert werden.

Aus dem Inhalt: Finanzpolitische Aspekte der Rollenverteilung zwischen staatlichem und privatem Sektor · Die Rolle des Rechnungshofes auf der Grenze zwischen Staat und Privatwirtschaft · Reformkonzepte zur Überwindung verkrusteter Strukturen

Kolibri 360 GmbH
Ferdinand-Jühlke-Straße 7
99095 Erfurt, Deutschland
produktsicherheit@kolibri360.de

Druck:
CPI Druckdienstleistungen GmbH
im Auftrag der
Kolibri 360 GmbH
Ferdinand-Jühlke-Str. 7
99095 Erfurt